D1985363

tzt

TEXTE ZUR THEOLOGIE

TEXTE ZUR THEOLOGIE

Herausgegeben von
Wolfgang Beinert
Gerfried W. Hunold
Karl-Heinz Weger

DOGMATIK 9,2

TEXTE ZUR THEOLOGIE

DOGMATIK
Herausgegeben von Wolfgang Beinert

Sakramentenlehre II

Eucharistie bis Ehesakrament

Bearbeitet von
Günter Koch

Verlag Styria
Graz Wien Köln

Die Deutsche Bibliothek – CIP-Einheitsaufnahme

Texte zur Theologie : TzT / hrsg. von Wolfgang Beinert ... –
Graz ; Wien ; Köln : Verl. Styria
Abteilung Dogmatik.
NE: Beinert, Wolfgang [Hrsg.]; TzT

9. Sakramentenlehre.
2. Eucharistie bis Ehe. – 1991

Sakramentenlehre / Hrsg.: Günter Koch. –
Graz ; Wien ; Köln : Verl. Styria
(Texte zur Theologie : Abteilung Dogmatik ; 9)
NE: Koch, Günter [Hrsg.]

2. Eucharistie bis Ehe. – 1991
ISBN 3-222-12057-9

1991 Verlag Styria Graz Wien Köln

Printed in Austria
Umschlaggestaltung: Nadja Furlan-Lorbek
Gesamtherstellung: Druck- und Verlagshaus Styria, Graz
ISBN 3-222-12057-9

Inhalt

Lehramtliche Texte

Theologentexte

DAS WEIHESAKRAMENT

Biblische Leittexte

Lehramtliche Texte

Theologentexte

Dialogtexte der Ökumene

Abkürzungen

a) Abkürzungen von Textausgaben

AAS Acta Apostolicae Sedis (Amtliche Verlautbarungen des Papstes und der vatikanischen Behörden)

ASS Acta Sanctae Sedis, Rom 1865–1908 (Päpstliche Verlautbarungen für diesen Zeitraum)

BKV Bibliothek der Kirchenväter, hrsg. von O. Bardenhewer, Th. Schermann (ab Bd. 35: J. Zellinger) und C. Weymann, 83 Bände, Kempten 1911 ff.

CSEL Corpus scriptorum ecclesiasticorum latinorum, Wien 1866 ff.

CT Concilium Tridentinum, Diariorum, Actorum, Epistularum, Tractatuum nova Collectio, edidit Societas Goerresiana, Freiburg i. Br. 1901 ff.

DS H. Denzinger, Enchiridion Symbolorum, Definitionum et Declarationum de rebus fidei et morum, von der 32. Aufl. an hrsg. von A. Schönmetzer, Freiburg i. B., Barcelona 1963 u. ö.

DWÜ H. Meyer, H. J. Urban, L. Vischer (Hrsg.), Dokumente wachsender Übereinstimmung. Sämtliche Berichte und Konsenstexte interkonfessioneller Gespräche auf Weltebene 1931–1982, Paderborn und Frankfurt 1983

Mansi J. D. Mansi, Sacrorum conciliorum nova et amplissima collectio, 31 Bde., Florenz/Venedig 1757–1798; Neudruck und Fortsetzung hrsg. von L. Petit und J. B. Martin in 60 Bdn., Paris 1899–1927

NR J. Neuner/H. Roos, Der Glaube der Kirche in den Urkunden der Lehrverkündigung, seit der 8. Aufl. neu bearbeitet von K. Rahner und K.-H. Weger, Regensburg 1971 u. ö. (^{11}1983)

PG Patrologia Graeca, hrsg. von J. P. Migne, 161 Bände, Paris 1857–1866

PL Patrologia Latina, hrsg. von J. P. Migne, 217 Bände und 4 Registerbände, Paris 1841–1864

WA M. Luther, Werke. Kritische Gesamtausgabe („Weimarer Ausgabe"), Weimar 1883 ff.

b) Sonstige Abkürzungen von Veröffentlichungen

EKL Evangelisches Kirchenlexikon, hrsg. von E. Fahlbusch u. a., 3. Aufl. (Neufassung), Göttingen 1986 ff.

HDG Handbuch der Dogmengeschichte, begr. von M. Schmaus, J. R. Geiselmann, A. Grillmeier, hrsg. von M. Schmaus, A. Grillmeier, L. Scheffczyk u. M. Seybold, Freiburg i. Br. 1951 ff.

HKR Handbuch des katholischen Kirchenrechts, hrsg. von J. Listl/ H. Müller/H. Schmitz, Regensburg 1983

HthG Handbuch theologischer Grundbegriffe, hrsg. von H. Fries, 2 Bde., München 1962 f.; 4 Bde. (dtv Wissenschaftliche Reihe), München 1970

JLW Jahrbuch für Liturgiewissenschaft, Münster 1,1921 bis 15,1941; in der Folge: Archiv für Liturgiewissenschaft, Regensburg 1, 1950 ff. (ALW)

KKD Kleine Katholische Dogmatik, 9 Bde. in 10 Teilbden., hrsg. von J. Auer und (−1983) J. Ratzinger, Regensburg 1970 ff.

LThK Lexikon für Theologie und Kirche, 2. Aufl., hrsg. von J. Höfer/K. Rahner, Freiburg 1957−1965

MySal Mysterium Salutis. Grundriß heilsgeschichtlicher Dogmatik, hrsg. von J. Feiner/M. Löhrer, Einsiedeln/Zürich/Köln 1965−1981

NHthG Neues Handbuch theologischer Grundbegriffe, hrsg. von P. Eicher, München 1984 f.

QD Quaestio disputata

ThPQ Theologisch-praktische Quartalschrift (Linz) 1,1848 bis 94,1941; 95 ff., 1947 ff.

TRE Theologische Realenzyklopädie, hrsg. von G. Krause/ G. Müller, Berlin/New York 1976 ff.

ZKTh Zeitschrift für Katholische Theologie (Wien u. a.) 1, 1876/ 77−67, 1943; 69 ff., 1947 ff.

Für die biblischen Bücher, die Schriften der Kirchenväter und der scholastischen Theologen sowie für Zeitschriften im Einzelfall werden die in der Fachliteratur meist verwendeten Abkürzungen benützt. Auch die Dokumente des Zweiten Vatikanischen Konzils werden in der üblichen Weise mit den Anfangsbuchstaben zitiert, z. B.: LG = Lumen Gentium.

c) *Allgemeine Abkürzungen*

aaO.	am angegebenen Ort
Anm.	Anmerkung
dt.	deutsch
ed.	ediert
franz.	französisch
GK	Grundkurs (von Theologie im Fernkurs, Würzburg)
griech.	griechisch
Hrsg.	Herausgeber
hrsg.	herausgegeben
lat.	lateinisch
LB	Lehrbrief
syr.	syrisch
u. a.	und andere (und anderswo)
u. ö.	und öfter
vgl.	vergleiche
V. / VV.	Vers / Verse

Vorwort

Der zweite Teilband der Sakramentenlehre in der dogmatischen Reihe der Texte zur Theologie bringt Textbeiträge zur Eucharistie, zum Bußsakrament, zur Krankensalbung, zum Weihesakrament und zum Ehesakrament. Der erste Teilband hatte eine Textauswahl zur allgemeinen Sakramentenlehre, zur Taufe und zur Firmung vorgelegt. Die Verteilung der Sakramente auf die beiden Teilbände hat rein technische Gründe: Die beiden Bände sollten in etwa den gleichen Umfang haben. Der Einschnitt zwischen Taufe und Firmung einerseits und der Eucharistie andererseits ist eher unglücklich, da diese Sakramente als Initiationssakramente, also als Sakramente der Einführung in das volle Christsein, eng zusammengehören.
Was im Vorwort zum ersten Teilband beispielsweise über Kriterien der Textauswahl gesagt wurde, gilt auch für den zweiten Teilband. Ebenso die dort ausgesprochene Widmung: Auch der zweite Teilband ist Pfarrer Dr. h. c. Eugen Walter (Freiburg) in herzlicher Verbundenheit und Dankbarkeit zugeeignet.

Würzburg, den 10. April 1991 GÜNTER KOCH

Einleitung

Die *Eucharistie* hat schon im NT eine zentrale Bedeutung. Aus den vier das „Herrenmahl" theologisch deutenden Abendmahls- oder Einsetzungsberichten läßt sich jenes letzte Mahl rekonstruieren, das Jesus mit seinen Jüngern feierte und in dem – neben den vielen Mählern Jesu – die Eucharistie wurzelt. Auch bei *Paulus* und *Johannes* finden sich wichtige Texte, die die christologischen, soteriologischen, ekklesiologischen und eschatologischen Dimensionen der Eucharistie erschließen. – Die erste ausführliche Darstellung der liturgischen Feier der Eucharistie findet sich bei *Justin* im 2. Jh. In der Väterzeit entwikkelt sich eine reiche, vor allem pastoral ausgerichtete Theologie der Eucharistie, die die verschiedenen Aspekte des Glaubensgeheimnisses bedenkt, ohne ihre Einheit aus dem Blick zu verlieren. Die weitere Entwicklung vom frühen Mittelalter an bringt neben Entfaltungen auch Vereinseitigungen: Die Frage nach der Realpräsenz tritt einseitig in den Vordergrund; gegen die Option der Reformatoren wird der *Opfercharakter* in der Theologie und in Dokumenten des Lehramts besonders herausgestellt. – Erst das II. Vaticanum hat – vorbereitet u. a. durch die *Liturgische Bewegung* – eine neue fruchtbare Synthese der verschiedenen Aspekte der Eucharistie grundgelegt und damit ihre zentrale Bedeutung als „Quelle und Höhepunkt des ganzen christlichen Lebens" (LG 11) neu erschlossen. Zugleich erwachte die Frage nach der ökumenischen Bedeutung dieses Sakramentes der Einheit. – Damit ist auch der weiteren theologischen Arbeit die Richtung gewiesen. Zu bedenken waren und sind: die Frage nach der recht verstandenen *Realpräsenz* – die Frage nach dem *Opfercharakter* der Eucharistie – die Bedeutung ihres *Mahlcharakters* – die Frage nach ihrem *einenden Prinzip* – die Frage nach ihrer ökumenischen Bedeutung – alles umfangend die Frage nach ihrer Lebensbedeutung.

Das *Bußsakrament* hat wohl praktisch und theologisch die bewegteste Geschichte unter den Sakramenten. Der Gedanke der Sündenüberwindung und -vergebung aufgrund von Buße, die, speziell im AT, auch *kultisch-rituelle Formen* kennt, vor allem aber eine den ganzen Menschen erfassende, von Gott ermöglichte *Umkehr* meint, hat in der Bibel zentrale Bedeutung. Auf der Grundlage der Glaubensforderung Jesu, die eine Umkehrforderung einschließt, und aufgrund seiner Sündenvergebungsvollmacht, die nach ntl. Vorstellung auf die Gemeinden bzw. ihre Repräsentanten übergegangen ist, entwickelten sich schon in ntl. Zeit bei Mt und Paulus bezeugte *Bußverfahren,* die die Heiligkeit der Gemeinden sichern und der Rettung des Sünders dienen sollen. – In der weiteren Entwicklung bildet sich zunächst die *Kanonische Kirchenbuße* des christlichen Altertums heraus, die nur „Todsünden" betrifft und lediglich einmal im Leben gewährt wird. Nach deren Niedergang setzen sich seit dem 6. Jh. *„Tarifbuße"* und *Privatbeichte* durch, die wiederholtes Bekenntnis und wiederholte Absolution zulassen. Die theologische Diskussion der Scholastik dreht sich u. a. um die Frage, ob der priesterlichen Absolution oder der Reue des Poenitenten oder beidem zusammen die eigentlich sündentilgende Wirkung im Bußsakrament zuzuschreiben sei (im Altertum stand die Bußleistung im Vordergrund). Die Synthese des *Thomas von Aquin* ging in die Lehrdokumente der Kirche ein: *Reue, Bekenntnis, Genugtuung* sind gleichsam die Materie, die *Worte der Lossprechung* sind die Form des Sakramentes. Vor allem das Konzil von Trient legte eine umfassende Lehre über das Bußsakrament vor, in der allerdings die soziale bzw. ekklesiale Dimension von Sünde und Buße weitgehend verlorengegangen war. Sie wurde im II. Vaticanum grundlegend wiedergewonnen. Der *„Ordo paenitentiae"* von 1973 kennt drei Formen der sakramentalen Bußfeier, wobei allerdings auch bei der sog. *Generalabsolution* Einzelbekenntnis und Einzellossprechung nachzuholen sind. – Im Blick auf die Krise der Einzelbeichte bzw. ökumenische Desiderate sind weiter zu bedenken: die soziale, ekklesiale Dimension von Sünde und Sündenvergebung – ein eindeutig analoges Verständnis des Gerichtscharakters des Bußsakramentes – die Einordnung des Bußsakramentes in den recht verstandenen Bußcharakter christlichen Lebens – die Synthese zwischen dem privaten und dem ekklesialen Charakter von Versöhnung und Buße – weitere Entwicklungsmöglichkeiten des Bußsakraments im Sinne seiner wirklich gemeinschaftlichen Feier (die Frage nach einer möglichen Sakramentalität der *Bußandacht).*

Die *Krankensalbung* kann sich ntl. auf die Sendung der Jünger zur Krankenheilung berufen, wird aber vor allem durch Jak gestützt. Hier ist in einem relativ kurzen Text die Theologie dieses Sakramentes grundgelegt: In ihm will Gott durch Gebet und Salbung sein den ganzen Menschen betreffendes Heil schenken. – Die nachneutestamentliche Entwicklung ist hauptsächlich durch Weihegebete für das Krankenöl bezeugt: Den Empfängern ist Hilfe und Aufrichtung in ihrer Krankheit zugesagt. – Seit dem frühen Mittelalter wird die Krankensalbung mehr und mehr zum Sterbesakrament, zur *„Letzten Ölung".* Sie wird, was die Deutung ihrer Wirkung angeht, spiritualisiert und individualisiert. Diese Sicht bestimmt dann auch weitgehend die theologische Reflexion und die lehramtlichen Äußerungen bis zum *II. Vaticanum.* – Dieses betont die christologische und ekklesiologische Dimension der Krankensalbung ebenso wie ihre „Entspiritualisierung" und Ausweitung auf jede den Menschen existentiell gefährdende Krankheit und Schwäche. – Die heutige Theologie hat damit ihr Programm: Es gilt, die Krankensalbung im Rückgriff auf die Bibel weiter christologisch, ekklesiologisch und anthropologisch für die Praxis aufzuschließen und damit zugleich die Grundlage für das erst zaghaft einsetzende ökumenische Gespräch zu schaffen.

Das *Weihesakrament,* durch das Amtsträger der Kirche zu ihrem bevollmächtigten Dienst bestellt werden, kann sich darauf stützen, daß Jesus Menschen in eine besondere Form der Nachfolge berief und ihnen Anteil an seiner Sendung gab. Nachösterlich wissen sich vor allem die Zwölf, aber auch Paulus, als Zeugen der Erscheinungen des Auferstandenen von Gott bzw. von Christus unmittelbar zum Apostelamt bevollmächtigt. In der Folge entstehen vielfältige Ämter in den Gemeinden, aus denen sich mehr und mehr die Ämter der Presbyter, Episkopen und Diakone herausheben. Die Bestellung erfolgt durch die Apostel bzw. die Gemeinden, die Amtsübertragung zunehmend durch Handauflegung. – In der weiteren Entwicklung, in der *Ignatius von Antiochien* eine große Bedeutung hat, festigen sich – bei mancherlei Variationen z. B. bei der Bestimmung der sakramentalen Zeichenhandlung – diese Amtsstruktur und der (sakramentale) Modus der Amtsübertragung. – Bei den lehramtlichen Stellungnahmen (seit dem 15. Jh.) fällt auf, daß vom *Konzil von Trient* gegenüber dem reformatorischen Amtsverständnis sehr stark die kultisch-sazerdotale Komponente des Weiheamtes betont wird. *Das II. Vaticanum* setzt im Rückgriff auf das NT den Akzent wieder stärker auf die Verkündigungs- und Hirtenaufgabe der Amtsträger, zu der diese durch das Weihesakrament bestellt und befähigt werden. – In diesem Rahmen wird das Dienstamt des Neuen Bundes in der Folge vor allem christologisch und ekklesiologisch näher bestimmt: Es bedeutet Anteilhabe an der amtlichen Sendung Jesu Christi, die der Kirche als ganzer anvertraut ist. Diese Anteilhabe erhält der Amtsträger durch die unumkehrbare Berufung der Weihe *(Weihesiegel),* die ihm zugleich Gottes Gnadenbeistand verbürgt.

Das *Ehesakrament,* durch das die eheliche Verbindung von Mann und Frau unter Gottes wirkamen Beistand gestellt wird, hat seine biblische Grundlage in dem schon für das AT bezeugten Interesse Gottes für die dauerhafte personale Verbindung von Mann und Frau, das in Jesu Stellungnahme zur Ehe neu aufleuchtet. Was dieses wirksame Interesse Gottes bedeutet, kommt beispielsweise im Eph zum Ausdruck: Einbezug in die Lebens- und Liebesgemeinschaft des Verhältnisses Christi zur Kirche. Damit ist die Sakramentalität der Ehe biblisch grundgelegt, ihre prinzipielle Unauflöslichkeit in Gottes Willen verankert. – Neben der *augustinischen Ehegüterlehre* trägt vor allem *Thomas von Aquin* zur Theologie des Ehesakramentes bei: Die liebende Verbindung von Mann und Frau ist gnadenwirksames Zeichen der Verbindung von Christus und Kirche. Die weitere Entwicklung bringt eine (kirchenrechtliche) Verkürzung: Die Ehe wird vor allem als *Vertrag* verstanden, wobei die Unauflöslichkeit eine besondere Rolle spielt. – Speziell das II. Vaticanum setzt neue Akzente: Die (sakramentale) Ehe ist vor allem als *Bund* zu verstehen – sie ist personale Lebensgemeinschaft (zu der freilich wesentlich die Bereitschaft zum „Gut der Nachkommenschaft" gehört) und als solche ein Abbild des Verhältnisses von Christus und Kirche – sie ist ein gemeinsamer Weg, den Gott in Jesus Christus heilbringend mitgeht – ihre Unauflöslichkeit ist Gabe wie Forderung – sie gibt Ort und Aufgabe in der tragenden Gemeinschaft der Kirche. – Diese Leitlinien sucht die nachkonziliare Ehetheologie weiter auszuziehen, wobei vor allem die Verbindung zu den Erfahrungen konkret gelebter Ehe gesucht wird. Diskutiert wird auch die wichtige Frage nach dem „ekklesialen Schicksal" *wiederverheirateter Geschiedener.*

Die Eucharistie

Biblische Leittexte

Matthäus 26,26–29; Markus 14,22–25; Lukas 22,15–20; 1. Korintherbrief 11,23–26

354 Die Abendmahlsberichte – biblische Hauptzeugnisse der Eucharistie

Aus: F. J. Schierse (Hrsg.), Patmos-Synopse (Übers. vom Hrsg.), Düsseldorf 1968, 104 f.

Die wichtigsten neutestamentlichen Zeugnisse für die von Anfang an in der Kirche allgemein gefeierte Eucharistie sind die sog. Abendmahls- oder Einsetzungsberichte, die uns im NT in vierfacher Form begegnen. Trotz der je verschiedenen theologischen Ausgestaltung läßt sich aus ihnen das letzte Mahl Jesu mit seinen Jüngern rekonstruieren, in dem die Eucharistie wurzelt.

104 Die Stiftung des Herrenmahles

Mt 26,26–29	*Mk 14,22–25*	*Lk 22,15–20*	*1 Kor 11,23–26*
		15 Und er sprach zu ihnen: Mit Begier habe ich begehrt, dieses Passah zu essen mit euch vor meinem Leiden. 16 Denn ich sage euch, daß ich es nimmermehr esse, bis daß es erfüllt ist in der Königsherrschaft Gottes. 17 Und ergriff einen Becher, sagte Dank (und) sprach: Nehmt	23 Denn ich habe übernommen vom

	Mt 26,26–29	*Mk 14,22–25*	*Lk 22,15–20*	*1 Kor 11,23–26*
	vgl. V. 29	vgl. V. 25	dies und teilt es unter euch. 18 Denn ich sage euch, nicht werde ich trinken von jetzt an von dem Gewächs des Weinstocks, bis die Königsherrschaft Gottes kommt.	Herrn, was ich auch überliefert habe an euch, daß der Herr Jesus, in der Nacht, in der er überliefert wurde,
	26 Während sie aber aßen, nahm Jesus Brot und sprach die Preisung, brach und gab den Jüngern, sprach:	22 Und während sie aßen, nahm er Brot, sprach die Preisung, brach und gab ihnen und sprach:	19 Und nahm Brot, sagte Dank, brach und gab ihnen, sagte:	(da) nahm er Brot 24 und sagte Dank, brach und sprach:
105	Nehmt, eßt! Dies ist mein Leib.	Nehmt! Dies ist mein Leib.	Dies ist mein Leib, der für euch gegebene. Dies tut zu meinem Gedächtnis.	Dies von mir ist der Leib, der für euch. Dies tut zu meinem Gedächtnis.
	27 Und nahm einen Becher und sagte Dank, gab ihnen, sagte: Trinkt aus ihm alle!	23 Und nahm einen Becher, sagte Dank, gab ihnen, und tranken aus ihm alle. 24 Und	20 Und den Becher ebenso nach dem Mahl, sagte:	25 Ebenso auch den Becher nach dem Mahl sagte:
	28 Denn dies ist mein „Blut des Bundes", das im Hinblick auf viele vergossen ist zum Nachlaß von Sünden.	sprach (zu) ihnen: Dies ist mein „Blut des Bundes",* das vergossen ist für viele.	Dieser Becher (ist) der neue „Bund in meinem Blut",* das für euch vergossen ist.	Dieser Becher, der „neue Bund" ist er „in meinem Blut".* Dies tut, sooft ihr trinkt, zu meinem Gedächtnis.
	29 Ich sage aber euch, nicht trinken werde ich von jetzt an von diesem Gewächs des Weinstocks bis zu jenem Tage, da ich es trinke mit euch neu in der Königsherrschaft meines Vaters.	25 Amen, ich sage euch, daß nicht mehr trinken werde ich von dem Gewächs des Weinstocks bis zu jenem Tage, da ich es trinke neu in der Königsherrschaft Gottes.	vgl. V. 18	26 Denn sooft ihr esset dieses Brot und den Becher trinkt, den Tod des Herrn vermeldet ihr, bis er kommt.

* Ex 24,8; Jer 31,31; Zach 9,11.

1 Kor 10,16–17: [16]Der Becher der Preisung, über den wir die Preisung sprechen, ist er nicht Gemeinschaft mit dem Blute des Christus? Das Brot, das wir brechen, ist es nicht Gemeinschaft mit dem Leibe des Christus? [17]Weil ein einziges Brot, ein einziger Leib, die vielen, sind wir; denn alle, aus dem einen Brot haben wir teil.

Justin, Apologie 1,66,3: Denn die Apostel, in den durch sie entstandenen Erinnerungen, die Evangelien genannt werden, so, haben sie überliefert, sei ihnen aufgetragen worden: Jesus habe genommen Brot, Dank gesagt (und) gesprochen: „Dies tut zu meinem Gedächtnis, dies ist mein Leib." Und den Becher habe er gleicherweise genommen und Dank gesagt (und) gesprochen: „Dies ist mein Blut." Und nur ihnen habe er (dies) mitgeteilt.

Apostelgeschichte 2,42–47

355 Das Brotbrechen – zentraler Lebensvollzug der Urkirche

Die Darstellung der Apg läßt erkennen, daß schon in der Kirche des Anfangs die Eucharistie, das Brotbrechen, eine entscheidende Rolle spielte. Sie gehört bereits in der Zeit, als man noch am Tempelgottesdienst teilnahm, zu den Grundvollzügen der christlichen Gemeinde.

[42]Sie[a] hielten an der Lehre der Apostel fest und an der Gemeinschaft, am Brechen des Brotes und an den Gebeten. [43]Alle wurden von Furcht ergriffen; denn durch die Apostel geschahen viele Wunder und Zeichen. [44]Und alle, die gläubig geworden waren, bildeten eine Gemeinschaft und hatten alles gemeinsam. [45]Sie verkauften Hab und Gut und gaben davon allen, jedem so viel, wie er nötig hatte. [46]Tag für Tag verharrten sie einmütig im Tempel, brachen in ihren Häusern das Brot und hielten miteinander Mahl in Freude und Einfalt des Herzens. [47]Sie lobten Gott und waren beim ganzen Volk beliebt. Und der Herr fügte täglich ihrer Gemeinschaft die hinzu, die gerettet werden sollten.

[a] Die Neubekehrten.

1. Korintherbrief 10,16–21

356 Teilnahme am Leib und Blut Christi als Lebensgemeinschaft mit dem Herrn und seiner Gemeinde

Im Blick auf konkrete Gegebenheiten in der Gemeinde von Korinth erklärt Paulus die Teilnahme an Götzenopfermählern mit der Teilnahme am „Tisch des Herrn" für unvereinbar. Die Begründung nimmt Paulus vom Sinn des eucharistischen Mahles her, das als Gemeinschaft mit Christus und seinem Leib die Gemeinschaft mit den Götzen ausschließt.

[16] Ist der Kelch des Segens, über den wir den Segen sprechen, nicht Teilhabe am Blut Christi? Ist das Brot, das wir brechen, nicht Teilhabe am Leib Christi? [17] *Ein* Brot ist es. Darum sind wir viele *ein* Leib; denn wir alle haben teil an dem einen Brot. [18] Schaut auf das irdische Israel: Haben die, welche von den Opfern essen, nicht teil am Altar? [19] Was meine ich damit? Ist denn Götzenopferfleisch wirklich etwas? Oder ist ein Götze wirklich etwas? [20] Nein, aber was man dort opfert, *opfert man* nicht Gott, sondern *den Dämonen.* Ich will jedoch nicht, daß ihr euch mit Dämonen einlaßt. [21] Ihr könnt nicht den Kelch des Herrn trinken und den Kelch der Dämonen. Ihr könnt nicht Gäste sein am *Tisch des Herrn* und am Tisch der Dämonen.

1. Korintherbrief 11,17–34

357 Das Herrenmahl als Norm des christlichen Miteinander

Wieder mit Blick auf Mißstände in der korinthischen Gemeinde – das egoistische Verhalten der Reichen gegenüber den Armen bei dem mit dem Herrenmahl verbundenen Sättigungsmahl – argumentiert Paulus von der Eucharistie her: Wer sie so feiert, wie es dem von Paulus übernommenen (mit der lukanischen Fassung verwandten) Abendmahlsbericht entspricht (vgl. Nr. 354), wird auch auf seine Mitchristen Rücksicht nehmen.

[17] Wenn ich schon Anweisungen gebe: Das kann ich nicht loben, daß ihr nicht mehr zu eurem Nutzen, sondern zu eurem Schaden zusammenkommt. [18] Zunächst höre ich, daß es Spaltungen unter euch gibt, wenn ihr als Gemeinde zusammenkommt; zum Teil glaube ich das auch. [19] Denn es muß Parteiungen geben unter euch; nur so wird sichtbar, wer unter euch treu und zuverlässig ist. [20] Was ihr bei euren Zusammenkünften tut, ist keine Feier des Herrenmahls mehr; [21] denn jeder verzehrt sogleich seine eigenen Speisen, und dann hungert der eine, während der andere schon betrunken ist. [22] Könnt ihr denn nicht zu Hause essen und trinken? Oder verachtet ihr die Kirche Gottes? Wollt ihr jene demütigen, die nichts haben? Was soll ich dazu sagen? Soll ich euch etwa loben? In diesem Fall kann ich euch nicht loben. [23] Denn ich habe vom Herrn empfangen, was ich euch dann überliefert habe: Jesus, der Herr, nahm in der Nacht, in der er ausgeliefert wurde, Brot, [24] sprach das Dankgebet, brach das Brot und sagte: Das ist mein Leib für euch. Tut dies zu meinem Gedächtnis! [25] Ebenso nahm er nach dem Mahl den Kelch und sprach: Dieser Kelch ist der *Neue*

Bund in meinem Blut. Tut dies, sooft ihr daraus trinkt, zu meinem
Gedächtnis!
26 Denn sooft ihr von diesem Brot eßt und aus dem Kelch trinkt,
verkündet ihr den Tod des Herrn, bis er kommt. 27 Wer also un-
würdig von dem Brot ißt und aus dem Kelch des Herrn trinkt,
macht sich schuldig am Leib und am Blut des Herrn. 28 Jeder soll
sich selbst prüfen; erst dann soll er von dem Brot essen und aus
dem Kelch trinken. 29 Denn wer davon ißt und trinkt, ohne zu
bedenken, daß es der Leib des Herrn ist, der zieht sich das Gericht
zu, indem er ißt und trinkt. 30 Deswegen sind unter euch viele
schwach und krank, und nicht wenige sind schon entschlafen.
31 Gingen wir mit uns selbst ins Gericht, dann würden wir nicht
gerichtet. 32 Doch wenn wir jetzt vom Herrn gerichtet werden,
dann ist es eine Zurechtweisung, damit wir nicht zusammen mit
der Welt verdammt werden. 33 Wenn ihr also zum Mahl zu-
sammenkommt, meine Brüder, wartet aufeinander! 34 Wer Hunger
hat, soll zu Hause essen: sonst wird euch die Zusammenkunft
zum Gericht. Weitere Anordnungen werde ich treffen, wenn ich
komme.

Johannes 6,51–59

358 Die Eucharistie – Gabe des ewigen Lebens in der Verbindung mit Christus

Während im größeren Teil der „Brotrede" von Joh 6 von Jesus selber als dem Himmelsbrot die Rede ist, das im Glauben genossen wird, spricht Joh 6,51–59 von der Eucharistie: Sie schafft Gemeinschaft zwischen Christus und den Teilnehmern des eucharistischen Mahles. Durch dieses wechselseitige Innesein schenkt sie die Gabe des ewigen Lebens Gottes, das den Kommunizierenden durch die Selbstgabe Jesu Christi zuteil wird.

51 Ich bin das lebendige Brot, das vom Himmel herabgekommen
ist. Wer von diesem Brot ißt, wird in Ewigkeit leben. Das Brot, das
ich geben werde, ist mein Fleisch, (ich gebe es hin) für das Leben
der Welt.
52 Da stritten sich die Juden und sagten: Wie kann er uns sein
Fleisch zu essen geben? 53 Jesus sagte zu ihnen: Amen, amen, das
sage ich euch: Wenn ihr das Fleisch des Menschensohnes nicht eßt
und sein Blut nicht trinkt, habt ihr das Leben nicht in euch. 54 Wer
mein Fleisch ißt und mein Blut trinkt, hat das ewige Leben, und ich
werde ihn auferwecken am Letzten Tag. 55 Denn mein Fleisch ist
wirklich eine Speise, und mein Blut ist wirklich ein Trank. 56 Wer

mein Fleisch ißt und mein Blut trinkt, der bleibt in mir, und ich bleibe in ihm. 57 Wie mich der lebendige Vater gesandt hat und wie ich durch den Vater lebe, so wird jeder, der mich ißt, durch mich leben. 58 Dies ist das Brot, das vom Himmel herabgekommen ist. Mit ihm ist es nicht wie mit dem Brot, das die Väter gegessen haben; sie sind gestorben. Wer aber dieses Brot ißt, wird leben in Ewigkeit. 59 Diese Worte sprach Jesus, als er in der Synagoge von Kafarnaum lehrte.

Lehramtliche Texte

Römische Partikularsynode (1079)

Berengars Glaubensbekenntnis

359 Die eucharistische Wandlung als Wesensverwandlung

Lat.: DS 700 = Mansi 20, 524 D.
Dt.: NR 559.

Das Lehramt beschäftigte sich direkt erst dann mit der Eucharistie, als ein wichtiger Aspekt dieser Glaubenslehre gefährdet erscheint: Als der Domherr Berengar von Tours (gest. 1088) die wirkliche Gegenwart des Leibes Christi in der Eucharistie leugnete, verlangte eine Synode im Lateran 1059 das Bekenntnis, Brot und Wein seien nach der Konsekration nicht ein bloßes Sakrament, sondern wahrhaft Leib und Blut Jesu Christi (vgl. DS 690). Berengar unterschrieb, widerrief aber später. 1079 mußte er vor einer römischen Synode erneut eine Bekenntnisformel akzeptieren, die nun in einer differenzierteren Begrifflichkeit die eucharistische Realpräsenz Christi herausstellte.

378/559 Ich, Berengar, glaube von Herzen und bekenne mit dem Mund, daß das Brot und der Wein, die auf dem Altar liegen, durch das Geheimnis des heiligen Gebets und durch die Worte unseres Erlösers wesentlich gewandelt werden in das wahre, eigentliche, lebenspendende Fleisch und Blut unseres Herrn Jesus Christus; und nach der Weihe sind sie der wahre Leib Christi, der aus der Jungfrau geboren wurde, der, geopfert für das Heil der Welt, am Kreuze hing und der zur Rechten des Vaters sitzt, und das wahre Blut Christi, das aus seiner Seite floß, nicht nur im Zeichen und in der Wirksamkeit des Sakramentes, sondern in seiner eigentlichen Natur und in seiner wahren Wesenheit. [. . .]

Papst Innozenz III. (1198–1216)

Glaubensbekenntnis gegen die Waldenser (1208)

360 Die eucharistische Wesensverwandlung – nur durch den Weihepriester

Lat.: DS 794 = PL 215, 1511 CD.
Dt.: NR 560.

Gegenüber Irrlehren der Waldenser und Albigenser (vgl. Einl. in Nr. 7) betont das Glaubensbekenntnis, daß nur der geweihte Priester die eucharistische Wesensverwandlung wie das Opfer des Altars vollziehen kann und darf. Die Gültigkeit der Feier ist unabhängig von der moralischen Qualität des Priesters. Gefordert sind die Konsekrationsworte und die richtige Intention des Priesters.

379/560 [. . .] Die Opfergabe, das ist das Brot und der Wein, ist nach der Weihe *(Konsekration)* der wahre Leib und das wahre Blut unseres Herrn Jesus Christus. So glauben wir fest und ohne zu zweifeln mit aufrichtigem Herzen, und wir bekennen es ohne Rückhalt mit gläubigen Worten. Dabei wirkt ein guter Priester nicht mehr und ein schlechter nicht weniger. Denn nicht das Verdienst des Weihenden, sondern das Wort des Schöpfers und die Kraft des Heiligen Geistes wirkt es. Darum glauben und bekennen wir fest, daß niemand, mag er noch so ehrenhaft, fromm, heilig, weise sein, die Eucharistie weihen und das Opfer des Altars vollbringen kann oder darf, wenn er nicht Priester ist, von einem sichtbaren und irdischen[1] Bischof gültig geweiht.

1 Die Neuerer beriefen sich auf die Weihegnade, die ihnen unmittelbar durch den Heiligen Geist zuteil werde.

361 Drei Dinge sind nach unserem Glauben zu dieser Amtsverrichtung notwendig: eine bestimmte Person, d. h. ein Priester, der, wie gesagt, zu diesem Amt vom Bischof eigens bestellt ist; jene feierlichen Worte, die von den heiligen Vätern in den Kanon gesetzt wurden; die entsprechende Absicht dessen, der sie spricht. So glauben und bekennen wir fest: Wer glaubt und behauptet, ohne vorausgegangene Weihe durch einen Bischof, wie wir sagten, das eucharistische Opfer darbringen zu können, der irrt im Glauben [. . .] und ist von der heiligen römischen Kirche zu trennen. [. . .]

Allgemeine IV. Kirchenversammlung im Lateran (1215)

Glaubensbekenntnis „De fide orthodoxa"

362 Die eucharistische Wesensverwandlung – Vollendung der Einheit zwischen Gott und den Menschen

Lat.: DS 802 = Mansi 22, 981/982.
Dt.: NR 920.

Das Konzil formulierte in Auseinandersetzung mit Irrlehren der Zeit ein Glaubensbekenntnis, in dem auch die Eucharistie thematisiert und gleichsam in die Mitte der Kirche gerückt wird. Der Begriff der Transsubstantiation begegnet hier in der Verbalform.

920 Es gibt nur Eine allgemeine Kirche der Gläubigen. Außer ihr wird keiner gerettet. In ihr ist Jesus Christus Priester und Opfer zugleich. Sein Leib und Blut ist im Sakrament des Altares unter den Gestalten von Brot und Wein wahrhaft enthalten, nachdem durch Gottes Macht das Brot in den Leib und der Wein in das Blut wesensverwandelt sind: damit wir von dem Seinigen empfangen, was er von dem Unsrigen annahm, und so die geheimnisvolle Einheit vollendet werde. Dieses Sakrament bringt nur der Priester zustande, der gültig geweiht ist, entsprechend der Schlüsselgewalt der Kirche, die Jesus Christus selbst den Aposteln und deren Nachfolgern verlieh.

802 Una vero est fidelium universalis Ecclesia, extra quam nullus omnino salvatur, in qua idem ipse sacerdos est sacrificium Jesus Christus, cuius corpus et sanguis in sacramento altaris sub speciebus panis et vini veraciter continentur, transsubstantiatis pane in corpus, et vino in sanguinem potestate divina: ut ad perficiendum mysterium unitatis accipiamus ipsi de suo, quod accepit ipse de nostro. Et hoc utique sacramentum nemo potest conficere, nisi sacerdos, qui rite fuerit ordinatus . . .

Die allgemeine Kirchenversammlung zu Konstanz (1414–1418)

Bestimmung über die Kommunion unter einer Gestalt (1415)
Fragen, die den Anhängern des Wyclif und Hus vorgelegt wurden (1418)

363 Der ganze Christus – gegenwärtig unter den gewandelten Gaben von Brot und Wein

Lat.: DS 1198 = Mansi 27, 727 – DS 1256f. = Mansi 27, 1212.
Dt.: NR 561 – NR 562f.

Gegenüber der Forderung von Anhängern des Wyclif und Hus (vgl. Einl. in 8) nach der Kommunion unter beiderlei Gestalten bekräftigte das

Konzil die sog. Konkomitanzlehre. Nach ihr wird auf der Ebene des geistigen Wesens kraft der Konsekrationsworte das Brot nur in den Leib, der Wein nur in das Blut Christi verwandelt, aufgrund des inneren Wirklichkeitszusammenhangs ist aber in beiden Gestalten der ganze Christus enthalten. Gegen Wyclif wird auch noch einmal die Realpräsenz bekräftigt.

Bestimmung über die Kommunion unter einer Gestalt

380/561 [. . .] In der Urkirche haben zwar die Gläubigen dieses Sakrament unter beiden Gestalten empfangen. Doch später wurde es von denen, die es weihen, unter beiden, von den Laien aber nur unter einer Gestalt empfangen. Denn man muß fest daran glauben und darf nicht zweifeln, daß der ganze Leib und das ganze Blut Christi unter der Brotsgestalt allein, wie unter der Weinsgestalt, wirklich enthalten ist. [. . .]

364 Fragen, die den Anhängern des Wyclif und Hus vorgelegt wurden

562 16. Ob er glaube, daß im Altarsakrament nach der Weihe durch den Priester unter dem Schleier von Brot und Wein nicht materielles Brot und materieller Wein ist, sondern ganz und gar derselbe Christus, der am Kreuz gelitten hat und zur Rechten des Vaters sitzt.

365

563 17. Ob er glaube und festhalte, daß nach der Weihe durch den Priester unter der bloßen Gestalt des Brotes, ohne die Gestalt des Weines, das wahre Fleisch Christi, sein Blut, seine Seele und seine Gottheit, der ganze Christus da sei, und zwar derselbe Leib vollständig und unter jeder dieser Gestalten für sich genommen.

Die allgemeine Kirchenversammlung zu Florenz (1438–1445)

Lehrentscheid für die Armenier (1439)

366 Wie die Eucharistie gefeiert wird und was sie wirkt

Lat.: DS 1320 ff. = Mansi 31 A 1056 f.
Dt.: NR 564 ff.

Der Lehrentscheid für die Armenier (vgl. Einl. in Nr. 10) entfaltet im Anschluß an Thomas von Aquin (vgl. Nr. 454–456) auch die Eucharistielehre in den Begriffen der mittelalterlichen Scholastik. Dabei begegnet in einem lehramtlichen Text erstmals die Formulierung, der Priester handle bei der Konsekration „in der Person Christi".

381/564 [. . .] Das dritte Sakrament ist die Eucharistie. Seine *Materie* ist Weizenbrot und Traubenwein, dem vor der Weihe ein klein wenig Wasser beigemischt werden muß. Das Wasser wird deshalb beigemischt, weil man [. . .] annehmen kann, daß auch der Herr selbst dieses Sakrament mit Wein eingesetzt hat, der mit Wasser gemischt war. Ferner, weil dies der Vergegenwärtigung des Leidens des Herrn entspricht. [. . .] *[Die Vermischung stellt auch die Vereinigung des gläubigen Volkes mit Christus dar.]*

367

565 Die *Form* dieses Sakramentes sind die Worte des Heilands, mit denen er dieses Sakrament vollzog. Denn der Priester vollzieht dieses Sakrament, indem er in der Person Christi spricht. In der Kraft dieser Worte wird nämlich die Brotsubstanz in den Leib Christi und die Weinsubstanz in sein Blut verwandelt, doch so, daß der ganze Christus unter der Brotsgestalt und der ganze Christus unter der Gestalt des Weines enthalten ist. Auch in jedem Teil der geweihten Hostie und des geweihten Weines ist nach der Teilung der ganze Christus gegenwärtig.

368

566 Die *Wirkung* dieses Sakramentes in der Seele des würdigen Empfängers ist die Vereinigung des Menschen mit Christus. Da aber der Mensch durch die Gnade dem Leib Christi eingefügt und mit seinen Gliedern vereinigt wird, so ergibt sich, daß in den würdigen Empfängern dieses Sakramentes die Gnade vermehrt wird; und jede Wirkung, die körperliche Speise und Trank für das leibliche Leben haben – sie erhalten, steigern, erneuern, erfreuen es –, die wirkt dieses Sakrament für das geistige Leben. Nach dem Wort des Papstes Urban feiern wir in diesem
382 Sakrament das dankbare Gedächtnis unseres Heilands, es hält uns vom Schlechten zurück, stärkt uns im Guten und gibt uns Wachstum in Tugend und Gnade. [. . .]

Die allgemeine Kirchenversammlung zu Trient (1545–1563)

13. Sitzung (1551), Lehrentscheid über die heiligste Eucharistie
21. Sitzung (1562), Die Lehre über die Kommunion unter beiden Gestalten und die Kommunion der unmündigen Kinder
22. Sitzung (1562), Die Lehre vom heiligen Meßopfer

369 Das Sakrament der Eucharistie – wirkliche Gegenwart Christi im Meßopfer

Lat.: DS 1635–1661 – 1731–1734 – 1738–1759 (jeweils mit Auslassungen) = Mansi 33, 80 ff. – 33, 122 ff. – 33, 128 ff.

Dt.: NR 568–587 – 592–595 – 596–614 (jeweils mit Auslassungen).

Das Trienter Konzil (vgl. Einl. in Nr. 14) entfaltet und unterstreicht gegenüber reformatorischen Positionen vor allem zwei Aspekte der katholischen Lehre, die gefährdet erscheinen: die wirkliche Gegenwart Christi im Sakrament der Eucharistie und den Opfercharakter der Messe. Dazu wird u. a. die Berechtigung der Kommunion nur in der Brotsgestalt verteidigt. Die innere Einheit der verschiedenen Aspekte der Eucharistie muß bei dieser Art der Behandlung, die in drei verschiedenen Sitzungen jeweils in erläuternden Kapiteln und verpflichtenden Lehrsätzen (Kanones) erfolgte, fast notwendig zu kurz kommen.

13. Sitzung, Lehrentscheid über die heiligste Eucharistie
1. Kapitel: Die wirkliche Gegenwart unseres Herrn Jesus Christus im heiligsten Sakrament der Eucharistie

383/568 Zu Beginn lehrt die heilige Kirchenversammlung, und sie bekennt offen und ohne Rückhalt, daß in dem erhabenen Sakrament der heiligen Eucharistie nach der Weihe *(Konsekration)* von Brot und Wein unser Herr Jesus Christus als wahrer Gott und Mensch wahrhaft, wirklich und wesentlich unter der Gestalt jener sichtbaren Dinge gegenwärtig ist. Denn darin liegt kein Widerspruch, daß eben unser Heiland nach seiner natürlichen Daseinsweise stets zur Rechten des Vaters im Himmel sitzt und daß er trotzdem an vielen Orten sakramental seinem Wesen nach für uns gegenwärtig ist, in einer Daseinsweise, die wir zwar
384 kaum mit Worten auszudrücken vermögen, die wir aber dennoch mit der vom Glauben erleuchteten Vernunft als für Gott möglich erkennen können und standhaft glauben müssen.

385 *Cap. 1. „De reali praesentia D. N. I. Christi in ss. Eucharistiae sacramento"*

1636 Principio docet sancta Synodus et aperte ac simpliciter profitetur, in almo sanctae Eucharistiae sacramento post panis et vini consecrationem Dominum nostrum Iesum Christum verum Deum atque hominem vere, realiter ac substantialiter *[can. 1]* sub specie illarum rerum sensibilium contineri. Neque enim haec inter se pugnant, ut ipse Salvator noster semper ad dextram Patris in caelis assideat iuxta modum exsistendi naturalem, et ut multis nihilominus aliis in locis sacramentaliter praesens sua substantia nobis adsit, ea exsistendi ratione, quam etsi verbis exprimere vix possumus, possibilem tamen esse Deo, cogitatione per fidem illustrata assequi possumus et constantissime credere debemus.

370

569 So haben nämlich alle unsere Vorfahren, die in der wahren Kirche Christi lebten und von diesem heiligsten Sakrament handelten, offen bekannt: Unser Erlöser hat dieses wunderbare Sakrament beim letzten Abendmahl eingesetzt, als er nach der Segnung von

Brot und Wein mit klaren und durchsichtigen Worten bezeugte, er gebe ihnen seinen eigenen Leib und sein Blut.

1637 Ita enim maiores nostri omnes, quotquot in vera Christi Ecclesia fuerunt, qui de sanctissimo hoc sacramento disseruerunt, apertissime professi sunt, hoc tam admirabile sacramentum in ultima Coena Redemptorem nostrum instituisse, cum post panis vinique benedictionem se suum ipsius corpus illis praebere ac suum sanguinem disertis ac perspicuis verbis testatus est.

371

386 4. Kapitel: Die Wesensverwandlung

572 Da aber Christus, unser Erlöser, von dem, was er unter der Gestalt des Brotes darreichte, aussagte, es sei wirklich sein Leib, so war es stets Überzeugung in der Kirche Gottes, und diese heilige Kirchenversammlung erklärt aufs neue: Durch die Weihe von Brot und Wein vollzieht sich die Wandlung der ganzen Brotsubstanz in die Substanz des Leibes Christi, unseres Herrn, und der ganzen Weinsubstanz in die Substanz seines Blutes. Und diese Wandlung ist von der katholischen Kirche zutreffend und im eigentlichen Sinn Wesensverwandlung *(transsubstantiatio)* genannt worden.

387 *Cap. 4. „De Transsubstantiatione"*

1642 Quoniam autem Christus redemptor noster corpus suum id, quod sub specie panis offerebat *[cf. Mt 26,26 ss; Mc 14,22 ss; Lc 22,19 s; 1 Cor 11,24 ss]*, vere esse dixit, ideo persuasum semper in Ecclesia Dei fuit, idque nunc denuo sancta haec Synodus declarat: per consecrationem panis et vini conversionem fieri totius substantiae panis in substantiam corporis Christi Domini nostri, et totius substantiae vini in substantiam sanguinis eius. Quae conversio convenienter et proprie a sancta catholica Ecclesia transsubstantiatio est appellata *[can. 2]*.

372 5. Kapitel: Die Huldigung und Verehrung, die man diesem heiligsten Sakrament schuldet

573 So bleibt kein Zweifel, daß alle Christgläubigen nach der Weise, wie sie stets in der katholischen Kirche geübt wurde, diesem heiligsten Sakrament bei der Verehrung die Huldigung der Anbetung erweisen sollen, die man dem wahren Gott schuldet. Denn weil es von Christus dem

387 Herrn als Speise eingesetzt wurde, ist es darum nicht weniger anzubeten.

Cap. 5. „De cultu et veneratione huic ss. sacramento exhibenda"

1643 Nullus itaque dubitandi locus relinquitur, quin omnes Christi fideles pro more in catholica Ecclesia semper recepto latriae cultum, qui vero Deo debetur, huic sanctissimo sacramento in veneratione exhibeant *[can. 6]*. Neque enim ideo minus est adorandum, quod fuerit a Christo Domino, ut sumatur *[cf. Mt 26,26 ss]*, institutum.

373

387 Lehrsätze über das heiligste Sakrament der Eucharistie

577 1. Wer leugnet, daß im Sakrament der heiligsten Eucharistie wahrhaft, wirklich und wesentlich der Leib und das Blut zugleich mit der Seele und mit der Gottheit unseres
388 Herrn Jesus Christus und folglich der ganze Christus enthalten ist, und behauptet, er sei in ihm nur wie im Zeichen, im Bild oder in der Wirksamkeit, der sei ausgeschlossen.

389 *Canones de ss. Eucharistiae sacramento*

1651 Can. 1. Si quis negaverit, in sanctissimae Eucharistiae sacramento contineri vere, realiter et substantialiter, corpus et sanguinem una cum anima et divinitate Domini nostri Iesu Christi ac proinde totum Christum; sed dixerit, tantummodo esse in eo ut in signo vel figura, aut virtute: anathema sit.

374

578 2. Wer sagt, im hochheiligen Sakrament der Eucharistie bleibe die Substanz von Brot und Wein zugleich mit dem Leib und Blut unseres Herrn Jesus Christus bestehen, und wer jene wunderbare und einzigartige Wandlung der ganzen Brotsubstanz in den Leib und der ganzen Weinsubstanz in das Blut leugnet, wobei nur die Gestalten von Brot und Wein bleiben – diese Wandlung nennt die katholische Kirche sehr treffend Wesensverwandlung *(transsubstantiatio)* –, der sei ausgeschlossen.

1652 Can. 2. Si quis dixerit, in sacrosancto Eucharistiae sacramento remanere substantiam panis et vini una cum corpore et sanguine Domini nostri Iesu Christi, negaveritque mirabilem illam et singularem conversionem totius substantiae panis in corpus et totius substantiae vini in sanguinem, manentibus dumtaxat speciebus panis et vini, quam quidem conversionem catholica Ecclesia aptissime transsubstantiationem appellat: an. s.

375

579 3. Wer leugnet, daß in dem verehrungswürdigen Sakrament der Eucharistie unter jeder Gestalt und unter den einzelnen Teilen einer jeden Gestalt nach der Teilung *(der Gestalten)* der ganze Christus enthalten sei, der sei ausgeschlossen.

1653 Can. 3. Si quis negaverit, in venerabili sacramento Eucharistiae sub unaquaque specie et sub singulis cuiusque speciei partibus separatione facta totum Christum contineri: an. s.

376

580 4. Wer sagt, im wunderbaren Sakrament der Eucharistie sei nach vollzogener Weihe nicht der Leib und das Blut unseres Herrn Jesus Christus, sondern nur beim Gebrauch, wenn es genossen wird, nicht aber vorher oder nachher, und in den geweihten Hostien oder Brotteilchen, die nach der Kommunion aufbewahrt werden oder übrigbleiben, bleibe nicht der wahre Leib des Herrn zurück, der sei ausgeschlossen.

1654 Can. 4. Si quis dixerit, peracta consecratione in admirabili Eucharistiae sacramento non esse corpus et sanguinem Domini nostri Iesu Christi, sed tantum in usu, dum sumitur, non autem ante vel post, et in hostiis seu particulis consecratis, quae post communionem reservantur vel supersunt, non remanere verum corpus Domini: an. s.

377

581 5. Wer sagt, die vorzüglichste Frucht der heiligen Eucharistie sei die Nachlassung der Sünden, oder es werden durch sie keine anderen Wirkungen hervorgebracht, der sei ausgeschlossen.

1655 Can. 5. Si quis dixerit, vel praecipuum fructum sanctissimae Eucharistiae esse remissionem peccatorum, vel ex ea non alios effectus provenire: an. s.

378

582 6. Wer sagt, im heiligen Sakrament der Eucharistie dürfe Christus, der einziggeborene Gottessohn, nicht auch mit der äußeren Huldigung der Gottesverehrung angebetet werden, und deshalb solle er auch nicht durch eine besondere äußere Feierlichkeit verehrt werden, und man solle ihn nicht nach der lobenswerten und allgemein verbreite-
389 ten Sitte und Gewohnheit der heiligen Kirche bei Prozessionen feierlich umhertragen oder nicht öffentlich dem Volk zur Anbetung zeigen, und seine Anbeter seien Götzendiener, der sei ausgeschlossen.

1656 Can. 6. Si quis dixerit, in sancto Eucharistiae sacramento Christum unigenitum Dei Filium non esse cultu latriae etiam externo adorandum, atque ideo nec festiva peculiari celebritate venerandum, neque in processionibus secundum laudabilem et universalem Ecclesiae sanctae ritum et consuetudinem solemniter circumgestandum, vel non publice, ut adoretur, populo proponendum, et eius adoratores esse ido[lo]latras: an. s.

379

583 7. Wer sagt, es sei nicht erlaubt, die heiligste Eucharistie im heiligen Schrein aufzubewahren, sondern sie müsse notwendig gleich nach der Weihe an die Umstehenden ausgeteilt werden, oder es sei nicht erlaubt, sie feierlich zu Kranken zu tragen, der sei ausgeschlossen.

1657 Can. 7. Si quis dixerit, non licere sacram Eucharistiam in sacrario reservari, sed statim post consecrationem adstantibus necessario distribuendam; aut non licere, ut illa ad infirmos honorifice deferatur: an. s.

380

584 8. Wer sagt, man genieße Christus, wenn er in der Eucharistie dargereicht wird, nur geistig und nicht auch sakramental und wirklich, der sei ausgeschlossen.

1658 Can. 8. Si quis dixerit, Christum in Eucharistia exhibitum spiritualiter tantum manducari, et non etiam sacramentaliter ac realiter: an. s.

381

585 9. Wer leugnet, jeder Christ beiderlei Geschlechts, der die Jahre der Unterscheidung erreichte, müsse jedes Jahr wenigstens an Ostern zur Kommunion gehen nach der Vorschrift der heiligen Mutter, der Kirche, der sei ausgeschlossen.

1659 Can. 9. Si quis negaverit, omnes et singulos Christi fideles utriusque sexus, cum ad annos discretionis pervenerint, teneri singulis annis saltem in Paschate ad communicandum iuxta praeceptum sanctae matris Ecclesiae: an. s.

382

586 10. Wer sagt, der Priester dürfe bei der Feier der heiligen Messe sich nicht selber die heilige Kommunion reichen, der sei ausgeschlossen.

1660 Can. 10. Si quis dixerit, non licere sacerdoti celebranti se ipsum communicare: an. s.

383

587 11. Wer sagt, der bloße Glaube sei eine hinreichende Vorbereitung auf den Genuß des Sakramentes der heiligsten Eucharistie, der sei ausgeschlossen. Damit ein so hohes Sakrament nicht unwürdig und so zum Tod und zur Verdammung genossen werde, so bestimmt und erklärt diese heilige Kirchenversammlung, daß

diejenigen, die das Gewissen einer schweren Sünde beschuldigt, wie sehr sie auch glauben, die Reue zu haben, doch notwendig vorher die sakramentale Beichte ablegen müssen, wenn sie einen Beichtvater erreichen können. Wer es sich anmaßt, das Gegenteil zu lehren, zu predigen, hartnäckig zu behaupten oder auch bei öffentlicher Disputation zu verteidigen, der sei ohne weiteres ausgeschlossen.

1661 Can. 11. Si quis dixerit, solam fidem esse sufficientem praeparationem ad sumendum sanctissimae Eucharistiae sacramentum: an. s. Et, ne tantum Sacramentum indigne atque ideo in mortem et condemnationem sumatur, statuit atque declarat ipsa sancta Synodus, illis, quos conscientia peccati mortalis gravat, quantumcumque etiam se contritos existiment, habita copia confessoris necessario praemittendam esse confessionem sacramentalem. Si quis autem contrarium docere, praedicare vel pertinaciter asserere, seu etiam publice disputando defendere praesumpserit, eo ipso excommunicatus exsistat.

21. Sitzung, Die Lehre über die Kommunion unter beiden Gestalten und die Kommunion der unmündigen Kinder

391 Lehrsätze über die Kommunion unter beiden Gestalten und die Kommunion der unmündigen Kinder

384

592 1. Wer sagt, alle Christgläubigen müßten nach göttlichem Gebot oder aus Heilsnotwendigkeit beide Gestalten des heiligsten Sakramentes der Eucharistie empfangen, der sei ausgeschlossen.

Canones de communione sub utraque specie et parvulorum

1731 Can. 1. Si quis dixerit, ex Dei praecepto vel ex necessitate salutis omnes et singulos Christi fideles utramque speciem sanctissimi Eucharistiae sacramenti sumere debere: anathema sit.

385

593 2. Wer sagt, die heilige katholische Kirche sei nicht aus billigen Gründen und Erwägungen veranlaßt worden, den Laien und auch Priestern, wenn sie nicht selber die Messe feiern, die Kommunion nur unter einer Gestalt zu ge-
392 währen, oder sie habe sich darin geirrt, der sei ausgeschlossen.

1732 Can. 2. Si quis dixerit, sanctam Ecclesiam catholicam non iustis causis et rationibus adductam fuisse, ut laicos atque etiam clericos non conficientes sub una panis tantummodo specie communicaret, aut in eo errasse: an. s.

386
594 3. Wer leugnet, daß der ganze, unversehrte Christus, die Quelle und der Urheber aller Gnaden, auch unter der bloßen Gestalt des Brotes genossen wird, weil er nicht, wie einige fälschlich behaupten, nach Christi eigener Festsetzung unter beiden Gestalten genossen werde, der sei ausgeschlossen.

1733 Can. 3. Si quis negaverit, totum et integrum Christum, omnium gratiarum fontem et auctorem, sub una panis specie sumi, quia, ut quidam falso asserunt, non secundum ipsius Christi institutionem sub utraque specie sumatur: an. s.

387
595 4. Wer sagt, der Empfang der Eucharistie sei auch für die kleinen Kinder vor den Jahren der Unterscheidung notwendig, der sei ausgeschlossen.

1734 Can. 4. Si quis dixerit, parvulis, antequam ad annos discretionis pervenerint, necessariam esse Eucharistiae communionem: an. s.

388 22. Sitzung, Die Lehre vom heiligen Meßopfer
393 Einleitung
596 Auf daß die alte, unbedingte, in jeder Hinsicht vollkommene Glaubenslehre der katholischen Kirche über das große Geheimnis der Eucharistie erhalten bleibe und in ihrer Reinheit frei von Irrtümern und Irrlehren bewahrt werde, so lehrt und erklärt die heilige [. . .] Kirchenversammlung von Trient, erleuchtet vom Heiligen Geist, über sie als wahres und einzigartiges Opfer und bestimmt zur Predigt für das gläubige Volk folgendes:

407 *Prooemium*
1738 Sacrosancta oecumenica et generalis Tridentina Synodus . . ., ut vetus, absoluta atque omni ex parte perfecta de magno Eucharistiae mysterio in sancta catholica Ecclesia fides atque doctrina retineatur et in sua puritate, propulsatis erroribus atque haeresibus, conservetur: de ea, quatenus verum et singulare sacrificium est, Spiritus Sancti illustratione edocta, haec, quae sequuntur, docet, declarat et fidelibus populis praedicanda decernit.

389 1. Kapitel: Die Einsetzung des heiligen Meßopfers
597 Da es nach dem Zeugnis des heiligen Paulus im Alten Bund wegen der Ohnmacht des levitischen Priestertums keine Vollendung gab, so mußte nach der Anordnung Gottes, des Vaters der Erbarmungen, ein anderer Priester nach Melchisedechs Ordnung aufste-

hen, unser Herr Jesus Christus, der alle, die geheiligt werden sollten, vollenden und zur Heiligkeit führen konnte (vgl. Hebr 10,14). Dieser unser Gott und Herr hat zwar einmal auf dem Altar des Kreuzes sich selbst im Tod Gott Vater als Opfer darbringen wollen, um für jene die ewige Erlösung zu wirken. Weil aber durch den Tod sein Priestertum nicht ausgelöscht werden sollte, so wollte er beim letzten Mahl in der Nacht des Verrats seiner geliebten Braut, der Kirche, ein sichtbares Opfer hinterlassen, wie es die Menschennatur erfordert, in dem jenes blutige Opfer, das einmal am Kreuze dargebracht werden sollte, dargestellt, sein Andenken bis zum Ende der Zeiten bewahrt und seine heilbringende Kraft zur Vergebung der Sünden, die wir täglich begehen, zugewandt werden sollte. ...

Cap. 1. De institutione sacrosancti Missae sacrificii

1739 Quoniam sub priori Testamento (teste Apostolo Paulo) propter Levitici sacerdotii imbecillitatem consummatio non erat, oportuit (Deo Patre misericordiarum ita ordinante) sacerdotem alium „secundum ordinem Melchisedech“ *[Gn 14,18; Ps 109,4; Hebr 7,11]* surgere, Dominum nostrum Iesum Christum, qui posset omnes, quotquot sanctificandi essent, consummare *[Hebr 10,14]* et ad perfectum adducere. Is igitur Deus et Dominus noster, etsi semel se ipsum in ara crucis, morte intercedente, Deo Patri oblaturus erat, ut aeternam *illis*

408 [illic] redemptionem operaretur: quia tamen per mortem sacerdotium eius exstinguendum non erat *[Hebr 7,24.27]*, in Coena novissima, „qua nocte tradebatur“ *[1 Cor 11,13]*, ut dilectae sponsae suae Ecclesiae visibile (sicut hominum natura exigit) relinqueret sacrificium, quo cruentum illud semel in cruce peragendum repraesentaretur eiusque memoria in finem usque saeculi permaneret, atque illius salutaris virtus in remissionem eorum, quae a nobis quotidie committuntur, peccatorum applicaretur: ...

390 2. Kapitel: Das sichtbare Opfer ist ein Sühneopfer für Lebende und Tote

599 Weil in diesem göttlichen Opfer, das in der Messe gefeiert wird, derselbe Christus enthalten ist und unblutig geopfert wird, der sich selbst am Kreuzaltar einmal blutig dargebracht hat, so lehrt die heilige Kirchenversammlung: Dieses Opfer ist ein wirkliches Sühneopfer, und es bewirkt, daß wir „Barmherzigkeit erlangen und die Gnade finden zu rechtzeitiger Hilfe“ (Hebr 4,16), wenn wir mit geradem Herzen, mit rechtem Glauben, mit Scheu und Ehrfurcht,

zerknirscht und bußfertig vor Gott hintreten. Versöhnt durch die Darbringung dieses Opfers, gibt der Herr die Gnade und die Gabe der Buße, und er vergibt die Vergehen und Sünden, mögen sie noch so schwer sein. Denn es ist ein und dieselbe Opfergabe, und es ist derselbe, der jetzt durch den Dienst der Priester opfert und der sich selbst damals am Kreuz darbrachte, nur die Art der Darbringung ist verschieden. Die Früchte jenes Opfers, des blutigen nämlich, werden durch dieses unblutige überreich erlangt; so wird durch dieses *(unblutige Opfer)* jenes *(blutige)* in keiner Weise verkleinert. Es wird deshalb nicht nur für die Sünden der lebenden Gläubigen, für ihre Strafen, Genugtuungen und andere Nöte nach der Überlieferung der Apostel, sondern auch für die in Christus Verstorbenen, die noch nicht vollkommen gereinigt sind, mit Recht dargebracht.

Cap. 2. Sacrificium visibile esse propitiatorium pro vivis et defunctis

1743 Et quoniam in divino hoc sacrificio, quod in Missa peragitur, idem ille Christus continetur et incruente immolatur, qui in ara crucis „semel se ipsum cruente obtulit" *[Hebr 9,14.27]:* docet sancta Synodus, sacrificium istud vere propitiatorium esse *[can. 3],* per ipsumque fieri, ut, si cum vero corde et recta fide, cum metu ac reverentia, contriti ac paenitentes ad Deum „accedamus, misericordiam consequamur et gratiam inveniamus in auxilio opportuno" *[Hebr 4,16].* Huius quippe oblatione placatus Dominus, gratiam et donum paenitentiae concedens, crimina et peccata etiam ingentia dimittit. Una enim eademque est hostia, idem nunc offerens sacerdotum ministerio, qui se ipsum tunc in cruce obtulit, sola offerendi ratione diversa. Cuius quidem oblationis (cruentae, inquam) fructus per hanc incruentam uberrime percipiuntur: tantum abest, ut illi per hanc quovis modo derogetur *[can. 4].* Quare non solum pro fidelium vivorum peccatis, poenis, satisfactionibus et aliis necessitatibus, sed et pro defunctis in Christo, nondum ad plenum purgatis, rite iuxta Apostolorum traditionem offertur *[can. 3].*

391 3. Kapitel: Die Messen zu Ehren der Heiligen

600 Die Kirche pflegt zwar manchmal die Messe zu Ehren und zum Gedächtnis der Heiligen zu feiern. Doch sie lehrt, daß nicht ihnen das Opfer dargebracht wird, sondern Gott allein, der jene krönte. Deshalb sagt der Priester auch nicht: Ich bringe dir, Petrus und Paulus, das Opfer dar, sondern er sagt Gott Dank für ihren Sieg und bittet um ihren Schutz, auf daß „die im Himmel unsere Für-

sprecher seien, deren Gedächtnis wir auf Erden feiern" *(Aus einem Opferungsgebet der heiligen Messe).*

Cap. 3. De Missis in honorem Sanctorum

1744 Et quamvis in honorem et memoriam Sanctorum nonnullas interdum Missas Ecclesia celebrare consueverit, non tamen illis sacrificium offerri docet, sed Deo soli, qui illos coronavit *[can. 5].* Unde „nec sacerdos dicere solet: Offero tibi sacrificium, Petre et Paule", sed, Deo de illorum victoriis gratias agens, eorum patrocinia implorat, „ut ipsi pro nobis intercedere dignentur in caelis, quorum memoriam facimus in terris".

392 5. Kapitel: Die feierlichen gottesdienstlichen Handlungen der Messe

602 Die Menschennatur ist so beschaffen, daß sie nicht leicht ohne die Beihilfe von außen zur Betrachtung göttlicher Dinge emporsteigen kann. So hat die gütige Mutter, die Kirche, bestimmte Formen für den Gottesdienst eingeführt, daß nämlich in der Messe manches leise, anderes aber mit lauter Stimme gesprochen werden solle. Ebenso nahm sie gottesdienstliche Handlungen in Gebrauch, wie geheimnisreiche Segnungen, Lichter, Weihrauch, Gewänder und vieles andere dergleichen nach apostolischer Anordnung und Überlieferung. Dadurch sollten die Hoheit dieses großen Opfers zum Bewußtsein gebracht und die Herzen der Gläubigen mittels dieser sichtbaren Zeichen des Gottesdienstes und der Frömmigkeit zur Betrachtung der erhabenen Dinge, die in diesem Opfer verborgen liegen, aufgerufen werden.

Cap. 5. De solemnibus Missae sacrificii caeremoniis

1746 Cumque natura hominum ea sit, ut non facile queat sine adminiculis exterioribus ad rerum divinarum meditationem sustolli, propterea pia mater Ecclesia ritus quosdam, ut scilicet quaedam submissa voce *[can. 9],* alia vero elatiore in Missa pronuntiarentur, instituit; caeremonias item adhibuit *[can. 7],* ut mysticas benedictiones, lumina, thymiamata, vestes aliaque id genus multa ex apostolica disciplina et traditione, quo et maiestas tanti sacrificii commendaretur, et mentes fidelium per haec visibilia religionis et pietatis signa ad rerum altissimarum, quae in hoc sacrificio latent, contemplationem excitarentur.

393

399 Lehrsätze über das hochheilige Meßopfer

606 1. Wer sagt, in der Messe werde Gott nicht ein wirkliches und eigentliches Opfer dargebracht, oder die Opferhandlung bestehe

in nichts anderem, als daß uns Christus zur Speise gereicht werde, der sei ausgeschlossen.

411 *Canones de ss. Missae sacrificio*

1751 Can. 1. Si quis dixerit, in Missa non offerri Deo verum et proprium sacrificium, aut quod offerri non sit aliud quam nobis Christum ad manducandum dari: an. s.

394

607 2. Wer sagt, durch jene Worte „Tut dies zu meinem Andenken" habe Christus seine Apostel nicht zu Priestern bestellt, oder nicht angeordnet, daß sie selbst und die andern Priester seinen Leib und sein Blut opferten, der sei ausgeschlossen.

1752 Can. 2. Si quis dixerit, illis verbis: „Hoc facite in meam commemorationem" *[Lc 22,19; 1 Cor 11,24]*, Christum non instituisse Apostolos sacerdotes, aut non ordinasse, ut ipsi aliique sacerdotes offerrent corpus et sanguinem suum: an. s.

395

608 3. Wer sagt, das Meßopfer sei nur Lob- und Danksagung oder das bloße Gedächtnis des Kreuzesopfers, nicht aber ein Sühneopfer; oder es bringe nur dem Nutzen, der kommuniziere; und man dürfe es nicht für Lebende und Verstorbene, für Sünden, Strafen, zur Genugtuung und für andere Nöte aufopfern, der sei ausgeschlossen.

1753 Can. 3. Si quis dixerit, Missae sacrificium tantum esse laudis et gratiarum actionis, aut nudam commemorationem sacrificii in cruce peracti, non autem propitiatorium; vel soli prodesse sumenti; neque pro vivis et defunctis, pro peccatis, poenis, satisfactionibus et aliis necessitatibus offerri debere: an. s.

396

609 4. Wer sagt, durch das Meßopfer werde das hochheilige Opfer Christi am Kreuz gelästert oder herabgesetzt, der sei ausgeschlossen.

1754 Can. 4. Si quis dixerit, blasphemiam irrogari sanctissimo Christi sacrificio in cruce peracto per Missae sacrificium, aut illi per hoc derogari: an. s.

397

610 5. Wer sagt, es sei ungehörig, Messen zu Ehren von Heiligen und zur Erlangung ihrer Fürbitte bei Gott zu feiern, wie es die Kirche will, der sei ausgeschlossen.

1755 Can. 5. Si quis dixerit, imposturam esse, Missas celebrari in honorem Sanctorum et pro illorum intercessione apud Deum obtinenda, sicut Ecclesia intendit: an. s.

398

611 6. Wer sagt, der Meßkanon enthalte Irrtümer und sei deshalb abzuschaffen, der sei ausgeschlossen.

1756 Can. 6. Si quis dixerit, canonem Missae errores continere ideoque abrogandum esse: an. s.

399

612 7. Wer sagt, die gottesdienstlichen Handlungen, Gewänder und äußeren Zeichen, deren sich die katholische Kirche bei der Meßfeier bedient, seien eher ein Weg zur Gottlosigkeit als ein Mittel zur Frömmigkeit, der sei ausgeschlossen.

1757 Can. 7. Si quis dixerit, caeremonias, vestes et externa signa, quibus in Missarum celebratione Ecclesia catholica utitur, irritabula impietatis esse magis quam officia pietatis: an. s.

400

613 8. Wer sagt, die Messen, in denen der Priester allein sakramental kommuniziere, seien unerlaubt und deshalb abzuschaffen, der sei ausgeschlossen.

1758 Can. 8. Si quis dixerit, Missas, in quibus solus sacerdos sacramentaliter communicat, illicitas esse ideoque abrogandas: an. s.

401

614 9. Wer sagt, die gottesdienstlichen Satzungen der römischen Kirche, nach denen ein Teil des Kanons und die
400 Wandlungsworte leise gesprochen werden, seien zu verurteilen, oder man dürfe die Messe nur in der Volkssprache feiern, oder dem Opferwein im Kelch solle kein Wasser beigemischt werden, weil das gegen die Einsetzung Christi sei, der sei ausgeschlossen.

1759 Can. 9. Si quis dixerit, Ecclesiae Romanae ritum, quo submissa voce pars canonis et verba consecrationis proferuntur, damnandum esse; aut lingua tantum vulgari Missam celebrari debere; aut aquam non miscendam esse vino in calice offerendo, eo quod sit contra Christi institutionem: an. s.

Papst Pius XII. (1939–1958)

Enzyklika „Mediator Dei" (1947)

402 Die Eucharistie als Mitte des Kultes der Kirche – Opfer Christi, Mitopfer der Gläubigen

Lat.: DS 3840; vgl. 3847–3852.
Dt.: NR 616 bzw. Alfred Läpple, Lesebuch zum Katholischen Erwachsenenkatechismus, Düsseldorf 1986, S. 418.

Die Enzyklika faßt wichtige Ergebnisse der „Liturgischen Bewegung“ der vorausgehenden Jahrzehnte zusammen und nimmt u. a. auch zur Frage nach der „Mysteriengegenwart“ Christi bzw. seines Heilswerkes in der Liturgie (vgl. Einl. in Nr. 107) Stellung: Christus ist der eigentliche Liturge und Opferpriester in der Liturgie, deren Mitte wiederum die Eucharistie bildet. Er wird allein durch den Amtspriester vollgültig vertreten, auch die Gläubigen nehmen jedoch an seinem Priestertum teil.

400 *Die Gegenwart Christi in der Liturgie*

616 Deshalb ist in jeder liturgischen Handlung zugleich mit der Kirche ihr göttlicher Stifter zugegen. Zugegen ist Christus im hochheiligen Opfer des Altars, in der Person des seine Stelle
401 vertretenden Priesters, wie vor allem unter den eucharistischen Gestalten. Zugegen ist er in den Sakramenten durch seine Kraft, die er in sie als die Werkzeuge der Heiligung strömen läßt. Zugegen ist er endlich im Lob Gottes und im Bittflehen zu ihm, nach dem Worte: „Wo nämlich zwei oder drei in meinem Namen vereint sind, bin ich mitten unter ihnen“ (Mt 18,20).

403

418 Höhe- und in gewissem Sinne Mittelpunkt der christlichen Religion ist das Geheimnis der heiligsten Eucharistie, die der Hohepriester Christus einstens eingesetzt hat und die er durch seine Diener in der Kirche immerdar erneuern läßt.

404 Das hochheilige Opfer des Altares ist kein bloßes und einfaches Gedenken der Leiden und des Todes Jesu Christi, sondern eine wahre und eigentliche Opferhandlung, bei welcher der göttliche Hohepriester durch seine unblutige Hinopferung das tut, was er schon am Kreuze tat, sich selbst dem ewigen Vater als wohlgefälligste Opfergabe darbringend ... Es ist demnach der gleiche Priester, Christus Jesus, dessen heilige Person sein berufener Priester vertritt ... Es ist auch die gleiche Opfergabe, nämlich der göttliche Erlöser nach seiner menschlichen Natur und in der Wirklichkeit seines Leibes und Blutes ... Die Eucharistischen Gestalten, unter denen er da ist, versinnbilden die blutige Trennung des Leibes und des Blutes. So wird das Gedächtnis seines Todes, der sich auf Kalvaria wirklich vollzogen hat, in jedem Opfer des Altares neu begangen, insofern durch deutliche Sinnbilder Jesus Christus als im Zustand des Opfers befindlich dargestellt und gezeigt wird ... Ferner sind es die gleichen Opferzwecke (Ehrung des himmlischen Vaters, die Gott geschuldete Danksagung, Sühne, Genugtuung, Versöhnung und Bittflehen).

405 Damit die einzelnen Sünder im Blute des Lammes reingewaschen werden, bedarf es der Mitwirkung der Christgläubigen ... Wenn jedoch die Gläubigen am Eucharistischen Opfer teilnehmen, so haben sie deshalb nicht auch die priesterliche Vollmacht ... Der Priester handelt an Stelle des Volkes, weil er die Person unseres Herrn Jesus Christus vertritt, insofern dieser das Haupt aller Glieder ist und sich selbst für sie opfert; er tritt folglich an den Altar als Diener Christi, niedriger als Christus stehend, aber höher als das Volk. Das Volk aber, das unter keiner Rücksicht die Person des göttlichen Erlösers darstellt noch Mittler ist zwischen sich selbst und Gott, kann in keiner Weise priesterliches Recht genießen.

406 Die unblutige Hinopferung, in der durch die Wandlungsworte Christus im Zustand des Opfers auf dem Altare gegenwärtig wird, ist das Werk des Priesters allein, insofern er die Person Christi vertritt, nicht aber insofern er die Person der Gläubigen darstellt ... An der Opferdarbringung im strengen Sinn nehmen die Gläubigen auf ihre Art und in zweifacher Hinsicht teil; sie bringen nämlich das Opfer dar nicht nur durch die Hände des Priesters, sondern gewissermaßen zusammen mit ihm; durch diese Teilnahme wird auch die Darbringung des Volkes in den liturgischen Kult selbst einbezogen.

Die allgemeine II. Kirchenversammlung im Vatikan (1962–1965)

Konstitution über die heilige Liturgie (1963)
Dogmatische Konstitution über die Kirche (1964)

407 Die Eucharistie als Gedächtnis und Vergegenwärtigung des Erlösungswerkes Christi

Lat.: LThK E I 14; 48 bzw. 50; 160 = AAS 56 (1964) 97 f.; 113; AAS 57 (1965) 6.
Dt.: LThK E I 15; 49 bzw. 51; 161.

Das Konzil ordnet die Eucharistie in die Liturgie der Kirche ein, und zwar als deren Mitte und Höhepunkt. In ihr wird das Heilswerk Jesu Christi auf besondere Weise gegenwärtig, und zwar im Gedächtnis, der memoria, sie ist die „Gedächtnisfeier seines Todes und seiner Auferstehung" (SC 47); sie ist zugleich Gegenwart Christi selber in der Person des zelebrierenden Priesters und „vor allem unter den eucharistischen Gestalten" (vgl. SC 7, Nr. 37). So vermag sie auch „Quelle und Höhepunkt des ganzen christlichen Lebens" zu sein (vgl. LG 11, Nr. 39), wie Ursprung der Einheit der Kirche (vgl. LG 3).

SC 2 und 47

15 2. In der Liturgie, besonders im heiligen Opfer der Eucharistie, „vollzieht sich" „das Werk unserer Erlösung"[1], und so trägt sie in höchstem Maße dazu bei, daß das Leben der Gläubigen Ausdruck und Offenbarung des Mysteriums Christi und des eigentlichen Wesens der wahren Kirche wird ... Dabei baut die Liturgie täglich die, welche drinnen sind, zum heiligen Tempel im Herrn auf, zur Wohnung Gottes im Geist[2] bis zum Maße des Vollalters Christi.[3]

408

49 47. Unser Erlöser hat beim Letzten Abendmahl in der Nacht, da er überliefert wurde, das eucharistische Opfer seines Leibes und Blutes eingesetzt, um dadurch das Opfer des Kreuzes durch die Zeiten hindurch bis zu seiner Wiederkunft fortdauern zu lassen und so der Kirche, seiner geliebten Braut, eine Gedächtnisfeier seines Todes und seiner Auferstehung anzu-
51 vertrauen: das Sakrament huldvollen Erbarmens, das Zeichen der Einheit, das Band der Liebe[4], das Ostermahl, in dem Christus genossen, das Herz mit Gnade erfüllt und uns das Unterpfand der künftigen Herrlichkeit gegeben wird.[5]

1 Sekret des 9. Sonntags nach Pfingsten.
2 Vgl. Eph 2,21–22.
3 Vgl. Eph 4,13.
4 Vgl. Augustinus, In Ioannis Evangelium Tractatus XXVI, cap. VI, n. 13: PL 35, 1613.
5 Breviarium Romanum, Antiphon zum Magnifikat in der 2. Vesper des Fronleichnamsfestes.

409 LG 3

161 3. ... Die Kirche, das heißt das im Mysterium schon gegenwärtige Reich Christi, wächst durch die Kraft Gottes sichtbar in der Welt. Dieser Anfang und dieses Wachstum werden zeichenhaft angedeutet durch Blut und Wasser, die der geöffneten Seite des gekreuzigten Jesus entströmten (vgl. Joh 19,34), und vorherverkündet durch die Worte des Herrn über seinen Tod am Kreuz: „Und ich, wenn ich von der Erde erhöht bin, werde alle an mich ziehen" (Joh 12,32). Sooft das Kreuzesopfer, in dem Christus, unser Osterlamm, dahingegeben wurde (1 Kor 5,7), auf dem Altar gefeiert wird, vollzieht sich das Werk unserer Erlösung. Zugleich wird durch das Sakrament des eucharistischen Brotes die Einheit der Gläubigen, die einen Leib in Christus bilden, dargestellt und verwirklicht (1 Kor 10,17). Alle Menschen werden zu dieser Einheit

mit Christus gerufen, der das Licht der Welt ist: Von ihm kommen wir, durch ihn leben wir, zu ihm streben wir hin.

Dogmatische Konstitution über die Kirche (1964)
Dekret über den Ökumenismus (1964)
Dekret über die Hirtenaufgabe der Bischöfe in der Kirche (1965)

410 Die Eucharistie als Werk Christi im Mitwirken der Kirche: Sakrament der Einheit

Lat.: LThK E I 166; 182; 244; 322; LThK E II 44; 210 = AAS 57 (1965) 9f.; 14f.; 32; 57; 91; AAS 58 (1966) 688f.
Dt.: LThK E I 167; 183; 245; 323; LThK E II 45; 211.

Das Wirken Christi in der Eucharistie ist darauf gerichtet, die Feiernden mit Christus und untereinander zu verbinden (LG 7), auch mit der himmlischen Kirche (LG 50). Die Eucharistie bezeichnet und bewirkt so die Einheit der Kirche (UR 2). An der Eucharistiefeier wirkt in unaustauschbarer Funktion mit: der zelebrierende Amtspriester, der „in der Person Christi" die Eucharistie vollzieht, die Gläubigen, die an ihrer Darbringung in tätiger Teilhabe mitwirken (LG 10; CD 30), letztlich auch der Bischof, unter dessen innerer Leitung jede rechtmäßige Eucharistiefeier steht (LG 26).

LG 7

167 Beim Brechen des eucharistischen Brotes erhalten wir wirklich Anteil am Leib des Herrn und werden zur Gemeinschaft mit ihm und untereinander erhoben. „Denn ein Brot, ein Leib sind wir, die Vielen, alle, die an dem einen Brote teilhaben" (1 Kor 10,17). So werden wir alle zu Gliedern jenes Leibes (vgl. 1 Kor 12,27), „die Einzelnen aber untereinander Glieder" [Röm 12,5].

411 LG 10

183 Das gemeinsame Priestertum der Gläubigen aber und das Priestertum des Dienstes, das heißt das hierarchische Priestertum, unterscheiden sich zwar dem Wesen und nicht bloß dem Grade nach. Dennoch sind sie einander zugeordnet: das eine wie das andere nämlich nimmt je auf besondere Weise am Priestertum Christi teil.[1] Der Amtspriester nämlich bildet kraft seiner heiligen Gewalt, die er innehat, das priesterliche Volk heran und leitet es; er vollzieht in der Person Christi das eucharistische Opfer und bringt es im Namen des ganzen Volkes Gott dar; die Gläubigen hingegen wirken kraft ihres königlichen Priestertums an der eucharistischen Darbringung mit[2] und üben ihr Priestertum aus im Empfang der

Sakramente, im Gebet, in der Danksagung, im Zeugnis eines heiligen Lebens, durch Selbstverleugnung und tätige Liebe.

1 Vgl. Pius XII., Anspr. Magnificate Dominum, 2. Nov. 1954: AAS 46 (1954) 669. Enz. Mediator Dei, 20. Nov. 1947: AAS 39 (1947) 555.
2 Vgl. Pius XI., Enz. Miserentissimus Redemptor, 8. Mai 1928: AAS 20 (1928) 171f. Pius XII., Anspr. Vous nous avez, 22. Sept. 1956: AAS 48 (1956) 714.

412 LG 26

245 Jede rechtmäßige Eucharistiefeier steht unter der Leitung des Bischofs, dem die Pflicht übertragen ist, den christlichen Gottesdienst der göttlichen Majestät darzubringen und zu betreuen gemäß den Geboten des Herrn und den Gesetzen der Kirche, die durch seine besondere Verfügung für die Diözese näher bestimmt werden.

413 LG 50

323 Bei der Feier des eucharistischen Opfers sind wir also sicherlich dem Kult der himmlischen Kirche innigst verbunden, da wir uns in verehrendem Gedenken vereinigen vor allem mit Maria, der glorreichen, allzeit reinen Jungfrau, aber auch mit dem heiligen Joseph wie auch den heiligen Aposteln und Martyrern und allen Heiligen.

414 UR 2

45 Bevor er [der eingeborene Sohn Gottes] sich selbst auf dem Altar des Kreuzes als makellose Opfergabe darbrachte, hat er für alle, die an ihn glauben, zum Vater gebetet, „daß alle eins seien, wie Du, Vater, in mir, und ich in Dir, daß auch sie in uns eins seien: damit die Welt glaubt, daß Du mich gesandt hast" (Joh 17,21), und er hat in seiner Kirche das wunderbare Sakrament der Eucharistie gestiftet, durch das die Einheit der Kirche bezeichnet und bewirkt wird.

415 CD 30

211 Beim Vollzug des Werkes der Heiligung sollen die Pfarrer dafür sorgen, daß die Feier des eucharistischen Opfers Mitte und Höhepunkt des ganzen Lebens der christlichen Gemeinde sind. Ferner sollen sie darauf hinwirken, daß die Gläubigen durch den andächtigen und häufigen Empfang der Sakramente und durch die bewußte und tätige Teilnahme an der Liturgie mit geistlicher Speise genährt werden.

Papst Paul VI. (1963–1978)

Rundschreiben „Mysterium fidei" (1965)

416 Die traditionelle Begrifflichkeit der Eucharistielehre – unverzichtbar, aber ergänzungsfähig

Lat.: AAS 57 (1965) 755; 766.
Dt.: NR 618; 620.

Noch in der Schlußphase des 2. Vatikanischen Konzils verteidigte Paul VI. in einer eigenen Enzyklika die bleibende Gültigkeit der traditionellen Eucharistielehre auch in ihrer wesentlichen Begrifflichkeit: Vor allem der Begriff „Transsubstantiation" – vom Papst auch als „Transelementation" umschrieben – ist unverzichtbar, seine Beibehaltung schließt aber eine neue erklärende Begrifflichkeit nicht aus. Damit nimmt das Schreiben zu der vor allem in den Niederlanden geführten Transsignifikationsdebatte Stellung (vgl. 474–477).

618 11. ... Gleichfalls ist es nicht gestattet, über das Geheimnis der Transsubstantiation zu sprechen, ohne die wunderbare Verwandlung der ganzen Substanz des Brotes in den Leib und der ganzen Substanz des Weines in das Blut Christi zu erwähnen, von der das Konzil von Trient spricht, und sich nur, wie man sagt, auf die „Transsignifikation" oder „Transfinalisation" zu beschränken.

417

404 *Eucharistische Gegenwart durch Wesensverwandlung*

620 43. Damit aber niemand diese Weise der Gegenwart, die über die Naturgesetze hinausgeht und das größte aller Wunder in ihrer Art bewirkt, falsch verstehe, müssen wir mit aufnahmebereitem Geist die Stimme der lehrenden und betenden Kirche hören. Nun sagt uns diese Stimme, Echo der Stimme Christi, daß Christus in diesem Sakrament nicht anders gegenwärtig wird als durch die Verwandlung der ganzen Substanz des Brotes in Seinen Leib und der ganzen Substanz des Weines in Sein Blut, eine ganz wunderbare und einzigartige Verwandlung, die die katholische Kirche passend im engen Sinn Transsubstantiation (Wesensverwandlung) nennt *(Konzil von Trient, hier Nr. 374).* Nach der Wesensverwandlung haben die Gestalten des Brotes und Weines ohne Zweifel eine neue Bedeutung und einen neuen Zweck, da sie nicht weiterhin gewöhnliches Brot und gewöhnlicher Trank sind, sondern Zeichen einer heiligen Sache und Zeichen geistlicher Speise; aber sie bekommen deshalb eine neue Bedeutung und einen neuen Zweck, weil sie eine neue „Wirklichkeit" oder Realität enthalten, die wir mit Recht ontologisch nennen; denn unter den vorhin genannten Gestalten ist nicht mehr das verborgen, was vorher war, sondern etwas ganz Neues; und zwar nicht nur aufgrund des Urteils des

Glaubens der Kirche, sondern durch die objektive Realität, da nach der Verwandlung der Substanz oder des Wesens des Brotes und Weines in den Leib und das Blut Christi von Brot und Wein nichts bleibt als die Gestalten, unter denen der ganze und vollständige Christus in Seiner physischen „Realität" auch
405 körperlich gegenwärtig ist, wenn auch nicht auf die Weise, in der sonst körperliche Gegenstände sich an ihrem Ort befinden.

Kongregation für die Glaubenslehre

Schreiben über einige Fragen bezüglich des Dieners der Eucharistie (1983)

418 Die Vollmacht, Eucharistie zu feiern – den Bischöfen und Priestern vorbehalten

Lat: AAS 75 (1983) 1005 ff.
Dt.: Sekretariat der Deutschen Bischofskonferenz (Hrsg.), 1983.

Der Text bekräftigt die Überlieferung, daß nur Bischöfe und Priester zur Zelebration der Eucharistie befähigt und befugt sind. Der Frage nach dem Schicksal priesterloser Gemeinden sucht der Text mit dem Hinweis zu begegnen, daß sie aufgrund ihres Verlangens nach dem Sakrament dessen Früchte empfangen können.

9 Wenn daher auch alle Getauften sich vor Gott der gleichen Würde erfreuen, so wollte der göttliche Lehrmeister doch die christliche Gemeinde hierarchisch gegliedert wissen. Deshalb bestehen von den Anfängen an in ihr besondere apostolische Ämter, die aus dem Weihesakrament hervorgehen.

419 4. Unter jenen Aufgaben, die Christus ausschließlich den Aposteln und deren Nachfolgern übertragen hat, ragt in besonderer Weise die Vollmacht heraus, die Eucharistie zu feiern. Allein den Bischöfen und den Priestern, denen die Bischöfe selbst Anteil an ihrem Amt gegeben haben, ist daher die Vollmacht vorbehalten, im eucharistischen Geheimnis neu zu vollziehen, was Christus beim Letzten Abendmahl getan hat.[1]
Damit jene ihre Aufgaben – speziell den wichtigen Dienst, das eucharistische Geheimnis zu vollziehen – recht erfüllen können, bezeichnet Christus der Herr all jene, die er zum Bischofs- oder Priesteramt beruft, kraft des Weihesakraments mit einem besonderen Zeichen, das auch in den feierlichen Dokumenten des Lehramts „Character" genannt wird.[2] Er selbst nimmt sie nämlich dadurch in eine solche Gleichgestaltung mit sich hinein, daß sie beim Sprechen der Wandlungsworte nicht im Auftrag der Gemeinde,

sondern „in persona Christi" handeln, was mehr bedeutet als „im Namen" oder „in Stellvertretung" Jesu Christi, ... nämlich „die spezifische sakramentale Identifizierung mit dem ‚ewigen Hohenpriester', der Urheber und hauptsächliches Subjekt dieses seines eigenen Opfers ist, bei dem er in Wahrheit von niemandem ersetzt werden kann.[3]

[1] Dies bestätigt der in der Kirche geübte Brauch, die Bischöfe und Priester „sacerdotes sacri cultus" zu nennen, besonders deshalb, weil nur diesen die Vollmacht zuerkannt wurde, das eucharistische Geheimnis zu vollziehen.

[2] Vgl. II. Vat. Konzil, Dogm. Konst. *Lumen Gentium,* Nr. 21; Dekret *Presbyterorum Ordinis,* Nr. 2. (Anmerkung des Übersetzers: character indelebilis, d. h. „unauslöschliches Weihemal".)

[3] Papst Johannes Paul II., Schreiben *Dominicae Cenae,* Nr. 8; *AAS* 72 (1980), S. 128–129.

420 Es gehört also zum Wesen der Kirche selbst, daß die Vollmacht zum Vollzug der Eucharistie allein den Bischöfen und Priestern anvertraut wird, die durch den Empfang des Weihesakraments zu deren Dienern bestellt wurden. Aus diesem Grund erklärt auch die Kirche, daß das eucharistische Geheimnis in keiner Gemeinde gefeiert werden kann, es sei denn durch die Hände eines geweihten Priesters, wie das Vierte Laterankonzil ausdrücklich gelehrt hat.[1]

[1] IV. Laterankonzil, Const. de fide catholica *Firmiter credimus:* „Una vero est fidelium universalis Ecclesia, extra quam nullus omnino salvatur, in qua idem ipse sacerdos est sacrificium Iesus Christus, cuius corpus et sanguis in sacramento altaris sub speciebus panis et vini veraciter continentur, transsubstantiatis pane in corpus et vino in sanguinem potestate divina: ut ad perficiendum mysterium unitatis accipiamus ipsi de suo, quod accepit ipse de nostro. Et hoc utique sacramentum nemo potest conficere, nisi sacerdos, qui rite fuerit ordinatus, secundum claves Ecclesiae, quas ipse concessit Apostolis eorumque successoribus Iesus Christus" (*DS* 802).

421 Die einzelnen Gläubigen oder Gemeinden, die aufgrund von Verfolgungen oder durch den Mangel an Priestern über kürzere oder längere Zeit der Eucharistiefeier entbehren müssen, gehen deshalb der Gnade des Erlösers keineswegs verlustig. Wenn sie, zutiefst vom Wunsch nach dem Sakrament geleitet und im Gebet mit der ganzen Kirche vereint, den Herrn anrufen und ihre Herzen zu ihm erheben, haben sie in der Kraft des Hl. Geistes Gemeinschaft mit der Kirche, die der lebendige Leib Christi ist, und mit dem Herrn selbst. Durch ihr Verlangen nach dem Sakrament mit der Kirche vereint, sind sie, wenn auch äußerlich von ihr getrennt, zuinnerst und wirklich ganz mit der Kirche verbunden und empfangen daher die Früchte des Sakraments.

Theologentexte

Didache oder Apostellehre

(zwischen 80 und 100 bzw. erste Hälfte des 2. Jh.s)

422 Die Eucharistie – ein Dankopfermahl

Griech.: Didache (Apostellehre) u. a., eingel., hrsg., übertr. u. erläutert von Klaus Wengst, Darmstadt 1984 (Schriften des Urchristentums 2) 78; 80; 86.
Dt.: AaO., 79; 81; 87.

Das Werk ist in Syrien entstanden. Der erste Teil enthält moralische Weisungen aus der jüdischen Tradition, der zweite Weisungen zu Taufe, Eucharistie und zur Gemeindeordnung. In Nr. 422 stehen Gebete zu einem eucharistischen Gemeindemahl, das mit einer Sättigungsmahlzeit verbunden war. In Nr. 423 wird eine Anweisung zur Eucharistiefeier gegeben, bei der die Eucharistie als Opfer (ϑυσία) bezeichnet wird (vgl. Mal 1,10f.).

79 9. 1. Betreffs der Eucharistie: Sagt folgendermaßen Dank:
2. Zuerst betreffs des Bechers:
Wir danken dir, unser Vater,
für den heiligen Weinstock Davids, deines Knechtes,
den du uns offenbart hast durch Jesus, deinen Knecht.
Dir die Herrlichkeit in Ewigkeit.
3. Betreffs des Brotes:
Wir danken dir, unser Vater,
für das Leben,
81 das du uns offenbart hast durch Jesus, deinen Knecht.
Dir die Herrlichkeit in Ewigkeit.
4. Wie dies auf den Bergen zerstreut war
und zusammengebracht *ein* Brot geworden ist,
so soll deine Kirche zusammengebracht werden
von den Enden der Erde in dein Reich!
Denn dein ist die Herrlichkeit und die Kraft in Ewigkeit.
5. Niemand aber soll von eurer Eucharistie essen noch trinken als die auf den Namen des Herrn Getauften! Denn auch hierüber hat der Herr gesagt: Gebt das Heilige nicht den Hunden![1]

1 Mt 7,6a.

423 10. 1. Nach der Sättigung sagt folgendermaßen Dank:
2. Wir danken dir, heiliger Vater[1],
für deinen heiligen Namen,
den du in unseren Herzen hast Wohnung nehmen lassen[2],

und für die Erkenntnis, Glaube und Unsterblichkeit,
die du offenbart hast durch Jesus, deinen Knecht.
Dir die Herrlichkeit in Ewigkeit.

424

87 14. 1. An jedem Herrentag[3] versammelt euch, brecht das Brot und sagt Dank, indem ihr dazu eure Übertretungen bekennt, damit euer Opfer rein sei! 2. Jeder aber, der Streit mit seinem Nächsten hat, soll nicht mit euch zusammenkommen, bis sie sich ausgesöhnt haben[4], damit euer Opfer nicht entweiht werde! 3. Denn das ist das vom Herrn über das Opfer Gesagte: An jedem Ort und zu jeder Zeit mir ein reines Opfer darzubringen; denn ein großer König bin ich, sagt der Herr, und mein Name ist wunderbar unter den Völkern.[5]

1 Vgl. Joh 17,11. Beide Stellen machen es wahrscheinlich, daß die Anrede „heiliger Vater" liturgischer Sprache entstammt.
2 Vgl. Neh 1,9; Jer 7,12. Auf dem Hintergrund dieser Texte erscheinen die Christen als der neue Tempel Gottes; vgl. Barn 16,6–10.
3 Die Bezeichnung des Sonntags als „Herrentag" (hier pleonastisch κυριακὴ κυρίου) begegnet noch Apk 1,10; IgnMagn 9,1; EvPetr 9 (35).12(50); der Sonntag als Tag der christlichen Gemeindeversammlung 1 Kor 16,2; Act 20,7; Barn 15,9.
4 Vgl. Mt 5,23 f.
5 Mal 1,11.14.

Ignatius von Antiochien (gest. um 110)

Brief an die Epheser 20,1 und 2
Brief an die Philadelphier 4
Brief an die Smyrnäer 6,2–7,1

425 Die Eucharistie: Fleisch und Blut Jesu Christi – Mahl der Einheit und Liebe – Arznei der Unsterblichkeit

Griech.: Die sieben Ignatius-Briefe, in: Die Apostolischen Väter, eingel., hrsg., übertr. u. erläutert von Joseph A. Fischer, Darmstadt 1970 (Schriften des Urchristentums 1) 158; 160; 196; 208; 210.
Dt.: AaO., 159; 161; 197; 209; 211.

Der Bischof von Antiochien schrieb seine sieben Briefe als Gefangener auf dem Weg zum Martyrium. Seine Texte zur Eucharistie bezeugen, daß die verschiedenen Elemente ntl. Eucharistieverständnisses hier unverkürzt aufgenommen sind: Die Eucharistie ist Gegenwart Christi mit soteriologischer und zugleich ekklesiologischer Bedeutung.

Brief an die Epheser

159 20. 1. Wenn mich Jesus Christus durch euer Gebet würdigt und es der Wille ist, werde ich in einem zweiten Schreiben, das ich für

euch abzufassen vorhabe, euch des weiteren darlegen, was ich begonnen: den Heilsplan[1] im Hinblick auf den neuen Menschen Jesus Christus, [wirksam] im Glauben an ihn und in der Liebe zu ihm, in seinem Leiden und der Auferstehung; 2. ganz besonders [werde ich dies tun], wenn der Herr mir offenbart, daß ihr Mann für Mann, gemeinsam, alle im einzelnen in Gnade zusammenkommt in *einem* Glauben und in Jesus Christus, der dem Fleische nach aus dem Geschlecht Davids stammt[2], dem Menschensohn und Gottessohn, um dem Bischof und dem Presbyterium mit ungeteiltem Sinn Gehorsam zu bezeigen

161 und *ein* Brot zu brechen[3], das Unsterblichkeitsarznei ist, Gegengift, daß man nicht stirbt[4], sondern lebt in Jesus Christus immerdar.

426 Brief an die Philadelphier

197 4. Seid deshalb bedacht, *eine* Eucharistie zu gebrauchen – denn eines ist das Fleisch unseres Herrn Jesus Christus und einer der Kelch zur Vereinigung mit seinem Blut[5], einer der Opferaltar, wie einer der Bischof zusammen mit dem Presbyterium und den Diakonen, meinen Mitknechten[6] –, damit ihr, was immer ihr tut, gottgemäß tut!

427 Brief an die Smyrnäer

209 2. Achtet auf die Vertreter abweichender Meinungen hinsichtlich der Gnade Jesu Christi, die zu uns gekommen ist, wie sie sich im Gegensatz zum Sinne Gottes befinden! Sie kümmern sich nicht um die Liebespflicht, nicht um eine Witwe, nicht um ein Waisenkind, nicht um einen Bedrängten[7], nicht um einen Gefesselten oder [eben?] Freigelassenen, nicht um einen Hungernden oder Dürstenden.

428 7. 1. Von der Eucharistiefeier und vom Gebet bleiben sie fern, weil sie nicht bekennen, daß die Eucharistie das Fleisch unseres Erlösers Jesus Christus ist, das für unsere Sünden gelitten, das der Vater in seiner Güte auferweckt hat. Die nun der Gabe Gottes[8] widersprechen, sterben an ihrem Streiten.

211 Es wäre ihnen aber nützlich, Liebe zu bekunden, damit auch sie auferstünden.

1 Vgl. Eph 3,9; 1,10.
2 Röm 1,3; vgl. 2 Tim 2,8; Jo 7,42.
3 Vgl. 1 Kor 10,16 f.; 11,24; Apg 2,42.46; 20,7.11; 27,35; Didache 14,1; 9,3.
4 Das φάρμακον ἀθανασίας oder die ἀντίδοτος ἀθανασίας war ein Eli-

xier, das Isis erfunden haben soll. Doch spielte die Vorstellung von einem Heilmittel wider den Tod auch im Zauber und Mysterienkult sowie in der jüdischen Tradition eine Rolle.
[5] Vgl. 1 Kor 10,16 f.
[6] Vgl. Kol 1,7; 4,7.
[7] Vgl. Jak 1,27; Barn 20,2.
[8] Jo 4,10; vgl. 2 Kor 9,15.

Justin der Märtyrer (gest. um 165)

Apologie c. 66

429 Der Sonntagsgottesdienst: Wort und Eucharistie zum Heil der Gemeinde

Griech.: PG 6, 428A–429C.
Dt.: A. Heilmann mit H. Kraft (Hrsg.), Texte der Kirchenväter, nach Themen geordnet 4, München 1964, 276 ff.

In seiner Apologie beschreibt der frühchristliche Philosoph und Märtyrer Justinos u. a. auch die eucharistische Opferfeier der Neugetauften (c. 65) und den sonntäglichen Gottesdienst (c. 66 f.). Er bezeugt dabei die reale Gegenwart Jesu Christi in seinem Fleisch und Blut wie deren Heilsbedeutung. Bezeugt wird hier ferner die enge Verbindung von „Wortgottesdienst" und Eucharistiefeier.

276 Nach dem Bad [der Taufe] führen wir den, der gläubig geworden und uns beigetreten ist, zu jenen, die wir Brüder nennen, dorthin, wo sie versammelt sind, um gemeinschaftlich für uns selbst, für den, der erleuchtet worden ist, und für alle anderen auf der ganzen Welt inbrünstig zu beten, damit wir, nachdem wir die Wahrheit erkannt haben, gewürdigt werden, auch in Werken als tüchtige Mitglieder der Gemeinde und als Beobachter der Gebote erfunden zu werden und so die ewige Seligkeit zu erlangen. Haben wir das Gebet beendet, so begrüßen wir einander mit dem Friedenskuß. Dann wird dem Vorsteher der Brüder Brot und ein Becher mit Wasser und Wein gebracht. Er nimmt das und sendet Lob und Preis zum Vater aller Dinge durch den Namen des Sohnes und des Hei-
277 ligen Geistes empor und spricht eine lange Danksagung dafür, daß wir dieser Gaben von ihm gewürdigt worden sind. Hat er die Fürbitten und das feierliche Dankgebet beendet, so stimmt das ganze Volk ein mit dem Worte „Amen". Dieses Amen bedeutet in der hebräischen Sprache: Es geschehe! Nach der Danksagung des Vorstehers und der Zustimmung des ganzen Volkes reichen die, welche bei uns Diakonen heißen, jedem Anwesenden von dem

unter Danksagung geweihten Brot, Wein und Wasser und bringen davon auch den Abwesenden.

430 Diese Nahrung heißt für uns *Eucharistie*. Daran darf nur teilnehmen, wer unsere Lehren für wahr hält, das Bad zur Nachlassung der Sünden und zur Wiedergeburt empfangen hat und nach den Weisungen Christi lebt. Denn nicht als gewöhnliches Brot und als gewöhnlichen Trank nehmen wir das; sondern wie Jesus Christus, unser durch Gottes Wort fleischgewordener Erlöser, um unseres Heiles willen Fleisch und Blut angenommen hat, so ist – wie wir belehrt worden sind – die durch ein von ihm selbst stammendes Gebet unter Danksagung geweihte Nahrung, mit der unser Fleisch und Blut durch Umwandlung genährt wird, Fleisch und Blut jenes fleischgewordenen Jesus. Denn die Apostel haben in den von ihnen geschriebenen Denkwürdigkeiten, welche Evangelien genannt werden, überliefert, es sei der ihnen erteilte Auftrag so überkommen: Jesus habe Brot genommen, Dank gesagt und gesprochen: „Tut das zu meinem Gedächtnis, das ist mein Leib"; gleicherweise habe er den Kelch genommen, Dank gesagt und gesprochen: „Dieses ist mein Blut", und er habe nur ihnen davon ausgeteilt.

431 Wir erinnern uns deshalb immer wieder gegenseitig daran. Und sind wir wohlhabend, so helfen wir allen Bedürftigen, und wir halten immer einträchtig zusammen. Bei allem aber, was wir opfern, preisen wir den Schöpfer des Alls durch seinen Sohn Jesus Christus und durch den Hei-
278 ligen Geist. Am Tag, den man Sonntag nennt, findet eine Zusammenkunft aller statt, die in Städten oder auf dem Lande wohnen. Dabei werden die Denkwürdigkeiten der Apostel oder die Schriften der Propheten vorgelesen, solange es üblich ist. Hat der Vorleser aufgehört, so hält der Vorsteher eine Ansprache, worin er zur Nachahmung all dieses Guten ermahnt und auffordert. Dann stehen wir alle auf und senden Gebete empor. Und wenn das Beten beendet ist, wird Brot, Wein und Wasser herbeigebracht. Der Vorsteher spricht mit aller Kraft Gebete und Danksagungen, und das Volk stimmt ein, indem es „Amen" sagt. Darauf findet die Ausspendung und Entgegennahme [der Eucharistie] statt: jeder erhält seinen Teil von dem Geweihten; den Abwesenden aber wird es durch die Diakonen gebracht.

Origenes (um 184 – um 254)

Kommentar zum Matthäusevangelium

432 Eucharistie – Kommunion mit dem fleischgewordenen göttlichen Logos

Griech.: GCS X 58, 9–13 (In Mt. tom. 11,14); GCS XI 199, 21–25 (In Mt. comm. ser. 86).
Dt.: G. Koch, bzw. J. Betz, in: HDG IV, 4a (Eucharistie in der Schrift und Patristik) 49.

Für Origenes (vgl. Einl. in 265) wie vor ihm für Klemens von Alexandrien (gest. vor 215) und nach ihm beispielsweise Kyrill von Alexandrien (gest. 444) ist die Eucharistie vor allem Kommen des göttlichen Logos in Brot und Wein und die Kommunion mit dem Logos unter den Gestalten von Brot und Wein. Anders als bei den antiochenischen Theologen (vgl. 438–445) und der westlichen Tradition tritt dabei das Gedächtnis des Leidens und Sterbens Jesu ganz hinter den Inkarnationsgedanken zurück.

In Mt 11,14
Vieles aber könnte über den Logos selbst gesagt werden, der Fleisch geworden ist und wahre Speise. Wer ihn ißt, wird fraglos in Ewigkeit leben, wobei aber kein Böser ihn zu essen vermag. Wenn es nämlich möglich wäre, daß einer, der böse bleibt, den Fleischgewordenen, der Logos ist und lebendiges Brot, ißt, dann stünde nicht geschrieben: „Jeder, der dieses Brot ißt, wird in Ewigkeit leben" (Joh 6,51).

433 In Mt comm. ser. 86
Man darf sich aber nicht wundern, daß er (Christus) selbst das Brot ist und dasselbe mit uns ißt, daß er selbst der Trank von der Frucht des Weinstocks ist und (ihn) mit uns trinkt. Allmächtig ist nämlich der Logos Gottes, und er wird mit verschiedenen Benennungen bezeichnet, und unerschöpflich ist er hinsichtlich der Fülle seiner Kräfte (virtutes), da er höchstpersönlich jede Kraft selber ist.[a]

[a] Dieser Text ist nur in einer lat. Übersetzung überliefert.

Kyrill von Jerusalem (um 313–387)

Mystagogische Katechesen (348)

434 Teilhabe an der göttlichen Natur – durch Teilnahme am Fleisch und Blute Christi

Griech.: PG 33, 1097A – 1099.
Dt.: BKV 41, 378–379.

Kyrill (vgl. Einl. in 53) interpretiert mit Hilfe biblischer und platonischer Deutemuster die Eucharistie als ein Geschehen der Teilgabe und Teilnahme: Christus bietet unter den Gestalten von Brot und Wein (ἐν τύπῳ ἄρτου, ἐν τύπω οἴνου) sein Fleisch und Blut dar, die Empfangenden werden eines Leibes und eines Blutes mit ihm (σύσσωμοι ζααὶ σύναιμοι)
und erhalten so an der göttlichen Natur Anteil.

Text: Nr. 59–61.

Gregor von Nyssa (um 335–394)

Große Katechese Kap. 37

435 Die Eucharistie: Speise und Trank zum ewigen Leben

Griech.: PG 45, 93B – 97B.
Dt.: A. Heilmann mit H. Kraft (Hrsg.), Texte der Kirchenväter, nach Themen geordnet 4, München 1964, 294.

In seiner Oratio catechetica magna legt der Bischof von Nyssa nach der Lehre von der Taufe (Kap. 35 u. 36, vgl. Nr. 268 f.) im 37. Kapitel seine Theologie der Eucharistie dar. Gregor verbindet in seiner anthropologisch ansetzenden christologischen Begründung der Heilskraft der eucharistischen Gestalten Elemente der alexandrinischen Tradition mit Elementen, die eher in der antiochenischen Tradition eine Rolle spielen.

294 Menschen, die auf hinterlistige Weise Gift bekommen haben, tilgen dessen todbringende Macht durch ein Gegengift; sie müssen dieses ähnlich dem verderblichen Trank in die menschlichen Eingeweide einführen, damit die Kraft des Heilmittels auf diesem Wege in den ganzen Körper übergehe. So bedurften auch wir, nachdem wir von einer Speise gekostet hatten, welche die Auflösung unseres Körpers zu bringen drohte, einer anderen, welche die Auflösung hemmt, damit sie, als Gegenmittel von uns genommen, den Schaden wieder verdränge, den die erwartete schlimme Nahrung in unseren Körper getragen hat. Was ist nun diese Speise? Keine andere als jener Leib, der den Tod überwunden und uns das Leben gebracht hat. Denn wie nach den Worten des Apostels [1 Kor 5,5] ein wenig Sauerteig die ganze Teigmasse sich ähnlich macht, so bildet jener von Gott mit Unsterblichkeit ausgestattete

Leib den unserigen nach sich selbst um und verwandelt ihn. Denn wie, wenn Verdorbenes mit Gesundem gemischt wird, unfehlbar die ganze Mischung verdorben wird, so formt umgekehrt der unsterbliche Leib jeden, der ihn aufnimmt, ganz nach seiner Natur um.

<u>*Ambrosius (wahrsch. 339–397)*</u>

Liber de mysteriis IX. Kap. 52–55

436 Eucharistische Wandlung – kraft des Wortes Christi

Lat.: PL 16, 423C – 425A (mit Auslassung).
Dt.: BKV 32 (Ambrosius III) 299–301.

In der Traditionslinie der westlichen Kirche, bei der die Realpräsenz Christi in der Eucharistie seit Tertullian im Vordergrund des Interesses stand, legt Ambrosius (vgl. Einl. in 270) eine Art von eucharistischer „Wandlungstheologie" vor: Die innere Wandlung von Brot und Wein geschieht kraft des Wortes Christi.

299 52. So äußert denn, wie wir sehen[a], die Gnade eine größere Kraft als die Natur. Und wir sollten gleichwohl noch eine weitere Gnadenwirkung prophetischer Segnung aufzählen? Wenn nun schon ein menschlicher Segensspruch soviel vermochte, daß er eine Natur verwandelte: was sollen wir erst von der göttlichen Konsekration sagen, wo die Worte des Herrn und Heilandes selbst wirksam sind? Denn dieses Sakrament, das du empfängst, wird durch Christi Wort vollzogen. Wenn das Wort des Elias soviel vermochte, daß es Feuer vom Himmel herabzog:[1] soll Christi Wort es nicht vermö-
300 gen, daß die Gattung von Dingen sich verwandelt?[b] Von den Schöpfungswerken der ganzen Welt hast du gelesen: „Er sprach und sie wurden, er befahl und sie waren geschaffen."[2] Das Wort Christi, welches das Nichtseiende aus dem Nichts zu schaffen vermochte, soll Seiendes nicht in etwas verwandeln können, was es vorher nicht war? Nichts Geringeres ist es, neue Dinge zu setzen, als Naturen zu verwandeln. . . .

437 54. Der Herr Jesus selbst versichert mit lauter Stimme: „Das ist mein Leib."[3] Vor den himmlischen Segensworten heißt die Wesenheit anders, nach der Konsekration wird sie als „Leib" bezeichnet. Er selbst spricht von seinem Blut. Vor der Konsekration heißt es anders, nach der Konsekration wird es „Blut" genannt. Und du sprichst „Amen", d. i. „wahr ist's".[4]

301 Was der Mund spricht, soll der Geist innerlich bekennen; was das Wort tönt, soll das Herz fühlen.

55. Mit diesen Mysterien nährt Christus seine Kirche, daraus schöpft die Seelensubstanz ihre Kraft.

[1] 3 Kön 18,36 ff.; 4 Kön 1,10.12.
[2] Ps 148,5.
[3] Matth 26,26; 1 Kor 11,24.
[4] Dieser Akklamation des „ganzen anwesenden Volkes" nach den Kanongebeten tut auch Justin, Apol. I 65 Erwähnung. Auch beim Empfang der hl. Gestalten antwortete der Gläubige auf die Worte des Spenders „der Leib Christi", „das Blut Christi" mit einem „Amen".
[a] an atl. Beispielen bzw. Vorbildern (Mose, Ex 15,23 ff.; Elisäus, 4 Kön 6,5 f.).
[b] non valebit Christi sermo, ut species mutet elementorum?

Johannes Chrysostomus (344/54–407)

Siebzehnte Homilie zum Hebräerbrief (In Ep. ad Hebr. cap. X)

438 Das eine Opfer Christi in den vielen Opferfeiern der Kirche – kraft der Anamnese

Griech. bzw. lat. Version: PG 63, 131 (In Ep. ad Hebr. cap. X hom. 17, n. 3).
Dt.: G. Koch.

Bei Johannes Chrysostomus, Patriarch von Konstantinopel, Schüler des Diodor von Tarsus (gest. vor 394) und Mitschüler des Theodor von Mopsuestia (vgl. Einl. in 439) wird die antiochenische Tradition besonders deutlich greifbar. Selbst in der Eucharistielehre vorwiegend an moralischen Fragen interessiert, stellt sich Johannes Chrysostomus doch auch den eher dogmatischen Fragen: so der Frage nach der Identität des einen Kreuzesopfers Christi und der vielen eucharistischen Opferfeiern der Kirche.

Wie nun? Opfern wir denn nicht täglich? Wir opfern zwar, aber wir rufen seinen (Christi) Tod in Erinnerung:[a] Und dieser ist einer, nicht vielfältig ... Denselben nämlich opfern wir stets, nicht heute das eine, morgen das andere Opferlamm, sondern immer dasselbe. So ist das Opfer eines, und zwar aus folgender Überlegung: Gäbe es denn nicht sonst unter der Rücksicht, daß das Opfer an vielen Orten dargebracht wird, auch viele Christi? Keineswegs (ist das so), sondern überall ist ein Christus, der hier vollkommen ist und dort vollkommen, ein Leib. Wie also der an vielen Orten Geopferte ein Leib ist – und nicht viele Leiber: So handelt es sich auch um ein Opfer. Jener unser Hoherpriester ist es, der eine Opfergabe dargebracht hat, die uns reinigt. Auch jetzt opfern wir jene Opfergabe, die damals dargebracht wurde, eine Opfergabe, die nicht verbraucht werden kann. Dies geschieht zum Gedächtnis dessen, was damals geschehen ist:[b] „Dies nämlich tut", so spricht er, „zu meinem Gedächtnis" (Lk 22,19).

[a] offerimus quidem, sed eius mortem revocamus in memoriam.
[b] hoc fit in recordationem eius quod tunc factum est.

Theodor von Mopsuestia (um 350–428)

Katechetische Homilien
Kommentare zu Joh, 1 Kor und Mt

439 Die Eucharistie – wirksames Abbild der Passion Christi und der himmlischen Liturgie – kraft des Heiligen Geistes

Syr. (mit franz. Übers.): R. Tonneau (avec R. Devreesse), Les Homélies Catéchétiques de Théodore de Mopsueste, Studi e Testi 145, Città del Vaticano 1949, 485 (Hom. cat. XV § 15) 559 (Hom. cat. XVI § 16).
Lat. Vers.: J. M. Vosté, Theodori Mopsuesteni Commentarius in Ev. Ioannis Apostoli (Textus et Versio), CSCO, Script. Syr. ser. IV, t. III, Louvain 1940, 106 ff. (In Io. 6,56 f. u. 6,63).
Griech.: K. Staab, Pauluskommentare aus der griech. Kirche, Ntl. Abh. XV, Münster 1933, 189 (In 1 Cor 11,33/34). – J. Reuß, Matthäus-Kommentare aus der griech. Kirche, TU 61, Berlin 1957, 133 f. (In Mt 26,26).
Dt.: G. Koch, Die Heilsverwirklichung bei Theodor von Mopsuestia, München 1965, 194; 196 f.; 200 f.; 206. – J. Betz, in: HDG IV, 4a, 107.

In eigengeprägter spekulativer Durchdringung antiochenischer Tradition bringt Theodor (vgl. Einl. in 65) den mehrfachen Verweischarakter der eucharistischen Liturgie überzeugend zum Ausdruck: Sie verweist auf die Passion Christi damals und die eschatologische Vollendung in der Zukunft. Sie verweist zugleich auf die Gegenwart des Leibes und Blutes Christi: Brot und Wein als Symbole oder Typen dieser Gegenwart werden durch die Epiklese des Heiligen Geistes mit heilbringender Wirklichkeit erfüllt.

Hom. cat. XV § 15

194 Man muß also vor allen Dingen dies wissen: das, wovon wir unsere Nahrung erhalten, ist eine Art von Opfer, das wir vollbringen. In der Tat, obschon wir in der Nahrung und in dem Trank das Gedächtnis begehen (nous fassions mémoire) des Todes unsres Herrn, und obwohl wir glauben, daß diese Dinge die Erinnerung (le souvenir) seines Leidens sind, . . ., ist es klar, daß wir in der Liturgie gleichsam ein Opfer vollziehen . . . Es ist also offensichtlich ein Opfer, das der Bischof vollzieht, ohne daß es doch sein eigenes ist; es ist vielmehr ein Gedächtnis jener wahrhaften Opferung (de cette immolation véritable). Da es ja in der Tat die Zeichen von himmlischen Wirklichkeiten sind, welche er in Abbil-

dern (en figures) vollzieht, muß dieses Opfer also auch die Kundgabe davon sein (la manifestation); ... der Bischof stellt eine Art von Bild dar (fait une sorte d'image) von jener Liturgie, die im Himmel geschieht; es wäre ja nicht möglich gewesen, daß wir Priester wären, wir, die wir außerhalb des Gesetzes unser Amt erfüllen, wenn wir nicht das Bild der himmlischen Wirklichkeiten hätten.

440 Hom. cat. XVI § 16

196 Bei dem Gedächtnis dessen, was geschah, ist es die Gabe Christi unsres Herrn selbst, die er uns alle zu schauen vorbereitet vermittels dieser Opfergaben (en commémorant ce qui eut lieu, c'est le don même du Christ notre Seigneur qu'il nous prépare tous à regarder par le moyen de ces oblats). Es ist daher aber nötig, daß unser Herr Christus von den Toten aufersteht durch die Kraft dieser Handlungen (par la

197 vertu de ces actions) und daß er seine Gnade über uns alle ausgießt; dieses kann nicht anders geschehen als durch die Ankunft der Gnade des Heiligen Geistes ... Es ist also durchaus notwendig, daß der Bischof, dem Gesetz des Priestertums folgend, Bitte und Flehen vor Gott bringt, auf daß die Ankunft des Heiligen Geistes sich ereignet und die Gnade von da herabkommt über das dargebrachte Brot und den dargebrachten Wein, damit man sieht, daß da in Wahrheit (véritablement) der Leib und das Blut unsres Herrn ist ... Denn auch der Leib unsres Herrn Christus, der von unserer Natur ist, war zuerst sterblich der Natur nach, vermittels der Auferstehung aber ging er ein in eine unsterbliche und unwandelbare Natur. Wenn also der Bischof sagt, daß diese (Brot und Wein) der Leib und das Blut Christi sind, so tut er deutlich kund, daß sie es geworden sind durch die Ankunft des Heiligen Geistes und daß sie durch ihn unsterblich geworden sind; denn auch der Leib unsres Herrn erwies sich in Klarheit so (s'est ainsi clairement montré), als er gesalbt wurde und den Geist empfing. In derselben Weise ist es auch jetzt noch, wenn der Heilige Geist kommt, eine Art von Salbung durch die darübergekommene Gnade, welche, so glauben wir, die dargebrachten Gaben von Brot und Wein empfingen. Und daher glauben wir, daß sie der Leib und das Blut Christi sind, unsterblich, unverderblich, leidensunfähig und unwandelbar von Natur, wie es sich ereignete bei dem Leib unsres Herrn vermittels der Auferstehung.

441 Zu Joh 6,56 f. und 6,63

201 Wer mein Fleisch ißt und mein Blut trinkt, wird gleichsam eine Teilhabe von da her mit mir besitzen, durch die Wirkung der Gnade des Geistes ... beständig wird er ewiges Leben genießen. ...

442

200 Es ist aber klar, daß jene Worte sich nicht in einem realen Sinn auf die Gottheit beziehen ... Wer ja wäre so töricht, daß er sagte, die Gottheit werde gegessen ...

443

201 Nicht freilich das Fleisch verleiht durch seine Natur selbst dieses Geschenk, sondern die göttliche Natur, die nicht in die Materie eingesenkt ist (non est immersa in materia), schenkt durch den Leib dieses Leben.

444 Zu 1 Kor 11,33 f.

206 Es ist aber nicht recht, wenn sich die, welche in solche Sünden fallen, der Mysterien berauben, gut ist es vielmehr, wenn sie herzutreten mit umso größerer Furcht, indem sie deren Erhabenheit bedenken und ihre Teilnahme unter guten Hoffnungen vollbringen (ποιουμένους δὲ ἐπ' ἐλπίσιν ἀγαθαῖς τὴν μετάληψιν), wie denn ja auch (Sünden-)Nachlaß uns von dort zuteil wird, wenn wir uns nach Kräften von der Sünde enthalten und nicht als solche erfunden werden, die sich um die anderen nicht kümmern; und wie uns ja auch die Mitwirkung des Geistes (πνευματικὴ συνέργεια) zu einer müheloseren rechten Lebensführung (πρὸς εὐμαρεστέραν τοῦ βίου κατόρθωσιν) (von dorther zuteil wird). Alles nämlich, was uns durch den Tod des Christus zukam, das wird billigerweise auch von den Symbolen seines Todes vollbracht.[1] Daher möchte ich den Mut haben zu sagen, daß einer, auch wenn er die größten Sünden begangen hat (κἂν τὰ μέγιστά τις ἡμαρτηκὼς τυγχάνῃ), falls er entschlossen ist, sich künftig jeden gottlosen Handelns zu enthalten und nach der Tugend zu trachten, indem er den Gesetzen Christi entsprechend lebt, an den Mysterien teilnehmen sollte; wenn er ohne Zweifel glaubt (πάνυ πεπιστευκώς), daß er die Vergebung aller (Sünden) empfängt, wird er in seinem Glauben nimmermehr enttäuscht werden.

[1] πάντα γὰρ ὅσα διὰ τοῦ θανάτου προσγέγονεν ἡμῖν τοῦ Χριστοῦ, ταῦτα καὶ ἀπὸ τῶν συμβόλων ἐπιτελεῖσθαι τοῦ θανάτου δίκαιον.

445 Zu Mt 26,26

107 (Jesus) sagte nicht: „Das ist das Symbol (symbolon) meines Leibes und das meines Blutes", sondern: „Das ist mein Leib und mein Blut." Er belehrt uns dadurch, nicht auf die Natur (physis) der vorgelegten Gaben zu schauen, sondern zu glauben, daß sie das durch die über ihnen erfolgte Eucharistie geworden sind.

Augustinus (354–430)

Sermo 272 (Sermones zw. 392 und 430)
Gottesstaat XXI, 25 (413–426)

446 Die Eucharistie – Realsymbol des Leibes und Blutes Christi und seines mystischen Leibes, der Kirche

Lat.: PL 38, 1246 ff. – PL 41, 741 ff.
Dt.: G. Koch (Sermo 272); – Der Gottesstaat Bd. 2, in deutscher Sprache von C. J. Perl, Paderborn u. a. 1979, 470–473.

Augustinus (vgl. Einl. in 66) hat das platonisch-neuplatonische Urbild-Abbild-Denken und den Teilhabe-Gedanken in die westliche Theologie folgenreich eingebracht. Er sieht in der Eucharistie nicht nur ein Realsymbol des Leibes und Blutes Christi (und so Christi selber), sondern auch seines mystischen Leibes, der Kirche. Dadurch sind bei ihm Spannungen zwischen sakramentalem Realismus und sakramentalem Symbolismus bedingt, die in der weiteren Folge zu Einseitigkeiten führen.
Vgl. Text aus Sermo 272: Nr. 69 f.

Gottesstaat XXI, 25

470 Es ist daher verständlich, wenn gefragt wird, wie die Worte des Herrn Jesus aufzufassen seien: „Das ist das Brot, das vom Himmel herabkommt, damit keiner, der davon ißt, je sterbe. Ich bin das lebendige Brot, der ich vom Himmel herabgekommen bin. Wenn einer von diesem Brote ißt, wird er leben in Ewigkeit" (Jo 6,50 f.). Wir wollen zuerst den einen antworten, weil ihre Auffassung ja von den anderen, denen wir später erwidern werden, bestritten wird. Wir entgegnen also denen, die eine Befreiung von der ewigen Strafe zumindest nicht mehr allen versprechen, die die Sakramente der Taufe und des Leibes Christi empfangen haben, sondern bloß den Katholiken, auch wenn sie schlecht leben, weil sie ihrer Ansicht nach nicht nur im Sakrament, sondern in Wirklichkeit den Leib Christi genossen haben, das heißt, seinem Leibe selbst eingegliedert sind, von dem der Apostel

471 sagt: „Weil es ein einziges Brot ist, sind wir als viele doch ein einziger Leib" (1 Kor 10,17). Wer also in der Einheit seines Leibes ist, ein Glied unter den Gliedern des Christusleibes, dessen Sakra-

ment die Gläubigen in der Kommunion am Altar zu sich zu nehmen pflegen: nur von dem kann in Wahrheit gesagt werden, er esse den Leib Christi und trinke das Blut Christi. Und deshalb können zwar Häretiker und Schismatiker, die sich von der Einheit dieses Leibes abgetrennt haben, dasselbe Sakrament empfangen, aber nicht zu ihrem Nutzen, sondern sogar im Gegenteil zu ihrem Schaden, denn sie werden dadurch nur noch strenger verurteilt und auch später nicht befreit werden. Sie befinden sich eben nicht in jenem Friedensverband, der in diesem Sakrament seinen Ausdruck findet. . . .

Petrus Lombardus (um 1095–1160)

Die vier Bücher der Sentenzen (1142–1158)
Aus Buch IV

447 Die eucharistische Wandlung – Wandlung in die Substanz des Leibes und Blutes Christi

Lat.: Magistri Petri Lombardi Sententiae in IV libris distinctae t.III l.III et IV, Grottaferata (Romae) 1981, 280; 281; 282; 284 f.; 300 f.; 308; 310. Dt.: G. Koch.

Bei Petrus Lombardus (vgl. Einl. in 78) wird eine Entwicklung greifbar, die von der vieldimensionalen Eucharistielehre der griechischen Väter und des Augustinus zu einer gewissen Vereinseitigung und „Versachlichung" des Eucharistieverständnisses führte: Das bei Berengar von Tours (vgl. Nr. 359) übertriebene sakramentale Symboldenken tritt zurück hinter dem Interesse an der realen Gegenwart und Greifbarkeit Christi in der Eucharistie, die nun mehr und mehr in aristotelischen Aussageformen (Kategorien) ausgelegt wird.

d. VIII c. 1 (48)
Über das Altarsakrament. Nach dem Sakrament der Taufe und der Firmung folgt das Sakrament der Eucharistie. Durch die Taufe werden wir gereinigt; durch die Eucharistie im Guten vollendet. Die Taufe löscht die Glut der Laster aus; die Eucharistie gibt geistliche Erquickung. Daher wird sie sehr treffend „Eucharistie" genannt, das ist „gute Gnade" (bona gratia), weil in diesem Sakrament nicht nur ein Wachstum der Tugend und der Gnade gegeben ist, sondern jener ganz genossen wird, der Quell und Ursprung aller Gnade ist (sed ille totus sumitur, qui est fons et origo totius gratiae).

448 d. VIII c. 3 (50)
Über die Einsetzung des Sakramentes. Hier geht es vor allem

anderen, was zu erwägen ist, um vier Dinge, nämlich Einsetzung, Form (forma), Sakrament und Sache (res). – Das Sakrament setzte der Herr ein, als er nach dem vorbildhaften Lamm seinen Leib und sein Blut den Jüngern beim Mahle darreichte.

449 d. VIII c. 4 (51)
Über die Form. Die Form aber ist die, welche er selbst ebendort gab, als er sprach: Dies ist mein Leib; und danach: Dies ist mein Blut. Wenn nämlich diese Worte vorgetragen werden, geschieht die Wandlung des Brotes und des Weines in die Substanz des Leibes und Blutes Christi (conversio fit panis et vini in substantiam corporis et sanguinis Christi); alle übrigen Worte werden zum Lobe Gottes gesprochen.

450 d. VIII c. 7 (54)
1. Über die Sache (re) des Sakramentes, welche doppelt ist. Die Sache dieses Sakramentes aber ist zweifach: Eine nämlich ist enthalten und bezeichnet, die andere aber ist bezeichnet und nicht enthalten. Die enthaltene und bezeichnete Sache ist das Fleisch Christi, welches er von der Jungfrau annahm, und das Blut, das er für uns vergossen hat ... Die bezeichnete und nicht enthaltene Sache ist „die Einheit der Kirche in den Vorherbestimmten, Berufenen, Gerechtfertigten und Verherrlichten".[1] Dies ist das doppelte Fleisch Christi ...
2. Über die drei Momente, die hier unterschieden werden können. Es sind also hier drei Momente zu unterscheiden: Das eine ist das „Nur-Sakrament" (unum quod tantum est sacramentum), das andere ist „Sakrament und Sache" (alterum quod est sacramentum et res) und das dritte ist „die Sache, nicht aber das Sakrament" (et tertium quod est res et non sacramentum). Nur-Sakrament ist die sichtbare Gestalt des Brotes und Weines; Sakrament und Sache ist Christi eigenes Fleisch und Blut; Sache, nicht aber Sakrament ist sein mystisches Fleisch (mystica eius caro).

1 Augustinus, Tract. in Ioann. Ev. 26, n. 15 (PL 35, 1614; CCL 36, 267).

451 d. XI c. 4 (63)
1. Der Grund für die doppelte Gestalt (der Eucharistie). Aber warum wird sie unter doppelter Gestalt genossen, wenn unter jeder der beiden Gestalten Christus ganz ist? Damit gezeigt wird, daß er die ganze menschliche Natur angenommen hat, um sie ganz zu erlösen. Das Brot nämlich bezieht sich auf das Fleisch, der Wein

auf die Seele; denn der Wein wirkt Blut, in dem nach Aussage der Ärzte der Sitz der Seele ist. Deswegen also wird sie unter zwei Gestalten gefeiert, damit die Annahme des Leibes und der Seele in Christus und die Befreiung beider in uns bezeichnet werde (ut animae et carnis susceptio in Christo, et utriusque liberatio in nobis significetur).

452 d. XII c. 5 (70)

1. Ob die Eucharistie ein Opfer ist und Christus des öfteren geopfert wird. . . . Dazu kann in Kürze gesagt werden, daß jenes, was geopfert und vom Priester geweiht wird, Opfer und Darbringung heißt, weil es Gedächtnis und Vergegenwärtigung (memoria et repraesentatio) des wahren Opfers und der heiligen Opferdarbringung ist, die auf dem Altar des Kreuzes geschah. Und einmal ist Christus gestorben, am Kreuz nämlich, dort wurde er in sich selbst geopfert; täglich aber wird er im Sakrament geopfert, weil im Sakrament das Gedächtnis dessen geschieht, was einmal geschehen ist.

453 d. XII c. 6 (71)

1. Über den Grund der Einsetzung. Eingesetzt nämlich ist dieses Sakrament aus zwei Gründen: zur Vermehrung der Tugend d. h. der Liebe und als Heilmittel für die tägliche Schwäche (in augmentum virtutis, scilicet caritatis, et in medicinam quotidianae infirmitatis).

Thomas von Aquin (wahrsch. 1225–1274)

Summa theologica III quaestiones 73–83 (1273)

454 Die Eucharistie: Gegenwart Christi zur Erwirkung von Gnade

Lt. und dt.: Die deutsche Thomas-Ausgabe, Vollständige, ungekürzte deutsch-lateinische Ausgabe der Summa theologica 30. Bd. (III, 73–83) Salzburg/Leipzig 1938.
III q. 73a 1 ad III. S. 3; 6f. III q. 76a 1c S. 89f. III q. 79a 1c S. 190; 192ff.

Thomas von Aquin (vgl. Einl. in 80) bringt auch in der Eucharistielehre die scholastische Betrachtungsweise zur Vollendung. Neben der Tendenz zu einer fortschreitenden „Versachlichung" des Eucharistieverständnisses werden bei ihm auch zukunftsträchtige Verstehenselemente der Tradition weitergegeben und entfaltet, bzw. es werden solche Elemente sogar neu eingebracht.

III q. 73a 1 ad III.

3 1. Artikel

Ist die Eucharistie ein Sakrament?

6 Zu 3. Etwas heißt Sakrament, sofern es etwas Heiliges (sacrum) enthält. Heilig kann aber etwas in doppelter Weise sein: in sich selbst und in Hinordnung auf etwas anderes. Dieses ist aber der Unterschied zwischen der Eucharistie und den anderen Sakramenten, die einen sinnfälligen Stoff haben, daß die Eucharistie etwas in sich Heiliges enthält, nämlich Christus selbst; das Taufwasser dagegen enthält etwas, das in Hinordnung auf etwas anderes heilig ist, nämlich die Kraft zum Heiligmachen, und dasselbe gilt vom Chrisam und ähnlichem. Deshalb wird das Sakrament der Eucharistie in der Weihe des Stoffes vollzogen, die anderen Sakramente dagegen werden vollzogen, wenn der Stoff angewandt wird, um den Menschen zu heiligen.

Daraus ergibt sich noch ein anderer Unterschied: im Sakrament der Eucharistie ist das, was „Sache und Sakrament" ist, im Stoffe selbst; die „Nur-Sache" aber ist im Empfänger, nämlich die mitgeteilte Gnade. In der Taufe dagegen ist beides im Empfänger, nämlich das
7 Taufmal als „Sache und Sakrament" und die Gnade des Sündennachlasses als die „Nur-Sache". Dasselbe gilt auch von den anderen Sakramenten.

455 III q. 76a 1c

89 1. Artikel

Ist der ganze Christus unter diesem Sakrament enthalten?

90 Antwort: Unbedingt ist gemäß dem katholischen Glauben zu bekennen, daß der ganze Christus in diesem Sakramente ist. Zu wissen ist jedoch, daß etwas von Christus auf zweierlei Art in diesem Sakramente ist: Einmal sozusagen kraft des Sakramentes, dann aus naturgemäßer Mitfolge. Kraft des Sakramentes ist unter dessen Gestalten das, in was unmittelbar die vorher vorhandene Substanz des Brotes und Weines verwandelt wird, wie es bezeichnet wird durch die Worte der Form, die in diesem Sakramente wie auch in den übrigen wirkkräftig sind, so wenn es heißt: „Dies ist Mein Leib"; „Dies ist Mein Blut". Aus naturgemäßer Mitfolge aber ist in diesem Sakrament jenes, was tatsächlich mit dem verbunden ist, worin die erwähnte Verwandlung ihr Ziel hat. Wenn nämlich zwei Dinge tatsächlich miteinander verbunden sind, muß, wo das eine tatsächlich ist, auch das andere sein. Nur durch die Denktätigkeit der Seele wird nämlich unterschieden, was tatsächlich miteinander verbunden ist.

456 III q. 79a 1c

190 1. Artikel

Wird durch dieses Sakrament Gnade verliehen?

192 Antwort: Die Wirkung dieses Sakramentes muß zuerst und hauptsächlich von dem aus betrachtet werden, was in diesem Sakrament enthalten ist, und das ist Christus. Wie Er, da Er sichtbar in die Welt kam, der Welt das Leben der Gnade brachte – Jo 1,17: „Die Gnade und Wahrheit ist durch Jesus Christus geworden" –, so wirkt Er, wenn Er sakramental in den Menschen kommt, das Leben der Gnade – Jo 6,58: „Wer Mich ißt, der wird leben um Meinetwillen" . . .

Zweitens wird jene Wirkung betrachtet von dem aus, was durch dieses Sakrament vergegenwärtigt wird, und das ist das Leiden Christi. Deshalb wird das, was vom Leiden Christi in der Welt bewirkt worden ist, durch dieses Sakrament im Menschen bewirkt . . .

193 Drittens wird die Wirkung dieses Sakramentes von der Art und Weise aus betrachtet, wie dieses Sakrament gespendet wird, nämlich als Speise und Trank. Jede Wirkung also, die stoffliche Speise und stofflicher Trank im leiblichen Leben hervorbringen, wie Erhalten, Vermehren, Wiederherstellen und Ergötzen, all dies bewirkt dieses Sakrament im geistigen Leben . . .

Viertens wird die Wirkung dieses Sakramentes betrachtet von den Gestalten her, unter denen es gereicht wird. So sagt Augustinus: „Unser Herr hat Seinen Leib und Sein Blut unter jenen Dingen dargeboten, die aus vielen zu einem einzigen zusammengefügt werden; denn das eine – das Brot – ersteht aus vielen Körnern zur Einheit, das andere – der Wein – fließt aus vielen Trauben zusammen." Und anderswo: „O Sakrament der Güte, o Sinnbild der Einheit, o Band der Liebe!"

Weil nun Christus und Sein Leiden die Ursache der
194 Gnade sind, und weil die geistige Erquickung und Liebe ohne die Gnade nicht sein können, ist aus allem bisher Gesagten klar, daß dieses Sakrament Gnade verleiht.

Martin Luther (1483–1546)

Von der babylonischen Gefangenschaft der Kirche
Ein Vorspiel Martin Luthers (1520)

457 Das Abendmahl als Erfüllung göttlicher Vergebungsverheißung für den Glauben – kraft der Gegenwart Christi

Lat.: WA 6, 504 f.; 509 f.; 512; 513 f.; 515 f.
Dt.: Luther deutsch. Die Werke Martin Luthers in neuer Auswahl für die Gegenwart hrsg. von K. Aland, Bd. 2 (Martin Luther der Reformator), Stuttgart/Göttingen 1962, 175; 181 f.; 183; 186; 189.

Luther (vgl. Einl. in 93) sieht die Eucharistie in der Kirche seiner Zeit in verschiedenen „Gefangenschaften" d. h. Entstellungen von Lehre und Praxis. Auf diesem Hintergrund entwickelt er seine reformatorischen Forderungen: das Abendmahl unter beiderlei Gestalt für alle – Verzicht auf aristotelische Kategorien bei der Auslegung der Realpräsenz Christi – Ablehnung des Opfer- und Werkcharakters der Messe zugunsten ihres Verständnisses als Erfüllung göttlicher Verheißung für den Glauben.

175 Ich beschwöre dich aber, was besteht für ein Zwang, was für religiöse Bedenken können wir haben und wozu dient es, den Laien (den Genuß des Abendmahls in) beiderlei Gestalt, d. h. das sichtbare Zeichen, zu verwehren? Dabei gestehen ihnen doch alle das Sakrament als solches zu – allerdings ohne das Zeichen. Gestehen sie ihnen nun das Sakrament als solches zu, was ja das Wesentliche ist, warum nicht auch das Zeichen, das von geringerer Bedeutung ist? Denn in jedem Sakrament ist das Zeichen, soweit es nur ein Zeichen ist, von unvergleichlich geringerer Bedeutung als das Sakrament selbst. Was hindert es also, so frage ich, das Unwesentlichere zu geben, wo man doch das Wesentliche gibt?

458

181 Die Kirche hat mehr als zwölfhundert Jahre recht geglaubt, nie und nirgends haben die heiligen Väter die Transsubstantiation (was schon ein recht ungeheuerliches
182 Wort ist und erträumt) erwähnt, bis die sogenannte Philosophie des Aristoteles in diesen letzten dreihundert Jahren in der Kirche überhandgenommen hat.

Warum kann Christus seinen Leib nicht in der Substanz des Brotes erhalten, ebenso wie er ihn (nach der Kirchenlehre) in den Akzidenzien erhält? Siehe, das Eisen und Feuer, zwei Substanzen, werden in einem glühenden Eisen so vermischt, daß jeder Teil Eisen und Feuer (zugleich) ist. Warum kann nicht der verklärte Leib Christi viel eher ebenso in allen Teilen der Substanz des Brotes sein?

Was sollen wir hierzu sagen, wenn wir den Aristoteles und

menschliche Lehren zu Richtern über so hohe und göttliche Dinge machen? Warum verwerfen wir nicht solchen Vorwitz und bleiben schlicht bei den Worten Christi und sind bereit, nicht zu wissen, was da geschehe, und sind zufrieden damit, daß kraft der Worte der Leib Christi da ist? Ist es denn nötig, daß wir die Art und Weise des göttlichen Handelns gänzlich begreifen?

459

183 *Die dritte Gefangenschaft* dieses Sakramentes ist der überaus gottlose Mißbrauch, durch den es gekommen ist, daß heute in der Kirche fast nichts verbreiteter ist, fester geglaubt wird, als daß die Messe ein gutes Werk und ein Opfer ist.

460

186 Du siehst also, daß die Messe (wie wir sie nennen) eine von Gott gegebene Verheißung der Vergebung der Sünden ist. Es ist eine solche Verheißung, die durch den Tod des Sohnes Gottes bekräftigt wird. Denn eine Verheißung und ein Testament unterscheiden sich durch nichts anderes, als daß ein Testament zugleich den Tod dessen voraussetzt, der das Versprechen gegeben hat. Und der Erblasser ist dasselbe wie einer, der bei seinem Tode ein Versprechen gibt; wer aber ein Versprechen gibt, ist (um es einmal so zu sagen) ein Erblasser, der am Leben bleibt. Dieses Testament Christi ist in allen Verheißungen Gottes von Anfang der Welt an vorgebildet. Ja, alle alten Verheißungen haben in dieser neuen zukünftigen Verheißung in Christus ihre Kraft. Was sie auch immer vermocht haben, das hing an ihr. Daher sind diese Worte in der Schrift sehr gebräuchlich: Vertrag, Bund und Testament des Herrn.

461

189 Die Messe ist demnach ihrem Wesen nach eigentlich nichts anderes als die oben genannten Worte Christi: „Nehmet hin und esset" usw., so als ob er sagte: Siehe, du sündiger und verdammter Mensch, aus lauter und unverdienter Liebe, mit der ich dich liebe – der Vater aller Barmherzigkeit will es so haben –, verheiße ich dir mit diesen Worten, ehe du irgend etwas verdient und verlangt hast, Vergebung aller deiner Sünden und das ewige Leben. Und auf daß du dieser meiner unwiderruflichen Verheißung ganz gewiß seiest, will ich meinen Leib dahingeben und mein Blut vergießen und diese Verheißung mit dem Tode selbst bekräftigen und beides (den Leib und das Blut) zum Zeichen und Gedächtnis dieser Verheißung hinterlassen. Sooft du davon Gebrauch machst, sollst du mein gedenken und diese meine Liebe und Güte gegen dich preisen, loben und danksagen.

Daraus siehst du, daß für eine würdige Messe nichts anderes gefordert wird als der Glaube, der sich fest auf die Verheißung verläßt, der daran glaubt, daß Christus in diesen seinen Worten die Wahrheit redet, und nicht zweifelt, ihm seien diese unermeßlichen Güter geschenkt.

Johannes Calvin (1509–1564)
Unterricht in der christlichen Religion ([4]1559)
IV, 17.1–3.

462 Das Abendmahl – Zeichen der Gabe ewigen Lebens in Christus

Franz.: Inst. IV, 17.1–3. – Ioannis Calvini Opera quae supersunt omnia, ed. G. Baum u. a., vol. IV, Braunschweig 1866.
Dt.: J. Calvin, Unterricht in der christlichen Religion. Nach der letzten Ausgabe übersetzt und bearbeitet von Otto Weber, Neukirchen-Vluyn [2]1963, 940f.; 943.

Calvin (vgl. Einl. in 96) betont beim Sakrament der Eucharistie wieder neu den Zeichencharakter von Brot und Wein. Er bemüht sich zugleich, die Wirkkraft des Abendmahls nicht zu kurz kommen zu lassen: Sie ist Nahrung ewigen Lebens durch die personale Teilhabe an Christus.

Siebzehntes Kapitel
Vom Heiligen Abendmahl des Herrn – und was es uns bringt

940 1 Gott hat uns einmal in seine Hausgenossenschaft aufgenommen, und zwar, um uns nicht nur als seine Knechte, sondern als seine *Kinder* anzusehen. Nachdem er das getan hat, will er aber auch das Amt eines sehr guten *Vaters* erfüllen, der für seine Kinder sorgt, und dazu nimmt er es auf sich, uns im ganzen Laufe unseres Lebens Speise zu geben. Ja, er hat sich damit nicht zufriedengegeben, sondern uns ein *Unterpfand* geschenkt, mit dem er uns solcher fortwährenden Freundlichkeit hat vergewissern wollen. Zu diesem Zweck hat er daher seinen Kindern durch die Hand seines eingeborenen Sohnes das *zweite Sakrament* gegeben, nämlich das *geistliche Mahl,* in welchem Christus bezeugt, daß er das lebendigmachende Brot ist, durch das unsere Seelen zur wahren, seligen Unsterblichkeit gespeist werden (Joh 6,51).
Nun ist es aber von dringender Notwendigkeit, dieses große Geheimnis zu kennen, und es erfordert angesichts seiner Wichtigkeit eine *eingehende Darlegung.* Zudem hat der Satan die Kirche dieses unermeßlichen Schatzes berauben wollen und in dieser Absicht zunächst Nebel und dann Finsternis vor ihm aufziehen lassen, um sein Licht zu verdunkeln; auch hat er Streitigkeiten und Kämpfe

erregt, um damit die Sinne einfältiger Menschen vom Genuß solcher heiligen Speise abzubringen, und auch zu unserer Zeit hat er die nämliche List versucht. Ich muß also zunächst mit Rücksicht auf das Auffassungsvermögen der Unkundigen den wesentlichen Inhalt der Sache zusammenfassen, dann aber auch jene Knoten auflösen, in welche der Satan die Welt zu verstricken versucht hat.

463 Zunächst: die *Zeichen* (bei diesem Sakrament) sind Brot und Wein: sie stellen uns die unsichtbare Speise dar, die wir aus Christi Fleisch und Blut empfangen. Denn wie uns Gott in der Taufe die Wiedergeburt schenkt, in die Gemeinschaft seiner Kinder einfügt und durch Aufnahme in die Kindschaft zu den Seinen macht, so erfüllt er, wie gesagt, das Amt eines fürsorglichen Hausvaters darin, daß er uns fort und fort Speise gewährt, um uns damit in dem Leben zu erhalten und zu bewahren, zu dem er uns durch sein Wort gezeugt hat.
Und dann: *die einige Speise unserer Seele ist Christus,* und deshalb lädt uns der himmlische Vater zu *ihm* ein, damit wir, indem wir seiner teilhaftig werden, Erquickung empfangen und dadurch immer wieder neue Kraft sammeln, bis wir zur himmlischen Unsterblichkeit gelangt sind.

464 Dies *Geheimnis der verborgenen Einung Christi mit den Frommen* aber ist seiner Natur nach *unbegreiflich;* daher läßt er eine *Vergegenwärtigung* oder ein *Bild* solchen Geheimnisses in sichtbaren Zeichen kundwerden, die unserem geringen Maß auf das beste angepaßt sind, ja, er gibt uns gleichsam *Pfänder* und *Merkzeichen* und macht es uns damit zur Gewißheit, wie wenn wir es mit Augen sähen. Denn es ist ein vertrautes Gleichnis, das auch bis in den unkundigsten Verstand dringt: unsere Seelen werden *genau so* mit *Christus* gespeist, *wie* Brot und Wein das *leibliche* Leben erhalten. Damit wird uns also schon deutlich, welchem Zweck diese verborgene Segnung (mystica benedictio) dient: sie soll uns die Gewißheit verschaffen, daß der Leib des Herrn dergestalt *einmal für uns geopfert* worden ist, daß wir ihn *jetzt als Speise genießen* und über solchem Genießen die *Wirkkraft dieses einigen Opfers an uns erfahren,* – und daß sein Blut dergestalt *einmal* für uns vergossen ist, daß es uns zu einem *Trank* wird für *immerdar.* So lauten denn auch die Worte der Verheißung, die dabei zugefügt ist: „Nehmet, . . . das ist mein Leib, der für euch gegeben wird" (Luk 22,19; nicht Luther-
941 text; 1 Kor 11,24; Matth 26,26; Mk 14,22). Wir werden also

geheißen, *den* Leib zu „nehmen" und zu „essen", der einmal zu unserem Heil zum Opfer gebracht worden ist, damit wir sehen, daß wir dieses Leibes teilhaftig werden, und darüber zu der festen Gewißheit kommen, daß die Kraft seines lebendigmachenden Todes in uns wirksam sein wird. Daher nennt er auch den Kelch den *„Bund"* (Luthertext: „das neue Testament") in seinem Blut (Luk 22,20; 1 Kor 11,25). Denn allemal, wenn er uns jenes heilige Blut zu trinken gibt, ist es so, daß er den Bund, den er einmal mit seinem Blute bekräftigt hat, gewissermaßen erneuert oder besser ihn fortführt, soweit es zur Stärkung unseres Glaubens gereicht.

465 [2] Reiche Frucht der Zuversicht und Lieblichkeit können nun die frommen Seelen aus diesem Sakrament empfangen, weil sie ja das Zeugnis haben, daß wir *mit Christus zu einem Leibe zusammengewachsen sind,* so daß alles, was sein ist, auch unser eigen genannt werden darf. Daraus folgt, daß wir es wagen dürfen, der getrosten Zuversicht zu sein, daß uns das *ewige Leben* zugehört, weil er *selbst* sein Erbe ist, daß uns das *Himmelreich,* in das *er* bereits eingegangen ist, ebensowenig entrissen werden kann wie ihm, und daß wir auf der anderen Seite von unseren Sünden nicht verdammt werden können, weil er uns schon von der durch sie begründeten Schuld freigesprochen hat, indem er den Willen hatte, daß sie ihm zugerechnet würden, als ob sie seine eigenen wären. Das ist der *wundersame Tausch,* den er in seiner unermeßlichen Güte mit uns eingegangen ist: er ist mit uns zum Sohn des Menschen geworden und hat uns mit sich zusammen zu Söhnen Gottes gemacht, er ist zur Erde hinabgestiegen und hat uns dadurch den Weg zum Himmel hinauf gebahnt, er hat unser sterbliches Wesen angenommen und uns dadurch seiner Unsterblichkeit teilhaftig gemacht, er hat sich unsere Schwachheit zu eigen gemacht und uns dadurch mit seiner Kraft gestärkt, unsere Armut hat er auf sich genommen und uns damit seinen Reichtum zugetragen, die Last unserer Ungerechtigkeit, die uns drückte, hat er auf sich selbst geladen und uns dadurch mit seiner Gerechtigkeit bekleidet.

466 [3] Alle diese Dinge werden uns in diesem Sakrament so vollgültig bezeugt, daß wir mit Sicherheit dafür halten sollen, daß sie uns *wahrhaftig* dargeboten werden, nicht anders, als wenn *Christus selbst* gegenwärtig wäre, uns vor die Augen träte und von unseren Händen betastet würde.

Eugen Walter (geb. 1906)

Die Eucharistie, das Sakrament der Gemeinschaft (1953)

467 Die Eucharistie als Gedächtnismahl – Gemeinschaft mit Christus, Gemeinschaft der Menschen

In: Quellen lebendigen Wassers. Von der Fülle der sieben Sakramente, Freiburg 1953, 90 f.

Eugen Walter, Pfarrer in der Erzdiözese Freiburg und bekannter theologischer Schriftsteller, hat schon früh Ergebnisse eines neuen theologischen Gesprächs über die Eucharistie, das u. a. aus der Liturgischen Bewegung erwuchs, aufgenommen und in die Öffentlichkeit getragen: Auf biblischem und patristischem Hintergrund bringt er neu die personale und die interpersonal-ekklesiale Dimension des Sakramentes vor Augen.

90 Wir überschauen das Gewonnene. Was wir sahen, war ein Mahl. Dieses Mahl selbst enthüllte sich in seinem Vollzug durch das deutende Wort eines Sprechers als ein Gedächtnismahl. Durch das besondere Wesen dieses Gedächtnisses aber gab es sich zuletzt als ein geheimnisvolles (sakramentales) Opfer kund. Das überrascht uns nicht allzusehr, denn Mahl und Opfer sind einander nicht fremd. Wo immer sonst sich Opfer finden, haben sie förmlich das Bedürfnis, in einem Mahl sich zu vollenden, durch das die Opfernden ihrer Gemeinschaft mit Gott und untereinander froh werden dürfen. Es ist also von dem zuerst Gefundenen nichts zurückzunehmen: Brot und Wein sind Bestandteile eines vollkommenen und freudebringenden Mahles – und sind ebenso die
91 Zeichen eines blutigen Opfers. Brot und Wein stiften Gemeinschaft unter den Menschen; Brot und Wein stiften Gemeinschaft mit dem für uns geopferten Gottmenschen, deren Frucht und Entfaltung die Gemeinschaft der Menschen ist.

Karl Rahner (1904–1984)

Kirche und Sakramente (1960)

468 Die Eucharistie – Sakrament der vertieften Eingliederung in den mystischen Leib Christi

Freiburg/Basel/Wien 1960, 73 f.; 77 f.

Karl Rahner (vgl. Einl. in 111), großer Anreger auch in der Sakramentenlehre, wendet sich im folgenden Text gegen individualistische Verengungen des Eucharistieverständnisses: Eucharistie und Kirche gehören zuinnerst zusammen.

2. Die Eucharistie

Wir beginnen nicht mit der Taufe (wie die üblichen Sakramentstraktate), sondern mit der Eucharistie. Denn diese darf nicht einfach nivellierend unter die anderen Sakramente eingereiht werden. Das deutet schon das Konzil von Trient an (D 846 876); das ergibt sich aus der Realpräsenz des Leibes Christi; aus der Tatsache, daß hier nicht nur ein Sakrament, sondern auch das Opfer des Neuen Bundes gegeben ist; aus der Lehre, die die Eucharistie als die Quelle der anderen Sakramente betrachtet.[1] Zweifellos ist die Feier der Eucharistie ein absolut zentraler Vorgang in der Kirche. Es ist auch heute noch immer aufs neue zu betonen, daß die Messe von den Gläubigen (diese Gefahr ist noch lange nicht überwunden) nicht aufgefaßt werden darf als bloße Herstellung der
74 Realpräsenz Christi im Sakrament zum Zweck einer möglichst individualistisch gedachten Kommunion. Eine solche Auffassung darf nicht darum nicht geduldet werden, weil der Gesichtspunkt einer persönlich individuellen Begegnung mit dem „Bräutigam der Seele" falsch wäre oder verächtlich gemacht werden dürfte oder seine Bekämpfung durch solche geduldet werden dürfte, die sich ein persönliches geistliches Leben ersparen wollen. Wir dürfen diese individualistische Verengung darum nicht dulden, weil das eine Verkürzung des Glaubens wenn nicht in der Theorie, so doch in der Praxis wäre. Denn der Glaube sagt uns: die Messe ist das Opfer der Kirche so sehr, daß auch die privateste Messe eines Priesters immer noch Opfer der Kirche ist (und auch nach Möglichkeit als solches erscheinen soll: D 944 955); die Kommunion ist ein tieferes Eingegliedertwerden in den mystischen Leib Christi, weil der Erlöser seinen realen Leib seiner Kirche als Zeichen jener Einheit und Liebe hinterlassen hat, durch die er alle Christen untereinander verbunden wissen wollte (D 873a 875).

1 Vgl. M. de la Taille, Mysterium fidei (Paris 1931).

469 Wir können und müssen sagen: die Teilnahme am physischen Leib Christi durch sein Essen gewährt uns die Gnade Christi, *insofern* dieses gemeinsame Essen vom einen Brot (1 Kor 10,14–18) wirksames Zeichen der (erneuten, personal ratifizierten, vertieften) Teilnahme und des Eingegliedertseins in jenen Leib Christi ist, in dem man an seinem Heiligen Geist teilnehmen kann, d. h. in der Kirche. Mit anderen Worten: „res et sacramentum"[a] (also Erstwirkung und vermittelnde Ursache der übrigen Wirkungen) in diesem

Sakrament ist die (vertiefte) Eingliederung in diese Einheit des mystischen Leibes Christi.

[a] „Sache und Sakrament".

470

77 Bei all diesen Überlegungen darf nie übersehen werden, daß die Kommunion, auch insofern sie ein individuelles Heilsvorkommnis ist, den genannten ekklesiologischen[a] Aspekt hat: Indem die *Kirche* dem einzelnen den Leib Christi reicht, in dessen Besitz als ihres Heilsunterpfandes und der Heilsgegenwart in ihr sie ist, macht sie ihn zu seinem individuellen Heil der Einheit, der Liebe und der Geisterfülltheit dieser heiligen Bundesgemeinde Gottes teilhaftig und erfüllt ihn *so* mit aller Gnade. Und nur wenn einer grundsätzlich bereit ist, sich dem in der Eucharistie sich ereignenden Gesamtvorgang der Kirche anzuvertrauen, durch den sie mehr Gott geweiht, tiefer in den Tod Christi hineingegeben, enger in sich eins wird, der Vollendung des Alls im Kommen des Herrn näher kommt, wird er auch der individuellen Segnungen und Gnaden dieses Sakramentes teilhaftig. Denn diese sind im Grunde gar nichts anderes
78 als gerade jene immer tiefere Einheit mit der Kirche, ihrer Tat und ihrem Schicksal.

[a] die Kirche betreffend.

Johannes Betz (1914–1984)

Eucharistie (1962)

471 Die Realpräsenz Christi im Dienste seiner Aktualpräsenz

Art. Eucharistie in: H. Fries (Hrsg.), HthG I, München ²1970, 388 ff.

Johannes Betz sieht im Opfergedanken das Zentrum des Eucharistieverständnisses: Auch die eucharistische Realpräsenz steht im Dienst der Aktualpräsenz Christi in seinem Opfer, das im Opfermahl zum Abschluß kommt.

388 Die stilistisch als *verbum Christi directum*[a] über den Opfergaben der Kirche gesprochenen Segensworte bewirken, daß Brot und Wein real identisch werden mit der Opfergabe Jesu am Kreuz, daß sie „wesenhaft umgewandelt" werden in seinen dahingegebenen Leib und sein vergossenes Blut, die beide die sich opfernde Person meinen. Das kirchliche Lehramt umschreibt diesen Konsekrationsvorgang mit dem Terminus „Transsubstantiation" ... Er will die streng wörtliche Deutung der Einsetzungsworte gegen jegliche

Verflüchtigung schützen ... und besagen, daß bei unverändertem Fortbestand des empirischen Erscheinungsbildes *(species)* des Brotes und Weines doch ihr metaempirischer, geistanaloger Wesenskern, der als „Substanz" umschrieben wird, identisch wird mit dem Wesenskern der leibhaftigen Person Jesu, so daß diese ganz in jedem Teil der Gestalten, raumlos und unausgedehnt und gleichzeitig in vielen Hostien an vielen Orten zugegen anwest ... In dieser geistförmigen Gegenwartsweise Jesu spiegelt sich zugleich seine Erhöhung in Auferstehung und Himmelfahrt, in der Gegenwart des *totus Christus*[b] seine Inkarnation. Die Realpräsenz des Leibes und Blutes Christi ist das Herzstück der Eucharistie, von der Kirche darum leidenschaftlich verteidigt. Sie steht aber ganz im Dienst des Opfergeschehens. Denn präsent wird Christus nicht einfachhin und in statischer Befindlichkeit, sondern in höchster Heilsdynamik, als die sich für uns verzehrende Opfergabe, als der *Christus passus*[c] (im Sinne eines *perfectum praesens*).[d]

472 So ist mit der substanzialen Realpräsenz der geopferten Person Jesu die aktuale ihrer *passio,* ihrer Opfertat, unlöslich verbunden. Letztere
389 kommt auf besonders deutliche, wenn auch unblutige Weise durch die Doppelkonsekration zur Darstellung. Wie immer man diese ausdeutet, ob in berechtigter Entfaltung des markinischen Kelchwortes als die sakramentale Trennung von Leib und Blut oder im Anschluß an den urapostolischen Abendmahlsbericht als Gegenwärtigsetzung des leidenden Gottesknechtes, der mit seinem Blute Sühne schafft, in jedem Fall symbolisiert sie die Person Jesu als sich hinopfernde, im Zustand ihres Todesleidens befindliche. Damit vergegenwärtigt die Konsekration in spezieller Weise die Opfertat Jesu und wird zum eigentlichen Moment der Opferbereitung: *consecratione sacrificium offertur*[e] (Thomas, S. th. III, 82, 10; vgl. 80, 12). Wie die Opfergabe der Kirche mit der Opfergabe Jesu, so wächst auch ihre Opferhandlung mit seiner Opferhandlung zu einer unlösbaren endgültigen Einheit zusammen.

473 γ) Das Versöhnungsopfer Jesu kommt aber noch in einem weiteren sakramentalen Moment zur Geltung und Auswirkung, darin, daß sein geopferter Leib und sein vergossenes Blut als Speise und Trank gegenwärtig und dementsprechend gegessen und getrunken werden. So kommt das Mahlopfer im Opfermahl zum Abschluß. Das letztere versinnbildet noch einmal und sogar in besonderer phänomenaler Durchsichtigkeit das Urmysterium: Die Hingabe des geopferten Jesus zu unserer Speisung repräsentiert seine Kreuzeshingabe zu unserem Heil, oder: Das Verzehrtwerden Jesu von uns vergegenwärtigt sein Sich-Verzehren für uns. Daß Jesus das Gedächtnis seiner Opfertat gerade durch ein Mahl anbefiehlt, macht das Besondere der Eucharistie aus; deshalb bildet die Kommunion einen wesentlichen, nicht nur – wie meist angenommen wird – integrierenden Bestandteil der Messe als Anamnesis. Jede konsekrierte Hostie wird ja letztlich genossen, jede nach der Konsekration unterbrochene Messe wird, notfalls durch einen anderen Priester, weitergeführt.

Die Zugehörigkeit der Kommunion (mit der Wandlung) zum Wesensbestand der Messe ergibt sich ferner daraus, daß erst so der volle Begriff des Opfers verwirklicht wird. Jegliches Opfer zielt letztlich auf die Gemeinschaft der Opfernden mit Gott; auch Jesu Tat bezweckte sie, freilich nicht seinetwegen, sondern für die von ihm Vertretenen. Ebenso will die Kirche, wenn sie in ihren Opfergaben auch sich selbst mit darbringt, in ihnen und durch sie zur Vereinigung mit Gott gelangen. Aber der Vater anerkennt keinen anderen Zugang zu ihm, will keine andere Opfergabe mehr als seinen Sohn, den Menschen Jesus Christus. Darum wird die Opfergabe der Kirche in der Wandlung eins mit der Opfergabe „Jesus". In der Kommunion nun geschieht die denkbar intensivste Vereinigung und endgültige Identifizierung der Ekklesia[f] mit ihrer Opfergabe „Jesus". Durch deren Empfang wird die Kirche ins Ziel alles Opferns, zum Vater, emporgetragen und erscheint als „Leib Christi" in einem letztrealen Sinn. So hat die Kommunion immer eine ekklesiologische[g], nicht nur heilsindividualistische Bedeutung; deshalb gehört zur gültigen Mindestgestalt der Messe der
390 Sakramentsgenuß wenigstens des Priesters, der dabei die Kirche vertritt, zur wünschenswerten Vollgestalt auch der der Gläubigen, ohne daß sein Fehlen die Messe unerlaubt machen würde.

a direktes, unmittelbares Wort Christi.
b der ganze Christus.
c Christus, der gelitten hat.
d Aussage einer vollendeten Handlung, deren Wirkung die Gegenwart bestimmt.
e in der Konsekration, der Weihe, wird das Opfer dargebracht.
f die Kirche.
g die Kirche betreffend.

Edward Schillebeeckx (geb. 1914)

Die eucharistische Gegenwart. Zur Diskussion über die Realpräsenz (1967)

474 Die Wirklichkeit der Eucharistie: Sinnstiftung durch Christus

Düsseldorf 1967, 58 f.; 65; 72; 92.

Schillebeeckx (vgl. Einl. in 116) versucht, auf dem Hintergrund der vorausgegangenen Diskussion die Wirklichkeit der Eucharistie – speziell die Realpräsenz – mit Hilfe einer personalen Ontologie neu zu deuten. Grundprinzip seines Eucharistieverständnisses ist der Gedanke der Sakramentalität.

58 In diesem Kapitel soll deutlich werden, daß der heutige Lebenszusammenhang uns zu einer neuen Interpretation der
59 Darstellungswelt zwingt, mit der das Dogma von der Transsubstantiation zu uns gekommen ist, und zwar gerade um die Grundintention des Dogmas heil bewahren und doch wieder realisierbar machen zu können. Das Dogma in unserer Zeit wörtlich zu wiederholen, kann man kaum anders sehen denn als eine unnötige und unverantwortliche Belastungsprobe unseres christlichen Glaubens.

475

65 Es wäre theologisch unverantwortlich, die Transsubstantiation, die Grundlage für die spezifische eucharistische Gegenwart, außerhalb der sakramentalen Ebene zu verlegen. Man wird sie in das Zeichen selbst legen müssen, in *dieses* – eucharistische – Zeichen, und doch den *Realismus* der Transsubstantiation, wie er im tridentinischen Dogma erkannt ist, aufrechterhalten müssen. Die metaphysische Interpretation der Transsubstantiation müßte von den naturphilosophischen Kategorien gelöst werden, während der fundamentale Realismus, der darin enthalten ist, auf der Ebene der sakramentalen Symboltätigkeit aufleuchten sollte: eine *Wirklichkeit,* erscheinend in einem Zeichen.

476

72 Die letzte Realität der Dinge ist nicht das, was sie für unsere Sinnesorgane und für die auf diesen beruhende wissenschaftliche Analyse, sondern was sie für Christus sind. Die herrscherliche Macht Christi, des Herrn, läßt alle Dinge für ihn dasein. Wenn also Christus in Brot und Wein, Gottes guten Lebensgaben, wirklich *sich selbst* gibt, hat eine objektive und grundlegende Verwandlung stattgefunden, eine Transsubstantiation: Brot und Wein werden zu *Zeichen* dieser wirklichen Selbstgabe Christi.

477

92 Grundlage des ganzen eucharistischen Geschehens ist Christi persönliche Selbsthingabe an seine Mitmenschen und – darin – an den Vater. Das ist schlechthin sein *Wesen*: „Der Mensch Jesus Christus ist der sich *selbst Hingebende*" (ho dous heautón: 1 Tim 2,6). Darin liegt die ewige Gültigkeit seiner irdischen Geschichte. Wie gesagt: die persönliche Beziehung zum himmlischen Christus ist zugleich Anamnese seines geschichtlichen Kreuzestodes.
Die Eucharistie ist die sakramentale Erscheinungsform dieses Geschehens, der Selbsthingabe Christi an den Vater in der Gestalt der Selbsthingabe an die Menschen. Diese hat die Form eines Gedächtnismahles, bei dem Brot und Wein ihrer profanen Bedeutung entzogen und zum Symbol dieser Selbsthingabe gemacht werden. Nehmt und eßt davon, das ist mein Leib. Christi Selbsthingabe ist letztlich aber nicht auf Brot und Wein gerichtet, sondern auf die Gläubigen; für sie ist die wirkliche Gegenwart bestimmt, aber vermittels und *in* dieser Gabe von Brot und Wein, mit anderen Worten: der sich hingebende Herr ist *sakramental* gegenwärtig. In diesem Gedächtnismahl werden Brot und Wein Subjekt einer neuen *Sinn-Stiftung*, nicht von Menschen, sondern des *in* der Kirche lebenden Herrn, wodurch sie zu *Zeichen* der wirklichen Gegenwart Christi, der sich uns selbst gibt, werden. Diese Sinn-Stiftung Christi vollzieht sich in der Kirche und *setzt* deshalb wesensgemäß die reale Gegenwart des Herrn in der Kirche, in der versammelten Gemeinde und in dem, der die Eucharistie leitet, *voraus.*

Alexander Gerken (geb. 1929)

Theologie der Eucharistie (1973)

478 Die Eucharistie als Sakrament personaler Begegnung

München 1973, 200; 212 f.

Der in Münster wirkende Franziskanertheologe Gerken, der erstmals in der neueren Diskussion eine umfassende Theologie der Eucharistie vorlegt, möchte die Eucharistielehre „auf dem Boden einer relationalen Ontologie" entfalten.

200 Uns scheint nun, daß alle unsere bisherigen Überlegungen dahin drängen, die Eucharistielehre auf dem Boden einer *relationalen Ontologie*[a] zu entwickeln oder wenigstens den Versuch dazu zu machen. Eine Ontologie scheint uns notwendig zu sein, weil wir sonst dem von allen Epochen der Kirchengeschichte bezeugten

Realismus in der Eucharistie nicht entsprechen können. Auf der anderen Seite muß die Zeichenhaftigkeit, der Symbolgehalt sowohl der Feier wie der Gaben ausgesagt werden, und zwar in einer Weise, daß er nicht neben, sondern zusammen mit dem Wirklichkeitsgehalt der Eucharistie erkannt wird. Symbolismus und Realismus müssen eine Einheit bilden, und zwar nicht nur in bezug auf die somatische[b] Realpräsenz, sondern in bezug auf alle Gegenwartsweisen Christi in der Eucharistie.

[a] Seinslehre, die die Wirklichkeit zumindest auch in der Relation, der Beziehung, begründet sieht.
[b] leiblich.

479

212 Da es sich um ein Mahl als Anteilgeben und Anteilnehmen handelt, ist die Relation „Gastgeber – Mahlteilnehmer" entscheidend für das eucharistische Mahl. Da es sich um ein Mahl unter der Sendung Christi handelt, ist die Struktur seiner Gemeinde, die diese Sendung durch die Geschichte vermittelt, also auch das Amt in der Gemeinde, die Basis, auf der diese Relation zwischen Gastgeber und Mahlteilnehmern vollzogen wird. Dabei ist aber zu bedenken, daß der Amtsträger, der die Feier leitet, hierbei in der Dienstfunktion unter dem eigentlichen Gastgeber, Christus, steht, und daß er daher *in* der Gemeinde, *unter* den Mahlteilnehmern steht. Denn auch er *empfängt* von *Christus* die Teilnahme an diesem Mahl, auch er ist ein von Christus zum Mahl Geladener. Alle Funktionen innerhalb der Eucharistiefeier, auch jene, die eine bleibende Sendung voraussetzen wie das kirchliche Amt, dienen dem *einen*: daß Christus sich als der eigentliche Gastgeber seiner Gemeinde im Mahl zuwendet, ihr Anteil an sich und seinem Leben gibt und damit die Realverheißung des künftigen „Mahls im Reiche Gottes", der endgültigen Gemeinschaft mit Gott und den Menschen, schenkt.

480

213 Damit ist auch gesagt, daß die Gemeinde als verwandelte die Feier verläßt. Leben und Eucharistiefeier, christliche Existenz und Gabe des Herrn sind eine unauflösliche Einheit.

Joseph Ratzinger (geb. 1927)

Gestalt und Gehalt der eucharistischen Feier (1981)

481 Eucharistie als Grundgestalt der Messe

In: Das Fest des Glaubens, Einsiedeln 1981, 34 f.; 46.

Ratzinger (vgl. Einl. in 125) beantwortet die Frage nach dem einenden Prinzip der verschiedenen Dimensionen der Messe mit dem Begriff der Danksagung, der Eucharistie. Nach Ausweis der Tradition ist die Eucharistie vor allem Dankopfermahl. In dieser Auffassung sieht sich Ratzinger u. a. durch die Untersuchungen von Lothar Lies (geb. 1940) bestätigt.

34 Jungmann zeigt, daß schon in den frühesten liturgischen Formen die *Eucharistia* – das als Dank geformte Gebet des Gedächtnisses – das Übergewicht über das Mahl als solches gewinnt. Die Grundgestalt ist nach ihm jedenfalls seit dem ausgehenden ersten Jahrhundert nicht das Mahl, sondern die *Eucharistia*; schon bei Ignatius von Antiochien ist dies auch die Benennung für das ganze Geschehen geworden.[1] . . .

[1] J. A. Jungmann, Missarum sollemnia, 2 Bde. (Freiburg 1948 u. ö.), hierzu I, 327 ff.

482 Die These von der *Eucharistia* als Grundgehalt steht einer inneren Vermittlung zwischen dogmatischer und liturgischer Ebene ohne weiteres offen. Die Spätantike hatte ja die Vorstellung vom worthaften Opfer entwickelt, die in der Formel von der *oblatio rationabilis*[a] auch in den römischen Kanon Eingang gefunden hat: das Opfer an die Gottheit geschehe nicht durch Übergabe von Sachen, sondern durch die Selbstübergabe des Geistes, die im Wort Gestalt findet. Dieser Gedanke hatte sich leicht ins Christliche hinein wenden lassen. Das eucharistische Gebet ist Eintreten in das Gebet Jesu Christi selbst; es ist so Eingehen der Kirche in den Logos, das Wort des Vaters, in die Selbstübergabe des Logos an den Vater, die im Kreuz zugleich Übergabe der
35 Menschheit an ihn geworden ist. Das Formelement *Eucharistia* bot so einerseits die Brücke zu den Segensworten Jesu beim letzten Abendmahl, in denen er den Tod am Kreuz vorweg von innen her vollzogen hatte; es bot andererseits die Brücke zur Logos-Theologie und so zu einer trinitarischen Vertiefung der Abendmahls- und Kreuzestheologie; es bot endlich den Übergang in eine vergeistigte Kategorie des Opfers, die sich genau eignete, um das Besondere des Opfers Jesu zu interpretieren, in dem ein Todesgeschehen in ein Wort der Hinnahme und Hingabe umgewandelt war, ja, in

dem das Un-logische des Todes zur Sache des Logos geworden war: der Logos war gestorben, und dadurch war der Tod zu Leben geworden.
So viel dürfte klar geworden sein: Wenn die Grundgestalt der Messe nicht „Mahl", sondern *Eucharistia* heißt, dann bleibt zwar die notwendige und fruchtbare Differenz zwischen liturgischer (gestalthafter) und dogmatischer Ebene bestehen, aber beides fällt nicht auseinander, sondern drängt aufeinander zu und bestimmt sich gegenseitig. Im übrigen ist dann das Element des Mahles nicht einfach ausgeschlossen, weil *Eucharistia auch* (nicht bloß) Tischgebet des heiligen Mahles ist; aber die Mahlsymbolik ist dann unter- und eingeordnet in ein Umfassenderes.

483

46 Inzwischen ist die Fragestellung dieser kleinen Untersuchung aufgenommen und erweitert worden von L. Lies, Eulogia – Überlegungen zur formalen Sinngestalt der Eucharistie, in: ZkTh 100 (1978) 69–97, mit einem Anhang zugehöriger Rezensionen S. 98–126. Lies bezeichnet das, was ich mit der Liturgiewissenschaft der Zwischenkriegs- und Nachkriegszeit als Gestalt (Grundgestalt) benenne, als *„Materialgestalt"* und fragt darüber hinaus nach einer *Formalgestalt* bzw. formalen Sinngestalt, die er so definiert: „Unter *Formalgestalt* der Eucharistie verstehen wir jene Gestalt, die die Vorstellungen des Gedächtnisses, des realpräsentischen Sakramentes, des Opfers und des Mahles zusammenfassen kann und allen Aspekten der Eucharistie ihren formalen Sinn gibt" (69). Diese formale Sinngestalt findet Lies im Begriff der Eulogia.[a]

[a] Segen, Segensmahl.

Wolfgang Beinert (geb. 1933)

Die Eucharistie als Sakrament der Einheit (1982)

484 Das Sakrament der Einheit – Antwort auf die Heilserwartungen der Gegenwart

In: Catholica 36 (1982), 234–256, hier 245 ff.

Beinert (vgl. Einl. in 180) sieht in der Eucharistie als dem Sakrament der Einheit die entscheidende Hilfe in den großen Krisen der Gegenwart.

245 Unsere knappe Betrachtung führt uns zu folgendem Resultat: Im Herrenmahl vollzieht sich auf sakramentale Weise die Einheit des Menschen mit Gott, mit dem Mitmenschen und mit der Welt, so daß diese alle zu einer einzigen Heilsgemeinschaft verbunden wer-

den, die ihren Zielpunkt in der Gemeinschaft mit dem dreieinen Gott hat, der durch Christus im Heiligen Geist zum Vater hin erreicht wird. Die Eucharistie ist somit das Sakrament der Einheit schlechthin. Die dreifache Einheit benennt das Ziel des eucharistischen Handelns Jesu, das wiederum seine Sendung insgesamt zusammenfaßt. Wo immer es also in dieser Welt Gemeinschaft zum Heil gibt, ist sie eucharistisch geformt, d. h. kommt sie letztendlich nur deswegen zustande, weil dieses Sakrament existiert, gefeiert und gespendet wird.

485

246 Wenn wir recht sehen, ist die gegenwärtige Weltstunde durch drei Phänomene entscheidend geprägt, die alle die Symptome der Krise aufweisen. Man kann sie beschreiben als *Sinnkrise,* als *soziale Krise* und als *Umweltkrise.*

247 Diese dreifache Krise steht in einer eigenartigen Kontrapunktik zu der dreifachen Dimension der Eucharistie als Sakrament der Einheit. Der Sinnkrise steht gegenüber das Angebot der Versöhnung mit dem heilschaffenden und damit dem Menschen Sinn schenkenden Gott. Der sozialen Problematik steht entgegen die ekklesiale Wirkung des Herrenmahles. Die Umweltprobleme endlich haben eine Gegeninstanz in der kosmischen Perspektive des Altarsakramentes. Man kann beileibe nicht behaupten, eine Vertiefung des Eucharistieverständnisses würde mit einem Schlage alle diese Probleme lösen; aber es darf gefragt werden, ob nicht von einer Radikalisierung unseres sakramentalen Lebens neue Initiativen zu erwarten sind, die unseren christlichen Beitrag zu Fragen ausmachen können und müssen, die alles andere als peripher sind. Von ihrer Lösung hängt nicht mehr und nicht weniger als die Weiterexistenz der Erde ab. So sind alle Kräfte zu mobilisieren.

Edmund Schlink (geb. 1903)

Das Herrenmahl (1983)

486 Das Herrenmahl als Handeln Christi in menschlichem Zeichenhandeln

In: Ökumenische Dogmatik. Grundzüge, Göttingen 1983, 501.

In seiner aus ökumenischem Geist geschriebenen, aber gleichwohl entschieden der reformatorischen Theologie verpflichteten „Ökumenischen Dogmatik" gibt der evangelische Systematiker dem Herrenmahl einen wichtigen Platz. Im Zentrum seines Abendmahlsverständnisses steht der gegenwärtige Christus.

501 Die Gegenwart des Herrn und seiner Taten ist seine *sich schenkende* Gegenwart. Noch nicht die Gegenwart seiner Person als solche, sondern sein gegenwärtiges Sich-Schenken ist die Mitte des Herrenmahls, auch noch nicht die Präsenz seiner vollbrachten und zukünftigen Taten, sondern die Anteilgabe an ihnen ist die Mitte. Denn er kommt hier zu den Versammelten nicht nur, um gegenwärtig zu sein, sondern um sich ihnen darzureichen. Das „für euch" der Gegenwart Christi ist mehr als nur eine Bezeugung der Bedeutsamkeit vergangener und zukünftiger Ereignisse für die Versammelten. Dieses „für euch" ist Zuwendung in der Selbstdarreichung des Herrn mit seiner Geschichte und seiner Zukunft. Wenngleich von uns Menschen verursacht, ist Jesu Tod nicht als *durch uns,* sondern als *für uns* erlitten gegenwärtig. Wenngleich wir Gottes Gericht verdient haben, ist Christi Wiederkunft nicht als unsere Verurteilung, sondern als unser Freispruch, nicht als unsere Verwerfung, sondern als unsere Rettung gegenwärtig.
Wie das Herrenmahl vor allem Verkündigung des Todes Jesu ist, so ist seine Gabe vor allem die Vergebung der Sünden. Täglich bedürfen wir ihrer. Aber so wie Jesu Tod der Durchbruch zur Vollendung der Gottesherrschaft war, so erschließt die Vergebung den Zugang zu Gott, die Gemeinschaft mit ihm, das Leben in der zukünftigen Herrlichkeit.

Dialogtexte der Ökumene

Gemeinsame römisch-katholische/evangelisch-lutherische Kommission

Das Herrenmahl (1978)

487 **Die Eucharistie – Sakrament der Christusgemeinschaft im Heiligen Geist**

Das Herrenmahl, Paderborn/Frankfurt [8]1980, 16–19; 31 f.; 35.

Die Kommission, die vom Sekretariat (seit 1988: Rat) für die Einheit der Christen in Rom und vom Lutherischen Weltbund eingesetzt worden ist, stellt in ihrem Dokument „Das Herrenmahl" „Übereinstimmungen in wichtigen Punkten" (I. Teil), aber auch (im II. Teil) noch offene Fragen fest (vgl. auch das Dokument „Wege zur Gemeinschaft" Nr. 185–189).

16 *Mit Christus*

14. Durch ihn können wir *mit ihm* Eucharistie feiern. Nicht auf-

grund menschlicher Verdienste noch durch menschliche Tüchtigkeit, sondern allein kraft seiner Gnade ereignet sich das Wunder seiner Gegenwart. Was diese bedeutet und bewirkt, können wir nur ermessen, wenn wir offen sind für die verschiedenen Weisen der Gegenwart des Herrn.

488 15. Jesus Christus erfüllt sein Versprechen: „Ich bin bei euch alle Tage bis zur Vollendung der Welt" (Mt 28,20) auf vielfältige Weise. „Wir bekennen eine vielfältige Gegenwart Christi, des Wortes Gottes und Herrn der Welt. Der gekreuzigte und auferstandene Herr ist in seinem Leib, dem Volk Gottes, gegenwärtig, denn er ist dort gegenwärtig, wo zwei oder drei in seinem Namen versammelt sind (Mt 18,20). Er ist gegenwärtig in der Taufe, denn es ist Christus selbst, der tauft. Er ist gegenwärtig in der Verlesung der Heiligen Schrift und der Verkündigung des Evangeliums."[1] Gegenwärtig ist der Herr in den Armen und Notleidenden, gilt doch sein Wort: „Was ihr dem Geringsten meiner Brüder getan habt, das habt ihr mir getan" (Mt 25,40).

[1] USA I, II 1a. = Bericht über offizielle lutherisch/römisch-katholische Gespräche in den USA, Die Eucharistie.

489

18 18. Der in unserer Mitte gegenwärtige Herr will uns in seine Lebensbewegung hineinnehmen. Der sich in seiner Liebe in den Tod gegeben hat, lebt in uns (Gal 2,20). Mit ihm sind wir durch seine Gnade „vom Tod ins Leben übergegangen" (Joh 5,24). Mit ihm wandern wir in der Teilhabe am eucharistischen Sakrament durch diese Welt in die zukünftige (pascha, transitus). Als Beschenkte und durch seinen Geist lebendig Gewordene dürfen wir seine Liebe weitergeben und so den Vater verherrlichen. So wenig wir aus eigener Kraft Gott ein wirkliches Opfer darbringen können, so sehr sollen wir durch die Kraft Christi in sein Opfer hineingenommen werden. . . .

„So werden wir, vereint mit unserem Herrn, der sich dem Vater darbietet, und in Gemeinschaft mit der universalen Kirche im Himmel und auf Erden in dem mit Christi Blut besiegelten Bund erneuert und bieten uns selbst in einem lebendigen und heiligen Opfer dar, das in unserem ganzen alltäglichen Leben zum Ausdruck kommen muß."[1]

Auf solche Weise soll je neu verwirklicht werden, was immerzu Sinn des christlichen Glaubens ist: die Verbindung, auf die er angelegt ist, gilt dem konkreten Herrn

19 samt seinem konkreten Geschick. Wer sich mit ihm vereinigt, ist aufgefordert zum Mitsterben und Mitauferstehen.

1 Dombes I, Nr. 11; vgl. Accra Nr. 11 = Gruppe von Dombes, Auf dem Weg zu ein und demselben eucharistischen Glauben.

490

31 *Eucharistische Gegenwart*

48. Gemeinsam bekennen katholische und lutherische Christen die wahre und wirkliche Gegenwart des Herrn in der Eucharistie. Unterschiede bestehen in den theologi-

32 schen Aussagen über die Weise der Realpräsenz und hinsichtlich ihrer Dauer.

491

35 *Eucharistisches Opfer*

56. Gemeinsam bekennen katholische und lutherische Christen, daß Jesus Christus im Herrenmahl „als der Gekreuzigte gegenwärtig ist, der für unsere Sünden gestorben und für unsere Rechtfertigung wieder auferstanden ist, als das Opfer, das ein für allemal für die Sünden der Welt dargebracht wurde".[1] Dieses Opfer kann weder fortgesetzt noch wiederholt, noch ersetzt, noch ergänzt werden; wohl aber kann und soll es je neu in der Mitte der Gemeinde wirksam werden. Über Art und Maß dieser Wirkung gibt es unter uns unterschiedliche Deutungen.

1 USA I, I, 1a.

Kommission für Glauben und Kirchenverfassung des ökumenischen Rates der Kirchen

Taufe, Eucharistie und Amt (1982)

492 Die Eucharistie „als Mahl des Gottesreiches" – trinitarisch geprägt

Taufe, Eucharistie und Amt. Konvergenzerklärungen der Kommission für Glauben und Kirchenverfassung des Ökumenischen Rates der Kirchen, in: DWÜ, 558–564.

Die dem Rezeptionsprozeß in den Kirchen anheimgegebene Konvergenzerklärung spricht von der Einsetzung der Eucharistie (I.), der Bedeutung der Eucharistie (II.) und der liturgischen Feier (III.).

558 Die Bedeutung der Eucharistie

2. Die Eucharistie ist vor allem das Sakrament der Gabe, die Gott uns in Christus durch die Kraft des Heiligen Geistes schenkt. Jeder Christ empfängt diese Gabe des Heils durch die Gemeinschaft am Leib und Blut Christi. Im eucharistischen Mahl, im Essen und Trin-

ken des Brotes und Weines, gewährt Christus Gemeinschaft mit sich selbst. Gott selbst handelt, indem er dem Leib Christi Leben schenkt und jedes Glied erneuert. Gemäß Christi Verheißung empfängt jedes getaufte Glied des Leibes Christi in der Eucharistie die Zusage der Vergebung der Sünden (Mt 26,28) und das Unterpfand des ewigen Lebens (Joh 6,51–58). Obwohl die Eucharistie wesentlich eine einzige in sich geschlossene Handlung ist, soll sie hier unter folgenden Aspekten behandelt werden: Danksagung an den Vater, Gedächtnis Christi, Anrufung des Heiligen Geistes, Gemeinschaft (Communio) der Gläubigen, Mahl des Gottesreiches.

493

559 A. *Die Eucharistie als Danksagung an den Vater*

3. Die Eucharistie, die immer beides, Wort und Sakrament, einschließt, ist Verkündigung und Feier der Taten Gottes. Sie ist die große Danksagung an den Vater für alles, was er in Schöpfung, Erlösung und Heiligung vollbracht hat, für alles, was er heute in der Kirche und in der Welt trotz der Sünden der Menschen vollbringt, für alles, was er vollbringen wird, wenn er sein Reich zur Vollendung bringt. So ist die Eucharistie der Lobpreis *(berakah)*, durch den die Kirche ihre Dankbarkeit gegenüber Gott für alle seine Wohltaten zum Ausdruck bringt.

494 B. *Die Eucharistie als Anamnese oder Gedächtnis (Memorial) Christi*

5. Die Eucharistie ist das Gedächtnis (Memorial) des gekreuzigten und auferstandenen Christus, d. h. das lebendige und wirksame Zeichen seines Opfers, das ein für allemal am Kreuz vollbracht wurde und das weiterhin für alle Menschheit wirksam ist. Der biblische Gedanke des Gedächtnisses, angewandt auf die Eucharistie, bezieht sich auf diese gegenwärtige Wirksamkeit des Werkes Gottes, wenn es von seinem Volk in einer Liturgie gefeiert wird.

495 9. Die „Anamnese" Christi ist die Grundlage und Quelle allen christlichen Gebets. So verläßt sich unser Gebet auf die unaufhörliche Fürbitte des auferstandenen Herrn und ist mit ihr verbunden. In der Eucharistie schenkt uns Christus die Kraft, mit ihm zu leben, mit ihm zu leiden und durch ihn zu beten als gerechtfertigte Sünder, die freudig und bereitwillig seinen Willen erfüllen.

496 10. In Christus bringen wir uns selbst dar als ein lebendiges und heiliges Opfer in unserem täglichen Leben (Röm 12,1; 1 Petr 2,5);

dieser geistliche Gottesdienst, der Gott gefällt, wird in der Eucharistie genährt, in der wir in Liebe geheiligt und versöhnt werden, um Diener der Versöhnung in der Welt zu sein.

497 13. Die Worte und Handlungen Christi bei der Einsetzung der Eucharistie stehen im Mittelpunkt der Feier; das eucharistische Mahl ist das Sakrament des Leibes und Blutes Christi, das Sakrament seiner wirklichen Gegenwart (Realpräsenz). Christus erfüllt sein Versprechen, bis zum Ende der Welt immer bei den Seinen zu sein, in vielfältiger Weise. Doch die Art der Gegenwart Christi in der Eucharistie ist einzigartig. Jesus sagte über dem Brot und dem Wein der Eucharistie: „Dies ist mein Leib ... dies ist mein Blut." Was Christus sprach, ist wahr, und diese Wahrheit wird jedesmal erfüllt, wenn die Eucharistie gefeiert wird. Die Kirche bekennt Christi reale, lebendige und handelnde Gegenwart in der Eucharistie. Obwohl Christi wirkliche Gegenwart in der Eucharistie nicht vom Glauben der einzelnen abhängt, stimmen
561 jedoch alle darin überein, daß Glaube erforderlich ist, um Leib und Blut Christi unterscheiden zu können.

498 C. *Die Eucharistie als Anrufung des Geistes*

14. Der Heilige Geist macht im eucharistischen Mahl den gekreuzigten und auferstandenen Christus für uns wahrhaftig gegenwärtig, indem er die Verheißung der Einsetzungsworte erfüllt. Die Gegenwart Christi ist eindeutig das Zentrum der Eucharistie, und die in den Einsetzungsworten enthaltene Verheißung ist daher grundlegend für die Feier. Es ist jedoch der Vater, der der primäre Ursprung und die letztliche Erfüllung des eucharistischen Geschehens ist. Der menschgewordene Sohn Gottes, durch den und in dem es vollbracht wird, ist dessen lebendiges Zentrum. Der Heilige Geist ist die unermeßliche Kraft der Liebe, die dieses Geschehen ermöglicht und es weiterhin wirksam macht. Das Band zwischen der eucharistischen Feier und dem Geheimnis des dreieinigen Gottes enthüllt die Rolle des Heiligen Geistes als die des Einen, der die historischen Worte Jesu gegenwärtig und lebendig werden läßt. Indem die Kirche durch Jesu Verheißung in den Einsetzungsworten dessen versichert wird, daß sie erhört werden wird, bittet die Kirche den Vater um die Gabe des Heiligen Geistes, damit das eucharistische Geschehen Wirklichkeit werden möge: die wirkliche Gegenwart (Realpräsenz) des gekreuzigten und auferstandenen Christus, der sein Leben für die ganze Menschheit gibt.

499 15. Kraft des lebendigen Wortes Christi und durch die Macht des Heiligen Geistes werden Brot und Wein die sakramentalen Zeichen des Leibes und Blutes Christi. Sie bleiben dies für den Zweck der Kommunion.

500 D. *Die Eucharistie als Gemeinschaft (Communio) der Gläubigen*
19. Die eucharistische Gemeinschaft mit dem gegenwärtigen Christus, der das Leben der Kirche stärkt, ist zugleich auch die Gemeinschaft im Leibe Christi, der Kirche. Das Teilhaben am einen Brot und gemeinsamen Kelch an einem bestimmten Ort macht deutlich und bewirkt das Einssein der hier Teilhabenden mit Christus und mit den anderen mit ihnen Teilhabenden zu allen Zeiten und an allen Orten. In der Eucharistie findet die Gemeinschaft des Volkes Gottes ihre volle Darstellung. Eucharistische Feiern haben es immer mit der ganzen Kirche zu tun, wie auch die ganze Kirche an jeder einzelnen Feier der Eucharistie beteiligt ist.
Insofern als eine Kirche eine Verkörperung der ganzen Kirche zu sein beansprucht, wird sie Sorge tragen, ihr eigenes Leben so zu gestalten, daß dabei die Interessen und Anliegen von Schwesterkirchen ernstgenommen werden.

501

564 E. *Die Eucharistie als Mahl des Gottesreiches*
22. Die Eucharistie eröffnet die Schau der göttlichen Herrschaft, die als letztgültige Erneuerung der Schöpfung verheißen wurde, und ist deren Vorgeschmack. Zeichen dieser Erneuerung sind in der Welt gegenwärtig, wo immer die Gnade Gottes manifest ist und Menschen für Gerechtigkeit, Liebe und Frieden eintreten. Die Eucharistie ist die Feier, bei der die Kirche Gott für diese Zeichen Dank sagt und freudig das Kommen des Reiches in Christus feiert und vorwegnimmt (1 Kor 11,26; Mt 26,29).

Gemeinsame Kommission der griechisch-orthodoxen Metropolie und der römisch-katholischen Kirche in Deutschland

Die Eucharistie der einen Kirche. Liturgische Überlieferung und kirchliche Gemeinschaft (1989)

502 **Die Eucharistie –**
Gemeinschaft aus Gottes Dreifaltigem Heilswirken

Die deutschen Bischöfe – Ökumene-Kommission, Die Eucharistie der einen Kirche. Dokumente des katholisch-orthodoxen Dialogs auf deutscher und auf internationaler Ebene, Bonn 1989, 9–11.

Unter Rückgriff auf verschiedene Erklärungen der Gemeinsamen Internationalen Kommission für den theologischen Dialog zwischen der römisch-katholischen und der orthodoxen Kirche (vgl. auch Nr. 193–200) behandelt das Dokument auf der Grundlage der liturgischen Traditionen beider Kirchen theologische und liturgische Aspekte der Eucharistie. Auch dieser Text kann bewußt machen, „wie fruchtbar das wechselseitige Geben und Nehmen für unsere Schwesterkirchen sein kann" (Scheele, 5).

9 *1. Die Eucharistiefeier als Gedächtnismahl*

In der Eucharistie feiert die Kirche Christi das ihr vom Herrn geschenkte und bis hin zu seiner Wiederkunft zu vollziehende Gedächtnismahl, in welchem jene Liebe fortlebt und sakramental bezeichnet wird, mit der Jesus „die Seinen ... bis zur Vollendung liebte" (*Joh* 13,1). Als „Verkündigung des Todes des Kyrios[a], bis er wiederkommt" (vgl. *1 Kor* 11,26) umfaßt die Eucharistie das Gedächtnis „alles dessen, was für uns geschehen ist; des Kreuzes, des Grabes, der Auferstehung am dritten Tag, der Himmelfahrt, des Sitzens zur Rechten (des Vaters) und der Wiederkunft in Herrlichkeit" (Anaphora des hl. Johannes Chrysostomos) [b], ja des gesamten Heilswerkes von der Menschwerdung bis zur eschatologischen Vollendung.

Im Herrenmahl begegnet die Gemeinde ihrem Herrn Jesus Christus, der sie als „ekklesia" zusammenruft und der unsichtbar als ihr Gastgeber zugegen ist. Unter den Gestalten von Brot und Wein, in denen der Herr selbst als das Opfer des neuen Bundes wahrhaft gegenwärtig ist, empfängt sie seinen „Leib, dahingegeben" für uns, und sein „Blut, vergossen für uns". In der Feier der Eucharistie erweist sich Christus als „Priester auf ewig nach der Ordnung Melchisedeks" (*Ps* 109 [110],4; *Hebr* 5,6 u. a.). „Denn durch ein einziges Opfer hat er die, die geheiligt werden, für immer zur Vollendung geführt" (*Hebr* 10,14) und „kann auch die, die durch ihn vor Gott hintreten, für immer retten; denn er lebt allezeit, um für sie einzutreten" (*Hebr* 7,25).

503 *2. Die Eucharistie als Feier des Heilswirkens der Dreifaltigkeit*

Was Christus als Gastgeber des eucharistischen Mahles für die Seinen tut und in seinem Opfer am Kreuz in Erfüllung seiner Sendung vom Vater

10 vollendet, geschieht unter Mitwirkung des Heiligen Geistes. Dieser ist es, der einst das Kommen Christi vorbereitete und „gesprochen hat durch die Propheten".

Durch ihn hat der „aus dem Vater vor aller Zeit" Geborene Fleisch angenommen und ist Mensch geworden (Symbolum Nicaeno-

Constantinopolitanum[c]). Von ihm heißt es (*Joh* 14,26): „Der Beistand aber, der Heilige Geist, den der Vater in meinem Namen senden wird, der wird euch alles lehren und euch an alles erinnern, was ich euch gesagt habe."

So geschieht die Eucharistie auch als Anamnese des erlösenden Tuns Christi im Heiligen Geist, durch den das Heilswerk kundgetan und an den Menschen vollendet wird. Als stets neu zu aktualisierende Gnadengabe ist dieses Heilsgeschehen der Eucharistie „Epiklese"[d] und wird angemessenerweise unter besonderen Worten der Bitte um das Wirken des Heiligen Geistes vollzogen. So wird schon in der Apostolischen Überlieferung des Hippolyt († 235) geflehlt, „daß Du Deinen Heiligen Geist auf die Darbringung Deiner heiligen Kirche herabsenden mögest". Die Chrysostomosanaphora bittet: „Sende Deinen Heiligen Geist auf uns und auf die vor uns liegenden Gaben herab", erfleht deren Wandlung (μεταβολή) und schreibt diese ausdrücklich dem Wirken des Heiligen Geistes zu mit den Worten: „Indem Du sie (Brot und Wein) verwandelst durch Deinen Heiligen Geist." Ähnlich erflehen auch die Wandlungsbitten der neuen römischen Hochgebete (II–IV) „die Heiligung der Gaben durch den Heiligen Geist".

Anamnese[e] und Epiklese sind untrennbar aufeinander bezogen. Deshalb sind die Proklamation der Herrenworte *und* das epikletische Bittgebet unabdingbare Bestandteile des eucharistischen Geschehens.

504 *3. Die Eucharistiefeier als kirchenstiftendes Ereignis*

Die Teilnahme an den eucharistischen Gaben bezeichnet und bewirkt *die* Koinonia[f], in der „die Vielen ein Leib" in Christus werden (*1 Kor* 10,17); ja aus der Eucharistie erwächst die Kirche als „*ein* Leib und *ein* Geist" (*Eph* 4,4).

Tatsächlich ist der Leib Christi ein einziger. „Es existiert also", wie das Münchener Dialog-Dokument sagt, „nur eine Kirche Gottes. Die Identität einer eucharistischen Versammlung mit der anderen kommt davon, daß alle im selben Glauben dasselbe Gedächtnis feiern, daß alle durch das Essen desselben Leibes Christi und die Teilnahme an demselben Kelch zu dem einen und einzigen Leib Christi werden, in den sie schon durch die Taufe eingegliedert wurden. Wenn es eine Vielzahl von Feiern gibt, gibt es
11 doch nur ein einziges Geheimnis, welches gefeiert wird und an dem wir Anteil haben . . . Die Vielzahl der örtlichen Eucharistiefeiern zerteilt die Kirche nicht, sondern macht vielmehr auf sakramentale Weise ihre Einheit deutlich" (III,1). „Die Koinonia schließt

nicht etwa Verschiedenheit und Vielfalt aus, sondern setzt sie voraus, heilt die Wunden der Spaltung, indem sie diese in die Einheit hinein überschreitet" (III,2).
„Die Identität des Geheimnisses der Kirche", die in der Eucharistie bekundet wird, verlangt die „gegenseitige Anerkennung ... in der Unversehrtheit des Geheimnisses", die zugleich die Identität des Glaubens zur Voraussetzung hat (III,3).
In der Kirchengeschichte ist diese gegenseitige Anerkennung der Ortskirchen hinsichtlich der Unversehrtheit des Glaubens und der liturgischen Mysterien verifizierbar in der von Anfang an geübten eucharistischen Koinonia zwischen den Kirchen. Sie manifestiert sich deutlich in der Form der bischöflichen Konzelebration der Vorsteher von Ortskirchen, durch die kollegiale Handauflegung und Eucharistiefeier anläßlich einer Bischofsweihe und die Konzelebration bei Konzilien. Zwischen den altkirchlichen Patriarchaten wird diese Anerkennung durch Amtsantritts- und Aufnahmebriefe dokumentiert, die Ausdruck der Koinonia der gegenseitig bezeugten Glaubensgemeinsamkeit, aufgrund der Übereinstimmung der übersandten Glaubensbekenntnisse sind.

[a] der Herr (Christus).
[b] Form der ostkirchlichen Meßliturgie, auf den hl. Johannes Chrysostomus zurückgeführt.
[c] Glaubensbekenntnis der Konzilien von Nikaia (325) und Konstantinopel (381).
[d] Anrufung, Herabrufung (des Heiligen Geistes über die eucharistischen Gaben).
[e] Gedächtnis, Erinnerung.
[f] Gemeinschaft, Teilhabe.

Das Bußsakrament (mit Ablaß)

Biblische Leittexte

Joel 1,13 f. – Joel 2,12 f. – Sach 1,1–4 – Jes 58,1–12 – Ps 51,17–19

505 **Buße im AT: kultisch-rituelle Bußpraxis und innere Umkehr**

Das AT kennt Buße als tätige Abwendung von der Sünde und Hinwendung zu Gott zunächst einmal als äußere kultisch-rituelle Bußpraxis, die nicht nur den einzelnen, sondern das ganze Volk angeht. Gegenüber der Gefahr der Veräußerlichung kultisch-ritueller Buße betonen die Propheten die Notwendigkeit innerer Umkehr, die sich in Taten der Nächstenliebe äußern soll.

Joel 1,13 f.
13 Legt Trauer an, und klagt, ihr Priester! Jammert, ihr Diener des
Altars! Kommt, verbringt die Nacht im Trauergewand, ihr Diener
meines Gottes! Denn Speiseopfer und Trankopfer bleiben dem
Haus eures Gottes versagt. 14 Ordnet ein heiliges Fasten an, ruft
einen Gottesdienst aus! Versammelt die Ältesten und alle Bewohner des Landes beim Haus des Herrn, eures Gottes, und schreit zum Herrn.

506 Joel 2,12 f.
12 Auch jetzt noch – Spruch des Herrn: Kehrt um zu mir von
ganzem Herzen mit Fasten, Weinen und Klagen. 13 Zerreißt eure
Herzen, nicht eure Kleider, und kehrt um zum Herrn, eurem Gott! Denn er ist gnädig und barmherzig, langmütig und reich an Güte, und es reut ihn, daß er das Unheil verhängt hat.

507 Sacharja 1,1–4
Im zweiten Jahr des Darius erging im achten Monat das Wort des

Herrn an den Propheten Sacharja, den Sohn Berechjas, des Sohnes Iddos: 2 Schwer hat der Herr euren Vätern gezürnt. 3 Deshalb sag zu ihnen: So spricht der Herr der Heere: Kehrt um zu mir – Spruch des Herrn der Heere –, dann kehre ich um zu euch, spricht der Herr der Heere. 4 Seid nicht wie eure Väter, denen die früheren Propheten verkündeten: So spricht der Herr der Heere: Kehrt doch um von euren heillosen Wegen und von euren heillosen Taten.

508 Jesaia 58,1–12
Rufe aus voller Kehle, halte dich nicht zurück! Laß deine Stimme ertönen wie eine Posaune! Halt meinem Volk seine Vergehen vor und dem Haus Jakob seine Sünden! 2 Sie suchen mich Tag für Tag; denn sie wollen meine Wege erkennen. Wie ein Volk, das Gerechtigkeit übt und das vom Recht seines Gottes nicht abläßt, so fordern sie von mir ein gerechtes Urteil und möchten, daß Gott ihnen nah ist. 3 Warum fasten wir, und du siehst es nicht? Warum tun wir Buße, und du merkst es nicht? Seht, an euren Fasttagen macht ihr Geschäfte und treibt alle eure Arbeiter zur Arbeit an. 4 Obwohl ihr fastet, gibt es Streit und Zank, und ihr schlagt zu mit roher Gewalt. So wie ihr jetzt fastet, verschafft ihr eurer Stimme droben kein Gehör. 5 Ist das ein Fasten, wie ich es liebe, ein Tag, an dem man sich der Buße unterzieht: wenn man den Kopf hängen läßt, so wie eine Binse sich neigt, wenn man sich mit Sack und Asche bedeckt? Nennst du das ein Fasten und einen Tag, der dem Herrn gefällt? 6 Nein, das ist ein Fasten, wie ich es liebe: die Fesseln des Unrechts zu lösen, die Stricke des Jochs zu entfernen, die Versklavten freizulassen, jedes Joch zu zerbrechen, 7 an die Hungrigen dein Brot auszuteilen, die obdachlosen Armen ins Haus aufzunehmen, wenn du einen Nackten siehst, ihn zu bekleiden und dich deinen Verwandten nicht zu entziehen. 8 Dann wird dein Licht hervorbrechen wie die Morgenröte, und deine Wunden werden schnell vernarben. Deine Gerechtigkeit geht dir voran, die Herrlichkeit des Herrn folgt dir nach. 9 Wenn du dann rufst, wird der Herr dir Antwort geben, und wenn du um Hilfe schreist, wird er sagen: Hier bin ich. Wenn du der Unterdrückung bei dir ein Ende machst, auf keinen mit dem Finger zeigst und niemand verleumdest, 10 dem Hungrigen dein Brot reichst und den Darbenden satt machst, dann geht im Dunkel dein Licht auf, und deine Finsternis wird hell wie der Mittag. 11 Der Herr wird dich immer führen, auch im dürren Land macht er dich satt und stärkt deine Glieder. Du gleichst einem bewässerten Garten, einer Quelle, deren Wasser niemals versiegt. 12 Deine Leute bauen die uralten

Trümmerstätten wieder auf, die Grundmauern aus der Zeit vergangener Generationen stellst du wieder her. Man nennt dich den Maurer, der die Risse ausbessert, den, der die Ruinen wieder bewohnbar macht.

509 Psalm 51,17–19
17 Herr, öffne mir die Lippen, und mein Mund wird deinen Ruhm verkünden.
18 Schlachtopfer willst du nicht, ich würde sie dir geben; an Brandopfern hast du kein Gefallen.
19 Das Opfer, das Gott gefällt, ist ein zerknirschter Geist, ein zerbrochenes und zerschlagenes Herz wirst du, Gott, nicht verschmähen.

Jes 44,21 f. – Gen 3,14–19 – Num 20,10–12 – 2 Sam 12,7–14 – Tob 4,7–11 – Ijob 42,7–9

510 Buße im AT: Gottes gnadenhaftes Geschenk und menschliche Bußleistung

Zwar kann das AT die Überwindung der Sünde ganz auf Gottes Initiative zurückführen, aber auch der Sünder ist aufgerufen, durch gnadengetragene Werke (z. B. durch Fasten, Werke der Nächstenliebe) aktiv an der Überwindung von Sünde und Sündenfolgen mitzuwirken. Hier läßt sich ein atl. Ansatz für die kirchliche Lehre von der Genugtuung, einem der drei Büßerakte im Bußsakrament, und für die Ablaßlehre erkennen.

Jesaia 44,21 f.
21 Denk daran Jakob, und du, Israel, daß du mein Knecht bist. Ich
habe dich geschaffen, du bist mein Knecht; Israel, ich vergesse
dich nicht. 22 Ich fege deine Vergehen hinweg wie eine Wolke und
deine Sünden wie Nebel. Kehr um zu mir; denn ich erlöse dich.

511 Genesis 3,14–19
14 Da sprach Gott, der Herr, zur Schlange: Weil du das getan hast,
bist du verflucht unter allem Vieh und allen Tieren des Feldes. Auf
dem Bauch sollst du kriechen und Staub fressen alle Tage deines
Lebens. 15 Feindschaft setze ich zwischen dich und die Frau, zwi-
schen deinen Nachwuchs und ihren Nachwuchs. Er trifft dich am
Kopf, und du triffst ihn an der Ferse. 16 Zur Frau sprach er: Viel
Mühsal bereite ich dir, sooft du schwanger wirst. Unter Schmer-
zen gebierst du Kinder. Du hast Verlangen nach deinem Mann; er
aber wird über dich herrschen.
17 Zu Adam sprach er: Weil du auf deine Frau gehört und von dem

Baum gegessen hast, von dem zu essen ich dir verboten hatte: So
ist verflucht der Ackerboden deinetwegen. Unter Mühsal wirst du
von ihm essen alle Tage deines Lebens. 18 Dornen und Disteln läßt
er dir wachsen, und die Pflanzen des Feldes mußt du essen. 19 Im
Schweiße deines Angesichts sollst du dein Brot essen, bis du zu-
rückkehrst zum Ackerboden; von ihm bist du ja genommen. Denn
Staub bist du, zum Staub mußt du zurück.

512 Numeri 20,10–12
10 Mose und Aaron riefen die Versammlung vor dem Felsen zu-
sammen, und Mose sagte zu ihnen: Hört, ihr Meuterer, können
wir euch wohl aus diesem Felsen Wasserfließen lassen? 11 Dann
hob er seine Hand hoch und schlug mit seinem Stab zweimal auf
den Felsen. Da kam Wasser heraus, viel Wasser, und die Gemein-
de und ihr Vieh konnten trinken.
12 Der Herr aber sprach zu Mose und Aaron: Weil ihr mir nicht
geglaubt habt und mich vor den Augen der Israeliten nicht als den
Heiligen bezeugen wolltet, darum werdet ihr dieses Volk nicht in
das Land hineinführen, das ich ihm geben will.

513 2 Samuel 12,7–14
7 Da sagte Natan zu David: Du selbst bist der Mann. So spricht
der Herr, der Gott Israels: Ich habe dich zum König von Israel
gesalbt, und ich habe dich aus der Hand Sauls gerettet. 8 Ich habe
dir das Haus deines Herrn und die Frauen deines Herrn in den
Schoß gegeben, und ich habe dir das Haus Israel und Juda gege-
ben, und wenn das zu wenig ist, gebe ich dir noch manches andere
dazu. 9 Aber warum hast du das Wort des Herrn verachtet und
etwas getan, was ihm mißfällt? Du hast den Hetiter Urija mit dem
Schwert erschlagen und hast dir seine Frau zur Frau genommen;
durch das Schwert der Ammoniter hast du ihn umgebracht. 10 Dar-
um soll jetzt das Schwert auf ewig nicht mehr von deinem Haus
weichen; denn du hast mich verachtet und dir die Frau des Heti-
ters genommen, damit sie deine Frau werde. 11 So spricht der Herr:
Ich werde dafür sorgen, daß sich aus deinem eigenen Haus das
Unheil gegen dich erhebt, und ich werde dir vor deinen Augen
deine Frauen wegnehmen und sie einem andern geben; er wird am
hellen Tag bei deinen Frauen liegen. 12 Ja, du hast es heimlich
getan, ich aber werde es vor ganz Israel und am hellen Tag tun.
13 Darauf sagte David zu Natan: Ich habe gegen den Herrn gesün-
digt. Natan antwortete David: Der Herr hat dir deine Sünde ver-
geben; du wirst nicht sterben. 14 Weil du aber die Feinde des Herrn

durch diese Sache zum Lästern veranlaßt hast, muß der Sohn, der dir geboren wird, sterben.

514 Tobit 4,7–11

7 Allen, die gerecht handeln, hilf aus Barmherzigkeit mit dem, was du hast. Sei nicht kleinlich, wenn du Gutes tust. Wende deinen Blick niemals ab, wenn du einen Armen siehst, dann wird auch Gott seinen Blick nicht von dir abwenden. 8 Hast du viel, so gib reichlich von dem, was du besitzt; hast du wenig, dann zögere nicht, auch mit dem Wenigen Gutes zu tun. 9 Auf diese Weise wirst du dir einen kostbaren Schatz für die Zeit der Not ansammeln. 10 Denn Gutes zu tun rettet vor dem Tod und bewahrt vor dem Weg in die Finsternis. 11 Wer aus Barmherzigkeit hilft, der bringt dem Höchsten eine Gabe dar, die ihm gefällt.

515 Ijob 42,7–9

7 Als der Herr diese Worte zu Ijob gesprochen hatte, sagte der Herr zu Elifas von Teman: Mein Zorn ist entbrannt gegen dich und deine beiden Gefährten; denn ihr habt nicht recht von mir geredet wie mein Knecht Ijob. 8 So nehmt nun sieben Jungstiere und sieben Widder, geht hin zu meinem Knecht Ijob, und bringt ein Brandopfer für euch dar! Mein Knecht Ijob aber soll für euch Fürbitte einlegen; nur auf ihn nehme ich Rücksicht, daß ich euch nichts Schlimmeres antue. Denn ihr habt nicht recht von mir geredet wie mein Knecht Ijob. 9 Da gingen Elifas von Teman, Bildad von Schuach und Zofar von Naama hin und taten, was der Herr ihnen gesagt hatte. Und der Herr nahm Rücksicht auf Ijob.

Mk 1,14 f. – Mk 2,3–12 – Mt 9,1–8

516 Jesu Bußruf und Sündenvergebungsvollmacht

Wenn auch eine eigentliche Bußpredigt Jesu auf historisch-kritische Weise wahrscheinlich nicht nachweisbar ist, so entspricht doch das markinische Summarium Mk 1,14 f. sicherlich dem inneren Sinn der Botschaft Jesu. In Korrespondenz zu diesem Bußruf sprechen die Evangelien von einer für die Zeitgenossen anstößigen Sündenvergebungsvollmacht, die Jesus für sich in Anspruch nahm.

Markus 1,14 f.

14 Nachdem man Johannes ins Gefängnis geworfen hatte, ging Jesus wieder nach Galiläa; er verkündete das Evangelium Gottes
15 und sprach: Die Zeit ist erfüllt, das Reich Gottes ist nahe. Kehrt um, und glaubt an das Evangelium!

517 Markus 2,3–12
3 Da brachte man einen Gelähmten zu ihm; er wurde von vier
Männern getragen. 4 Weil sie ihn aber wegen der vielen Leute
nicht bis zu Jesus bringen konnten, deckten sie dort, wo Jesus war,
das Dach ab, schlugen (die Decke) durch und ließen den Gelähm-
ten auf seiner Tragbahre durch die Öffnung hinab. 5 Als Jesus
ihren Glauben sah, sagte er zu dem Gelähmten: Mein Sohn, deine
Sünden sind dir vergeben! 6 Einige Schriftgelehrte aber, die dort
saßen, dachten im stillen: 7 Wie kann dieser Mensch so reden? Er
lästert Gott. Wer kann Sünden vergeben außer dem einen Gott?
8 Jesus erkannte sofort, was sie dachten, und sagte zu ihnen: Was
für Gedanken habt ihr im Herzen? 9 Ist es leichter, zu dem Gelähm-
ten zu sagen: Deine Sünden sind dir vergeben!, oder zu sagen:
Steh auf, nimm deine Tragbahre, und geh umher? 10 Ihr sollt aber
erkennen, daß der Menschensohn die Vollmacht hat, hier auf der
Erde Sünden zu vergeben. Und er sagte zu dem Gelähmten: 11 Ich
sage dir: Steh auf, nimm deine Tragbahre, und geh nach Hause!
12 Der Mann stand sofort auf, nahm seine Tragbahre und ging vor
aller Augen weg. Da gerieten alle außer sich; sie priesen Gott und
sagten: So etwas haben wir noch nie gesehen.

518 Matthäus 9,1–8
Jesus stieg in das Boot, fuhr über den See und kam in seine Stadt.
2 Da brachte man auf einer Tragbahre einen Gelähmten zu ihm.
Als Jesus ihren Glauben sah, sagte er zu dem Gelähmten: Hab
Vertrauen, mein Sohn, deine Sünden sind dir vergeben! 3 Da dach-
ten einige Schriftgelehrte: Er lästert Gott. 4 Jesus wußte, was sie
dachten, und sagte: Warum habt ihr so böse Gedanken im Herzen?
5 Was ist leichter, zu sagen: Deine Sünden sind dir vergeben!, oder
zu sagen: Steh auf und geh umher? 6 Ihr sollt aber erkennen, daß
der Menschensohn die Vollmacht hat, hier auf der Erde Sünden zu
vergeben. Darauf sagte er zu dem Gelähmten: Steh auf, nimm
deine Tragbahre, und geh nach Hause! 7 Und der Mann stand auf
und ging heim. 8 Als die Leute das sahen, erschraken sie und prie-
sen Gott, der den Menschen solche Vollmacht gegeben hat.

Mt 16,15–20 – Mt 18,15–18 – Joh 20,19–23 – 1 Kor 5,1–13 – 2 Kor 2,5–11

519 Die Teilhabe der Kirche an der Sündenvergebungsvollmacht Jesu

Nach ntl. Sicht ist Jesu Sündenvergebungsvollmacht auf die Gemeinde Jesu, die Kirche, übergegangen, die Gemeinde Jesu hat daran Anteil. Entsprechend spiegeln sich im Matthäusevangelium bzw. bei Paulus eigentliche Bußverfahren, die in den Gemeinden oder für die Gemeinden entwickelt worden sind.

Matthäus 16,15–20

15 Da sagte er zu ihnen: Ihr aber, für wen haltet ich mich? 16 Simon
Petrus antwortete: Du bist der Messias, der Sohn des lebendigen
Gottes! 17 Jesus sagte zu ihm: Selig bist du, Simon Barjona; denn
nicht Fleisch und Blut haben dir das offenbart, sondern mein Vater
im Himmel. 18 Ich aber sage dir: Du bist Petrus, und auf diesen
Felsen werde ich meine Kirche bauen, und die Mächte der Unterwelt werden sie nicht überwältigen. 19 Ich werde dir die Schlüssel
des Himmelreichs geben; was du auf Erden binden wirst, das wird
auch im Himmel gebunden sein, und was du auf Erden lösen wirst,
das wird auch im Himmel gelöst sein. 20 Dann befahl er den Jüngern, niemand zu sagen, daß er der Messias sei.

520 Matthäus 18,15–18

15 Wenn dein Bruder sündigt, dann geh zu ihm und weise ihn
unter vier Augen zurecht. Hört er auf dich, so hast du deinen
Bruder zurückgewonnen. 16 Hört er aber nicht auf dich, dann nimm
einen oder zwei Männer mit, denn *jede Sache muß durch die*
Aussage von zwei oder drei Zeugen entschieden werden. 17 Hört
er auch auf sie nicht, dann sag es der Gemeinde. Hört er aber auch auf die Gemeinde nicht, dann sei er für dich wie ein Heide oder ein Zöllner.

18 Amen, ich sage euch: Alles, was ihr auf Erden binden werdet, das wird auch im Himmel gebunden sein, und alles, was ihr auf Erden lösen werdet, das wird auch im Himmel gelöst sein.

521 Johannes 20,19–23

19 Am Abend dieses ersten Tages der Woche, als die Jünger aus
Furcht vor den Juden die Türen verschlossen hatten, kam Jesus,
trat in ihre Mitte und sagte zu ihnen: Friede sei mit euch! 20 Nach
diesen Worten zeigte er ihnen seine Hände und seine Seite. Da
freuten sich die Jünger, daß sie den Herrn sahen. 21 Jesus sagte
noch einmal zu ihnen: Friede sei mit euch! Wie mich der Vater

gesandt hat, so sende ich euch. 22 Nachdem er das gesagt hatte,
hauchte er sie an und sprach zu ihnen: Empfangt den Heiligen
Geist! 23 Wem ihr die Sünden vergebt, dem sind sie vergeben;
wem ihr die Vergebung verweigert, dem ist sie verweigert.

522 1. Korintherbrief 5,1–13
Übrigens hört man von Unzucht unter euch, und zwar von Un-
zucht, wie sie nicht einmal unter den Heiden vorkommt, daß näm-
lich einer mit der Frau seines Vaters lebt. 2 Und da macht ihr euch
noch wichtig, statt traurig zu werden und den aus eurer Mitte zu
stoßen, der so etwas getan hat. 3 Was mich angeht, so habe ich –
leiblich zwar abwesend, geistig aber anwesend – mein Urteil über
den, der sich so vergangen hat, schon jetzt gefällt, als ob ich
persönlich anwesend wäre: 4 Im Namen Jesu, unseres Herrn, wol-
len wir uns versammeln, ihr und mein Geist, und zusammen mit
der Kraft Jesu, unseres Herrn, 5 diesen Menschen dem Satan über-
geben zum Verderben seines Fleisches, damit sein Geist am Tag
des Herrn gerettet wird.
6 Zu Unrecht rühmt ihr euch. Wißt ihr nicht, daß ein wenig Sauer-
teig den ganzen Teig durchsäuert? 7 Schafft den alten Sauerteig
weg, damit ihr neuer Teig seid. Ihr seid ja schon ungesäuertes
Brot; denn als unser Paschalamm ist Christus geopfert worden.
8 Laßt uns also das Fest nicht mit dem alten Sauerteig feiern, nicht
mit dem Sauerteig der Bosheit und Schlechtigkeit, sondern mit
den ungesäuerten Broten der Aufrichtigkeit und Wahrheit.
9 Ich habe euch in meinem Brief ermahnt, daß ihr nichts mit Un-
züchtigen zu schaffen haben sollt. 10 Gemeint waren damit nicht
alle Unzüchtigen dieser Welt oder alle Habgierigen und Räuber
und Götzendiener: sonst müßtet ihr ja aus der Welt auswandern.
11 In Wirklichkeit meinte ich damit: Habt nichts zu schaffen mit
einem, der sich Bruder nennt und dennoch Unzucht treibt, habgie-
rig ist, Götzen verehrt, lästert, trinkt oder raubt; mit einem solchen
Menschen sollt ihr nicht einmal zusammen essen. 12 Ich will also
nicht Außenstehende richten – ihr richtet ja auch nur solche, die
zu euch gehören –, 13 die Außenstehenden wird Gott richten.
Schafft den Übeltäter weg aus eurer Mitte!

523 2. Korintherbrief 2,5–11
5 Wenn aber einer Betrübnis verursacht hat, hat er nicht mich
betrübt, sondern mehr oder weniger – um nicht zu übertreiben –
euch alle. 6 Die Strafe, die dem Schuldigen von der Mehrheit auf-
erlegt wurde, soll genügen. 7 Jetzt sollt ihr lieber verzeihen und

trösten, damit der Mann nicht von allzu großer Traurigkeit über-
wältigt wird. 8 Darum bitte ich euch, ihm gegenüber Liebe walten
zu lassen. 9 Gerade deswegen habe ich euch ja auch geschrieben,
weil ich wissen wollte, ob ihr wirklich in allen Stücken gehorsam
seid. 10 Wem ihr aber verzeiht, dem verzeihe auch ich. Denn auch
ich habe, wenn hier etwas zu verzeihen war, im Angesicht Christi
um euretwillen verziehen, 11 damit wir nicht vom Satan überlistet
werden; wir kennen seine Absichten nur zu gut.

Apg 2,37 ff. – Lk 15,11–24 – 2 Kor 7,9 f. – Mt 6,2–6
Mt 6,16–18 – 1 Tim 1,18 ff. – 1 Kor 12,23–27
1 Joh 1,8–10 – Jak 5,15 f.

524 Umkehr und Reue als vorrangige Bedingungen der Sündenvergebung

Daß Sündenvergebung, die letztlich von Gott kommt, beim Menschen Umkehr und Reue, möglicherweise aber auch das Sündenbekenntnis und die aktive Mitverantwortung für die Überwindung der Sündenfolgen einfordert, auch dies läßt das NT deutlich erkennen. Wie die Sünde des einzelnen in der Sicht des NT nicht nur ihn, sondern die ganze Gemeinde berührt, so spielt die Gemeinde auch bei der Überwindung der Sünde des einzelnen eine wichtige Rolle. In Aussagen über die wechselseitige Abhängigkeit von einzelnem und Gemeinde kann ein Anhaltspunkt für die sehr viel später entwickelte Lehre vom Ablaß gesehen werden.

Apostelgeschichte 2,37 ff.
37 Als sie das hörten, traf es sie mitten ins Herz, und sie sagten zu
Petrus und den übrigen Aposteln: Was sollen wir tun, Brüder?
38 Petrus antwortete ihnen: Kehrt um, und jeder von euch lasse
sich auf den Namen Jesu Christi taufen zur Vergebung seiner
Sünden; dann werdet ihr die Gabe des Heiligen Geistes empfan-
gen. 39 Denn euch und euren Kindern gilt die Verheißung und all
denen in der Ferne, die der Herr, unser Gott, herbeirufen wird.

525 Lukas 15,11–24
11 Weiter sagte Jesus: Ein Mann hatte zwei Söhne. 12 Der jüngere
von ihnen sagte zu seinem Vater: Vater, gib mir das Erbteil, das
mir zusteht. Da teilte der Vater das Vermögen auf. 13 Nach weni-
gen Tagen packte der jüngere Sohn alles zusammen und zog in
ein fernes Land. Dort führte er ein zügelloses Leben und ver-
schleuderte sein Vermögen. 14 Als er alles durchgebracht hatte,
kam eine große Hungersnot über das Land, und es ging ihm sehr
schlecht. 15 Da ging er zu einem Bürger des Landes und drängte

sich ihm auf; der schickte ihn aufs Feld zum Schweinehüten. 16 Er
hätte gern seinen Hunger mit den Futterschoten gestillt, die die
Schweine fraßen; aber niemand gab ihm davon. 17 Da ging er in
sich und sagte: Wie viele Tagelöhner meines Vaters haben mehr
als genug zu essen, und ich komme hier vor Hunger um. 18 Ich will
aufbrechen und zu meinem Vater gehen und zu ihm sagen: Vater,
ich habe mich gegen den Himmel und gegen dich versündigt.
19 Ich bin nicht mehr wert, dein Sohn zu sein; mach mich zu einem
deiner Tagelöhner. 20 Dann brach er auf und ging zu seinem Vater.
Der Vater sah ihn schon von weitem kommen, und er hatte Mit-
leid mit ihm. Er lief dem Sohn entgegen, fiel ihm um den Hals und
küßte ihn. 21 Da sagte der Sohn: Vater, ich habe mich gegen den
Himmel und gegen dich versündigt; ich bin nicht mehr wert, dein
Sohn zu sein. 22 Der Vater aber sagte zu seinen Knechten: Holt
schnell das beste Gewand, und zieht es ihm an, steckt ihm einen
Ring an die Hand, und zieht ihm Schuhe an. 23 Bringt das Mast-
kalb her, und schlachtet es; wir wollen essen und fröhlich sein.
24 Denn mein Sohn war tot und lebt wieder; er war verloren und
ist wiedergefunden worden. Und sie begannen, ein fröhliches Fest
zu feiern.

526 2. Korintherbrief 7,9 f.
8 Daß ich euch aber mit meinem Brief traurig gemacht habe, tut
mir nicht leid. Wenn es mir auch eine Weile leid tat – ich sehe ja,
daß dieser Brief euch, wenn auch nur für kurze Zeit, traurig ge-
macht hat –: 9 jetzt freue ich mich, nicht weil ihr traurig geworden
seid, sondern weil die Traurigkeit euch zur Sinnesänderung ge-
führt hat. Denn es war eine gottgewollte Traurigkeit; so ist euch
durch uns kein Nachteil erwachsen. 10 Die gottgewollte Traurig-
keit verursacht nämlich Sinnesänderung zum Heil, die nicht bereut
zu werden braucht; die weltliche Traurigkeit aber führt zum Tod.

527 Matthäus 6,2–6
2 Wenn du Almosen gibst, laß es also nicht vor dir herposaunen,
wie es die Heuchler in den Synagogen und auf den Gassen tun,
um von den Leuten gelobt zu werden. Amen, das sage ich euch:
Sie haben ihren Lohn bereits erhalten. 3 Wenn du Almosen gibst,
soll deine linke Hand nicht wissen, was deine rechte tut. 4 Dein
Almosen soll verborgen bleiben, und dein Vater, der auch das
Verborgene sieht, wird es dir vergelten. 5 Wenn ihr betet, macht
es nicht wie die Heuchler. Sie stellen sich beim Gebet gern in die
Synagogen und an die Straßenecken, damit sie von den Leuten

gesehen werden. Amen, das sage ich euch: Sie haben ihren Lohn
bereits erhalten. 6 Du aber geh in deine Kammer, wenn du betest,
und schließ die Tür zu; dann bete zu deinem Vater, der im Verborgenen ist. Dein Vater, der auch das Verborgene sieht, wird es dir vergelten.

528 Matthäus 6,16–18
16 Wenn ihr fastet, macht kein finsteres Gesicht wie die Heuchler.
Sie geben sich ein trübseliges Aussehen, damit die Leute merken, daß sie fasten. Amen, das sage ich euch: Sie haben ihren Lohn
bereits erhalten. 17 Du aber salbe dein Haar, wenn du fastest, und
wasche dein Gesicht, 18 damit die Leute nicht merken, daß du fastest, sondern nur dein Vater, der auch das Verborgene sieht; und dein Vater, der das Verborgene sieht, wird es dir vergelten.

529 1. Timotheusbrief 1,18 ff.
18 Diese Ermahnung lege ich dir ans Herz, mein Sohn Timotheus, im Gedanken an die prophetischen Worte, die einst über dich gesprochen wurden; durch diese Worte gestärkt, kämpfe den guten Kampf,
19 gläubig und mit reinem Gewissen. Schon manche haben die Stimme ihres Gewissens mißachtet und haben im Glauben Schiffbruch erlitten,
20 darunter Hymenäus und Alexander, die ich dem Satan übergeben habe, damit sie durch diese Strafe lernen, Gott nicht mehr zu lästern.

530 1. Korintherbrief 12,23–27
23 Denen, die wir für weniger edel ansehen, erweisen wir um so mehr Ehre, und unseren weniger anständigen Gliedern begegnen
wir mit mehr Anstand, 24 während die anständigen das nicht nötig haben. Gott aber hat den Leib so zusammengefügt, daß er dem
geringsten Glied mehr Ehre zukommen ließ, 25 damit im Leib kein Zwiespalt entstehe, sondern alle Glieder einträchtig füreinander
sorgen. 26 Wenn darum *ein* Glied leidet, leiden alle Glieder mit; wenn ein Glied geehrt wird, freuen sich alle anderen mit ihm.
27 Ihr aber seid der Leib Christi, und jeder einzelne ist ein Glied an ihm.

531 1. Johannesbrief 1,8–10
8 Wenn wir sagen, daß wir keine Sünde haben, führen wir uns
selbst in die Irre, und die Wahrheit ist nicht in uns. 9 Wenn wir
unsere Sünden bekennen, ist er treu und gerecht; er vergibt uns
die Sünden und reinigt uns von allem Unrecht. 10 Wenn wir sagen,

daß wir nicht gesündigt haben, machen wir ihn zum Lügner, und sein Wort ist nicht in uns.

532 Jakobusbrief 5,15 f.
[15] Das gläubige Gebet wird den Kranken retten, und der Herr wird ihn aufrichten; wenn er Sünden begangen hat, werden sie ihm vergeben. [16] Darum bekennt einander eure Sünden, und betet füreinander, damit ihr geheiligt werdet. Viel vermag das inständige Gebet eines Gerechten.

Lehramtliche Texte

Clemens VI. (1342–1352)

Jubiläumsbulle „Unigenitus Dei filius" (1343)

533 Der Ablaß als Zuwendung der Verdienste Christi und der Heiligen durch die Kirche

Lat.: DS 1025 ff.
Dt.: NR 677 ff.

Noch bevor sich das Lehramt ausdrücklich mit dem Bußsakrament befaßte, machte es Aussagen über den Ablaß, der herkömmlicherweise im Zusammenhang mit dem Bußsakrament behandelt wird. Anläßlich einer Neuordnung des sog. Jubeljahres entwickelte Clemens VI. in seiner Bulle die wesentlichen Elemente einer Theologie des Ablasses.

677 Der einziggeborene Gottessohn [. . .], der uns von Gott her geworden ist: Weisheit, Gerechtigkeit, Heiligung und Erlösung (1 Kor 1,30), ist nicht mit dem Blut von Böcken und Rindern, sondern durch sein eigenes Blut ein für allemal in das Allerheiligste eingetreten und hat für alle Ewigkeit Erlösung erwirkt (Hebr 9,12); denn nicht mit vergänglichem Gold und Silber, sondern mit seinem eigenen kostbaren Blut, als dem Blut des Lammes ohne Makel und Fehl, hat er uns losgekauft (1 Petr 1,18 f.). Am Altar des Kreuzes hat er, unschuldig geopfert, nicht etwa nur einen Tropfen Blut – das hätte wegen der Vereinigung mit dem *(göttlichen)* Wort zur Erlösung des ganzen Menschengeschlechts genügt –, sondern im Übermaß gleichsam Ströme dieses Blutes vergossen, so daß von der Fußsohle bis zum Scheitel des Hauptes nichts Heiles mehr an ihm gefunden wurde (Is 1,6). Wenn nun dieses erbarmungsvolle Blutvergießen nicht unnütz, sinnlos und überflüssig sein sollte, *wie groß ist dann der Schatz, den er der streitenden*

Kirche erwarb. Seine Söhne wollte der gute Vater reich machen, auf daß die Menschen einen unermeßlichen Schatz besäßen, und wer ihn gebrauchte, der sollte der göttlichen Freundschaft teilhaftig sein.

534

678 Diesen Schatz hat er durch den heiligen Petrus, den Schlüsselträger des Himmels, [. . .] und durch dessen Nachfolger, seine Stellvertreter auf Erden, bereitgestellt zu heilsamer Verteilung an die Gläubigen bei besonderen und sinnvollen Anlässen, bald zu vollständigem, bald zu teilweisem Erlaß der zeitlichen Sündenstrafen, um ihn allgemein oder in besonderen Fällen, wie es vor Gott gut scheint, wirklich reumütigen Menschen, die gebeichtet haben, barmherzig zu spenden.

535

679 Nun wissen wir, daß *die Verdienste der seligen Gottesmutter und aller Erwählten* vom ersten bis zum letzten Gerechten den Reichtum dieses Schatzes noch fördern. Um seinen Verbrauch oder um seine Minderung braucht man wirklich nicht zu bangen, sowohl wegen der unendlichen Verdienste Christi, von denen wir sprachen, als auch deshalb, weil die Fülle der Verdienste um so mehr anwächst, je mehr Menschen aus ihrem Empfang zur Gerechtigkeit gelangen.

Die allgemeine Kirchenversammlung zu Konstanz (1414–1418)

Verurteilte Irrtümer Wyclifs (1415)

Fragen, die den Anhängern des Wyclif und Hus vorgelegt wurden (1418)

536 Die Bedeutung von Sündenbekenntnis, Sündenvergebungsvollmacht und Ablaß

Lat.: DS 1157 = Mansi 27, 633 A, und DS 1260 f.; 1265 ff. = Mansi 27, 1212 CD.
Dt.: 626–629; 680 f.

Von Wyclif, wie ähnlich auch von Hus (vgl. Einl. in 8), wurden im Blick auf das Bußsakrament Auffassungen vertreten, die in gewissem Sinne reformatorische Positionen vorwegnahmen: Weil es nur auf die rechte Reue ankomme, seien eine besondere Sündenvergebungsvollmacht, der Ablaß, aber auch das Sündenbekenntnis überflüssig bzw. nicht notwendig.

Verurteilte Irrtümer Wyclifs

626 7. Für den Menschen, der die rechte Reue hat, ist jedes äußere Bekenntnis überflüssig und unnütz.

537 Fragen, die den Anhängern des Wyclif und Hus vorgelegt wurden

627 20. Ob er glaube, daß ein Christ notwendig für sein Heil außer der Reuegesinnung des Herzens noch verpflichtet sei, falls ihm ein geeigneter Beichtvater zur Verfügung steht, dem Priester allein zu beichten, und nicht einem Laien oder mehreren Laien, mögen sie noch so gut und fromm sein.

538

628 21. Ob er glaube, daß der Priester in den Fällen, in denen er die Vollmacht hat, den Sünder, der seine Sünden bekannt und bereut hat, lossprechen und ihm eine Buße auferlegen könne.

539

629 25. Ob er glaube, daß die rechtliche Vollmacht beim Papst, bei Erzbischöfen und Bischöfen im Lösen und Binden größer sei als die Vollmacht des einfachen Priesters, auch wenn er Seelsorger ist.

540

680 26. Ob er glaube, daß der Papst allen Christen, die ihre Sünden wirklich bereut und bekannt haben, aus einem guten und gerechten Grund Ablässe zur Nachlassung der Sündenstrafen gewähren kann, vor allem wenn sie heilige Orte besuchen oder dazu ihre hilfreiche Hand bieten.

541

681 27. Und ob er glaube, daß diejenigen, die auf die Gewährung eines solchen Ablasses hin die Kirchen besuchen und dazu ihre Hilfe leisten, diese Ablässe erhalten können.

Die allgemeine Kirchenversammlung zu Florenz (1438–1445)

Lehrentscheid für die Armenier (1439)

542 Was zum Bußsakrament gehört und was es bewirkt

Lat.: DS 1323 = Mansi 31 A 1057 E – 1058 A.
Dt.: NR 630.

Der Lehrentscheid für die Armenier (vgl. Einl. in 10) legt auch die Lehre vom Bußsakrament im Anschluß an Thomas von Aquin dar (vgl. 630f.). Der Text spricht von einer „Quasi-Materie" des Sakramentes und führt die ausdrückliche Vorstellung von drei Teilen oder Stücken dieser „Quasi-Materie" in die Lehrtradition der Kirche ein.

630 Das vierte Sakrament ist die Buße. *Gleichsam die Materie* dieses Sakramentes sind die Betätigungen des Büßenden, zu denen *drei Stücke* gehören. Das erste ist die *Reue* des Herzens. Sie besteht darin, daß man Schmerz empfindet über die begangenen Sünden und damit den Vorsatz verbindet, in Zukunft nicht mehr zu sündi-

gen. Das zweite ist das mündliche *Bekenntnis.* Es besteht darin, daß der Sünder alle Sünden, deren er sich erinnert, seinem Priester vollständig bekennt. Das dritte ist die *Genugtuung* für die Sünden nach der Entscheidung des Priesters. Sie geschieht hauptsächlich durch Gebet, Fasten, Almosen. Die *Form* dieses Sakramentes sind die Worte der Lossprechung, die der Priester spricht: Ich spreche dich los usw. Der *Spender* dieses Sakramentes ist der Priester, der die Vollmacht hat, loszusprechen, sei es von Amts wegen, sei es durch Ermächtigung seitens seiner Vorgesetzten. Die *Wirkung* dieses Sakramentes ist die Lossprechung von den Sünden.

Leo X. (1513–1521)

Bulle „Exsurge Domine" (1520, „Irrtümer Martin Luthers")

543 Was Reue und Bekenntnis bedeuten und wozu der Ablaß gut ist

Lat.: DS 1455–1464; 1467–1472 = Mansi 32, 1051 D – 1053 A.
Dt.: NR 631–640; 682–687.

In Auseinandersetzung mit den 95 Thesen Luthers, die 1517 publiziert worden waren, verurteilt Papst Leo X. u. a. auch Aussagen des Reformators über Bußsakrament und Ablaß als Irrtümer bzw. Häresien, wobei zumindest indirekt ein katholisches Verständnis – besonders von der Reue – zum Ausdruck gebracht wird.

631 5. Die Lehre von den drei Teilen der Buße: Reue, Bekenntnis, Genugtuung, ist weder in der Heiligen Schrift noch bei den älteren heiligen Lehrern begründet.

544

632 6. Eine Reue, die durch Erforschen, Abwägen, Verabscheuen der Sünden zustande kommt, wenn nämlich jemand in der Bitterkeit seines Herzens seine Jahre überdenkt und die Schwere, die Menge, die Häßlichkeit der Sünden erwägt, den Verlust der ewigen Seligkeit und den Erwerb der ewigen Verdammnis, eine solche Reue macht zum Heuchler, ja noch mehr zum Sünder.

545

633 7. Ganz wahr und besser als irgendeine Lehre, die bisher über die Arten der Reue aufgestellt wurde, ist das Sprichwort: Es in Zukunft nicht mehr tun ist höchste Buße; beste Buße neues Leben.

546

634 8. Laß es dir nicht einfallen, die läßlichen Sünden zu beichten oder auch nur alle schweren Sünden. Denn es ist unmöglich, daß du alle schweren Sünden kennst. Deshalb bekannte man in der Urkirche nur die öffentlichen schweren Sünden.

547
635 9. Wenn wir alles klar bekennen wollen, dann gebärden wir uns, als ob wir der göttlichen Barmherzigkeit nichts mehr zum Verzeihen übriglassen wollten.

548
636 10. Niemand sind die Sünden nachgelassen, der nicht bei der Nachlassung durch den Priester glaubt, daß sie ihm nachgelassen werden. Vielmehr würden die Sünden bleiben, wenn er nicht an ihre Nachlassung glaubte. Denn die Nachlassung der Sünden und die Schenkung der Gnade genügen nicht, sondern man muß glauben, daß die Nachlassung erfolgt sei.

549
637 11. Vertraue nicht, daß du freigesprochen wirst wegen deiner Reue, sondern wegen des Christuswortes: „Was immer du lösen wirst" usw. (Mt 16,19). Deshalb sage ich: Vertraue und glaube tapfer an deinen Freispruch, wenn du die Lossprechung des Priesters empfangen hast, und du bist wirklich freigesprochen, wie es auch um deine Reue bestellt sein mag.

550
638 12. Gesetzt den unmöglichen Fall, das Beichtkind habe keine Reue und der Priester gebe die Lossprechung nicht im Ernst, sondern nur im Scherz: Wenn es dennoch an seine Lossprechung glaubt, so ist es losgesprochen.

551
639 13. Im Bußsakrament und im Freispruch von Schuld tun Papst und Bischof nicht mehr als der geringste Priester; ja, wo kein Priester ist, da kann jeder Christ ebensoviel, auch wenn es eine Frau oder ein Kind ist.

552
640 14. Keiner braucht dem Priester Rechenschaft zu geben, ob er Reue habe, und der Priester braucht nicht danach zu fragen.

553
682 17. Die Schätze der Kirche, aus denen der Papst die Ablässe austeilt, sind nicht die Verdienste Christi und der Heiligen.

554
683 18. Die Ablässe sind ein frommer Betrug an den Gläubigen und ein Versäumnis guter Werke; sie gehören zu dem, was erlaubt ist, aber nicht zu dem, was nützt.

555
684 19. Die Ablässe bedeuten für den, der sie wirklich gewinnt, vor der göttlichen Gerechtigkeit keinen Nachlaß der persönlichen Sündenstrafen.

556

685 20. Wer glaubt, die Ablässe brächten Segen und geistliche Frucht, der ist irregeführt.

557

686 21. Ablässe sind nur für öffentliche Verbrechen notwendig und werden eigentlich nur den Verhärteten und Ungeduldigen gewährt.

558

687 22. Für sechs Arten von Menschen sind Ablässe weder notwendig noch nützlich: für die Toten oder Sterbenden, für die Schwachen, die rechtmäßig Verhinderten, für die, die kein Verbrechen begangen haben, für die, die zwar Verbrechen begangen haben, aber keine öffentlichen, für die, die Besseres tun.

Die allgemeine Kirchenversammlung zu Trient (1545–1563)

Lehrentscheid über die Rechtfertigung (6. Sitzung 1547)
Die Lehre über das Sakrament der Buße (14. Sitzung 1551)
Lehrentscheid über den Ablaß (25. Sitzung 1563)

559 Die katholische Lehre vom Bußsakrament und vom Ablaß

Lat.: DS 1542 f.; 1667–1715 und 1835 = Mansi 33, 38 BD; 91 C – 102 A, und 33, 193 E – 194 E.
Dt.: NR 812 f.; 642–674 und 688 f.

Nachdem das Konzil bereits in seiner 6. Sitzung im Zusammenhang mit der Rechtfertigungslehre von der Buße als zweiter Rechtfertigung gehandelt hatte, beschäftigte es sich in seiner 14. Sitzung ausführlich mit dem Bußsakrament, später in der 25. Sitzung mit dem Ablaß.

Lehrentscheid über die Rechtfertigung

14. Kapitel: Die in Sünde Gefallenen und ihre Wiederherstellung

812 Die aber durch die Sünde von der Höhe der Rechtfertigungsgnade, die sie empfangen haben, wieder herabgefallen sind, können aufs neue gerechtfertigt werden, wenn sie, geweckt von Gott, Sorge tragen, durch das Bußsakrament aufgrund der Verdienste Christi die verlorene Gnade wiederzugewinnen. Diese Weise der Rechtfertigung ist die Wiederaufrichtung des Gefallenen, die die heiligen Väter zutreffend eine zweite Rettungsplanke nach dem Schiffbruch der verlorenen Gnade nannten. Denn für die, die nach der Taufe in Sünden fallen, hat Christus Jesus das Sakrament der Buße eingesetzt mit den Worten: „Empfangt den Heiligen Geist: Denen ihr die Sünden nachlaßt, denen sind sie nachgelassen, denen ihr sie behaltet, denen sind sie behalten" (Jo 20,22.23).

560
813 Deshalb ist es Pflicht, zu lehren, daß die Buße des Christen nach dem Fall ganz anders ist als bei der Taufe und daß sie nicht allein die Lossagung von den Sünden und den Abscheu vor ihnen einschließt oder „ein zerknirschtes und demütiges Herz" (Ps 50,19), sondern auch ihr sakramentales Bekenntnis oder wenigstens den Vorsatz, es bei gegebener Gelegenheit abzulegen, sowie die priesterliche Lossprechung. Ebenso die Genugtuung durch Fasten, Almosen, Gebete und andere fromme Werke des geistlichen Lebens, zwar nicht an Stelle der ewigen Strafe, die durch den Empfang des Sakramentes oder die Absicht des Empfangs gleichzeitig mit der Schuld erlassen wird, sondern an Stelle der zeitlichen Strafe, die nach der Lehre der Heiligen Schrift nicht immer ganz, wie es in der Taufe geschieht, denen erlassen wird, die im Undank gegen die Gnade Gottes, die sie empfangen haben, den Heiligen Geist betrübten (Eph 4,30) und sich nicht scheuten, den Tempel Gottes zu entweihen (1 Kor 3,17). Von dieser Buße steht geschrieben: „Denk daran, von welcher Höhe du herabgefallen bist. Tu Buße und die Werke des ersten Eifers" (Offb 2,5); und wiederum: „Die gottgefällige Trauer wirkt stete heilsame Sinnesänderung" (2 Kor 7,10); und weiter: „Tut Buße" (Mt 3,2) und „Bringt würdige Früchte der Buße" (Mt 3,8).

Die Lehre über das Sakrament der Buße

561 1. Kapitel: Die Notwendigkeit und die Einsetzung des Bußsakramentes

642 Wenn in allen Wiedergeborenen die Dankbarkeit gegen Gott so groß wäre, daß sie beharrlich die in der Taufe durch seine Wohltat und Gnade empfangene Gerechtigkeit schützten, dann wäre es nicht notwendig gewesen, ein anderes Sakrament als die Taufe selbst zur Nachlassung der Sünden einzusetzen. Da aber Gott, reich in seinem Erbarmen (Eph 2,4), weiß, wie schwach wir gebildet sind (Ps 102,14), so gab er auch denen ein Heilmittel des Lebens, die sich nachher wieder der Knechtschaft der Sünde und der Herrschaft Satans übergeben, nämlich das Sakrament der Buße, durch das den Gefallenen nach der Taufe die Wohltat des Todes Christi zugewandt wird.

562
643 Zwar war die Buße für alle Menschen, die sich durch eine schwere Sünde befleckt hatten, jederzeit zur Erlangung von Gnade und Gerechtigkeit notwendig, auch für jene, die durch das Sakrament der Taufe abgewaschen zu werden verlangten, um ihre Verkehrt-

heit abzulegen und gutzumachen und Gottes schwere Beleidigung durch Haß gegen die Sünde und durch heiligen Seelenschmerz zu verabscheuen. ...

563
644 Indessen war die Buße vor der Ankunft Christi kein Sakrament, und sie ist es auch nach seiner Ankunft für niemanden vor der Taufe.
Der Herr aber setzte das Sakrament der Buße damals vor allem ein, als er nach seiner Auferstehung seine Apostel anhauchte mit den Worten: „Empfangt den Heiligen Geist. Denen ihr die Sünden nachlaßt, denen sind sie nachgelassen, und denen ihr sie behaltet, denen sind sie behalten" (Jo 20,22 f.).

564 3. Kapitel: Die Bestandteile und die Frucht des Bußsakramentes
647 Ferner lehrt die heilige Kirchenversammlung, daß die Form des Bußsakraments, in er seine Kraft vorwiegend beruht, in jenen Worten des Spenders liegt: Ich spreche dich los usw. Diesen Worten werden zwar nach der Sitte der heiligen Kirche in lobenswerter Weise einige Gebete beigefügt, sie gehören aber in keiner Weise zum Wesen der Form und sind zur eigentlichen Spendung des Sakraments nicht notwendig.

565
648 Gleichsam die Materie dieses Sakraments sind die Werke des Büßenden, Reue, Bekenntnis und Genugtuung. Denn insofern sie beim Büßenden zur Vollständigkeit des Sakraments, zur gänzlichen und vollständigen Nachlassung der Sünden, nach Gottes Anordnung notwendig sind, kann man sie Bestandteile der Buße nennen.

566
649 Was nun Kraft und Wirksamkeit betrifft, so ist Gehalt und Frucht dieses Sakraments die Versöhnung mit Gott, der bei gottesfürchtigen Menschen, die mit Andacht dieses Sakrament empfangen, oft Friede und Freude des Gewissens mit großem Trost der Seele folgen. Dies lehrt die heilige Kirchenversammlung von den Bestandteilen und der Frucht dieses Sakraments, zugleich verurteilt sie die Auffassung derer, die behaupten, die Bestandteile der Buße seien der Schrecken, der das Gewissen erschüttert, und der Glaube.

567 4. Kapitel: Die Reue
650 Die Reue, die unter den genannten Betätigungen des Büßenden den ersten Platz einnimmt, ist der Schmerz der Seele und der Abscheu über die begangene Sünde mit dem Vorsatz, fortan nicht

mehr zu sündigen. Jederzeit war diese Seelenstimmung der Reue zur Erlangung der Sündenvergebung notwendig. Im Menschen, der nach der Taufe fällt, ist sie insofern eine Vorbereitung zur Nachlassung der Sünden, als sie mit dem Vertrauen auf die göttliche Barmherzigkeit und dem Vorsatz verbunden ist, das übrige zu tun, was zum richtigen Empfang dieses Sakraments erfordert wird. So erklärt also die heilige Kirchenversammlung, daß die Reue nicht nur das Aufgeben der Sünde und den Vorsatz und Beginn eines neuen Lebens, sondern auch den Abscheu vor dem vergangenen Leben einschließt. . . .

568

651 Ferner lehrt sie: Auch wenn diese Reue kraft der Liebe *vollkommen* sein und den Menschen mit Gott, bevor dieses Sakrament tatsächlich empfangen wird, versöhnen kann, so ist doch der Reue allein, ohne den in der Reue enthaltenen Vorsatz, das Sakrament zu empfangen, die eigentliche Versöhnung nicht zuzuschreiben. Von der *unvollkommenen* Reue aber, die man Attrition nennt *(attritio)*, erklärt sie: Da sie meist aus der Erwägung über die Häßlichkeit der Sünde oder aus der Furcht vor der Höllenstrafe und anderer Strafen hervorgeht, so macht sie den Menschen, falls sie den Willen zur Sünde ausschließt und mit der Hoffnung auf Verzeihung verbunden ist, nicht zum Heuchler und noch mehr zum Sünder, sondern sie ist sogar ein Geschenk Gottes und ein Antrieb des Heiligen Geistes. Er wohnt zwar noch nicht in der Seele, sondern er bewegt sie nur, aber mit seiner Hilfe bereitet sich der Büßer den Weg zur Gerechtigkeit. Obwohl die unvollkommene Reue aus sich ohne das Sakrament der Buße den Sünder nicht zur Rechtfertigung führen kann, so bereitet sie ihn dennoch dazu vor, im Sakrament der Buße die Gnade Gottes zu erlangen. Denn heilsam erschüttert von dieser Furcht, taten die Einwohner von Ninive auf die schreckensvolle Predigt des Jonas hin Buße und erlangten vom Herrn Barmherzigkeit.

569 5. Kapitel: Das Bekenntnis

652 Aus der schon erklärten Einsetzung des Bußsakramentes entnahm die gesamte Kirche immer, daß vom Herrn auch das vollständige Bekenntnis der Sünden eingesetzt wurde. Dieses Bekenntnis ist für alle, die nach der Taufe fallen, nach göttlichem Recht notwendig, weil unser Herr Jesus Christus vor seiner Himmelfahrt die Priester als seine eigenen Stellvertreter zurückließ, als Vorsteher und Richter, vor die alle Todsünden gebracht werden müssen, in die die Christgläubigen fallen. Sie sollen kraft der Schlüsselgewalt das Ur-

teil der Vergebung oder des Behaltens der Sünden fällen. Denn ohne Kenntnis des Tatbestands könnten die Richter dieses Urteil nicht fällen noch bei Auferlegung der Strafe das rechte Maß wahren, wenn man seine Sünden nur allgemein statt einzeln und im besonderen darlegt. Daraus ergibt sich, daß von den Büßenden *alle Todsünden* in der Beichte genannt werden müssen, deren man sich nach sorgfältiger Selbsterforschung bewußt ist, mögen sie noch so im Verborgenen geschehen sein oder sich nur gegen die letzten zwei der zehn Gebote gerichtet haben, verletzen diese doch oft die Seele noch schwerer und sind noch gefährlicher als die Sünden, die ganz offen geschehen. Die *läßlichen Sünden,* die uns von der Gnade Gottes nicht ausschließen und in die wir häufig fallen, kann man zwar richtig, mit Nutzen, und ohne jede anmaßende Überheblichkeit beichten, wie es der Brauch gottesfürchtiger Menschen zeigt, man kann sie aber auch ohne Schuld verschweigen und mit vielen andern Heilmitteln sühnen. [. . .]

570 6. Kapitel: Der Spender des Bußsakramentes und die Lossprechung

653 Über den Spender dieses Sakraments erklärt die heilige Kirchenversammlung: Falsch und der Wahrheit des Evangeliums vollkommen zuwider sind alle Lehren, die in verderblicher Weise die Verwaltung der Schlüsselgewalt außer auf die Bischöfe und Priester auf alle andern Menschen ausdehnen und die glauben, jene Herrenworte: „Alles, was ihr auf Erden bindet, wird auch im Himmel gebunden sein, und was ihr auf Erden löst, wird auch im Himmel gelöst sein" (Mt 18,18) und „Denen ihr die Sünden nachlaßt, denen sind sie nachgelassen, und denen ihr sie behaltet, denen sind sie behalten" (Jo 20,23), seien im Gegensatz zur Einsetzung dieses Sakraments an alle Christgläubigen ohne Unterschied gerichtet worden, so daß jeder die Vollmacht habe, Sünden zu vergeben, öffentliche durch Zurechtweisung, wenn der Zurechtgewiesene sich füge, verborgene durch freiwilliges Bekenntnis vor irgend jemand.

Ebenso lehrt sie, daß auch Priester im Stande der Todsünde durch die Kraft des Heiligen Geistes, die ihnen in der Weihe mitgeteilt wurde, als Diener Christi die Nachlassung der Sünden ausüben und daß die nicht richtig denken, die schlechten Priestern diese Vollmacht absprechen.

571

654 Obgleich aber die Lossprechung durch den Priester die Ausspendung einer fremden Wohltat ist, so ist sie doch nicht eine reine Dienstleistung der Verkündigung des Evangeliums oder der Erklä-

rung eines schon geschehenen Sündennachlasses, sondern sie geschieht nach Art einer richterlichen Tätigkeit, in der der Priester als Richter den Richterspruch fällt. . . .

572 8. Kapitel: Die Notwendigkeit und die Frucht der Genugtuung

656 Was nun endlich die Genugtuung angeht, die einerseits von unseren Vätern dem christlichen Volk stets empfohlen wurde, andererseits von allen Werken des Büßenden in unseren Tagen am meisten angefeindet wird, unter dem Anschein von Frömmigkeit, von solchen, „die sich den Schein von Frömmigkeit geben, aber deren Kraft vermissen lassen" (2 Tim 3,5), erklärt die heilige Kirchenversammlung: Es ist falsch und dem Gotteswort durchaus zuwider, daß vom Herrn niemals die Schuld erlassen werde, ohne daß auch die ganze Strafe vergeben werde. Denn abgesehen von der göttlichen Überlieferung gibt es klare und bekannte Beispiele in der Heiligen Schrift, in denen dieser Irrtum ganz offenkundig widerlegt wird.

573

657 Auch die *göttliche Gerechtigkeit* scheint es zu fordern, daß die anders von ihm in Gnaden aufgenommen werden, die vor der Taufe aus Unwissenheit gefehlt, als solche, die schon einmal von der Knechtschaft der Sünde und Satans befreit waren und das Geschenk des Heiligen Geistes empfangen hatten und dennoch bewußt nicht davor zurückschreckten, den Tempel Gottes zu zerstören und den Heiligen Geist zu kränken.

Auch der *göttlichen Güte* entspricht es, daß uns die Sünden nicht ohne irgendeine Genugtuung erlassen werden, weil wir sonst dadurch veranlaßt würden, die Sünde leichter zu nehmen, Unrecht und Schmach wider den Heiligen Geist zu verüben (Hebr 10,29), in schwerere Sünden zu fallen und so auf uns Zorn für den Tag des Zornes anzuhäufen (Röm 2,5). Denn solche genugtuende Strafen ziehen zweifellos sehr von der Sünde ab, halten die Büßenden gewissermaßen im Zaum und machen sie für die Zukunft vorsichtiger und wachsamer; sie heilen die Überbleibsel der Sünde und tilgen die sündhaften, durch schlechtes Leben erworbenen Neigungen durch die Betätigung der entgegengesetzten Tugenden; und nie kannte die Kirche Gottes einen sichereren Weg, drohende Strafen Gottes abzuwenden, als daß die Menschen diese Werke der Buße mit wirklichem Seelenschmerz auf sich nahmen.

574

658 Dazu kommt, daß wir durch die Genugtuung, die wir für die Sünden leiden, Christus Jesus gleichförmig werden, der für unsere

Sünden genuggetan hat und aus dem all unser Können stammt, und daß wir dadurch ein ganz sicheres Angeld darauf haben, auch mit ihm verherrlicht zu werden, wenn wir mit ihm leiden (Röm 8,17). Doch ist die Genugtuung, die wir für unsere Sünden tun, nicht in dem Sinn die unsrige, daß sie etwa nicht durch Christus Jesus getan wäre, denn aus uns, d. h. insofern wir auf uns angewiesen sind, können wir nichts, wenn er aber, der uns stark macht, mit uns wirkt, dann können wir alles (vgl. Phil 4,13). So hat der Mensch nichts, dessen er sich rühmen könnte, sondern all unser Rühmen ist in Christus, in dem wir leben und in dem wir uns bewegen, in dem wir dadurch Genugtuung leisten, daß wir würdige Früchte der Buße bringen, die aus ihm ihre Kraft haben, die von ihm dem Vater dargebracht werden und durch ihn vom Vater angenommen werden.

575 Lehrsätze über das Sakrament der Buße

660 1. Wer sagt, in der katholischen Kirche sei die Buße nicht wirklich und eigentlich ein von Christus, unserem Herrn, eingesetztes Sakrament, um die Gläubigen, sooft sie nach der Taufe in Sünden fallen, mit Gott zu versöhnen, der sei ausgeschlossen.

Canones de sacramento paenitentiae

1701 Can. 1. Si quis dixerit, in catholica Ecclesia paenitentiam non esse vere et proprie sacramentum pro fidelibus, quoties post baptismum in peccata labuntur, ipsi Deo reconciliandis, a Christo Domino nostro institutum: anathema sit.

576

661 2. Wer die Sakramente vermengt und sagt, die Taufe selber sei das Sakrament der Buße, als seien diese beiden Sakramente nicht verschieden, und deshalb könne man die Buße nicht mit Recht die zweite Rettungsplanke nach dem Schiffbruch nennen, der sei ausgeschlossen.

1702 Can. 2. Si quis sacramenta confundens, ipsum baptismum paenitentiae sacramentum esse dixerit, quasi haec duo sacramenta distincta non sint, atque ideo paenitentiam non recte „secundam post naufragium tabulam" appellari: an. s.

577

662 3. Wer sagt, jene Worte des Herrn und Heilands: Empfangt den Heiligen Geist, denen ihr die Sünden nachlaßt, denen sind sie nachgelassen, und denen ihr sie behaltet, denen sind sie behalten (Jo 20,22 f.), seien nicht von der Vollmacht, im Bußsakrament Sünden zu vergeben und zu behalten, zu verstehen, wie sie die Kirche

immer von Anfang an verstanden hat; wer sie vielmehr in verdrehtem Sinn gegen die Einsetzung dieses Sakraments auf die Vollmacht, das Evangelium zu verkünden, bezieht, der sei ausgeschlossen.

1703 Can. 3. Si quis dixerit, verba illa Domini Salvatoris: „Accipite Spiritum Sanctum; quorum remiseritis peccata, remittuntur eis; et quorum retinueritis, retenta sunt" *[Io 20,22 s]*, non esse intelligenda de potestate remittendi et retinendi peccata in sacramento paenitentiae, sicut Ecclesia catholica ab initio semper intellexit; detorserit autem, contra institutionem huius sacramenti, ad auctoritatem praedicandi Evangelium: an. s.

578

663 4. Wer leugnet, daß zur vollständigen Nachlassung der Sünden drei Leistungen des Büßenden erfordert sind, die gleichsam die Materie des Bußsakramentes ausmachen, nämlich Reue, Bekenntnis und Genugtuung, die man die drei Teile der Buße nennt, oder wer sagt, es gebe nur zwei Teile der Buße, nämlich den dem Gewissen angesichts der Sünde eingeflößten Schrecken und den Glauben, der aus dem Evangelium oder aus der Lossprechung geschöpft werde und in dem man glaube, daß einem die Sünden durch Christus vergeben seien, der sei ausgeschlossen.

1704 Can. 4. Si quis negaverit, ad integram et perfectam peccatorum remissionem requiri tres actus in paenitente quasi materiam sacramenti paenitentiae, videlicet contritionem, confessionem et satisfactionem, quae tres paenitentiae partes dicuntur; aut dixerit, duas tantum esse paenitentiae partes, terrores scilicet incussos conscientiae agnito peccato, et fidem conceptam ex Evangelio vel absolutione, qua credit quis sibi per Christum remissa peccata: an. s.

579

664 5. Wer sagt, eine Reue, die durch Erforschen, Abwägen, Verabscheuen der Sünden zustande kommt, wenn nämlich jemand in der Bitterkeit seines Herzens seine Jahre überdenkt und die Schwere, die Menge und Häßlichkeit seiner Sünden erwägt, den Verlust der ewigen Seligkeit und den Erwerb der ewigen Verdammnis, verbunden mit dem Vorsatz eines besseren Lebens – eine solche Reue sei kein wahrer und nutzbringender Seelenschmerz und sie bereite nicht auf die Gnade vor, sondern mache den Menschen zum Heuchler und noch mehr zum Sünder; endlich, sie sei ein erzwungener Schmerz, nicht aber frei und willentlich, der sei ausgeschlossen.

1705 Can. 5. Si quis dixerit, eam contritionem, quae paratur per discussionem, collectionem et detestationem peccatorum, qua quis recogitat annos suos in amaritudine animae suae *[Is 38,15]*, ponderando peccatorum suorum gravitatem, multitudinem, foeditatem, amissionem aeternae beatitudinis, et aeternae damnationis incursum, cum proposito melioris vitae, non esse verum et utilem dolorem, nec praeparare ad gratiam, sed facere hominem hypocritam et magis peccatorem; demum illam esse dolorem coactum et non liberum ac voluntarium: an. s.

580

665 6. Wer leugnet, daß das sakramentale Bekenntnis nach göttlichem Recht eingesetzt oder zum Heil notwendig ist, oder wer sagt, die Art des geheimen Sündenbekenntnisses vor dem Priester allein, die die Kirche von Anfang an stets beobachtet hat und beobachtet, sei der Einsetzung und dem Auftrag Christi nicht entsprechend und menschliche Erfindung, der sei ausgeschlossen.

1706 Can. 6. Si quis negaverit, confessionem sacramentalem vel institutam vel ad salutem necessariam esse iure divino; aut dixerit, modum secrete confitendi soli sacerdoti, quem Ecclesia catholica ab initio semper observavit et observat, alienum esse ab institutione et mandato Christi, et inventum esse humanum: an. s.

581

666 7. Wer sagt, zur Vergebung der Sünden sei es nicht nach göttlichem Recht notwendig, im Bußsakrament alle Todsünden einzeln zu bekennen, deren man sich nach schuldiger und sorgfältiger Erwägung erinnert, auch die verborgenen und die gegen die letzten zwei der zehn Gebote, ebenso die Umstände, die die Art der Sünde ändern; sondern ein solches Bekenntnis sei bloß nützlich zur Bildung und Beruhigung des Büßenden und es sei früher nur zum Zweck der Auferlegung der kirchlichen Buße in Gebrauch gewesen; oder wer sagt, wenn sich jemand bemühe, alle Sünden zu bekennen, dann wolle er nichts mehr der göttlichen Barmherzigkeit zum Verzeihen überlassen; oder endlich, es sei nicht erlaubt, die läßlichen Sünden zu beichten, der sei ausgeschlossen.

1707 Can. 7. Si quis dixerit, in sacramento paenitentiae ad remissionem peccatorum necessarium non esse iure divino confiteri omnia et singula peccata mortalia, quorum memoria cum debita et diligenti praemeditatione habeatur, etiam occulta, et quae sunt contra duo ultima decalogi praecepta, et circumstantias, quae peccati speciem mutant; sed eam confessionem tantum esse utilem ad erudiendum et consolandum paenitentem, et olim observatam fuisse tantum ad satisfactionem canonicam imponendam; aut dixerit, eos, qui omnia peccata confiteri student, nihil relinquere velle divinae misericordiae ignoscendum; aut demum non licere confiteri peccata venialia: an. s.

582

667 8. Wer sagt, ein Bekenntnis aller Sünden, wie es die Kirche beobachtet, sei unmöglich und eine menschliche Überlieferung, die von gottesfürchtigen Menschen abgeschafft werden müsse; oder es seien nicht alle Christgläubigen beider Geschlechter nach der Bestimmung der großen Kirchenversammlung im Lateran einmal im Jahr dazu verpflichtet, und deshalb solle man den Christgläubigen raten, in der Fastenzeit nicht zu beichten, der sei ausgeschlossen.

1708 Can. 8. Si quis dixerit, confessionem omnium peccatorum, qualem Ecclesia servat, esse impossibilem, et traditionem humanam a piis abolendam; aut ad eam non teneri omnes et singulos utriusque sexus Christi fideles iuxta magni Concilii Lateranensis constitutionem, semel in anno, et ob id suadendum esse Christi fidelibus, ut non confiteantur tempore Quadragesimae: an. s.

583

668 9. Wer sagt, die sakramentale Lossprechung des Priesters sei kein richterlicher Akt, sondern eine reine Dienstleistung der Verkündigung und Erklärung, dem Bekennenden seien die Sünden erlassen, falls er glaubt, daß er freigesprochen sei, auch wenn der Priester nicht im Ernst, sondern nur im Scherz die Lossprechung gibt; oder wer sagt, das Bekenntnis des Büßenden sei nicht dazu notwendig, daß ihn der Priester lossprechen kann, der sei ausgeschlossen.

1709 Can. 9. Si quis dixerit, absolutionem sacramentalem sacerdotis non esse actum iudicialem, sed nudum ministerium pronuntiandi et declarandi, remissa esse peccata confitenti, modo tantum credat se esse absolutum, aut sacerdos non serio, sed ioco absolvat; aut dixerit non requiri confessionem paenitentis, ut sacerdos ipsum absolvere possit: an. s.

584

669 10. Wer sagt, die Priester, die im Stand der Todsünde sind, hätten nicht die Vollmacht, zu binden und zu lösen, oder nicht nur die Priester seien die Spender der Lossprechung, sondern an jeden Christgläubigen sei das Wort gerichtet: „Was ihr auf Erden binden werdet, wird auch im Himmel gebunden sein, und was ihr auf Erden lösen werdet, wird auch im Himmel gelöst sein" (Mt 18,18) und „Denen ihr die Sünden nachlaßt, denen sind sie nachgelassen, und denen ihr sie behaltet, denen sind sie behalten" (Jo 20,23), so daß jeder kraft dieser Worte von Sünden lossprechen könne, von öffentlichen durch Zurechtweisung, falls sich der Zurechtgewiesene

füge, von verborgenen aber durch freiwilliges Bekenntnis, der sei ausgeschlossen.

1710 Can. 10. Si quis dixerit, sacerdotes, qui in peccato mortali sunt, potestatem ligandi et solvendi non habere; aut non solos sacerdotes esse ministros absolutionis, sed omnibus et singulis Christi fidelibus esse dictum: „Quaecumque ligaveritis super terram, erunt ligata et in caelo, et quaecumque solveritis super terram, erunt soluta et in caelo" *[Mt 18,18]*; et „Quorum remiseritis peccata, remittuntur eis, et quorum retinueritis, retenta sunt" *[Io 20,23]*, quorum verborum virtute quilibet absolvere possit peccata, publica quidem per correptionem dumtaxat, si correptus acquieverit, secreta vero per spontaneam confessionem: an. s.

585

670 11. Wer sagt, die Bischöfe hätten nicht das Recht, sich einzelne Fälle vorzubehalten, außer eben in der äußeren Gerichtsbarkeit, und deshalb hindere der Vorbehalt von Fällen den Priester nicht an der wirklichen Lossprechung von den vorbehaltenen Fällen, der sei ausgeschlossen.

1711 Can. 11. Si quis dixerit, episcopos non habere ius reservandi sibi casus, nisi quoad externam politiam, atque ideo casuum reservationem non prohibere, quominus sacerdos a reservatis vere absolvat: an. s.

586

671 12. Wer sagt, stets werde mit der Schuld auch die ganze Strafe von Gott erlassen und die Genugtuung der Büßenden sei nichts als der Glaube, mit dem sie fest annehmen, daß Christus für sie genuggetan habe, der sei ausgeschlossen.

1712 Can. 12. Si quis dixerit, totam poenam simul cum culpa remitti semper a Deo, satisfactionemque paenitentium non esse aliam quam fidem, qua apprehendunt Christum pro eis satisfecisse: an. s.

587

672 13. Wer sagt, für die Sünden werde, was die zeitlichen Strafen betrifft, Gott keineswegs genuggetan aufgrund der Verdienste Christi durch die Strafen, die von ihm verhängt und die mit Geduld ertragen werden oder die vom Priester auferlegt werden, und auch nicht durch die freiwillig übernommenen, wie Fasten, Gebete, Almosen und andere fromme Werke, und deshalb sei die beste Buße nur ein neues Leben, der sei ausgeschlossen.

1713 Can. 13. Si quis dixerit, pro peccatis, quoad poenam temporalem, minime Deo per Christi merita satisfieri poenis ab eo inflictis et patienter toleratis vel a sacerdote iniunctis, sed neque sponte susceptis, ut ieiuniis, orationibus, eleemosynis vel aliis etiam pietatis operibus, atque ideo optimam paenitentiam esse tantum novam vitam: an. s.

588

673 14. Wer sagt, die Werke der Genugtuung, mit denen die Büßenden durch Christus Jesus für ihre Sünden Ersatz leisten, seien nicht Gottesverehrung, sondern menschliche Überlieferung, die die Lehre von der Gnade, die wahre Gottesverehrung und die Wohltat des Todes Christi verdunkeln, der sei ausgeschlossen.

1714 Can. 14. Si quis dixerit, satisfactiones, quibus paenitentes per Christum Iesum peccata redimunt, non esse cultus Dei, sed traditiones hominum, doctrinam de gratia et verum Dei cultum atque ipsum beneficium mortis Christi obscurantes: an. s.

589

674 15. Wer sagt, die Schlüsselgewalt sei der Kirche nur zum Lösen, nicht aber auch zum Binden übergeben, und also handelten die Priester gegen den Zweck der Schlüsselgewalt und gegen die Einsetzung Christi, wenn sie den Beichtenden Strafen auferlegen, und es sei Einbildung, daß die zeitliche Strafe meist noch abzubüßen bleibe, nachdem die ewige Strafe kraft der Schlüsselgewalt aufgehoben sei, der sei ausgeschlossen.

1715 Can. 15. Si quis dixerit, claves Ecclesiae esse datas tantum ad solvendum, non etiam ad ligandum, et propterea sacerdotes, dum imponunt poenas confitentibus, agere contra finem clavium et contra institutionem Christi; et fictionem esse, quod, virtute clavium sublata poena aeterna, poena temporalis plerumque exsolvenda remaneat: an. s.

590 Lehrentscheid über den Ablaß

688 Da von Christus der Kirche die *Vollmacht* gegeben wurde, Ablässe mitzuteilen, und da die Kirche diese von Gott gegebene Vollmacht seit den ältesten Zeiten gebrauchte, so lehrt und gebietet die heilige Kirchenversammlung, daß der Gebrauch von Ablässen, der für das christliche Volk überaus *segensvoll* ist und durch Entscheidungen heiliger Kirchenversammlungen gutgeheißen wurde, in der Kirche beibehalten werden muß. Und sie verurteilt diejenigen mit Ausschluß, die sie für unnütz erklären oder die der Kirche das Recht absprechen, sie zu verleihen.

591

689 Doch wünscht die heilige Kirchenversammlung, daß man bei der Verleihung von Ablässen nach altem bewährtem Brauch der Kirche *Maß halte,* damit nicht bei zu großer Nachgiebigkeit die kirchliche Zucht entkräftet werde.

Pius X. (1903–1914)

Dekret des Heiligen Offiziums „Lamentabili" (1907) (Verurteilte Sätze des Modernismus)

592 Neutestamentlicher Ursprung und geschichtliche Identität des Bußsakraments

Lat.: DS 3446 f. = ASS 40 (1907) 475.
Dt.: NR 675 f.

Das Dekret (vgl. Einl. in 29) tritt dem vermuteten Versuch der sog. Modernisten entgegen, die Sakramente und so auch das Bußsakrament von ihrem ntl. Ursprung zu lösen und sie geschichtlich zu relativieren.

[675] 46. In der Urkirche gab es nicht den Begriff des christlichen Sünders, der aufgrund der Autorität der Kirche wieder versöhnt wurde. Nur sehr langsam hat sich die Kirche an solche Auffassungen gewöhnt. Ja, auch als die Buße schon als kirchliche Einrichtung anerkannt war, nannte man sie noch nicht ein Sakrament, da man sie ja für ein schimpfliches Sakrament hätte halten müssen.

593

[676] 47. Die Herrenworte „Empfanget den Heiligen Geist, denen ihr die Sünden vergebt, denen sind sie vergeben, und denen ihr sie behaltet, denen sind sie behalten", beziehen sich nicht auf das Bußsakrament, was die Väter der Kirchenversammlung von Trient auch behaupten mögen.

Die allgemeine II. Kirchenversammlung im Vatikan (1962–1965)

Dogmatische Konstitution über die Kirche (1964)

594 Das Bußsakrament: Versöhnung mit Gott – Versöhnung mit der Kirche

Lat.: LThK E I 184 = AAS 57 (1965) 15.
Dt.: LThK E I 185.

Nach einer gewissen individualistischen Engführung in der vorausgehenden Lehrtradition bringt das 2. Vatikanische Konzil auch für das Bußsakrament wieder neu die ekklesiale Dimension des Sakramentes zur Geltung (vgl. den Gesamttext 39 ff.).

185 Die aber zum Sakrament der Buße hinzutreten, erhalten für ihre Gott zugefügten Beleidigungen von seiner Barmherzigkeit Verzeihung und werden zugleich mit der Kirche versöhnt, die sie durch die Sünde verwundet haben und die zu ihrer Bekehrung durch Liebe, Beispiel und Gebet mitwirkt.

Paul VI. (1963–1978)

Apostolische Konstitution über die Neuordnung des Ablaßwesens (1967)

595 Der Ablaß – eine Weise des übernatürlichen „Lastenausgleichs" in der Kirche und durch die Kirche

Lat.: AAS LIX (1967), 6–18.
Dt.: NR 690 ff.

Papst Paul VI. reformierte das Ablaßwesen in grundlegender Weise. Mit dieser Reform geht ein mehr personales und ekklesiales theologisches Verständnis des Ablasses einher, das mit der früher üblichen Quantifizierung von Ablässen nicht mehr vereinbar ist.

Zum richtigen Verständnis des Ablaßwesens

690 2. [. . .] Nach der Lehre der göttlichen Offenbarung folgen aus den Sünden von Gottes Heiligkeit und Gerechtigkeit auferlegte Strafen. Sie müssen in dieser Welt durch Leiden, Not und Mühsal des Lebens und besonders durch den Tod, oder in der künftigen Welt durch Feuer und Qual oder Reinigungsstrafen abgebüßt werden. [. . .]

3. [. . .] Daß auch nach der Sündenvergebung noch Strafen abzubüßen und Überbleibsel der Sünden zu tilgen bleiben können und oft tatsächlich bleiben, zeigt ganz deutlich die Lehre vom Reinigungsort. [. . .] Alle Menschen aber begehen auf der Wanderschaft in dieser Welt zumindest die sogenannten läßlichen und alltäglichen Sünden. Sie bedürfen alle der Barmherzigkeit Gottes, um von den Straffolgen ihrer Sünden frei zu werden.

4. Aufgrund des verborgenen und gnadenvollen Mysteriums der göttlichen Heilsordnung sind die Menschen durch eine übernatürliche Verwandtschaft miteinander verbunden. Dadurch schädigt die Sünde des einen auch die übrigen, wie die Heiligkeit des einen den übrigen zum Wohle gereicht. So helfen die Christgläubigen sich gegenseitig, das übernatürliche Ziel zu erreichen. Diese Gemeinsamkeit bekundet sich schon in Adam, dessen Sünde aufgrund der Abstammung auf alle übergeht. Aber das erhabenere und vollkommenere Prinzip, Fundament und Urbild dieser übernatürlichen Ver-

wandtschaft ist Christus, in dessen Gemeinschaft uns Gott berufen hat.

596 *Der „Kirchenschatz"*

691 5. Christus hat ja, „obwohl er keine Sünden begangen hat", „für uns gelitten" (vgl. 1 Petr 2,22 und 21). „Wegen unserer Sünden wurde er verwundet, wegen unserer Missetaten ist er zerschlagen worden ... Und durch seine Schmerzen wurden wir geheilt" (vgl. Is 53,4–6 mit 1 Petr 2,21–25). Auf den Spuren Christi haben die Christgläubigen sich stets auf dem Weg zum himmlischen Vater gegenseitig durch Gebet, Darbringung geistlicher Güter und büßende Sühneleistung zu helfen gesucht. Je glühender aber ihre Liebe wurde, desto mehr folgten sie dem leidenden Christus, trugen das eigene Kreuz zur Sühne für ihre und anderer Sünden im sicheren Wissen, daß sie ihren Brüdern bei Gott, dem Vater der Erbarmungen, zur Erlangung des Heils Hilfe leisten könnten. Das ist das uralte Dogma von der Gemeinschaft der Heiligen, nach dem das Leben jedes einzelnen Gotteskindes in Christus und durch Christus mit dem Leben aller anderen christlichen Brüder in der übernatürlichen Einheit des mystischen Leibes Christi wie in einer mystischen Person in wunderbarem Band verbunden ist.

Darin besteht der „Kirchenschatz". Er ist nicht so etwas wie eine Summe von Gütern nach Art von materiellen Reichtümern, die im Laufe der Jahrhunderte angesammelt wurden. Vielmehr besteht er in dem unendlichen und unerschöpflichen Wert, den bei Gott die Sühneleistungen und Verdienste Christi, des Herrn, haben, die dargebracht wurden, damit die gesamte Menschheit von der Sünde frei werde und zur Gemeinschaft mit dem Vater gelange. Der Kirchenschatz ist Christus, der Erlöser, selbst, insofern in ihm die Genugtuung und Verdienste seines Erlösungswerkes Bestand und Geltung haben. Außerdem gehört zu diesem Schatz auch der wahrhaft unermeßliche, unerschöpfliche und stets neue Wert, den vor Gott die Gebete und guten Werke der seligen Jungfrau Maria und aller Heiligen besitzen. Sie sind den Spuren Christi, des Herrn, mit seiner Gnade gefolgt, haben sich geheiligt und das vom Vater aufgetragene Werk vollendet. So haben sie ihr eigenes Heil gewirkt und dadurch auch zum Heil ihrer Brüder in der Einheit des mystischen Leibes beigetragen [...]

597 *Der Ablaß als autoritative Zuteilung aus dem Kirchenschatz zum Nachlaß zeitlicher Strafen*

692 8. Dieser Nachlaß der zeitlichen Strafe für die Sünden, die hinsicht-

lich der Schuld bereits getilgt sind, wurde mit dem eigenen Begriff „Ablaß" *(indulgentia)* bezeichnet. Dieser Ablaß hat einiges gemeinsam mit den anderen Weisen oder Wegen zur Beseitigung der Überbleibsel der Sünden, ist aber zugleich von ihnen durchaus verschieden. Wenn nämlich die Kirche beim Ablaß von ihrer Gewalt als Dienerin am Erlösungswerk Christi, des Herrn, Gebrauch macht, dann betet sie nicht nur, sondern teilt dem recht bereiteten Christgläubigen autoritativ den Schatz der Genugtuung Christi und der Heiligen zum Nachlaß der zeitlichen Strafen zu. Das Ziel, das sich die kirchliche Autorität bei der Erteilung von Ablässen stellt, ist nicht nur, den Christgläubigen beim Abbüßen der Sündenstrafen zu helfen, sondern auch, sie zu Werken der Frömmigkeit, Buße und Liebe anzuspornen, besonders zu solchen, die zum Wachstum im Glauben und zum Allgemeinwohl beitragen. Wenn aber die Gläubigen Ablässe zum Beistand der Verstorbenen zuwenden, üben sie auf hervorragende Weise die Liebe. Und indem sie an die himmlischen Dinge denken, gestalten sie die irdischen besser. Diese Lehre hat das kirchliche Lehramt in verschiedenen Dokumenten verteidigt und erklärt. [. . .]

Kongregation für den Gottesdienst

Ordo paenitentiae (1973, Pastorale Einführung)

598 Das Werk der Versöhnung – Aufgabe der ganzen Kirche

Die Feier der Buße nach dem neuen Rituale Romanum, Studienausgabe, hrsg. von den Liturgischen Instituten Salzburg, Trier, Zürich, Einsiedeln u. ö. 1974, 15 ff.; 23 f.; 26.

In der Pastoralen Einführung zum Ordo paenitentiae von 1973 werden wichtige theologische Akzente gesetzt: Das Bußsakrament, das in drei Formen vollzogen werden kann („Die Feier der Versöhnung für einen einzelnen" – „Gemeinschaftliche Feier der Versöhnung mit Bekenntnis und Lossprechung der einzelnen" – „Gemeinschaftliche Feier der Versöhnung mit allgemeinem Bekenntnis und Generalabsolution") ist – recht verstanden – ein Werk der ganzen Kirche, und es hat den Charakter der Feier. Vom Bußsakrament zu unterscheiden ist der Bußgottesdienst.

15 *Die Aufgabe der Gemeinde bei der Feier der Buße*

8. Als priesterliches Volk wirkt die ganze Kirche auf verschiedene Weise beim Werk der Versöhnung mit, das ihr von Gott anvertraut worden ist. Denn sie ruft nicht nur durch die Verkündigung des Wortes Gottes zur Buße, sondern tritt auch für die Sünder ein und kommt dem, der umkehrt, mit mütterlicher Sorge und Aufmerksamkeit zu Hilfe, damit er seine Sünden einsehe und bekenne und

16 von Gott, der allein die Macht hat, Sünden zu vergeben, Barmherzigkeit erlange. Darüber hinaus wird die Kirche durch den von Christus den Aposteln und ihren Nachfolgern anvertrauten Dienst zum Werkzeug der Bekehrung und der Lossprechung für den, der Buße tut.[1]

1 Vgl. Mt 18,18; Joh 20,23.

599 9. *Der Dienst des Beichtvaters*

a) Die Kirche übt den Dienst der sakramentalen Versöhnung durch die Bischöfe und Priester aus, welche die Gläubigen durch die Verkündigung des Wortes zur Umkehr rufen, die Vergebung der Sünden im Namen Christi und in der Kraft des Heiligen Geistes bezeugen und sie den Gläubigen gewähren.

Bei der Ausübung dieses Dienstes handeln die Priester in Gemeinschaft mit dem Bischof, der die Bußdisziplin regelt, und haben Anteil an dessen Amt und Vollmacht.[1]

b) Für den Dienst der sakramentalen Versöhnung ist jener Priester zuständig, der nach dem kanonischen Recht die Vollmacht zur Lossprechung besitzt. Aber auch jene Priester, die keine Beichtvollmacht haben, sprechen Gläubige, die sich in Todesgefahr befinden, gültig und erlaubterweise los. . . .

1 Vgl. Zweites Vatikanisches Konzil, Dogmatische Konstitution über die Kirche „Lumen Gentium" Nr. 26: AAS 57 (1965), S. 31–32.

600

17 *Die Aufgabe des Beichtenden*

11. Der Gläubige, der Buße tut, wirkt entscheidend am Sakrament mit.

Wenn er nämlich in der richtigen Verfassung dieses von Christus eingesetzte Heilmittel gebraucht und seine Sünden bekennt, hat er Anteil am sakramentalen Geschehen selbst, das der Priester durch die im Namen Christi erteilte Lossprechung vollendet.

So feiert der Gläubige, der die Barmherzigkeit Gottes an sich erfährt und für sie Zeugnis ablegt, zusammen mit dem Priester den Gottesdienst der sich ständig erneuernden Kirche.

601

23 Gemeinschaftliche Feier der Versöhnung mit allgemeinem Bekenntnis und Generalabsolution

Bestimmungen über die Generalabsolution

31. Das vollständige Sündenbekenntnis und die Lossprechung des einzelnen sind nach wie vor der einzige ordentliche Weg der Versöhnung der Gläubigen mit Gott und der Kirche, wenn ein

solches Sündenbekenntnis nicht physisch oder moralisch unmöglich ist.
Es können nämlich gelegentlich besondere Umstände eintreten, unter denen es erlaubt oder sogar notwendig ist, mehreren Gläu-
24 bigen ohne vorhergehendes Bekenntnis der einzelnen eine Generalabsolution zu erteilen.
Man kann mehreren Gläubigen, die nur ein allgemeines Sündenbekenntnis abgelegt haben, aber entsprechend in die Bußgesinnung eingestimmt sind, außer in Todesgefahr auch dann eine sakramentale Generalabsolution erteilen, wenn eine schwerwiegende Notwendigkeit vorliegt. Dies trifft zu, wenn angesichts der Zahl der Gläubigen nicht genügend Beichtväter zur Verfügung stehen, um innerhalb einer angemessenen Zeit das Bekenntnis der einzelnen in gebührender Weise zu hören, so daß sie – ohne ihre Schuld – lange die Gnade des Sakramentes oder die heilige Kommunion entbehren müßten. Dies kann vor allem in Missionsgebieten vorkommen, aber auch an anderen Orten und bei Personengruppen, die sich in einer solchen Notlage befinden. . . .

602

26 V. Die Bußgottesdienste

Wesen und Aufbau

36. Bußgottesdienste sind Feiern, bei denen sich das Volk Gottes versammelt, um das Wort Gottes zu hören, das zur Umkehr und zur Erneuerung des Lebens ruft und die Erlösung von der Sünde durch den Tod und die Auferstehung Christi verkündet. Der Aufbau ist derselbe, wie er bei anderen Wortgottesdiensten und bei der *Gemeinschaftlichen Feier der Versöhnung* üblich ist.

Papst Johannes Paul II.

Apostolisches Schreiben „Reconciliatio et paenitentia" (1984)

603 Das Bußsakrament als ordentlicher Weg zur Vergebung der schweren Sünden

Lat.: AAS LXXVII (1984) 252–267.
Dt.: Apostolisches Schreiben im Anschluß an die Bischofssynode Reconciliatio et paenitentia von Johannes Paul II. vom 2. Dezember 1984, hrsg. vom Sekretariat der Deutschen Bischofskonferenz, Bonn 1984, 59; 62 ff., 69.

In seinem Apostolischen Schreiben entwickelt der Papst im Anschluß an die römische Bischofssynode eine umfassende Theologie der Versöhnung, die sich den Impulsen des 2. Vatikanischen Konzils verpflichtet weiß. Das Bußsakrament wird der Grundaufgabe der Kirche zugeordnet, „Sakrament, das heißt Zeichen und Werkzeug der Versöhnung" zu sein.

59 Diese Vollmacht, von den Sünden zu lösen, verleiht Christus durch Vermittlung des Heiligen Geistes auch an einfache Menschen, die selbst den Nachstellungen der Sünde ausgesetzt sind, an seine Apostel: „Empfangt den Heiligen Geist! Wem ihr die Sünden vergebt, dem sind sie vergeben; wem ihr die Vergebung verweigert, dem ist sie verweigert."[1]
Das ist eine der erstaunlichsten Neuheiten des Evangeliums! Er teilt diese Vollmacht den Aposteln zugleich mit – wie es die Kirche von ihren frühesten Anfängen her verstanden hat – als übertragbar an ihre Nachfolger, denen von den Aposteln selbst die Sendung und Verantwortung anvertraut wurde, die Verkündigung des Evangeliums und den Dienst am Erlösungswerk Christi fortzusetzen.
Hier zeigt sich in ihrer ganzen Größe die Gestalt dessen, der das Bußsakrament verwaltet und nach ältestem Brauch oft Beichtvater genannt wird.
Wie bei der Feier der Eucharistie am Altar und bei jedem anderen Sakrament handelt der Priester auch als Verwalter des Bußsakramentes „in der Person Christi". Christus, der durch den Priester gegenwärtig gesetzt wird und durch ihn das Geheimnis der Sündenvergebung wirkt, erscheint als der *Bruder* des Menschen[2], als barmherziger, treuer und mitfühlender Hoherpriester[3], als Hirt, der entschlossen ist, das verlorene Schaf zu suchen[4], als Arzt, der heilt und stärkt[5], als einziger Meister, der die Wahrheit lehrt und die Wege Gottes aufzeigt[6], als Richter der Lebenden und der Toten[7], der nach der Wahrheit und nicht nach dem Augenschein richtet.[8]

1 *Joh* 20,22; *Mt* 18,18; vgl. auch, was Petrus betrifft, *Mt* 16,19. Isaak von Stella betont in einer Predigt die volle Einheit Christi mit seiner Kirche bei der Vergebung der Sünde: „Nichts kann die Kirche vergeben ohne Christus, und Christus will nichts vergeben ohne die Kinder. Vergeben kann die Kirche nur demjenigen, der bereut, das heißt, der von Christus berührt worden ist; Christus will nichts als vergeben ansehen bei dem, der die Kirche verachtet": *Sermo* 1 (*In dominica III post Epiphaniam*, I): *PL* 194, 1729.
2 Vgl. *Mt* 12,49 f.; *Mk* 3,33 f.; *Lk* 8,20 f.; *Röm* 8,29: „der Erstgeborene von vielen Brüdern".
3 Vgl. *Hebr* 2,17; 4,15.
4 Vgl. *Mt* 18,12 f.; *Lk* 15,4–6.
5 Vgl. *Lk* 5,31 f.
6 Vgl. *Mt* 22,16.
7 Vgl. *Apg* 10,42.
8 Vgl. *Joh* 8,16.

604

62 *Einige grundlegende Glaubensüberzeugungen*

31. Die erwähnten Wahrheiten, die von der Synode nachdrücklich und deutlich bekräftigt wurden und in den *Schlußvorlagen* ent-

halten sind, können in den folgenden Glaubensüberzeugungen zusammengefaßt werden, um die sich alle anderen katholischen Lehraussagen über das Bußsakrament gruppieren lassen.

I. Die erste Überzeugung besteht darin, daß für den Christen *das Bußsakrament der ordentliche Weg ist,* um Vergebung und Nachlaß seiner schweren Sünden zu erlangen, die nach der Taufe begangen worden sind. Gewiß sind der Erlöser und sein Heilswirken nicht in der Weise an ein sakramentales Zeichen gebunden, daß sie nicht jederzeit und überall in der Heilsgeschichte auch außerhalb der Sakramente und über sie hinaus wirksam werden können. Aber wir wissen aus der Schule des Glaubens, daß derselbe Erlöser es so gewollt und verfügt hat, daß die schlichten und
63 kostbaren Sakramente des Glaubens für gewöhnlich die wirksamen Mittel sind, durch die seine erlösende Kraft vermittelt und wirksam wird.

Es wäre deshalb unvernünftig, ja vermessen, willkürlich von den Gnaden- und Heilsmitteln abzusehen, die der Herr bestimmt hat; das heißt in unserem Zusammenhang, Verzeihung erlangen zu wollen ohne das Sakrament, das Christus gerade für die Sündenvergebung eingesetzt hat. Die nach dem Konzil vorgenommene Erneuerung der Liturgie berechtigt zu keinerlei Illusion und Änderung in dieser Richtung. Vielmehr sollte und soll diese nach der Absicht der Kirche jedem einzelnen von uns helfen, einen *neuen Anlauf* zu nehmen zu einer Erneuerung unserer inneren Haltung: hin zu einem tieferen Verständnis der Natur des Bußsakramentes; zu einer Annahme dieses Sakramentes, die mehr vom Glauben, nicht von Angst, sondern von Vertrauen geprägt ist; zu einem häufigeren Empfang dieses Sakramentes, das wir von der barmherzigen Liebe des Herrn ganz umfangen wissen.

II. Die zweite Überzeugung betrifft *die Bedeutung des Bußsakramentes* für den, der es empfängt. Nach ältester Überlieferung ist es eine Art von *Gerichtsverfahren.* Aber dieses Verfahren vollzieht sich vor einem Gericht, das mehr von Erbarmen als von strenger Gerechtigkeit bestimmt wird, so daß es mit menschlichen Gerichten nur in analoger Weise vergleichbar ist.[1] Der Sünder bekennt nämlich hier seine Sünden und sich selbst als ein der Sünde unterworfenes Geschöpf; er verpflichtet sich, der Sünde zu entsagen und sie zu bekämpfen, nimmt die Strafe an *(sakramentale Buße),* welche der Beichtvater ihm auferlegt, und empfängt die Lossprechung.

Beim tieferen Nachdenken über die Bedeutung dieses Sakramentes erblickt das Bewußtsein der Kirche in ihm außer dem gerade beschriebenen Gerichtscharakter auch eine *heilende* Funktion. Dies hängt mit der Tatsache zusammen, daß Christus im Evangelium häufig gleichsam als Arzt erscheint[2] und sein erlösendes Wirken von den frühesten christlichen Anfängen an oft als „heilende Medizin" bezeichnet wird. „Heilen will ich, nicht anklagen", sagte der hl. Augustinus gerade mit Bezug auf die Bußpastoral[3]; und es geschieht dank der Medizin der Beichte, daß die Erfahrung der Sünde nicht zur Verzweiflung führt.[4] Der *Bußritus* deutet auf diesen heilenden Charakter des Sakramentes hin[5], für den der heutige Mensch vielleicht besonders empfänglich ist; sieht er doch in der Sünde nicht nur eine Verirrung, sondern mehr noch menschliche Schwäche und Anfälligkeit.

Mag man dieses Sakrament als Gericht der Barmherzigkeit oder als Ort geistlicher Heilung betrachten, beides erfordert eine Kenntnis der inneren

64 Verfassung des Sünders, um ihn beurteilen und lossprechen, ihn betreuen und heilen zu können. Gerade deshalb ist vom Beichtenden das aufrichtige und vollständige Bekenntnis seiner Sünden erforderlich. Dieses geschieht also nicht nur aus aszetischen Motiven (als Übung von Demut und Selbstverleugnung), sondern gründet im Wesen des Sakramentes selbst. . . .

1 Das Konzil von Trient gebraucht den zurückhaltenden Ausdruck „eine Art von Gerichtsverfahren" (Sessio XIV, *De sacramento Paenitentia,* Kap. 6: *Conciliorum Oecumenicorum Decreta,* Bologna ^{3}1973, 707 (*DS* 1685), um so den Unterschied zu weltlichen Gerichtshöfen zu unterstreichen. Auch der neue Bußritus spielt hierauf an: Nr. 6b und 10a.

2 Vgl. *Lk* 5,31 f.: „Nicht die Gesunden brauchen den Arzt, sondern die Kranken", mit der abschließenden Feststellung: „Ich bin gekommen, um die Sünder zur Umkehr zu rufen . . ."; *Lk* 9,2: „Und er sandte sie aus mit dem Auftrag, das Reich Gottes zu verkünden und zu heilen." Das Bild Christi als eines Arztes erscheint in einem neuen, beeindruckenden Licht, wenn wir es in einen Zusammenhang bringen mit der Gestalt jenes „Knechtes Yahwe", von dem das *Buch Jesaja* prophetisch sagt: „Er hat unsere Krankheiten getragen und unsere Schmerzen auf sich genommen", und „durch seine Wunden sind wir geheilt" (*Jes* 53,4 f.).

3 Augustinus, *Sermo* 82, 8: *PL* 38, 511.

4 Vgl. Augustinus, *Sermo* 352,3.8–9: *PL* 39, 1558 f.

5 Vgl. *Ordo Paenitentiae,* 6c.

605

69 *Formen der Bußfeier*

32. Entsprechend den Weisungen des II. Vatikanischen Konzils legt die heutige Bußordnung, der *Ordo Paenitentiae,* drei mögliche Formen vor, die es unter jeweiliger Wahrung der wesentlichen Bestandteile gestatten, die Feier des Bußsakramentes an bestimmte pastorale Situationen anzupassen.

Die erste Form – *Feier der Versöhnung für einzelne* – ist die einzige normale und ordentliche Weise der sakramentalen Feier; sie kann und darf nicht außer Gebrauch kommen oder vernachlässigt werden. Die zweite Form – *Gemeinschaftliche Feier der Versöhnung mit Bekenntnis und Lossprechung der einzelnen* – läßt bei der Vorbereitung den Gemeinschaftsbezug des Bußsakramentes besonders hervortreten, erreicht aber die erste Form im krönenden sakramentalen Akt, in der Beichte und Lossprechung eines jeden einzelnen; darum kann sie, was den Charakter eines normalen Ritus betrifft, der ersten Form gleichgesetzt werden. Die dritte Form hingegen – *Gemeinschaftliche Feier der Versöhnung mit allgemeinem Bekenntnis und Generalabsolution* – hat den Charakter einer Ausnahme und ist darum nicht der freien Wahl überlassen, sondern wird durch eigens dafür erlassene Bestimmungen geregelt.

Theologentexte

Klemensbrief (wohl zwischen 93 und 97)

606 Sündenvergebung durch Sündenbekenntnis

Griech.: Die Apostolischen Väter, eingel., hrsg., übertragen und erläutert von J. A. Fischer, Darmstadt 1970 (Schriften des Urchristentums 1. Teil), 88.
Dt.: AaO., 89.
Vgl.: Herbert Vorgrimler, HDG IV, 3, 37.

Der Klemensbrief, ein Schreiben der Kirchengemeinde von Rom an die korinthische Gemeinde – wohl verfaßt von dem römischen Bischof Klemens –, ist das erste genauer datierbare Werk in der christlichen Literatur außerhalb des Neuen Testaments. Hauptzweck des Schreibens ist es, eine Spaltung der Kirche von Korinth und das von ihr verursachte Ärgernis zu überwinden. Aus verschiedenen Textstellen läßt sich „die Andeutung eines einfachen kirchlichen Bußverfahrens erkennen" (Vorgrimler), zu dem das Schuldbekenntnis gehört.

51. 1. Für das also, was wir gefehlt und getan haben auf Grund gewisser hinterlistiger Nachstellungen des Widersachers[1], wollen wir uns Verzeihung erbitten; aber auch jene, die Anführer des Aufruhrs und der Spaltung waren, müssen das Gemeinsame der Hoffnung ins Auge fassen. 2. Denn die in Furcht und Liebe wandeln, wollen, daß lieber sie selbst Drangsalen verfallen als ihre

Umgebung; sie ertragen lieber die Verurteilung ihrer selbst, als die der Eintracht, die uns schön und recht überliefert worden ist.
3. Denn es ist für einen Menschen besser, die Fehltritte zu bekennen, als sein Herz zu verhärten, so wie sich verhärtete das Herz der Empörer wider den Diener Gottes Moses[2], deren Verdammung offenkundig wurde.[3] ...

[1] Vgl. 1 Tim 5,14; 2 Thess 2,4.
[2] Vgl. Nm 12,7; Hebr 3,5.8.15; 4,7; (Ps 94,8).
[3] Vgl. Nm 16.

607 52. 1. Brüder, der Herr bedarf nichts von allem; er braucht von niemand etwas, außer daß man ihm ein Bekenntnis ablege.

Didache oder Apostellehre (zwischen 80 und 100 bzw. erste Hälfte des 2. Jh.s)

608 Sündenbekenntnis in der Gemeinde – Eingang zur Eucharistiefeier

Griech.: Didache (Apostellehre) u. a., eingel., hrsg., übertr. und erläutert von Klaus Wengst, Darmstadt 1984 (Schriften des Urchristentums 2), 74; 86.
Dt.: AaO., 75; 87.
Vgl.: H. Vorgrimler, HDG IV, 3, 38 f.

In der Didache (vgl. Einl. in 422) werden Sündenbekenntnis und Vergebung als Voraussetzungen der Eucharistiefeier genannt. Aufgrund verschiedener Textstellen läßt sich sagen: „Die Betroffenheit der Gemeinde durch Sünden, die kirchliche Mitwirkung zur Umkehr, bei Bekenntnis und Vergebung sind ohne weiteres deutlich" (Vorgrimler).

75 4. 12. Du sollst jede Heuchelei hassen; und alles, was Gott nicht gefällt, sollst du nicht tun! 13. Verlasse keinesfalls die Gebote des Herrn; du sollst vielmehr bewahren, was du empfangen hast, nichts hinzufügen, nichts wegnehmen! 14. In der Gemeinde sollst du deine Übertretungen bekennen[1] und nicht mit schlechtem Gewissen zu deinem Gebet kommen![2]
Das ist der Weg des Lebens.

609

87 14. 1. An jedem Herrentag[3] versammelt euch, brecht das Brot und sagt Dank, indem ihr dazu eure Übertretungen bekennt, damit euer Opfer rein sei! 2. Jeder aber, der Streit mit seinem Nächsten hat, soll nicht mit euch zusammenkommen, bis sie sich ausgesöhnt haben[4], damit euer Opfer nicht entweiht werde! 3. Denn das ist das vom Herrn über das Opfer Gesagte: An jedem Ort und zu

jeder Zeit mir ein reines Opfer darzubringen; denn ein großer König bin ich, sagt der Herr, und mein Name ist wunderbar unter den Völkern.[5]

[1] Vgl. Jak 5,16; 1 Joh 1,9; 1 Klem 60,1 f.
[2] Wie das Bekennen der Sünden ἐν ἐκκλησίᾳ geschehen soll, so ist auch beim Gebet selbstverständlich an das Gebet in der Gemeindeversammlung gedacht.
[3] Die Bezeichnung des Sonntags als „Herrentag" (hier pleonastisch κυριακὴ κυρίου begegnet noch Apk 1,10; IgnMagn 9,1; EvPetr 9 (35). 12 (50); der Sonntag als Tag der christlichen Gemeindeversammlung 1 Kor 16,2; Act 20,7; Barn 15,9.
[4] Vgl. Mt 5,23 f.
[5] Mal 1,11.14.

Hirt des Hermas (Mitte des 2. Jh.s)

610 Ruf zur Buße – Möglichkeit zur Buße

Griech.: Hermas, Le Pasteur, Introduction, Texte critique . . . par R. Joly (SC 53) Paris ²1968, 286; 344; 112.
Dt.: G. Koch.
Vgl.: H. Vorgrimler, HDG IV, 3, 33–37.

Der Hirt (nach der Hirtengestalt des Offenbarungsengels) des Hermas ist die erste ausführliche nachneutestamentliche Bußlehre. Nach dem Vorbild jüdischer Apokalypsen gestaltet, hat die Schrift den zentralen Inhalt: „Alle nach der Taufe begangenen Sünden können einmalig vergeben werden" (Vorgrimler, 33). Erkennbar tritt dabei die ekklesiale Dimension von Sünde und Vergebung in Erscheinung.

Sim. VIII 11,3
Er (der Offenbarungsengel) gibt mir zur Antwort: Alle – so sagt er –, die von ganzem Herzen bereuen und die sich reinigen von ihren zuvor angezeigten Schlechtigkeiten und die ihren Sünden nichts mehr hinzufügen, diese alle werden vom Herrn Heilung von ihren früheren Sünden empfangen – zumindest wenn sie an den Geboten nicht zweifeln –, und sie werden für Gott leben. Alle aber – so sagt er weiter –, die ihre Sünden vermehren und in den Begierden dieser Weltzeit wandeln, die verurteilen sich selbst zum Tode.

611 Sim. IX 26,6
Das, was ich sage, gilt nicht für die kommenden Tage, daß nämlich einer, der (seinen Herrn) verleugnet, noch einmal Buße empfangen könnte. Denn unmöglich wird der gerettet werden, der in Zukunft seinen Herrn verleugnet. Für die, die in der Vergangen-

heit verleugnet haben, scheint sich die Möglichkeit der Buße zu bieten. Wenn einer also Buße tun will, so geschehe das rasch, bevor der Turm (der Kirche) vollendet wird.

612 Vis. III 5,5

Und die, die man zurückstieß und heraustrieb, wer sind die? – Es sind die, die gesündigt haben und Buße tun wollen; deswegen hat man sie nicht sehr weit aus dem Turm (der Kirche) herausgetrieben: Sie werden brauchbar sein für den Bau, wenn sie umkehren. Die also bereit sind umzukehren, die werden, wenn sie umgekehrt sind, im Glauben stark sein: unter der Bedingung, daß sie jetzt, da der Turm (der Kirche) noch im Bau ist, Buße tun. Wenn der Bau einmal vollendet ist, dann werden sie keinen Platz mehr haben, sondern sie werden Verstoßene sein.

Klemens von Alexandrien (140/150 – 216/217)

Stromata (Teppiche, II c. 13)

613 Eine einmalige Chance nach der Taufe: die zweite Buße

Griech.: PG 8, 969.
Dt.: BKV Bd. 17, 192 ff.

Klemens, christlicher Lehrer in Alexandrien, ist der erste Zeuge der Bußtradition des christlichen Ostens. Er kennt neben der ersten Buße, der Taufe, eine zweite Buße, die eine einmalige und unwiederholbare Chance darstellt, aber zugleich einen prozeßhaften Charakter hat. Seit Klemens spielt auch ein Seelenführer und Helfer des Büßers, ein Charismatiker, der nicht Priester zu sein braucht, in der Tradition der Ostkirchen eine wichtige Rolle.

192 XIII. Kapitel

56, 1. Wer also die Sündenvergebung empfangen hat, sollte nicht mehr sündigen; denn mit der ersten und einzigartigen Buße für die Sünden (dieses ist die Buße für die zuvor während des früheren Lebens im Heidentum, ich meine in dem Leben in der Unwissenheit, vorhandenen Sünden) ist für die Berufenen sofort die Buße als Aufgabe gesetzt; sie soll den Raum der Seele von den Verfehlungen reinigen, damit in ihr der Grund des Glaubens gelegt werden kann. 2. Da aber der Herr ein „Herzenskenner"[1] ist
193 und die Zukunft vorherweiß, sah er gleich von Anfang her voraus, wie leicht wandelbar der Mensch und wie falsch und tückisch der Teufel ist; er wußte, daß der Teufel den Menschen wegen der Sündenvergebung beneiden und deshalb den Knechten Gottes dadurch, daß er mit seinen Freveltaten etwas Verständiges zu tun

schien, manchen Anlaß zu Verfehlungen geben werde, damit auch sie mit ihm verworfen würden.

614 57, 1. Daher gab Gott in seiner großen Barmherzigkeit denen, die auch, nachdem sie gläubig geworden waren, noch in eine Sünde verfielen, noch die Möglichkeit einer zweiten Buße, damit jemand, der nach der Berufung durch Gewalt oder durch List verführt werden sollte, noch eine Möglichkeit einer „Reue, die man nie bereuen kann“[2], erlange.[3] 2. „Denn wenn wir mit Willen sündigen, nachdem wir die volle Erkenntnis der Wahrheit erlangt haben, so bleibt uns kein Opfer für Sünden mehr übrig, sondern wir haben ein schreckliches Gericht und brennendes Feuer zu erwarten, das die Widersacher verzehren soll.“[4] 3. Das fortgesetzte und schnell aufeinanderfolgende Bereuen der Sünden unterscheidet sich von dem Verhalten derer, die überhaupt nicht zum Glauben gekommen sind, durch nichts als dadurch, daß man sich dabei des Sündigens bewußt ist. Und ich weiß nicht, was von beidem schlimmer ist, mit vollem Bewußtsein zu sündigen oder, nachdem man seine Fehler bereut hat, sich wieder zu verfehlen. . . .

615
194 58, 1. Wer sich also aus dem Heidentum und jenem früheren Leben dem Glauben zugewendet hat, der hat einmal Sündenvergebung erlangt. Wer aber auch darnach sündigte und dann wieder Buße tat, der muß, auch wenn er Vergebung erlangt, sich doch fürchten, da ihm nicht noch einmal das Reinigungsbad zur Sündenvergebung zuteil wird. 2. Denn nicht nur die Götzen, die er zuvor als Götter verehrte, sondern auch die Taten seines früheren Lebens muß der verlassen, „der nicht aus Blut und nicht aus dem Willen des Fleisches“[5], sondern im Geiste wiedergeboren wird.
3. Das bedeutet aber, daß er sich nicht in die gleiche Verfehlung verstricken lassen darf, so daß er noch einmal Buße tun müßte. Denn oft Buße zu tun, ist andererseits eine Übung im Sündigen, und infolge von Mangel an Selbstzucht die Neigung, immer wieder nach der anderen Seite umzuschlagen.

1 Vgl. Apg 15,8.
2 Vgl. 2 Kor 7,10.
3 Zu 55 Schluß bis 57, 1 vgl. Hermas, Mand. IV 3,1–6.
4 Hebr 10,26 f. (Is 26,11).
5 Joh 1,13.

Tertullian (um 160 – nach 220)

Über die Buße c. 7–12 (wohl 203)
Über die Ehrbarkeit c. 1; 3 (nach 207)

616 Von der Bezeugung des kirchlichen Bußverfahrens zu dessen Leugnung

Lat.: CChr I, 332–340 (De paenitentia); CChr II 1281 f.; 1286 (De pudicitia).

Dt.: H. Kraft mit A. Heilmann (Hrsg.), Texte der Kirchenväter 2. Bd., 348–355; BKV[2] 24. Bd., 378 f.; 385 ff.

Während Tertullian (vgl. Einl. in 48) in seiner Schrift „Über die Buße" Zeugnis für die Möglichkeit und Praxis der einmaligen kirchlichen Buße gibt, der sich ein Getaufter nach Begehung einer „schweren Sünde" unterziehen muß, bestreitet er nach seinem Wechsel zum Montanismus (eine chiliastische Erweckungsbewegung mit ethischem Rigorismus) im Jahre 207 der Kirche das Recht, Sünden nachzulassen. Tertullian wendet sich dabei gegen das Edikt eines nicht näher bestimmbaren Bischofs, von dem für die Kirche die Vollmacht beansprucht wurde, auch „Kapitalsünden" zu vergeben.

Über die Buße

348 *Die Kirchenbuße der frühchristlichen Zeit*

Christus, Herr, eigentlich sollten deine Diener nur bis zur Taufe von Bußübung reden und reden hören. Soweit sie als Hörende [Vorkatechumenen] nicht mehr sündigen dürfen, sollten sie auch schon nichts mehr von Buße wissen wollen und nicht mehr Auskunft darüber verlangen. Nur mit Widerwillen lasse ich die Erwähnung der zweiten oder vielmehr bereits der letzten Hoffnung hier folgen, weil ich, indem ich
349 von dem letzten Rettungsmittel spreche, in den Schein kommen kann, als wolle ich noch eine weitere Frist zum Sündigen zeigen. Gott behüte, daß es jemand so auslege, als sei ihm auch jetzt noch der Weg zur Sünde frei, weil ihm der Weg zur Buße offenbleibt! Und möchte die Überschwenglichkeit der göttlichen Nachsicht nicht den Mutwillen der menschlichen Vermessenheit hervorrufen. Niemand soll darum schlecht sein, weil Gott gütig ist, oder sooft sündigen, als ihm verziehen wird. Übrigens wird es mit dem Entkommen bald ein Ende haben, wenn es mit dem Sündigen kein Ende hat. Wir sind einmal glücklich entronnen: begeben wir uns nicht mehr in Gefahr, wenn wir uns auch schmeicheln dürfen, nochmals zu entkommen. Die meisten, die aus einem Schiffbruch gerettet worden sind, sagen dem Meer und der Schiffahrt für immer Lebewohl und ehren dadurch die göttliche Wohltat ihrer Errettung, indem sie der Gefahr eingedenk bleiben. Ich finde ihre

Furcht löblich, ihre Scheu gefällt mir. Sie wollen der göttlichen Barmherzigkeit nicht abermals zur Last fallen und fürchten den Schein, als träten sie die erlangte Gabe mit Füßen . . .

617 Gott hat in der Vorhalle die zweite Buße aufgestellt, um den Anklopfenden die Türe zu öffnen, nur noch einmal, weil es schon das zweite Mal ist; dann aber nicht mehr, das nächste Mal schon vergebens. Ist nicht auch dieses eine Mal schon hinreichend? Es ist schon ein Grund vorhanden, warum du es eigentlich nicht mehr verdientest. Du hast nämlich verloren, was du empfangen hattest. Setzt die Nachsicht Gottes dich instand, wieder zu erstatten, was du verloren hattest, so sei für diese wiederholte, noch mehr aber für diese verstärkte Wohltat dankbar. Denn Wiedergeben ist etwas Größeres als Geben, wie es beklagenswerter ist zu verlieren als gar nicht bekommen zu haben. Man muß aber nicht sogleich den Mut durch Verzweiflung ertöten und betäuben, wenn einmal für
350 jemand diese zweite Buße nötig geworden sein sollte. Allerdings sollte es uns verdrießen, zum zweiten Male zu sündigen; doch zum zweiten Male Buße zu tun, das sollte uns nicht verdrießen. Es sollte uns verdrießen, abermals in Gefahr zu kommen, doch nicht, abermals gerettet zu werden. Niemand schäme sich dessen! Bei wiederholter Krankheit ist wiederholte Medizin nötig. Du wirst dich gegen den Herrn dankbar zeigen, wenn du nicht verschmähst, was der Herr dir anbietet. Du hast ihn beleidigt, doch du kannst noch mit ihm ausgesöhnt werden. Du hast es mit einem zu tun, der Genugtuung annimmt, und zwar gerne. . . .

618
355 Wenn du gegen die öffentliche Buße Bedenken hegst, so stelle dir im Herzen die Hölle vor, welche die öffentliche Buße dir auslöschen wird. Vergegenwärtige dir zuvor die Größe der Strafe, so wirst du mit der Annahme des Heilmittels nicht länger zaudern. Weißt du also, daß es gegen die Hölle, jenes erste Verwahrungsmittel, außer der Taufe des Herrn noch einen zweiten Schutz in der öffentlichen Buße gibt: warum läßt du dein Heil im Stich? Warum zauderst du, nach dem zu greifen, wovon du Heilung zu erwarten hast?

619 Über die Ehrbarkeit
378 Mit dem Bestande unserer Güter geht es bereits auf die Neige; sogar die Grundlage der christlichen Ehrbarkeit wird erschüttert, die doch alles vom Himmel entnimmt, ihr Wesen aus dem Bad der

Wiedergeburt, ihre Anleitungen aus den Urkunden des Evangeliums, ihre Strenge aus den Urteilen in beiden Testamenten, eine Strenge, die fester greift wegen der Furcht vor dem ewigen Feuer und dem Verlangen nach der ewigen Herrschaft. Hätte ich wohl zu ihrem Nachteil stillschweigen können? Ich höre nämlich, daß ein Edikt veröffent-
379 licht worden ist, und zwar eine Definitivsentenz. Der *oberste Pontifex,* das ist *der Bischof der Bischöfe,* erklärt: „Ich vergebe auch die Sünden des Ehebruchs und der Hurerei denen, die Buße getan haben."

Unter dieses Edikt kann man nicht schreiben: Recht so, wohlgetan!

620

385 3. Vorerst will ich jedoch eine Entgegnung erledigen, die von der Gegenpartei erhoben wird in Bezug auf diejenige Art von Buße[1], von der wir aufs bestimm-
386 teste erklären, daß sie ohne Verzeihung bleibe. Man wendet uns nämlich ein: Wenn irgendeine Buße[2] ohne Vergebung bleibt, so braucht man sie überhaupt nicht zu üben. Denn man soll nichts Vergebliches tun. Vergeblich würde man nun sich der Buße unterziehen, wenn sie ohne Vergebung bliebe. Man solle aber jede Art Buße üben; folglich wird auch jede Buße Nachlassung bewirken, damit sie nicht vergeblich geübt werde; denn man würde keine Verpflichtung haben sie zu üben, wenn sie vergeblich geübt würde. [Sie wird aber vergeblich geübt, wenn sie ohne Nachlaß bleibt.] Mit Recht erheben sie diesen Einwand, da sie auch die Frucht dieser Buße[3], d. h. die Verzeihung, als zu ihrer Machtvollkommenheit gehörend in Anspruch genommen haben.[4] Was jene angeht, von welchen man die bloß menschliche Versöhnung erlangt[5], so wird sie allerdings vergeblich verrichtet werden, bei uns aber, die wir nicht vergessen, daß Gott allein die Sünden, jedenfalls die Todsünden, nachläßt, wird sie nicht vergeblich geübt werden. Dem Herrn anheimgegeben und infolge dessen vor ihm hingeworfen, wird diese Buße um so eher Verzeihung erwirken gerade darum, weil sie dieselbe bloß von Gott erfleht, weil sie nicht glaubt, daß für ihr Vergehen die menschliche Versöhnung ausreiche, und es vorzieht, vor der Kirche Beschämung zu erdulden, als Gemeinschaft mit ihr zu besitzen. Denn sie steht draußen vor ihren Toren und gereicht durch das Beispiel ihrer Verdemütigung den übrigen Brüdern zur Warnung, ruft auch zu ihren Gunsten die Tränen
387 der Brüder hervor, und hat, wenn sie nach Hause geht, mehr erreicht, nämlich Mitleiden, wenn auch nicht die Gemeinschaft.

Und wenn sie hienieden auch die Versöhnung nicht einerntet, so säet sie dieselbe doch aus vor dem Herrn; sie verliert deren Frucht nicht, sondern bereitet sie vor; der Gewinn wird ihr nicht fehlen, wenn sie in ihrer Pflichtleistung nicht müßig werden wird. Und so ist denn auch eine solche Buße keine törichte und eine derartige Disziplin keine harte. Beide gereichen Gott zur Ehre. Die eine wird um so eher etwas erreichen, als sie sich nicht mit etwas schmeichelt, und die andere um so vollständiger helfen, als sie sich nichts anmaßt.

1 für die schweren, die sog. Kapitalsünden: Idololatrie (Götzendienst), Mord, Ehebruch.
2 aliqua paenitentia, irgendeine Art von Buße, also auch die für die schweren Kapitalsünden.
3 huius quoque paenitentiae der für die Kapitalsünden.
4 in sua *potestate;* potestas steht hier in dem bestimmten Sinn, der später (Kap. 21) dargelegt wird. Die kirchliche Gewalt hat nur die potestas, die geringeren Sünden zu vergeben. Die potestas, die schweren Sünden zu vergeben, hat nur der Hl. Geist, eventuell diejenigen, denen der Hl. Geist sie außerordentlicher Weise verleiht, nämlich die Geistbegabten.
5 pacem humanam, eine Vergebung und Aufnahme in die Kirche, die aber von Gott nicht ratifiziert wird, weil nur er allein die Gewalt hat, schwere Sünden zu vergeben.

Origenes (um 185 – um 254)

II. Homilie zu Levitikus

621 Die verschiedenen Weisen der Sündenvergebung

Lat. Version: PG 12, 417 C – 419 A.
Dt.: G. Koch.

Origenes (vgl. Einl. in 265) kennt eine Vielfalt von Möglichkeiten der Sündenvergebung. Die öffentliche Buße, die hier übrigens mit einer Ölsalbung verbunden erscheint (vgl. Einl. in 683) ist also keineswegs die einzige.

Höre nun, wie viele Sündenvergebungen es in den Evangelien gibt. Da ist jene erste, bei der wir getauft werden zur Vergebung der Sünden. Die zweite geschieht beim Leiden eines Martyrers. Die dritte ist die, die für das Almosen gewährt wird. ... Die vierte Sündenvergebung wird uns zuteil dadurch, daß wir unsren Brüdern die Sünden vergeben. ... Die fünfte Sündenvergebung geschieht, wenn jemand einen Sünder vom Irrtum seines Weges abbringt. ... Die sechste Vergebung geschieht durch den Überfluß der Liebe (per abundantiam charitatis). ... Es gibt dann auch noch eine siebte – wenn auch harte und mühevolle – Sündenvergebung durch die Buße, wenn der Sünder mit Tränen seine Lagerstatt netzt, und wenn ihm die Tränen zum Brot werden Tag und Nacht, und wenn er sich nicht schämt, dem Priester des Herrn seine Sünden anzuzeigen und ein Heilmittel zu suchen. ... Darin erfüllt sich auch das, was der Apostel Jakobus sagt: „Wenn aber jemand krank ist, rufe er die Priester der Kirche, und sie sollen ihm die Hände auflegen, indem sie ihn mit Öl salben im Namen des Herrn, und das Gebet des Glaubens wird den Kranken heil machen, und wenn er in Sünden gewesen ist, so werden sie ihm vergeben werden."

Cyprian (200/210–258)

Fünfzehnter Brief (250)

622 Sündenvergebung aufgrund von Bußleistung und Rekonziliation

Lat.: CSEL III 2, 513 f.
Dt.: BKV² Bd. 60, 54 f.

Cyprian (vgl. Einl. in 50) betont beim kirchlichen Bußverfahren besonders die Notwendigkeit einer vollen Genugtuung durch entsprechende Bußleistungen. Die Sündenvergebung wird durch die Handauflegung des Bischofs bzw. der Priester bewirkt oder zumindest vollendet, aber auch die Gemeinde ist am Bußverfahren bei der der Rekonziliation vorausgehenden Überprüfung der Bußleistungen (Exhomologese), wie auch durch die Fürbitte von Glaubenszeugen und Bekennern, beteiligt.

54 Cyprianus entbietet seinen teuersten Brüdern, den Märtyrern und Bekennern, seinen Gruß

1. Kapitel

Unsere verantwortungsvolle Stellung und die Furcht Gottes drängt uns, ihr heldenmütigen und hochseligen Märtyrer, euch in unserem Schreiben zu mahnen, damit von denen, die mit solcher Hingebung und Tapferkeit den Glauben des Herrn bewahren, auch das Gesetz und die Zucht des Herrn beobachtet wird. Denn wenn auch alle Streiter Christi die Gebote ihres Oberfeldherrn zu beachten haben, so kommt es doch euch noch viel mehr zu, seinen Vorschriften zu gehorchen, die ihr für die übrigen im Heldenmut und in der Furcht Gottes ein Vorbild geworden seid. Ich hatte zwar geglaubt, daß die Presbyter und Diakone, die bei euch weilen, euch ermahnen und euch eingehend über das Gesetz des Evangeliums belehren; denn in früherer Zeit war es unter unseren Vorgängern stets üblich, daß die Diakone im Kerker ab- und zugingen und durch ihre Ratschläge und die Weisungen der Heiligen Schrift die Wünsche der Märtyrer leiteten. Nun aber muß ich zu meinem tiefsten Bedauern erfahren, daß man es bei euch nicht nur an einer Einschärfung der göttlichen Gebote fehlen läßt, sondern ihnen sogar noch Einhalt tut und daß die Maßnahmen, die ihr in aller Scheu vor Gott und voll Ehrerbietung vor seinem Bischof in die Wege leitet, von gewissen Presbytern vereitelt werden.

623 Denn obwohl ihr an mich ein Schreiben gerichtet habt mit der Bitte, es möchten eure Wünsche geprüft und gewissen Gefallenen der Friede gewährt werden, sobald wir nach dem Ende der Verfolgung wieder mit dem Klerus uns vereinigen und zu einer Versammlung zusammentreten könnten, wagen sie es, ohne an die Furcht Gottes, ohne an die Ehre des Bischofs zu denken, im Widerspruch mit dem Gesetz des Evangeliums, im Widerspruch auch mit eurem ehrerbietigen Ersuchen für die Betreffenden zu opfern und ihnen die Eucharistie zu reichen, das heißt: den heiligen Leib des Herrn zu entweihen, noch bevor sie Buße getan, bevor sie ihr schweres und unerhörtes Vergehen eingestanden, bevor Bischof und
55 Klerus ihnen zur Buße die Hand aufgelegt haben. Und doch steht geschrieben: „Wer unwürdig von dem Brot ißt oder von dem Kelch des Herrn trinkt, macht sich schuldig an dem Leib und Blut des Herrn."[1]

[1] 1 Kor 11,27.

Ambrosius (wahrsch. 339–397)

Über die Buße (387/390)

624 Sündenvergebung durch den Heiligen Geist – vom Priester vermittelt

Lat.: PL 16, 488.
Dt.: H. Kraft mit A. Heilmann (Hrsg.), Texte der Kirchenväter, Bd. 2, 347 f. (Über die Buße I, 1–2).

Ambrosius (vgl. Einl. in 62) dringt gegenüber der rigoristischen Sekte der Novatianer auf Milde für die bußfertigen Sünder: Die katholische Kirche hat in ihren Priestern vom Heiligen Geist die Vollmacht zur (einmaligen) Vergebung der schweren Sünden empfangen.

347 Die Kirche übt nach beiden Seiten den rechten Gehorsam: indem sie bindet und indem sie löst. Der Irrtum aber zeigt sich im einen Fall als hart, im andern als ungehorsam: er will binden, was er

nicht lösen mag, und er will nicht lösen, was er gebunden hat. So richtet er sich durch seinen eigenen Urteilsspruch. Der Herr wollte, daß das Recht zu binden und zu lösen nebeneinander bestehe; deshalb hat er beides unter der gleichen Voraussetzung der Gegenseitigkeit verliehen. Wer also nicht das Recht hat zu lösen, hat auch nicht das Recht zu binden ... Das ist doch unzweifelhaft sicher, daß jenen, denen beides übertragen wurde, entweder beides oder keines zusteht. So ist es: der Kirche steht beides, dem Irrtum steht keines zu, weil das Recht einzig den Priestern verliehen wurde. Die Kirche nimmt demnach mit Recht beides für sich in Anspruch, weil sie
348 wahre Priester hat; der Irrtum aber, der keine Priester Gottes hat, kann nichts beanspruchen. Gerade dadurch, daß er keine von beiden Vollmachten beansprucht, bekennt er von sich selbst, daß er, eben weil er keine Priester hat, auch nicht berechtigt ist, ein priesterliches Amt für sich zu beanspruchen ...

625 Dabei ist noch besonders zu beachten, daß, wer den Heiligen Geist empfing, auch die Vollmacht erhielt, Sünden nachzulassen oder zu behalten. Denn so sprach der Herr: „Empfanget den Heiligen Geist, welchen ihr die Sünden nachlassen werdet, denen sind sie nachgelassen, und welchen ihr sie behalten werdet, denen sind sie behalten." [Joh 20,22 f.] Wer also die Lösegewalt nicht besitzt, hat auch den Heiligen Geist nicht. Das Amt des Priesters ist eine Gabe des Heiligen Geistes, und dessen Recht besteht gerade im Nachlassen oder Behalten der Sünden. Wie können nun jene die Gabe des Heiligen Geistes beanspruchen, die seinem Recht und seiner Macht mißtrauen? Kann es anmaßendere Menschen geben? Obwohl der Geist Gottes geneigter ist zum Erbarmen als zum Strafen, wollen sie doch das nicht, was er nach seinem eigenen Worte will, indes sie tun, was er nicht will. Und doch ist es Sache der Gerechtigkeit, zu strafen; der Barmherzigkeit aber geziemt Verzeihen.

Johannes von Antiochien (gest. nach 1112)

Oratio de disciplina monastica (c. 7)

626 Eine ostkirchliche Entwicklung: Mönche als Verwalter des Bußsakraments

Griech.: PG 132, 1128 BC.
Dt.: G. Koch.

Im Bereich der Ostkirchen hatte sich das Bußwesen in mancher Hinsicht anders entwickelt als im Westen: Man begegnet neben der kanonischen Kirchenbuße zunehmend einer (wiederholbaren) Mönchsbeichte, wobei der Beichtvater und Seelenführer zeitweilig sogar ein Laie sein konnte. Diese Entwicklung spiegelt sich in einer Rede des Johannes von Antiochien (von 1089 bis 1100 Patriarch, dann wieder einfacher Mönch): In der Zeit des Bilderstreits bzw. des bilderfeindlichen byzantinischen Kaisers Leo III. (717–741), genannt der Isaurier, sei die apostolische Binde- und Lösegewalt allgemein auf die Mönche übergegangen.

Gerade von den Mönchen nämlich, die er (Leo der Isaurier) verfolgte, wurde dieser durch die unüberwindliche Macht Christi mitsamt seinem bilderstürmerischen Blendwerk niedergeworfen, und er stürzte in einem ungeheuren Fall. Von dieser Zeit an bis zum heutigen Tag, da schon vierhundert Jahre vergangen sind, wurde der Stand der Mönche von allen Gläubigen so sehr vergöttert und verehrt, daß Erforschung und Bekenntnis der Sünden, aber auch die entsprechenden Bußauflagen und die Sündenvergebung auf die Mönche übertragen wurden: so, wie wir es ja auch gegenwärtig noch vor Augen haben.

Petrus Lombardus (um 1095–1160)

Die vier Bücher der Sentenzen (1142–1158)
Aus Buch IV: d. 14 c.1, 1; d. 16 c. 4, 1; d. 17 c. 4, 1/2

627 Die frühscholastische Lehre: Kirchliche Buße als wiederholbares Bußsakrament

Lat.: Magistri Petri Lombardi Sententiae in IV libris distinctae t. II l. III et IV, Grottaferrata (Romae) 1981, 315 f.; 340; 351.
Dt.: G. Koch.

Nach dem Verfall der öffentlichen Buße (Exkommunikationsbuße) hatte sich auch im Westen der Kirche vom irisch-angelsächsischen Bereich her die wiederholbare individuelle Beichte trotz mancher Widerstände allgemein durchgesetzt. Bußauflage und Absolution durch den Priester folgten nun unmittelbar auf das Sündenbekenntnis. Petrus Lombardus (vgl. Einl. in 78) ist einer der ersten, die diese neue Bußpraxis und ihren Sakramentscharakter theologisch reflektierten.

Dist. XIV cap. I, 1
1. Über die Buße. ... Die Buße ist für die ferne Stehenden notwendig, damit sie nahe kommen. Sie ist nämlich, wie Hieronymus sagt, „die zweite Planke nach dem Schiffbruch".[1] Wenn nämlich einer das Gewand der Unschuld, das er in der Taufe empfing, durch Sündigen verdorben hat, so kann er es mit Hilfe der Buße wiederherstellen. Die erste Planke ist die Taufe, wo der alte Mensch abgelegt und der neue angezogen wird (vgl. Eph 4,22 ff.); die zweite Planke ist die Buße, in der wir nach dem Fall uns wieder erheben, während das zurückgekehrte „Altsein" (vetustas) vertrieben und die verlorene „Neuheit" (novitas) wiedergewonnen wird. Nach der Taufe können die Gefallenen durch die Buße erneuert werden, aber nicht durch die Taufe: Es ist dem Menschen erlaubt, mehrfach Buße zu tun, aber nicht mehrfach getauft zu werden.
2. Die Taufe ist nur ein Sakrament, Buße heißt hingegen sowohl ein Sakrament wie eine Tugend des Geistes. Es gibt nämlich eine innere Buße und eine äußere Buße. Die äußere ist Sakrament, die innere ist Tugend des Geistes; und jede von beiden ist Ursache der Rechtfertigung und des Heiles.

[1] Ep. 130 n. 9 (PL 22, 1115; CSEL 56, 189).

628 Dist. XVI cap. IV, 1
1. Über die drei Geschehensweisen der Buße. Dem zuvor Gesagten muß hinzugefügt werden, daß Buße auf drei Weisen geschieht: vor der Taufe, nämlich von den früheren Sünden; nach der Taufe von den schwereren (de gravioribus), die danach begangen werden; es gibt aber auch die tägliche Buße der läßlichen Sünden (venalium).

629 Dist. XVII cap. IV, 1/2
1. ... ob es ausreicht, einem Laien zu bekennen. ... Es genügt nicht, Gott zu bekennen ohne einen Priester; nicht nämlich ist jemand wahrhaft demütig und bußfertig, wenn er nicht das Urteil des Priesters wünscht und verlangt. Aber gilt es denn nicht ebensoviel, einem Gefährten oder seinem Nächsten zu bekennen, wenigstens wenn kein Priester da ist?
2. ... Dazu kann mit Gewißheit gesagt werden: Das Urteil des Priesters muß mit Eifer gesucht werden, weil Gott den Priestern die Vollmacht des Bindens und des Lösens zuerkannte. Wem daher diese vergeben, dem vergibt Gott. Wenn allerdings kein Priester da ist, dann muß das Bekenntnis vor dem Nächsten oder einem Gefährten abgelegt werden.

Thomas von Aquin (wahrsch. 1225–1274)

Summa theologica III quaestio 84

630 Wie innere Buße und sakramentale Lossprechung zusammenwirken

Lat. und dt.: Die deutsche Thomas-Ausgabe, Vollständige, ungekürzte deutsch-lateinische Ausgabe der Summa theologica, 31. Bd. (III, 84–90), Heidelberg/Graz–Wien–Köln 1962, 4 (q. 84a 1c); 23 f. (q. 84a 5c).

Die theologische Diskussion der Scholastik über das Bußsakrament drehte sich wesentlich um die Frage, ob die Absolution des Priesters Grund für die Tilgung der Schuld bei Gott sei. Thomas (vgl. Einl. in 80) bejahte diese Frage, er nahm aber auch die frühere Einsicht von der sündentilgenden Kraft der Reue in seine Lösung auf.

Quaestio 84a 1c

4 *Ist die Buße ein Sakrament?*

Antwort: Isidor sagt: „Ein Sakrament besteht in einem feierlichen Vollzug von der Art, daß wir etwas, was auf heilige Weise zu empfangen ist, im Zeichen empfangen." Offenbar vollzieht sich aber bei der Buße die Sache so, daß seitens des büßenden Sünders wie auch seitens des lossprechenden Priesters etwas Heiliges bezeichnet wird. Der büßende Sünder zeigt nämlich durch sein Verhalten und durch seine Worte an, daß sein Herz sich von der Sünde abgewandt hat. Ähnlich bezeichnet der Priester durch das, was er dem Büßer gegenüber tut und spricht, das Wirken Gottes, der die Sünde nachläßt. Darum ist es offenkundig, daß die Buße, wie sie in der Kirche sich vollzieht, ein Sakrament ist.

631 Quaestio 84a 5c

23 *Ist dieses Sakrament zum Heile notwendig?*

Antwort: Zum Heile notwendig ist etwas in doppelter Weise, nämlich unbedingt oder nur bedingt. *Unbedingt* notwendig ist das, ohne welches niemand das Heil erlangen kann, wie die Gnade Christi und das Sakrament der Taufe, durch das man in Christus wiedergeboren wird. Nur *bedingt* notwendig ist aber das Sakrament der Buße. Denn nicht für alle ist es da, sondern nur für die, welche der Sünde unterworfen sind. Darum heißt es im 2. Buch der Chronik, im letzten Kapitel [Gebet des Manasse V. 8] [17]: „Und Du, Herr der Gerechten, Du hast die Buße nicht bestimmt für die Gerechten, für Abraham, Isaak und Jakob, die vor Dir nicht gesündigt haben."

Nun „gebiert aber die Sünde, wenn sie vollbracht ist, den Tod" (Jk 1,15). Und daher ist es zum Heile des Sünders notwendig, daß die Sünde von ihm entfernt wird. Das aber ist nur möglich durch das

Sakrament der Buße. In ihm nämlich wird die Kraft des Leidens Christi wirksam durch
24 die Lossprechung des Priesters zusammen mit dem Werk des Büßers, der zur Vernichtung der Sünde mit der Gnade mitwirkt; wie auch Augustinus sagt: „Der dich ohne dich geschaffen hat, will dich nicht ohne dich gerecht machen." Daraus folgt, daß das Sakrament der Buße *nach* der Sünde zum Heile notwendig ist, wie die Heilung des Leibes, nachdem der Mensch in gefährliche Krankheit gefallen ist.

Martin Luther (1483–1546)

Von der babylonischen Gefangenschaft der Kirche
Ein Vorspiel Martin Luthers (1520)

632 Kirchliche Sündenvergebung als Dienst am Glauben des Sünders

Lat.: WA 6, 543–546.
Dt.: Luther deutsch, hrsg. von K. Aland, Bd. 2, Stuttgart/Göttingen 1962, 216–221.

In seiner frühen Zeit erkennt Luther (vgl. Einl. in 93) der Buße noch den Sakramentscharakter zu, wovon er später abrückt. Er hält die Buße für einen wichtigen – der Kirche anvertrauten – brüderlichen Dienst zur Weckung des Vertrauens auf Gottes Vergebung. Was er leugnet, ist vor allem der Gerichtscharakter des Bußsakraments und der Verpflichtungscharakter der Ohrenbeichte vor dem Priester.

216 Von dem Sakrament der Buße
An dritter Stelle soll von dem Sakrament der Buße die Rede sein, über das ich bereits einige kleine Traktate und Disputationen veröffentlicht und damit bei vielen genug Anstoß erregt habe; ich habe dort zur Genüge auseinandergesetzt, was ich davon halte. ...

633

217 Christus hat nicht Reiche, nicht Gewalten, nicht Herrschaften, sondern Dienste in seiner Kirche gestiftet, wie wir vom Apostel gelernt haben, der da sagt (1 Kor 4,1): „Dafür halte uns jedermann: für Christi Diener und Haushalter über Gottes Geheimnisse." Ebenso hat die Stelle, wo Christus sagt (Mk 16,16): „Wer da glaubet und getauft wird, der wird selig werden", den Glauben derer erweckt, die getauft wurden; durch dieses Wort der Verheißung soll der Mensch, wenn er getauft wird und glaubt, gewiß sein, daß er selig wird. Hier wird schlechterdings nichts an Gewalt verliehen, sondern lediglich ein Dienst an denen, die getauft wer-

den sollen, eingerichtet. Ebenso ist es auch hier. Wenn er sagt: „Alles, was du binden wirst" usw., erweckt er den Glauben des Büßenden, daß er durch dieses Wort der Verheißung gewiß sei: wenn er im Glauben losgesprochen würde, daß er im Himmel wahrhaftig losgesprochen sei. Da wird eindeutig nichts von Gewalt, sondern der Dienst dessen berührt, der da losspricht.

634

218 Zuerst haben sie von der Reue so gelehrt, daß sie diese dem Glauben an die Verheißung weit vorgezogen haben und noch viel schlimmer: sie wäre nicht ein Werk des Glaubens, sondern ein Verdienst. Ja sie gedenken seiner nicht einmal, so haften sie nämlich an den Werken und Beispielen der Schrift, wo man liest, daß viele die Gnade wegen der Zerknirschung ihres Herzens und ihrer Demut erlangt haben. Aber sie bemerken den Glauben nicht, der solche Zerknirschung und Schmerzen des Herzens bewirkt hat, wie von den Niniviten Jonas 3,5 geschrieben steht: „Die Leute zu Ninive glaubten an Gott und ließen predigen, man sollte fasten" usw. Noch vermessener und ärger als diese (die contritio) haben sie eine „kleine Reue" (attritio) erdichtet, welche durch die Kraft der Schlüssel – die sie nicht kennen – zu einer rechten Reue würde. Diese schreiben sie den Gottlosen und Ungläubigen zu, um so die gesamte Reue abzutun. O unerträglicher Zorn Gottes, daß das in der Kirche Gottes gelehrt werden kann!

635

220 Hüte dich also, auf deine Reue zu vertrauen oder die Sündenvergebung deinem Schmerz zuzuschreiben. Denn Gott sieht dich nicht deswegen an, sondern wegen deines Glaubens, durch den du seinen Drohungen und Verheißungen geglaubt hast, der einen solchen Schmerz überhaupt bewirkt hat. Und darum verdankt man nicht seiner Sorgfalt, mit der man seine Sünden aufzählt, sondern der Wahrheit Gottes und unserm Glauben, was Gutes in der Buße ist. Alles andere sind Werke und Früchte, die von selbst folgen; die machen nicht zu einem guten Menschen, sondern geschehen von dem, der schon durch den Glauben an die Wahrheit Gottes gut geworden ist. . . .

636 Es ist kein Zweifel, daß die Beichte der Sünden notwendig und von Gott geboten ist, Matth 3,6: „Sie wurden von Johannes im Jordan getauft und bekannten ihre Sünden"; 1 Joh 1,9f.: „Wenn wir unsere Sünden bekennen, so ist er treu und gerecht, daß er uns die Sünden vergibt; wenn wir sagen, wir haben nicht gesündigt, so machen wir ihn zum Lügner, und sein Wort ist nicht in uns."

Wenn also den Heiligen nicht erlaubt ist, ihre Sünden zu verleugnen, wieviel mehr müssen die ihre Sünden beichten, die öffentlicher und großer Sünden schuldig sind. Die Einrichtung der Beichte aber wird am allerschlagendsten Matth 18,15 ff. bewiesen, wo Christus lehrt, den Bruder,

221 der an dir sündigt, zurechtzuweisen, ihn (vor die Gemeinde) zu stellen und anzuklagen, und wenn er darauf nicht hört, ihn aus der Gemeinde auszustoßen. Er wird hören, wenn er seine Sünde anerkennt und sie beichtet, der Zurechtweisung sich beugend.

637 Aber die Ohrenbeichte, wie sie jetzt allgemein begangen wird, gefällt mir – wenn sie auch aus der Schrift nicht bewiesen werden kann – doch außerordentlich gut, und sie ist auch nützlich, ja notwendig. Ich will auch nicht, daß sie nicht wäre, im Gegenteil, ich freue mich, daß sie in der Kirche Christi geübt wird. Denn grade sie ist den angefochtenen Gewissen eine einzigartige Hilfe. Wenn also das Gewissen sich unserem Bruder entdeckt hat und das Böse, das verborgen lag, vertraulich offenbart worden ist, empfangen wir aus dem Mund unseres Bruders das Wort des Trostes als von Gott gesprochen. Wenn wir es im Glauben annehmen, gibt es uns Frieden in der Barmherzigkeit Gottes, der durch den Bruder mit uns redet. Das allein verwerfe ich, daß solche Beichte der Tyrannei und der Geldschinderei der Päpste unterworfen ist. Denn sie behalten sich (d. h. ihrer Absolution) selbst geheime Sünden vor und gebieten, sie nur den von ihnen namhaft gemachten Beichtvätern zu beichten.

Johannes Calvin (1509–1564)

Unterricht in der christlichen Religion ([4]1559)

638 Die Taufe als einziges Sakrament der Buße

Franz.: Inst. IV, 19, 17 – Ioannis Calvini Opera quae supersunt omnia, ed. G. Baum u. a., vol. IV, Braunschweig 1866.
Dt.: J. Calvin, Unterricht in der christlichen Religion, übers. von O. Weber, Neunkirchen-Vluyn [2]1963, 1017 f.

Calvin (vgl. Einl. in 96) lehnt eine eigenständige kirchliche Buße überhaupt ab. Sündenüberwindung geschieht für ihn durch die Erinnerung an die Taufe.

1017 Sie mögen dem Sakrament seinen Platz geben, wo sie immer wollen (ob nun in der Buße oder in der Absolution), *so bestreite* ich doch, daß es mit Recht für ein *Sakrament* gehalten wird. Und zwar *erstens* deshalb, weil hierfür *keine besondere Verheißung Gottes*

besteht, die doch der einzige Wesensgrund für ein Sakrament ist, *zweitens* deshalb, weil alles, was man hier an Zeremonien vorweist, *reines Men-*
1018 *schenfündlein* ist, während wir doch bereits festgestellt haben, daß die Zeremonien der Sakramente ausschließlich von Gott gestiftet werden können. Daher war also alles, was sich die Römischen von dem „Sakrament der Buße" ausgedacht haben, Lug und Trug. Dieses erlogene Sakrament haben sie dann auch mit dem gebührenden *Lobpreis* ausgezeichnet und gesagt, es sei die „zweite (rettende) Planke nach dem Schiffbruch", denn wenn einer das „Gewand der Unschuld", das er in der Taufe empfangen hätte, durch Sündigen verdorben hätte, so könnte er es durch die Buße wiederherstellen (Petrus Lombardus, Sentenzen IV, 14, 1; Decretum Gratiani II, 33, 3, 72). Das ist aber doch, so sagen sie, ein Ausspruch des *Hieronymus!* Er mag stammen, von wem er will, so kann man ihn jedenfalls nicht davon freisprechen, daß er offenkundig *gottlos* ist, wenn er *nach dem Verständnis der Römischen* ausgelegt wird! Als ob nun die *Taufe* durch die *Sünde hinfällig* würde! Als ob sie nicht vielmehr dem Sünder ins Gedächtnis zurückgerufen werden müßte, sooft er an die Vergebung der Sünden denkt, damit er sich dadurch wieder zurechtfindet, den Mut wiedergewinnt und den Glauben stärkt, daß er die Vergebung der Sünden erlangen wird, die ihm in der Taufe verheißen ist! Hieronymus erklärt in harter und uneigentlicher Redeweise, durch die Buße werde die Taufe, aus der diejenigen herausfielen, die von der Kirche mit dem Bann belegt zu werden verdienten, wiederhergestellt. Das beziehen nun diese guten Ausleger auf *ihre Gottlosigkeit!*

639 Es wäre daher sehr sachgemäß, wenn man behauptete, *das „Sakrament der Buße" sei die Taufe;* denn *sie* ist denen, die nach Buße trachten, zur Bekräftigung der Gnade und als Siegel ihrer Zuversicht gegeben. Man soll nicht meinen, das hätten wir uns selbst ausgedacht, denn abgesehen davon, daß es den Worten der Schrift gemäß ist, liegt es auch klar zutage, daß es in der Alten Kirche wie ein ganz fester Grundsatz allgemein verbreitet war. Denn die Taufe wird in dem Büchlein „Vom Glauben an Petrus (Diaconus)", das man dem Augustin zuschreibt, als das „Sakrament des Glaubens und der Buße" bezeichnet. (So wird es Decretum Gratiani II, 15, 1, 3 angeführt.) Aber wozu nehmen wir unsere Zuflucht zu ungewissen Zeugnissen? Als ob sich etwas Klareres suchen ließe als der Bericht des Evangelisten: „Johannes ... predigte von der *Taufe der Buße zur Vergebung der Sünden*" (Mk 1,4; Lk 3,3)!

Robert Bellarmin (1542–1621)

Über die Buße (1586–1593)

640 Vollkommene Reue: Grund der Rechtfertigung – Unvollkommene Reue: Rechtfertigung nur im Sakrament

Lat.: In „Disputationes de controversiis christ. fidei adversus huius temporis haereticos" – Roberti Bellarmini Opera omnia, ed. J. Fèvre, t. IV, Parisiis 1873, 460; 478; 524; 550f.
Dt.: G. Koch.

Der Kontroverstheologe – Jesuit, Kardinal, Bischof – Bellarmin entfaltete und verteidigte im nachreformatorischen Jahrhundert die scholastische Tradition auch in der Lehre vom Bußsakrament. Einen breiten Raum nimmt dabei die auch innerkatholisch lange diskutierte Frage ein, ob zur Rechtfertigung des Sünders immer die vollkommene Reue (contritio) erforderlich sei und ob diese den Menschen auch unabhängig von der Wirkkraft des Bußsakramentes heilige (so Johannes Duns Scotus, um 1265–1308) bzw. ob dafür auch die sog. unvollkommene Reue (attritio, d. h. die Furcht vor der Strafe) von Bedeutung sei – zumindest im Bußsakrament.

Liber primus, cap. X
Nun wollen wir an die Absicherung der Wahrheit herangehen. Und zwar haben wir an erster Stelle die Worte des Herrn Joh 20: „Denen ihr die Sünden nachlasset, denen werden sie nachgelassen, und denen ihr sie behaltet, denen werden sie behalten." Aus diesen Worten ist zweierlei zu erschließen, was zur Konstituierung jedes Sakramentes im eigentlichen Sinne sowohl gefordert wird, als auch genügt: der äußere Ritus bzw. das von Gott her eingesetzte Symbol und die Verheißung rechtfertigender Gnade, die mit diesem Ritus oder Symbol verbunden ist.
Denn wenn der Herr den Aposteln die Vollmacht verliehen hat, den Menschen Sünden nachzulassen, dann kann nicht bezweifelt werden, daß nach seinem Willen diese Vollmacht mit Hilfe eines äußeren Zeichens ausgeübt werde: Denn die Menschen, die von körperlicher Natur sind, würden nicht erkennen, daß ihnen die Sünden vergeben werden, wenn sie nicht durch ein Wort oder durch ein äußeres sinnlich wahrnehmbares Zeichen vergeben würden.

641 Cap. XV
Nach drei Unterteilungen pflegt das Sakrament der Buße gegliedert zu werden. Die erste wird von seinem Wesen her genommen (sumitur ab essentia), das aus zwei Teilen besteht: Materie und Form, d. i. aus den Akten des Poenitenten und der Absolution des Priesters. Die zweite Unterteilung wird von der Materie hergelei-

tet, die ihrerseits drei Teile umfaßt: die Reue (contritio), das Bekenntnis und die Genugtuung. Die dritte Unterteilung stammt vom Ritus, und auch sie ist dreigliedrig: ein anderes ist nämlich die private Buße, ein anderes die öffentliche Buße; letztere wiederum kann feierlich und sie kann nicht feierlich sein.

642 Liber secundus, cap. XII
Auch wenn die Lutheraner zur Vergebung der Sünden die Reue fordern, so ertragen sie es doch nicht, daß die Reue als Ursache der Rechtfertigung bezeichnet wird; dies tun sie, damit auf keine Weise dem Glauben Abtrag getan wird, dem allein sie die Rechtfertigung zuschreiben ...
Dagegen lehren die Katholiken in allgemeiner Übereinstimmung, daß die Reue Ursache der Sündenvergebung ist ... denn sie disponiert zur Rechtfertigung, und sie erlangt die Vergebung der Sünden (impetrat remissionem peccatorum).

643 Cap. XIII
Durch die vollkommene Reue, die mit dem Vorsatz verbunden ist, das Sakrament zu empfangen, werden die Sünden auch vor der Absolution des Priesters vergeben. ...
In der Tat pflegten die katholischen Lehrer in allgemeiner Übereinstimmung zu lehren, daß die Reue, wenn sie vollkommen ist und mit dem Verlangen nach dem Sakrament der Taufe oder der Absolution einhergeht, den Menschen vollständig mit Gott versöhnt und die Sünden nachläßt, auch ehe das Sakrament wirklich empfangen wird.

644 Cap. XVIII
Eine Frage hätte eigentlich noch behandelt werden sollen. Ob nämlich die Attritio oder die unvollkommene Reue, welche gewiß ohne das Sakrament nicht zur Rechtfertigung ausreicht, zusammen mit dem Sakrament genüge, so daß der Pönitent kraft der Absolution aus einem unvollkommen Bereuenden zu einem vollkommen Bereuenden wird (ita ut poenitens ex attrito virtute absolutionis fiat contritus), und daß er so gerechtfertigt wird. Luther nämlich leugnete das einmal ... Es ist ein Irrtum, so sagt er, daß aus dem unvollkommen Bereuenden kraft der Schlüsselgewalt ein vollkommen Bereuender wird. Seine Schüler übrigens, die die Reue in das Erschrecken der Seele verlegen und allein dem Glauben, der aus dem Wort der Absolution empfangen ist, ... die Rechtfertigung zuschreiben, können in keiner Weise leugnen, daß die unvollkom-

mene Reue einerseits für sich allein nicht genügt, andererseits aber zusammen mit der Absolution ausreichend ist.

Paul Anciaux

Das Sakrament der Buße (1961)

645 Die persönliche und die kirchliche Dimension der Buße – in untrennbarer Beziehung

Mainz 1961, 153 f.; 185 f.; 191 f. (Die niederländische Originalausgabe erschien unter dem Titel „Het sacrament der Boetvaardigheid" entsprechend früher in Den Haag.)

Nachdem durch viele Jahrhunderte die ekklesiale Dimension von Sünde und Bußsakrament und dessen Einbettung in den recht verstandenen Bußcharakter christlichen Lebens allzusehr in den Hintergrund getreten waren, wurden diese Aspekte seit der Mitte unseres Jahrhunderts neu entdeckt. Einen wichtigen Anstoß dazu gab der Theologe Paul Anciaux. Er trug auch zu einem Neuverständnis des Ablasses im Zusammenhang mit dem Bußsakrament bei.

153 Sakramentale Wirksamkeit der christlichen Buße
Die kirchliche Buße ist das Sakrament der Versöhnung des Sünders mit Gott, das Sakrament der Vergebung der Sünden, die nach der Taufe begangen werden. Das Sakrament der Buße ist Vollendung der Taufe, durch die der Mensch von der Sünde errettet wird durch Eingliederung in Christus in der Kirche. Die „zweite Taufe" ist schmerzlich und mühsam: Die Buße des Sünders, der sich bekehrt, wird von der Kirche aufgenommen und besiegelt; sie bildet einen wesentlichen und konstituierenden Bestandteil des Sakramentes. Durch die kirchliche Vermittlung wird die Buße des Gläubigen mit dem Leiden Jesu Christi verbunden; so wird sie „sakramental". Die persönliche Buße wird so „vervollkommnet" und zur Vollendung gebracht. Der Ausdruck und die Verkörperung der Bekehrung des Sünders in der kirchlichen Buße, gewährleistet durch die Vollmachten, die Christus der Kirche verliehen hat, bilden das sakramentale Heilsmittel zur vollen Versöhnung mit Gott und zur völligen Vergebung der Sünden.

Um die Wirksamkeit der kirchlichen Buße zu umschreiben, genügt es nicht, die verschiedenen Aspekte einzeln zu analysieren. Dazu muß man unbedingt ihre sakramentale Bedeutung und Tragweite im allgemeinen erörtern und verdeutlichen. Es ist ja unmöglich,
154 die besonderen Kennzeichen der Wirksamkeit der kirchlichen Buße zu erfassen, wenn ihre sakramentale Natur nicht klar herausgestellt wird. Die sakramentale Bedeutung der kirchlichen Buße läßt sich

verstehen, wenn man von der untrennbaren Beziehung zwischen kirchlichen und persönlichen Dimensionen der sakramentalen Buße ausgeht. Die wesentliche Beziehung zwischen Tugend und Sakrament der christlichen Buße kann nur berücksichtigt werden, wenn man in der Beschreibung der Wirksamkeit der kirchlichen Buße beide wesentlichen Aspekte zu ihrem Recht kommen läßt: einerseits den persönlichen Einsatz und andererseits die kirchliche Besiegelung, durch die sie zur Vollendung kommt.

646

185 *§ 2 Bedeutung und Tragweite der Ablässe*[1]

Die Praxis der Ablässe ist im Rahmen der Entwicklung der kirchlichen Buße entstanden. Die Bedeutung und Tragweite der kirchlichen Verlautbarungen sind an das Wesen des Bußsakramentes gebunden. Die Buße ist das Sakrament der Versöhnung des Sünders mit der Kirche und mit Gott, durch welche die Bekehrung des Sünders und sein Wille zur Buße aufgenommen, geweiht und besiegelt werden. Kraft ihres Wesens als Heilsgemeinschaft und ihrer Vollmachten als Heilsinstitut ist die Kirche befugt, die Bekehrung des Christen zur Vollendung zu bringen. Es kommt darauf an, alle
186 Aspekte der christlichen Gemeinschaft zu ihrem Recht kommen zu lassen, wenn man die Tragweite und Bedeutung der kirchlichen Buße verstehen will. Dank des Fortschritts der theologischen Besinnung auf das Geheimnis der Kirche wurden die Natur und die Struktur des Bußsakramentes sowie die wahre Bedeutung der Tugend der Bußfertigkeit in ihren wirklichen Perspektiven verstanden und umschrieben. Dadurch wurden wie von selbst die wahren Grundlagen der Ablaßpraxis herausgestellt. Wenn man aber diese Praxis in ihrer kirchlichen Dimension und in ihrer sakramentalen Tragweite von dem lebendigen Ganzen der christlichen Buße trennt, führt sie zu Exzessen und zu den nachteiligsten Mißbräuchen. Ohne Glauben an Christus und die Kirche, ohne echte Frömmigkeit und innige Liebe, ohne aufrichtige Bekehrung und authentische Bußgesinnung wird die Praxis der Ablässe zu einer sterilen Berechnung und einem sinnlosen Aberglauben!

1 Vgl. K. Rahner, *Bemerkungen zur Theologie des Ablasses,* in *Schriften zur Theologie,* Einsiedeln 1955, Bd. II, S. 185–210; ders., *Über den Ablaß,* in *Stimmen der Zeit* (1955) 343–355.

Karl Rahner (1904–1984)

Kirche und Sakramente (1960)

647 **Das Bußsakrament als Selbstvollzug der Kirche**

Kirche und Sakramente QD 10, Freiburg/Basel/Wien 1960, 83 ff.

Rahner (vgl. Einl. in 111) arbeitet genauer heraus, daß und inwiefern die Kirche im Bußsakrament wirksam wird, ja inwiefern das Bußsakrament einen Selbstvollzug der Kirche darstellt.

83 *5. Die Buße*

Daß die Buße einen ekklesiologischen Aspekt hat, bedarf auch keiner langen Erklärung. Wenn wir (mit der ganzen alten Tradition bis ins hohe Mittelalter hinein und mit einer richtigen Exegese der betreffenden Texte) den Worten bei Mt 16 und 18 vom „Binden und Lösen" ihren vollen Sinn lassen, dann haben wir in ihnen einen Inhalt, der sich auf das bezieht, was wir heute das Bußsakrament nennen. Diese Texte handeln von der Weise der Auseinandersetzung der heiligen Gemeinde Jesu mit einem sündigen Mitglied dieser Gemeinde. Wenn ein solches Mitglied der Heilsgemeinde, die durch ihr Leben den Sieg der Gnade und den Anbruch des Reiches Gottes verkünden soll, hartnäckig (wir sagen heute: schwer) sündigt, dann kann das dieser Kirche Jesu nicht gleichgültig sein. Sie würde ja sonst ihr eigenes Wesen verraten. Sie muß reagieren gegen eine solche Sünde, durch die das Glied der Gemeinde sich nicht nur zu Gott in Widerspruch setzt, sondern auch zur Kirche Jesu, da diese (in ihren Gliedern und deren Heiligkeit) das ursakramentale Zeichen der siegreichen Gnade Gottes sein muß. Darum „bindet" die Kirche diesen Sünder, d. h. sie distanziert sich von ihm (in irgendeiner Form des Ausschlusses, der nicht mit der heutigen kirchenrechtlichen Exkommunikation verwechselt werden darf, sondern z. B. heute in dem Ausschluß von der Eucharistie samt der Bekenntnisverpflichtung usw. besteht) „auf Erden", so daß die Folge davon ist, daß er auch von Gott nicht mehr im vollen Sinne zu dieser heiligen Gemeinde gehörend betrachtet werden und darum auch nicht jenes Heiles teilhaftig sein kann, das Gott den Menschen zuerkennt, insofern sie Glieder der Kirche Jesu sind: Er ist auch „im Himmel gebunden". Hebt umgekehrt die Kirche dem reuigen Sünder gegenüber diesen „Bann auf Erden und im Himmel" wieder auf, „löst" sie ihn auf Erden durch die Wiederzuerkennung des Kirchenfriedens im vollen Sinn (wir können
84 sagen: insofern er eben eine sakramentale Zeichenhaftigkeit hat), dann wird der Sünder auch im Himmel gelöst: Gott betrachtet ihn

wieder „wirksam" im vollen Sinn als ein Glied jener Gemeinde, die der Sohn auf Erden für den Himmel gesammelt hat als die, die zu ihm gehören, die er gesammelt hat als die Geliebten seines Vaters, die das Reich besitzen werden. Und darin und damit vergibt Gott ihnen die Sünden.

Aus dem Gesagten ergibt sich von selbst: Die Sünde selbst hat einen ekklesiologischen Aspekt. Die Versöhnung durch die Kirche ist auch eine Versöhnung mit der Kirche. Die „pax cum ecclesia"[a] ist sacramentum et res[b] der Versöhnung mit Gott.

[a] Friede mit der Kirche.
[b] Sakrament und Sache.

Josef Finkenzeller (geb. 1921)

Buße und Sakrament der Buße (1973)

648 Der Bußgottesdienst – eine Verwirklichungsweise des Bußsakramentes?

Würzburg 1973 (Lehrbrief 18 des Aufbaukurses von Theologie im Fernkurs, 38 f.).

Finkenzeller, zuletzt Dogmatiker in München, diskutiert auf dem Hintergrund der wandlungsreichen Geschichte des Bußsakraments die Möglichkeit der Kirche, eine neue Verwirklichungsweise sakramentaler Buße zu schaffen: den Bußgottesdienst.

38 Kriterien zur Wertung des Bußgottesdienstes:
Welchen theologischen Richtungen man sich auch immer anschließen mag, es bleiben auf jeden Fall folgende Gesichtspunkte zu bedenken.

1. Die Kirche der nachtridentinischen Zeit hat in ihrer pastoralen Praxis auch eine sakramentale Sündenvergebung ohne unmittelbare Ohrenbeichte anerkannt. Man denke nur an die Generalabsolution, an die Beichte von Schwerkranken oder an die Beichten, bei denen allein die Sprachverschiedenheit von Beichtvater und Beichtkind die Ohrenbeichte im üblichen Sinne ausschließen. Gewiß wird bei dieser Praxis gefordert, daß die Sünden nach der Überwindung der eingetretenen Hindernisse dem Priester bekannt werden. Dennoch bleibt bestehen, daß eine sakramentale Sündenvergebung ohne ein detailliertes Sündenbekenntnis erfolgt. Von dieser Praxis her ist zu sagen: Selbst wenn man nach den Texten des Trienter Konzils das Bekenntnis der schweren Sünden als eine Einrichtung göttlichen Rechtes betrachten muß, so bliebe der Kirche immer noch die Möglichkeit offen, in bestimmten pastoralen

Situationen einen Bußgottesdienst für sakramental zu erklären. Die weitere Frage, wann und unter welchen Umständen die Sünden in der bisher üblichen und allein gültigen Ohrenbeichte dann noch zu bekennen sind, ist damit nicht entschieden.

2. Nicht selten steht hinter der Frage, ob der Bußgottesdienst Sakrament sei oder sein könne, eine einseitige und theologisch gefährliche Sicherungstendenz. Man gibt der sakramentalen Ohrenbeichte allein deswegen den Vorzug, weil hier die Sündenvergebung durch den sakramentalen Ritus sicherer erfolge und man sich
39 vor allem mit einem geringeren Maß an Reue begnügen könne. Das Sakrament könne eben ersetzen, was an persönlicher Reue fehle.

Ohne die spezifische Wirkweise der Sakramente in Frage zu stellen, muß klar gesagt werden, daß für das Heil des Sünders letzten Endes der heilschaffende Wille Gottes und die Umkehrbemühung des Sünders entscheidend sind. Vor allem muß betont werden, daß der Bußgottesdienst auch dort, wo er nicht Sakrament im heutigen Sinne des Wortes ist, an der Heilsvermittlung der Kirche als dem Ursakrament Anteil hat. Wer aber im Bußgottesdienst erneut einen bequemeren Weg zur Überwindung der Sünden sehen sollte, der müßte sich belehren lassen, daß solche Wege am Bußruf Christi vorbeiführen. Der Sinn eines sakramentalen Bußgottesdienstes könnte nur darin bestehen, in einer vielfach gewandelten Situation der Kirche eine angemessene Form der Vergebung der Sünde auszubilden.

Robert Hotz (geb. 1935)

Sakramente – im Wechselspiel zwischen Ost und West (1979)

649 Das Bußsakrament in ostkirchlicher Tradition – auf die eucharistische Gemeinschaft der Kirche ausgerichtet

Zürich/Köln und Gütersloh 1979 (Ökumenische Theologie, Bd. 2), 196; 198.

Der Ostkirchenkundler Hotz (vgl. Einl. in 172) arbeitet heraus, daß dem ostkirchlichen Bußverständnis bei aller Verschiedenheit eines gemeinsam ist: Das Bußsakrament steht im Dienst der eucharistischen Gemeinschaft der Kirche.

196 Bereits ein flüchtiges Studium der „heiligen Handlungen" in den Kirchen griechischer Tradition zeigt in der Tat, daß diese – zumindest ursprünglich – alle auf die Eucharistie, oder, noch genauer

formuliert, auf die eucharistische Gemeinschaft der Kirche ausgerichtet sind. Taufe, Firmung und hl. Kommunion bilden ein Ganzes. Aus diesem Grunde wird logischerweise bei der Kindertaufe auch dem Kleinkind die hl. Kommunion gereicht. Durch die Taufe wird der Katechumene der Kirche als der eucharistischen Synaxis[a] zugesellt, was im Gebet zur Namensgebung deutlich zum Ausdruck kommt. Vor der Firmung betet der Priester: „Verleihe ihm auch das Siegel der Gabe deines heiligen, allmächtigen und anbetungswürdigen Geistes *und die Kommunion des hl. Leibes und des kostbaren Blutes deines Christus."* Aber auch die übrigen „mustēria" vollenden sich in der Eucharistie. Das „mustērion" der Buße ist nichts anderes als die Reaktivierung der Tauf- und Firmgnade mit der daraus folgenden Wiederzulassung zur Koinōnia.[b]

[a] Gottesdienstliche Versammlung.
[b] Gemeinschaft.

650

198 „Mitglied der Kirche sein bedeutet vor allem die Teilhabe an der eucharistischen Synaxis[a], und die Exkommunikation schließt gerade von dieser Teilnahme am Mahle aus. ‚Extra Ecclesiam nulla salus'[b] besitzt vor allem den eucharistischen Sinn: *Solus christianus – nullus christianus.*[c] Der Einzelne *(solus)* stellt sich außerhalb der eucharistischen Koinōnia, außerhalb der Kirche." Damit wird aber gleichzeitig verständlich, weshalb die Exkommunikation auch von den übrigen „mustēria" ausschließt, mit Ausnahme jenes einen, das gerade die Wiederaufnahme in die kirchliche Gemeinschaft garantiert, der Buße. Bei aller Verschiedenheit in der Ausprägung der Riten, das dieses „mustērion" heute in den einzelnen Kirchen aufweist, läßt sich doch feststellen, daß es sich im Grunde genommen dabei um „eine Überarbeitung und Erweiterung von Riten handelt, die zunächst vorgesehen waren für die Wiederaufnahme von Abtrünnigen oder öffentlichen Sündern, die zeitweise aus der Kirche hatten ausgeschlossen werden müssen". So bewahrt zum Beispiel das slawische Bußritual den Brauch, den Pönitenten zuerst über seinen Glauben zu befragen und ihn anschließend das Credo sprechen zu lassen.

[a] Gottesdienstliche Versammlung.
[b] Außerhalb der Kirche (ist) kein Heil.
[c] Ein einzelner Christ (ist für sich allein) kein Christ.

Edmund Schlink (geb. 1903)

Ökumenische Dogmatik (1983)

651 Die reformatorische Sicht: der unwandelbare Ruf zur Bekehrung – konkretisiert in wandelbaren Bußordnungen

Ökumenische Dogmatik. Grundzüge, Göttingen 1983, 469.

Schlink (vgl. Einl. in 486) zeigt, daß kirchliche Bußordnungen, die auch die Privatbeichte einschließen können, in der Tradition der reformatorischen Kirchen immer ihren Platz hatten und so auch weiter haben müssen.

469 Blickt man auf die Geschichte der Bußordnungen zurück, so wird deutlich, daß inmitten des mannigfachen Zuspruchs der göttlichen Vergebung die Privatbeichte als solche, nämlich das Sündenbekenntnis des einzelnen Menschen vor einem anderen vollmächtigen Glied der Kirche und die von diesem ihm zugesprochene Absolution weit weniger umstritten war, als die Art und Weise, in der sie geordnet und gehandhabt wurde. Umstritten ist vor allem das Verständnis des neuen Gehorsams als Genugtuung und Strafe und die Ablaßpraxis. Darüber hinaus waren mehrfach umstritten die Notwendigkeit der Privatbeichte für *jeden* Christen, die Häufigkeit und die Termine der Beichte, sowie die Verpflichtung zur *vollständigen* Aufzählung der begangenen Sünden. Aber wenngleich diese Fragen in der lateinischen und in der östlichen Kirche nicht in völlig gleicher Weise entschieden wurden, sind sie hier nicht zum Anlaß der Kirchentrennung geworden. Auch in der Reformationszeit ist kein Bruch mit der Privatbeichte als solcher erfolgt. Wohl aber hat Luther den Beichtzwang und die Verpflichtung zum Bekenntnis *aller* Sünden wegen ihrer die Selbsterkenntnis überschreitenden Abgründigkeit abgelehnt. Auch Calvin hat sie für die geängsteten Gewissen empfohlen. In der Zeit der lutherischen Orthodoxie erfolgte sogar eine Wiedereinführung der Beichtpflicht, wobei neben dem Bekenntnis der Sünden die Prüfung des Glaubens eine besondere Rolle spielte. Aber auch als dann die bereits im frühen Mittelalter verbreitete und von den Reformationskirchen wieder aufgenommene allgemeine Buße der versammelten Gemeinde die Ordnung der Privatbeichte zunehmend verdrängte, blieben doch ihre wichtigsten Elemente, das Sündenbekenntnis im Glauben und der Zuspruch der Vergebung, im seelsorgerlichen Gespräch erhalten. Angesichts der ganz entgegengesetzten Gefahren des Rigorismus und des Laxismus der Kirche sowie des Skrupulantentums und des Leichtsinns ihrer Glieder war es und ist es offensichtlich nicht möglich, das Geschehen der

Buße ein für allemal in gleicher Weise zu reglementieren, ohne daß der Trost der Vergebung und die Freude der Umkehr des Sünders verdunkelt würden.

Wolfgang Beinert (geb. 1933)

Vom Sinn des Ablasses (1983)

652 **Der Ablaß: „Freiraum christlicher Lebensgestaltung"**

In: Prediger und Katechet 122 (1983), 740–743.

Beinert (vgl. Einl. in 180) zeigt auf der Grundlage der Apostolischen Konstitution Pauls VI. von 1967 (vgl. 595–597) auf, in welcher Weise der Ablaß für Christen und Kirche hilfreich sein kann, ohne doch zu ihren unabdingbaren Grundvollzügen zu gehören.

742 *Eine christliche Grundüberzeugung*

Auch der Sünder bedarf zunächst einmal des ernsten Willens (der in diesem Fall bereits durch die Gnade Gottes unterstützt wird), um wieder zum Heiligen zu werden. Hier gibt es absolut keine Automatik: man kann ohne Reue nicht das Bußsakrament empfangen, ohne innere Bereitschaft keinen Ablaß gewinnen. Das drückt sich in diesem Fall darin aus, daß bestimmte „Bedingungen" (Sakramentenempfang, Gebet, ein „gutes Werk") erfüllt sein müssen, die nichts anderes als das sinnenfällige Zeichen für diese Bereitschaft sind. Doch auch beim Sünder genügt dies nicht: er hat ebenfalls Resozialisierungshilfen nötig, muß er doch je auch wieder voll in die Kirche als „Gemeinschaft der Heiligen" (Glaubensbekenntnis) eingegliedert werden, von der er sich in der Sünde ebenfalls mehr oder weniger weit entfernt hat.

Die Kirche kann solche Unterstützung aber nicht verwaltungstechnisch leisten. Die menschliche Schuld wird nur durch das göttliche Heil überwunden. Die Kirche aber leistet dabei Hilfe: sie ist ganz aus Gottes Gnade heraus zum „Zeichen und Werkzeug für die innigste Vereinigung mit Gott" (Vaticanum II) gemacht worden, weil in ihr die Kreuzestat Jesu Christi lebendig wirksam bleibt und geschichtlich immer neu in den heiligen Menschen wirksam wird. Das ist der „Schatz der Kirche": er ist keine dinghaft verfügbare Wirklichkeit, sondern die personale Liebe Christi und der Heiligen. Die Kirche redet hier so wie ein Verliebter, der seine Geliebte auch gern als seinen „Schatz" anspricht.

653 *Eine Heilungshilfe*

In dem Geschehen, das man als Ablaß bezeichnet, tritt die kirch-

liche Resozialisierungshilfe für den Sünder in Kraft. Sie besteht darin, daß die Glaubensgemeinschaft im Wissen um ihre nicht verdiente, wohl aber geschenkte Heilsmächtigkeit Gott für diesen armen, durch seine Verfallenheit gestraften Menschen bittet, Gott möge ihm nicht nur (was stets vorausgesetzt wird) vergeben, sondern auch noch aus seiner süchtigen Abhängigkeit befreien. Wie ein Arzt einen gebrochenen Knochen wieder zusammenfügt und schient, damit er zusammenwachse, so bringt die Kirche gleichsam den Sünder und Gott zusammen, damit wieder Gemeinschaft werde. Sie wagt dies in der sicheren
743 Hoffnung auf Erhörung, weil sie weiß, daß dieser selbst sie dazu ermächtigt und befähigt hat: Gott zeigt darin noch einmal die Menschlichkeit des Heils, das immer auch in der bergenden Gemeinschaft von Menschen zugeeignet wird. Da die Gemeinschaft der Menschen die Todeslinie übersteigt, kann die Kirche in dieser Weise nicht nur für die Zeitgenossen, sondern auch für die Verstorbenen beten. Ein solches Gebet kann im einen wie im anderen Fall von verschiedener Intensität sein (also „unvollkommen" oder „vollkommen"): auch das hat nichts mit Quantitäten zu tun.

654 *Ist der Ablaß heilsnotwendig?*

Papst Paul VI. hat in aller Klarheit festgestellt: Die Kirche „überläßt es jedem einzelnen, in der heiligen und rechten Freiheit der Kinder Gottes solche Mittel der Läuterung und der Heiligung zu gebrauchen" („Indulgentiarum doctrina" 1967). Es gehört also zum Frei- und Freiheitsraum des Christen, ob er sich der Hilfe des Ablasses bedienen will. Er ist ein „Geschenk" *(Johannes Paul II.)*: man *muß* es nicht annehmen. Aber ist es nicht sehr sinnvoll und hilfreich, es anzunehmen als Angebot zur rechten Selbstverwirklichung, die voraussetzt, daß man im Frieden mit Gott lebt?

Jürgen Werbick (geb. 1946)

Schulderfahrung und Bußsakrament (1985)

655 Das Bußsakrament – brüderliches Gericht im lösenden Gespräch

Mainz 1985, 155, 164 f.

Der in Siegen lehrende Systematiker zeigt auf, wie das Bußsakrament wieder als befreiend und heilend erfahren werden kann: wenn die Beichte nämlich als „brüderliches Gericht" vollzogen wird.

155 Lösendes Gespräch in Beichte und Psychotherapie

Versteht man das sakramentale Bußritual von seiner heilenden Funktion her als lösendes Gespräch, so läßt sich der enge Zusammenhang des Bußsakraments mit therapeutischen Gesprächsformen nicht mehr übersehen.

656

164 Sakrament der Versöhnung

Mit der Kategorie „lösendes Gespräch" wird jene mitmenschliche Beziehungserfahrung angesprochen, die das brüderliche Gericht des Menschensohnes zu symbolisieren vermag. Im lösenden Gespräch der Beichte geschieht nicht nur brüderliche Zurechtweisung (correctio fraterna) zwischen zwei Gesprächspartnern; die sakramentale Szene verweist die Teilnehmenden vielmehr darauf, daß im lösenden Gespräch der Menschensohn selbst präsent ist als der unsichtbare Dritte, als mein brüderlicher Richter, der mir gegenüber meine geringsten Brüder vertritt und mir Versöhnung verbürgt. Das Bußsakrament bezieht sich – wie andere Sakramente auch – auf eine mitmenschliche Beziehungserfahrung, an der die Glaubenden Jesu Lebensart und die darin aufscheinende rettende Solidarität des Vaters entdecken. Von Jesus Christus her werden solche Beziehungserfahrungen zu *Zeichen der Hoffnung* auf die Rettung der Menschen aus der Macht der Sünde und des Todes. Die vom Sakrament jeweils in Anspruch genommenen Beziehungserfahrungen symbolisieren schon von sich aus Hoffnungen auf Heil und Vollendung: So symbolisiert das gemeinsame Essen von sich aus – als vorsakramentale Symbolhandlung – die Hoffnung darauf, daß unser Leben trotz all seiner Abgründe und aller Not ein nicht endendes Fest sei;

165 und das lösende Gespräch symbolisiert – schon als vorsakramentale Erfahrung – die Verheißung eines versöhnten Lebens, in dem der haßerfüllte Neid der Rivalen gegenseitigem Gerechtwerden gewichen ist. Zum Sakrament werden diese Beziehungserfahrungen, weil Gott selbst sich in ihnen antreffen läßt, so wie er sich in

Jesu Leben und Wirken antreffen ließ. Die Sakramente vergegenwärtigen uns Jesu Lebenspraxis, damit aber auch Gottes rettende Solidarität, wie sie in Jesus erschienen ist; und das gilt unabhängig davon, wie es um die „Einsetzung" durch eine spezifischen Stiftungsakt des historischen Jesus im einzelnen bestellt sein mag. Die Sakramente vergegenwärtigen Gott bzw. seinen Sohn (im Heiligen Geist) als den, der die in den vorsakramentalen Beziehungserfahrungen symbolisierten Verheißungen wahr macht. Sie vergegenwärtigen Gott und seine rettende Solidarität in einem Ritual, das Jesu Lebensart in eine von sich aus hoffnungsbesetzte, menschliche Beziehungserfahrung hinein verdichtet und Gott als den zur Sprache bringt, der für die tiefsten Hoffnungen und Sehnsüchte der Menschen einsteht, so wie er mit der Auferweckung seines Sohnes für dessen Hoffnungen und Bitten einstand. . . .

Dialogtexte der Ökumene

Reformierter Weltbund/Sekretariat für die Einheit der Christen

Schlußbericht des Dialogs: Die Gegenwart Christi in Kirche und Welt (1977)

657 Die kirchliche Schlüsselgewalt – konkretisiert in Bußruf und Sündenvergebung

In: Dokumente wachsender Übereinstimmung, hrsg. von H. Meyer u. a., Paderborn/Frankfurt 1983, 511 f.

Der Text bezeugt dem Amt in der Kirche eine vom Herrn übertragene und lebendig gehaltene Schlüsselgewalt, die sich speziell in der Vergebung der Sünden und im Ruf zur Buße konkretisiert.

511 Nicht die Gemeinde bringt das Amt hervor und autorisiert es, sondern der lebendige Christus schenkt es ihr und fügt es in ihr Leben ein.

658

512 (99) Die Kontinuität dieses besonderen Dienstes am Wort und am Sakrament ist ein integraler Bestandteil der Dimension der souveränen und gnadenhaften Gegenwart Christi, die durch die Kirche vermittelt wird. Die Vergebung der Sünden und der Ruf zur Buße stellen die Ausübung der Schlüsselgewalt im Auferbauen der Kirche dar. Diese Gewalt hat Christus den Aposteln anvertraut mit der Versicherung seiner ständigen Gegenwart bis ans Ende der

Zeit. Die apostolische Kontinuität hängt nicht nur vom ursprünglichen Auftrag Christi ab, sondern auch von seinem kontinuierlichen Ruf und Handeln.

Gemeinsame römisch-katholische/evangelisch-lutherische Kommission

Wege zur Gemeinschaft (1980)

659 Ein vertieftes Sünden- und Bußverständnis als gemeinsame Aufgabe

In: Dokumente wachsender Übereinstimmung, hrsg. von H. Meyer u. a., Paderborn/Frankfurt 1983, 312.

Der kurze Text zeigt, daß man im ökumenischen Gespräch über Buße und Bußsakrament noch am Anfang steht, aber zugleich die pastorale Bedeutung eines Fortschritts erkennt.

312 69. Im Blick auf die unterschiedlichen Auffassungen beider Kirchen über die *anderen kirchlichen Handlungen,* die in der Katholischen Kirche als Sakramente gelten, haben theologische Bemühungen zu einem besseren gegenseitigen Verständnis geführt. Beichte und Buße, die von der Confessio Augustana[a] im Zusammenhang der Sakramente Taufe und Abendmahl behandelt werden, sind für beide Kirchen zu einer besonderen pastoralen Aufgabe geworden, wobei es nötig ist, auch über das Sündenverständnis neu nachzudenken.

[a] Confessio Augustana = grundlegende lutherische Bekenntnisschrift.

Die Krankensalbung

Biblische Leittexte

Mk 6,6–13

660 Neutestamentliche Krankenheilungen im Zeichen einer Ölsalbung

Nach der Darstellung der Synoptiker hat Jesus die Zwölfe nicht nur zum Verkündigen, sondern auch zur Krankenheilung ausgesandt. Nach Mk geschahen diese Krankenheilungen offenbar im Zeichen einer Ölsalbung.

Markus 6,6–13 (vgl. Mt 9,35; 10,1.5–14; Lk 9,1–6)
[6b]Jesus zog durch die benachbarten Dörfer und lehrte. [7]Er rief die
Zwölf zu sich und sandte sie aus, jeweils zwei zusammen. Er gab
ihnen die Vollmacht, die unreinen Geister auszutreiben, [8]und er
gebot ihnen, außer einem Wanderstab nichts auf den Weg mitzu-
nehmen, kein Brot, keine Vorratstasche, kein Geld im Gürtel,
[9]kein zweites Hemd und an den Füßen nur Sandalen. [10]Und er
sagte zu ihnen: Bleibt in dem Haus, in dem ihr einkehrt, bis ihr den
Ort wieder verlaßt. [11]Wenn man euch aber in einem Ort nicht
aufnimmt und euch nicht hören will, dann geht weiter, und schüt-
telt den Staub von euren Füßen, zum Zeugnis gegen sie. [12]Die
Zwölf machten sich auf den Weg und riefen die Menschen zur
Umkehr auf. [13]Sie trieben viele Dämonen aus und salbten viele
Kranke mit Öl und heilten sie.

Jak 5,14 f. (13–18)

661 Gebet und Salbung: Heil für die Kranken

Die klassische Stelle zur Begründung von Existenz, Spenderitus und Heilswirkung der Krankensalbung im NT ist Jak 5,14 f. Der Text zeigt zusammen mit seinem Kontext, daß es bei der Krankensalbung um ein den ganzen Menschen betreffendes Heil geht, das in der Zeichenhandlung dem Kranken vermittelt werden soll.

[13] Ist einer von euch bedrückt? Dann soll er beten. Ist einer fröh-
lich? Dann soll er ein Loblied singen. [14] Ist einer von euch krank?
Dann rufe er die Ältesten der Gemeinde zu sich; sie sollen Gebete
über ihn sprechen und ihn im Namen des Herrn mit Öl salben.
[15] Das gläubige Gebet wird den Kranken retten, und der Herr wird
ihn aufrichten; wenn er Sünden begangen hat, werden sie ihm
vergeben. [16] Darum bekennt einander eure Sünden, und betet für-
einander, damit ihr geheiligt werdet. Viel vermag das inständige
Gebet eines Gerechten. [17] Elija war ein Mensch wie wir: er betete
inständig, es solle nicht regnen, und es regnete drei Jahre und
sechs Monate nicht auf der Erde. [18] Und er betete wieder; da gab
der Himmel Regen, und die Erde brachte ihre Früchte hervor.

Lehramtliche Texte

Innozenz I. (402–417)

Brief an Bischof Decentius (416)

662 Eine sakramentale Krankensalbung mit geweihtem Öl – durch Bischof und Priester

Lat.: DS 216 = PL 20, 560 A – 561 A.
Dt.: NR 693 f.

Der Brief an den Bischof von Gubbio, der auf dessen Anfrage antwortet, ist das früheste lehramtliche Zeugnis für die Krankensalbung. Das vom Bischof geweihte Öl konnte danach zwar auch von den Gläubigen zu anderen heilvollen Zwecken (z. B. einer Selbstsalbung in Krankheitsnot) verwendet werden, in besonderer Weise aber scheint es Sache der Bischöfe und Priester zu sein, die Kranken in einem sakramentalen Ritus zu segnen und zu salben.

439 Die nächste Frage [. . .] betrifft den Text aus dem Jakobusbrief: „Ist
693 einer unter euch krank? Er lasse die Priester rufen, sie sollen über
ihn beten und ihn mit Öl salben im Namen des Herrn. Das Gebet
des Glaubens wird dem Kranken zum Heile sein, und der Herr
wird ihn aufrichten. Und wenn er eine Sünde begangen hat, so
wird er sie ihm vergeben" (Jak 5,14 f.). Zwei-
440 fellos muß das von den kranken Gläubigen verstanden werden,
die mit dem heiligen Öl des Chrisma gesalbt werden können.
Dieses Öl wird vom Bischof geweiht und darf nicht nur von den
Priestern, sondern von allen Gläubigen in eigener Not oder in der
Not der Ihrigen zur Salbung verwendet werden.

663

694 Überflüssig scheint uns die Frage, ob den Bischöfen zu tun erlaubt sei, was ohne Zweifel den Priestern erlaubt ist. Denn deswegen ist hier von den Priestern die Rede, weil die Bischöfe von anderen Verpflichtungen in Anspruch genommen sind und so nicht zu allen Kranken gehen können. Wenn aber der Bischof in der Lage ist und es für entsprechend hält, selbst jemanden zu besuchen, zu segnen und mit dem Chrisma zu salben, so kann er es ohne Schwierigkeit, da er doch das Chrisma selber weihen kann. Die Büßenden dürfen nicht mit dem Öl gesalbt werden. Es gehört zu den Sakramenten, und wem die übrigen Sakramente versagt werden, wie kann man dem dann diese eine Art *(von Sakrament)* zugestehen?

Die allgemeine Kirchenversammlung zu Florenz (1438–1445)

Lehrentscheid für die Armenier (1439)

664 Die Krankensalbung als „Letzte Ölung"

Lt.: DS 1324 f. = Mansi 31 A 1058 AC.
Dt.: NR 695.

Das Armenierdekret (vgl. Einl. in 10), das die Lehre von den Sakramenten im Anschluß an Thomas von Aquin (vgl. 690–692) darlegt, sieht in der Krankensalbung das Sakrament der Sterbenskranken. Die Wirkung des Sakramentes wird in erster Linie in der Heilung der Seele gesehen.

440 Das fünfte Sakrament ist die Letzte Ölung. Seine *Materie* ist vom
695 Bischof gesegnetes Olivenöl. Dieses Sakrament darf nur Kranken gespendet werden, um deren Leben man fürchten muß. Der Kranke soll an folgenden Stellen gesalbt werden: an den Augen wegen des Gesichtes, an den Ohren wegen des Gehörs, an der Nase wegen des Geruchs, am Mund wegen Geschmack und Sprache, an den Händen wegen des Tastsinnes, an den Füßen wegen des Gehens, an den Nieren wegen der Lust, die hier ihren Sitz hat. Die *Form* dieses Sakramentes ist folgende: Durch die heilige Salbung und durch sein gütiges Erbarmen verzeihe dir der Herr, was du gesündigt hast durch das Gesicht usw. Ähnlich bei den andern Gliedern. Der *Spen-*

441 *der* dieses Sakramentes ist der Priester. Die *Wirkung* ist die Heilung der Seele und, soweit es gut ist, auch des Leibes. Von diesem Sakrament sagt der heilige Apostel Jakobus: „Ist einer unter euch krank? Er lasse die Priester der Kirche rufen. Sie sollen über ihn beten und ihn mit Öl salben im Namen des Herrn. Das Gebet des

Glaubens wird dem Kranken zum Heil sein, und der Herr wird ihn aufrichten. Und wenn er in Sünden ist, so werden sie ihm vergeben werden" (Jak 5,14 f.).

Die allgemeine Kirchenversammlung zu Trient (1445–1563)

Die Lehre über das Sakrament der Letzten Ölung
(14. Sitzung 1551)

665 **Die Letzte Ölung als Sakrament der Sündenüberwindung und seelischen Aufrichtung**

Lt.: DS 1694–1700 und 1716–1719 = Mansi 33, 97 E – 99 C bzw. 102.
Dt.: NR 696–703.

Das Konzil von Trient (vgl. Einl. in 14) hat in seiner 14. Sitzung im Anschluß an die Lehre vom Bußsakrament auch die Lehre von der Krankensalbung als Letzter Ölung entfaltet. Die Canones, die die eigentliche Definition enthalten, unterstreichen gegenüber reformatorischer Bestreitung die Sakramentalität und die Gnadenwirkung der Krankensalbung. Sie könne nur vom Priester gespendet werden.

442 Einleitung

696 Die heilige Kirchenversammlung wollte der Lehre [. . .] von der Buße die folgenden Abschnitte über das Sakrament der Letzten Ölung folgen lassen, das nach der Lehre der Väter nicht nur der Abschluß der Buße ist, sondern des ganzen Christenlebens, das eine stete Buße sein muß. So erklärt und lehrt sie zuerst über seine Einsetzung: Unser gütigster Erlöser wollte, daß seine Diener jederzeit mit segensvollen Heilmitteln wider alle Waffen aller Feinde versehen seien. So hat er in den andern Sakramenten eine starke Hilfe bereitet, mit der sich die Christen während des Lebens vor jedem schweren Schaden der Seele unversehrt bewahren könnten. Das Ende des Lebens aber hat er durch das Sakrament der Letzten Ölung gleichsam mit einem starken Schutzwall bewehrt. Denn wenn auch unser Widersacher während des ganzen Lebens nach Gelegenheiten sucht und greift, um irgendwie unsere Seele verschlingen zu können (1 Petr 5,8), so gibt es doch keinen Augenblick, in dem er alle Schlauheit und Kraft mehr anspannt, uns ganz zu verderben und uns sogar, wenn es ihm gelingt, vom Vertrauen auf die göttliche Barmherzigkeit abzubringen, als wenn er das Ende unseres Lebens nahen sieht.

666 1. Kapitel: Die Einsetzung des Sakramentes der Letzten Ölung

697 Diese heilige Salbung der Kranken ist wirklich und eigentlich als

Sakrament des Neuen Bundes von Jesus Christus, unserem Herrn, eingesetzt. Und zwar ist es bei Markus (Mk 6,13) angedeutet, durch den Apostel Jakobus aber,
443 den Bruder des Herrn, ist es den Gläubigen empfohlen und verkündet worden. Er sagt: „Ist einer unter euch krank? Er lasse die Priester der Kirche rufen. Sie sollen über ihn beten und ihn mit Öl salben im Namen des Herrn. Das Gebet des Glaubens wird dem Kranken zum Heil sein, und der Herr wird ihn aufrichten. Und wenn er in Sünden ist, dann werden sie ihm vergeben werden" (Jak 5,14–15). Nach der apostolischen Überlieferung, die die Kirche überkommen hat, lehrt er mit diesen Worten die Materie, die Form, den zuständigen Ausspender und die Wirkung dieses segensvollen Sakraments. Denn die Kirche faßte als die Materie das vom Bischof gesegnete Öl auf. Die Salbung ist nämlich eine sehr passende Darstellung der Gnade des Heiligen Geistes, mit der die Seele des Kranken unsichtbar gesalbt wird. Als Form aber faßte sie die Worte auf: Durch diese Salbung usw.

667 2. Kapitel: Die Wirkung dieses Sakramentes
698 Der Gehalt und die Wirkung dieses Sakraments wird in folgenden Worten erklärt: „Und das Gebet des Glaubens wird dem Kranken zum Heil sein, und der Herr wird ihn aufrichten. Und wenn er in Sünden ist, dann werden sie ihm vergeben werden" (Jak 5,15). Der Gehalt *(des Sakramentes)* ist nämlich diese Gnade des Heiligen Geistes, dessen Salbung die Vergehen, falls noch solche zu tilgen sind, und die Überbleibsel der Sünde wegnimmt und die Seele des Kranken aufrichtet und stärkt, indem sie ein großes Vertrauen auf die göttliche Barmherzigkeit in ihm weckt, das den Kranken hebt, so daß er die Lasten und Schmerzen der Krankheit leichter trägt und den Versuchungen Satans, der seiner Ferse nachstellt (Gn 3,15), leichter widersteht und manchmal, wenn es das Heil der Seele fördert, auch die körperliche Genesung erlangt.

668
444 3. Kapitel: Der Spender dieses Sakramentes und die Zeit, wann es gespendet werden soll
699 *[Spender dieses Sakramentes sind der Bischof und die Priester. Das Sakrament soll gefährlich Erkrankten gespendet werden.]*

669 Lehrsätze über die Letzte Ölung
700 1. Wer sagt, die Letzte Ölung sei nicht wirklich und eigentlich ein von Christus, unserem Herrn, eingesetztes und vom heiligen Apostel Jakobus verkündetes Sakrament, sondern lediglich ein von den

Vätern überkommener Brauch oder eine menschliche Erfindung, der sei ausgeschlossen.

Canones de extrema unctione

1716 Can. 1. Si quis dixerit, extremam unctionem non esse vere et proprie sacramentum a Christo Domino nostro institutum *[cf. Mc 6,13]* et a beato Iacobo Apostolo promulgatum *[Iac 5,14]*, sed ritum tantum acceptum a Patribus, aut figmentum humanum: anathema sit.

670

701 2. Wer sagt, die heilige Salbung der Kranken teile keine Gnade mit, tilge keine Sünden und richte die Kranken nicht auf, sondern sie gehöre der Vergangenheit an, als ob sie einst nur die Gnadengabe der *(bloß leiblichen)* Heilung bedeutet hätte, der sei ausgeschlossen.

1717 Can. 2. Si quis dixerit, sacram infirmorum unctionem non conferre gratiam, nec remittere peccata, nec alleviare infirmos, sed iam cessasse, quasi olim tantum fuerit gratia curationum: an. s.

671

702 3. Wer sagt, die Spendungsweise der Letzten Ölung, die die heilige römische Kirche anwendet, widerstreite dem Ausspruch des heiligen Apostels Jakobus; sie müsse deshalb geändert werden, und die Christen dürften sie ohne Sünde verachten, der sei ausgeschlossen.

1718 Can. 3. Si quis dixerit, extremae unctionis ritum et usum, quem observat sancta Romana Ecclesia, repugnare sententiae beati Iacobi Apostoli, ideoque eum mutandum, posseque a Christianis absque peccato contemni: an. s.

672

445 4. Wer sagt, die „Ältesten der Kirche", die nach dem Apostel
703 Jakobus zur Salbung des Kranken gerufen werden sollten, seien nicht die vom Bischof geweihten Priester, sondern die Ältesten jeder Gemeinde, und deshalb sei der eigentliche Spender der Letzten Ölung nicht nur der Priester, der sei ausgeschlossen.

1719 Can. 4. Si quis dixerit, presbyteros Ecclesiae, quos beatus Iacobus adducendos esse ad infirmum inungendum hortatur, non esse sacerdotes ab episcopo ordinatos, sed aetate seniores in quavis communitate, ob idque proprium extremae unctionis ministrum non esse solum sacerdotem: an. s.

Die allgemeine II. Kirchenversammlung im Vatikan (1962–1965)

Konstitution über die heilige Liturgie (1963)
Dogmatische Konstitution über die Kirche (1964)

673 Die Krankensalbung: Heil für den Kranken in der Vereinigung mit Christus und der Kirche

Lat.: LThK E I 68; 70; 184; 186 = AAS 56 (1964) 118 f. bzw. AAS 57 (1965) 15 f.
Dt.: LThK E I 69; 71; 185; 187.

Das Konzil setzt beim Verständnis des Sakramentes neue Akzente: Es ist nicht mehr „Sakrament des letzten Stündleins", sondern soll dem gefährlich Erkrankten und Geschwächten helfen, die Krise seiner Existenz in einer intensivierten Verbindung mit Christus und der Kirche auf ein umfassendes Heil hin zu überwinden.

SC 3. Kap. Art. 73–75

69 73. Die „Letzte Ölung", die auch – und zwar besser – „Krankensalbung" genannt werden kann, ist nicht nur das Sakrament derer, die sich in äußerster Lebensgefahr befinden. Daher ist der rechte Augenblick für ihren Empfang sicher schon gegeben, wenn der Gläubige beginnt, wegen Krankheit oder Altersschwäche in Lebensgefahr zu geraten.

674

71 74. Neben den Riten für getrennte Spendung von Krankensalbung und Wegzehrung soll ein zusammenhängender Ordo geschaffen werden, gemäß dem die Salbung dem Kranken nach der Beichte und vor dem Empfang der Wegzehrung erteilt wird.

675 75. Die Zahl der Salbungen soll den Umständen angepaßt werden; die Gebete, die zum Ritus der Krankensalbung gehören, sollen so revidiert werden, daß sie den verschiedenen Verhältnissen der das Sakrament empfangenden Kranken gerecht werden.

676 LG 2. Kap. Art. 11

185 Durch die heilige Krankensalbung und das Gebet der Priester empfiehlt die ganze Kirche die Kranken dem
187 leidenden und verherrlichten Herrn, daß er sie aufrichte und rette (vgl. Jak 5,14–16), ja sie ermahnt sie, sich bewußt dem Leiden und dem Tode Christi zu vereinigen (vgl. Röm 8,17; Kol 1,24; 2 Tim 2,11–12; 1 Petr 4,13) und so zum Wohle des Gottesvolkes beizutragen.

Papst Paul VI. (1963–1978)

Apostolische Konstitution über das Sakrament der Krankensalbung (1972)

677 Die Krankensalbung in erneuertem Ritus – ein wiederholbares Sakrament

Lat.: AAS LXV (1973) 5–9.
Dt.: Würzburger Diözesanblatt, Nr. 12, 1973, 158f.

In Ausführung des vom 2. Vatikanischen Konzil vorgelegten Programms ordnet die Konstitution den Ritus der Krankensalbung neu. Dabei wird besonders die Wiederholbarkeit des Sakramentes unterstrichen.

158 Die katholische Kirche bekennt und lehrt, daß die Heilige Krankensalbung eines der sieben Sakramente des Neuen Testamentes ist, das von unserem Herrn Jesus Christus eingesetzt worden ist. ...

678 Im Laufe der Jahrhunderte aber sind in der liturgischen Überlieferung die Körperteile des Kranken, die mit dem heiligen Öl gesalbt werden mußten, auf vielfältige Weise näher bestimmt worden. Auch fügte man, um die Salbungen mit dem Gebet zu begleiten, verschiedene Formen hinzu, die in den liturgischen Büchern der jeweiligen Kirchen enthalten sind. In der römischen Kirche setzte sich dagegen im Mittelalter die Gewohnheit durch, die Kranken an den Stellen der Sinne zu salben, indem man dabei die Formel sprach: „Per istam sanctam Unctionem, et suam piissimam misericordiam, indulgeat tibi Dominus quidquid deliquisti" und sie jedem einzelnen Sinnesorgan anglich. ...

679

159 Wir haben beschlossen, die sakramentale Formel so zu ändern, daß unter Verwendung der Worte des hl. Jakobus die sakramentalen Wirkungen deutlicher zum Ausdruck gebracht werden.

Da jedoch das Olivenöl, das bisher zur gültigen Spendung des Sakramentes vorgeschrieben war, in einigen Gegenden nicht vorhanden oder schwer zu beschaffen ist, bestimmen wir auf das Bitten zahlreicher Bischöfe hin, daß in Zukunft den Umständen entsprechend auch anderes Öl verwandt werden kann, das jedoch aus Pflanzen gewonnen worden ist, d. h. dem Olivenöl möglichst ähnlich ist.

Was die Zahl der Salbungen und die zu salbenden Glieder betrifft, so schien es angebracht, den Ritus zu vereinfachen.

Aus diesem Grunde haben wir, da diese Überprüfung in einigen Dingen auch den sakramentalen Ritus selbst berührt, kraft unserer

Apostolischen Autorität festgesetzt, daß im lateinischen Ritus in Zukunft die folgenden Bestimmungen beobachtet werden:
Das Sakrament der Krankensalbung wird Kranken gespendet, die lebensgefährlich erkrankt sind, indem man sie auf der Stirn und an den Händen mit Olivenöl oder, den Umständen entsprechend, mit anderem ordnungsgemäß geweihtem Pflanzenöl salbt und dabei nur einmal folgende Worte spricht: „Per istam sanctam unctionem et suam piissimam misericordiam adiuvet te dominus gratia spiritus sancti, ut a peccatis liberatum te salvet atque propitius allevet."
Im Notfall genügt es jedoch, daß eine einzige Salbung auf der Stirn oder, wegen der besonderen Verfassung des Kranken, an einem anderen geeigneten Körperteil vorgenommen wird, wobei die ganze Formel gesprochen wird.

680 Dieses Sakrament kann wiederholt werden, wenn der Kranke nach empfangener Krankensalbung genesen ist und dann wiederum erkrankt oder wenn im längeren Verlauf derselben Krankheit sich die Gefahr noch verschlimmert.

Theologentexte

Ölsegnungsgebet aus der „Traditio apostolica" des Hippolyt von Rom (Anfang des 3. Jh.s)
Ölsegnungsgebet aus dem Euchologion des Serapion von Thmuis (wohl Anfang des 5. Jh.s)

681 Geweihtes Öl als Heilmittel für Leib und Seele

Lat.: B. Botte, La tradition apostolique de saint Hippolyte, Münster [3]1963, 18.
Griech. mit lat. Übers.: F. X. Funk, Didascalia et Constitutiones apostolorum II, Paderborn 1905, 190 = Rouët de Journel, Enchiridion Patristicum, Freiburg u. a. [20]1958, Nr. 1241.
Dt.: G. Koch.

Die ältesten nachneutestamentlichen Texte, in denen eine Krankensalbung als kirchlicher Ritus bezeugt wird, sind Gebete zur Segnung des Öls, mit dem man Kranke salbte bzw. mit dem Kranke sich selbst salbten. Das erste uns erhaltene derartige Ölsegnungsgebet findet sich in der „Traditio apostolica" des Hippolyt von Rom (vgl. Einl. in 263). Wohl aus dem 5. Jh. stammt ein Ölsegnungsgebet des kirchlichen Ostens, das in dem mit dem Namen des unterägyptischen Bischofs Serapion von Thmuis (gest. nach 362) verbundenen Euchologion enthalten ist (vgl. B. Botte, L'Euchologe de Sérapion est-il authentique? in: OrChr 48, 1964, 50–56).

Wie Du, o Gott, dieses Öl heiligend, denen, die es gebrauchen und empfangen, Gesundheit gibst – womit Du Könige, Priester und Propheten gesalbt hast –, so gewähre dieses Öl allen, die es verkosten, Stärkung, und Gesundheit allen, die es gebrauchen.[a]

[a] Ut oleum hoc sanctificans das, deus, sanitatem utentibus et percipientibus, unde uncxisti reges, sacerdotes et profetas, sic et omnibus gustantibus confortationem et sanitatem utentibus illud praebeat.

682 29. Gebet über das Öl für die Kranken ... 1. Wir rufen Dich an, der Du alle Gewalt und Kraft hast, den Retter aller Menschen, den Vater unseres Herrn und Heilandes Jesus Christus, und wir bitten, daß Du heilende Kraft aussenden wollest aus den Himmeln Deines Eingeborenen über dieses Öl, damit es denen, die mit diesen geschöpflichen Wirklichkeiten gesalbt werden oder die sie empfangen, gereiche zur Abwehr jeder Krankheit und jeder Schwäche, zum Gegenmittel gegen jeden Dämon, zur Austreibung jeden unreinen Geistes, zur Fernhaltung jedes bösen Geistes, zur Austilgung jedes Fiebers und jeder Kälte und jeder Schwäche, zur guten Gnade und zur Vergebung der Sünden, zum Heilmittel des Lebens und der Rettung, zur Gesundheit und Unversehrtheit der Seele, des Leibes und des Geistes, zur vollkommenen Gesundheit.

Origenes (um 185 – um 254)

II. Homilie zum Buch Levitikus

683 **Eine Salbung zur Sündenvergebung**

Lat. Vers.: PG 12, 418 B – 419 A.
Dt.: G. Koch.

Der Text Jak 5,14 f. wird ausdrücklich erstmals bei Origenes (vgl. Einl. in 265) zitiert. Hier geht es allerdings nicht direkt um das Sakrament der Krankensalbung, sondern um eine Form der Sündenvergebung, wie sie nach Origenes in den Evangelien bezeugt wird, nämlich die Sündenvergebung in der Buße: Offenbar wurde bei der kirchlichen Buße eine Salbung vollzogen. Dieser Ritus wird im Osten der Kirche auch später bezeugt, er hat wohl das ostkirchliche Verständnis des Sakraments (der Krankensalbung) bis heute mitgeprägt: Es wird als Vollendung der Buße verstanden und auch beim körperlich gesunden Menschen angewandt.

Es gibt dann noch eine siebte, wenn auch harte und mühevolle, Sündenvergebung durch die Buße, wenn der Sünder mit Tränen seine Lagerstatt benetzt, und wenn ihm die Tränen zum Brot werden Tag und Nacht, und wenn er sich nicht schämt, dem Priester des Herrn seine Sünden anzuzeigen und ein Heilmittel zu suchen

... Darin erfüllt sich das, was der Apostel Jakobus sagt: „Wenn aber jemand krank ist, rufe er die Priester der Kirche, und sie sollen ihm die Hände auflegen, indem sie ihn mit Öl salben im Namen des Herrn, und das Gebet des Glaubens wird den Kranken heil machen, und wenn er in Sünden gewesen ist, so werden sie ihm vergeben werden."

Beda Venerabilis (672/73 – 735)

Auslegung zum Markusevangelium (Kap. 6)
Auslegung zum Jakobusbrief (Kap. 5)

684 **Die Krankensalbung zur Heilung – eine apostolische Überlieferung**

Lat.: PL 92, 188 B – PL 93, 39 C.
Dt.: G. Koch.

Beda, englischer Mönch und theologischer Lehrer, reflektiert in seinem Markuskommentar und in seinem Kommentar zum Jakobusbrief die offenbar weit verbreitete Praxis der Krankensalbung, indem er sie auf ihren neutestamentlichen Ursprung zurückführt. Seine Äußerungen zur Krankensalbung, die nach seiner Auffassung vor allem eine leiblich heilende Wirkung hat und durch ein Bußverfahren zu vollenden ist, gewinnen für die Folgezeit erhebliche Bedeutung.

Zu Mk 6,12 f.
„Und sie (die Zwölf) machten sich auf den Weg und riefen zur Umkehr auf. Sie trieben viele Dämonen aus ..." Es sagt der Apostel Jakobus: „Ist einer krank unter euch, so hole er die Presbyter der Kirche ..." (Jak 5,14 f.). Von daher ist es einleuchtend, daß von den Aposteln selbst dieser Brauch der heiligen Kirche überliefert worden ist: nämlich die Besessenen oder andere auf irgendeine Weise Erkrankten mit Öl zu salben, das durch eine bischöfliche Segnung geweiht ist.

685 Zu Jak 5,14 f.
„Sie sollen über ihn beten, indem sie ihn salben ..." Dies haben auch die Apostel getan, wie wir im Evangelium lesen. Und nun hält der Brauch der Kirche fest, daß die Kranken mit geweihtem Öl von den Presbytern gesalbt werden, und daß sie durch das begleitende Gebet geheilt werden sollen. Nicht allein den Priestern, sondern, wie Papst Innozenz schreibt, auch allen Christen ist es erlaubt, dasselbe Öl zur Salbung zu gebrauchen in eigener Notlage oder der Notlage ihrer Angehörigen, wobei allerdings das Öl

nur von Bischöfen geweiht werden darf (non nisi ab episcopis licet confici).

Petrus Lombardus (um 1095–1160)

Die vier Bücher der Sentenzen (1142–1158)
Aus Buch IV: d. XXIII c. 1; c. 3

686 Die Krankensalbung als Letzte Ölung

Lat.: Magistri Petri Lombardi Sententiae . . ., t. II l. III et IV, Grottaferrata (Romae) 1981, 390 f.
Dt.: G. Koch.

Bei Petrus Lombardus (vgl. Einl. in 78) ist aus der Krankensalbung die Letzte Ölung geworden. Seine theologische Reflexion orientiert sich an einer sakramentalen Praxis, die von Einseitigkeiten, ja Fehldeutungen mitbestimmt ist. Sie wird gleichwohl für die Theologie der Krankensalbung bis zum 2. Vatikanischen Konzil maßgeblich.

Cap. 1
Über das Sakrament der Letzten Ölung. Außer den Vorausgeschickten gibt es noch ein anderes Sakrament, nämlich die Krankensalbung; sie wird in äußerster Lebensgefahr mit vom Bischof geweihtem Öl vollzogen (unctio infirmorum, quae fit in extremis oleo per episcopum consecrato).

Cap. 3
687 1. Von wem dieses Sakrament eingesetzt wurde . . . Dieses Sakrament der Krankensalbung wurde, wie zu lesen ist, von den Aposteln eingesetzt. Jakobus sagt nämlich: „Ist einer krank unter euch . . ." (Jak 5,14 f.).

688 2. In diesem Text wird gezeigt, daß das Sakrament aus einem doppelten Grund eingesetzt ist, nämlich zum Nachlaß der Sünden und zur Erleichterung körperlicher Krankheit (ad corporalis infirmitatis alleviationem). Von daher steht es fest, daß der, der diese Salbung gläubig und andächtig empfängt, an Leib und Seele Erleichterung erlangt; zumindest wenn Erleichterung in beidem ihm zuträglich ist. Wenn es etwa dem Empfänger nicht frommt, leibliche Gesundheit zu haben, so erlangt er doch in diesem Sakrament jenes Heilsein, das eine Sache der Seele ist.

689 3. . . . Sakrament ist die äußere Salbung selber; „Sache des Sakramentes" ist die innere Salbung, die durch Nachlaß der Sünden und Vermehrung der Tugenden zustande kommt.

Thomas von Aquin (wahrsch. 1225–1274)

Summa theologica Supplement, quaestiones 29–33

690 Die Letzte Ölung – unmittelbare Vorbereitung zur ewigen Herrlichkeit

Lat. und dt.: Die deutsche Thomas-Ausgabe 32. Bd. (Supplement, 17–40) Graz/Wien/Köln 1985, 194; 195; 197; 209 ff.
Suppl. q. 30a 1c; Suppl. q. 30a 2c; Suppl. q. 32a 2c.

Im Schlußteil der Summa theologica, der von Thomas von Aquins Sekretär und Schüler Reginald von Piperno aus Texten des frühen Sentenzenkommentars (1253–1259) zusammengefügt ist, wird die scholastische Entwicklung der Theologie der Krankensalbung in weiterer Ausgestaltung zusammengefaßt: Als „letztes Heilmittel" darf das Sakrament nur Kranken gespendet werden, die sich „im Zustand des Hinscheidens" befinden.

Q. 30a 1c
1. Artikel
Ist die Letzte Ölung wirksam zur Nachlassung der Sünden?
194 Hauptwirkung dieses Sakramentes ist die Nachlassung der Sünden hinsichtlich der Sündenrückstände; und in der Folge davon auch hinsichtlich der Schuld, wenn es eine solche vorfindet.[1]

[1] principalis effectus hujus sacramenti est remissio peccatorum quoad reliquias peccati; et ex consequenti etiam quoad culpam, si eam inveniat.

691 Q. 30a 2c
195 2. Artikel
Ist die körperliche Gesundheit Wirkung dieses Sakramentes?
197 Antwort: Wie die Taufe durch körperliche Abwaschung eine geistliche Läuterung von geistlichen Makeln bewirkt, so bewirkt dieses Sakrament durch sakramentale äußere Heilbehandlung eine innere Heilung; und wie die Abwaschung in der Taufe die Wirkung einer körperlichen Abwaschung hat, weil auch eine körperliche Reinigung dabei stattfindet, so hat die Letzte Ölung die Wirkung einer körperlichen Heilbehandlung, nämlich die körperliche Gesundheit. Doch besteht folgender Unterschied: die körperliche Abwaschung bewirkt durch die natürliche Beschaffenheit des Elementes die körperliche Reinigung; und darum bewirkt sie diese immer. Die Letzte Ölung hingegen bewirkt die körperliche Heilung nicht durch die natürliche Beschaffenheit der Materie, sondern durch die Kraft Gottes, die vernunftentsprechend wirkt. Und weil die Vernunft in ihrer Tätigkeit nie eine zweitrangige Wirkung herbeiführt, wenn diese nicht im Dienste der Hauptwirkung steht, darum folgt die körperliche Gesundung aus diesem Sakrament

nicht immer, sondern nur, wenn sie zur geistlichen Heilung beiträgt. In diesem Falle führt es sie immer herbei; wofern nur auf seiten des Empfängers kein Hindernis entgegensteht.

692 Q. 32a 2c

209 2. Artikel

Soll dieses Sakrament bei jeder Krankheit gespendet werden?

210 Antwort: Dieses Sakrament ist das letzte Heilmittel, das die Kirche spenden kann und das gleichsam unmittelbar zur ewigen Herrlichkeit vorbereitet. Und darum darf es nur denjenigen Kranken gespendet werden, die sich im Zustand des Hinscheidens befinden, weil ihr Leiden geeignet ist, den Tod herbeizuführen, und wegen der [Lebens-]Gefahr Furcht besteht.

Respondeo dicendum quod hoc sacramentum est ultimum remedium quod Ecclesia potest conferre, immediate quasi disponens ad gloriam. Et ideo illis tantum infirmantibus debet exhiberi qui sunt in statu exeuntium, propter hoc quod aegritudo nata est inducere mortem, et de periculo timetur.

Martin Luther (1483–1546)

Von der babylonischen Gefangenschaft der Kirche
Ein Vorspiel Martin Luthers (1520)

693 Die Krankensalbung – ein Brauch der alten Kirche, kein Sakrament

Lat.: WA 6, 569 f.
Dt.: Luther deutsch, hrsg. von K. Aland, Bd. 2 (Martin Luther der Reformator), Stuttgart/Göttingen 1962, 234 f.

Luther (vgl. Einl. in 93) erklärt mit ähnlichen Argumenten, wie es auch Calvin tut (vgl. die „Institutio christianae religionis" IV, 18–21), den Sakramentscharakter der Krankensalbung als Erfindung der Theologen. Sie ist „selbsterdachtes Sakrament" (Calvin). Der reformatorischen Kritik ist es dabei nicht entgangen, daß die scholastische Theologie der Letzten Ölung dem neutestamentlichen Zeugnis kaum gerecht wird.

234 Ich meine daher, daß diese Ölung dieselbe ist, von der Markus 6,13 über die Apostel geschrieben steht: „Sie salbten viele Kranke mit Öl und machten sie gesund", ein Brauch der alten Kirche, durch den sie Wunder an den Kranken taten. Dieser Brauch ist aber schon längst abgekommen wie auch das, was Markus 16,17 f. sagt: Christus hat den Gläubigen die Macht gegeben, Schlangen zu vertreiben und die Hände auf Kranke zu legen usw. Es wundert

mich, daß sie aus diesen Worten nicht auch Sakramente gemacht haben, wo sie doch die gleiche Kraft und Verheißung haben wie die Worte des Jakobus. Diese „letzte", d. h. erdichtete Ölung ist also kein Sakrament, sondern ein Rat des Jakobus – dem folgen kann, wer da will – genommen und übriggeblieben aus dem Evangelium Markus 6, wie ich gesagt habe. Denn ich glaube nicht, daß dieser Rat allen Kranken gegeben ist – da ja die Krankheit in der Kirche als Ehre gilt und der Tod als Gewinn (Phil 1,21) – sondern nur allen, die ihre Krankheit ungeduldig und schwach im Glauben tragen. Die hat Gott deshalb bleiben lassen, damit sich an ihnen die Wunderzeichen und die Macht des Glaubens erwiesen.

694

235 Daran ist gar kein Zweifel: wenn heutigen Tages von älteren, ehrwürdigen und heiligen Männern ein solches Gebet voll Glaubens über einem Kranken gesprochen würde, würden so viele geheilt, wie wir wollten. Denn was vermag der Glaube nicht? Aber wir setzen den Glauben hintan (den diese Worte des Apostels Jakobus vor allem fordern) und verstehen unter Ältesten jede beliebige Priesterschar, wohingegen das doch durch Alter und Glauben ausgezeichnete Männer sein sollten. Danach machen wir aus einer täglichen und freien Ölung die letzte und erwirken damit nicht allein nicht die Gesundheit, die Jakobus verheißen hat, sondern im Gegenteil, wir vernichten sie. Und nichtsdestoweniger rühmen wir uns, unser „Sakrament", d. h. vielmehr unser (selbsterfundenes) Gebilde könne mit den Worten des Apostels, die doch ganz und gar dazu im Widerspruch stehen, begründet und bewiesen werden. O, diese Theologen!

Karl Rahner (1904–1984)

Kirche und Sakramente (1960)

695 Die Krankensalbung – Bekenntnis der Kirche zur Hoffnung auf Ewigkeit

K. Rahner, Kirche und Sakramente, Freiburg/Basel/Wien 1960, QD 10, 102 f.

Rahner (vgl. Einl. in 111) hält sich mit seiner Theologie der Krankensalbung zwar durchaus im Rahmen der scholastisch geprägten Tradition: Sie ist Sakrament der Sterbenden. Er setzt dabei aber doch auch neue Akzente: Vor allem ist bei ihm die Krankensalbung nicht nur individuelles Heilsgeschehen, sondern in ihr verwirklicht sich die Sendung der Kirche.

102 Es ist durchaus möglich, ja zu erwarten, daß es einen Ritus gibt, der etwas verdeutlicht, was in der Eucharistie als Krankensakrament schon grundgelegt ist, und der doch selbst ein eigenes Sakrament ist. Weil die Eucharistie doch auch das tägliche Brot der Christen ist, kann die besondere Repräsentanz und Feier der eschatologischen Erwartung und des hoffenden Mutes der Ewigkeit in ihr nicht so deutlich zur Erscheinung kommen, daß es sinnlos wäre, sich (d. h. die Kirche und den Todesnahen und sie in ihm) *eigens* und in besonders abgesetzter Greifbarkeit zu dieser Hoffnung zu bekennen. Geschieht aber das, dann haben wir das Sakrament der Krankensalbung.

696 Ist das eben Gesagte richtig (es konnte nur angedeutet werden), dann ergibt es sich in umgekehrter Blickrichtung, daß die Kranken-
103 salbung einen ekklesiologischen Aspekt hat: im Kranken selbst, der als wollendes Subjekt in einem glaubenden Ja diese Salbung an sich geschehen läßt (kleine Kinder sind kein Subjekt dieses Sakramentes), insofern er ein getauftes Glied der Kirche ist, und in der Handlung der Kirche, die sich zur andrängenden Todesnot ihres Gliedes ohne Verzweiflung bekennt und sich mit ihr solidarisch erklärt, geschieht der Selbstvollzug der Kirche als derjenigen, die da, wo es in der Welt Nacht wird, die Lampe des Glaubens erhebt und dem Bräutigam entgegengeht, die zu sagen wagt: „Es komme die Gnade, und es gehe die Welt vorüber. Maranatha" (Didache 10,6).

Manfred Probst (geb. 1939) – Klemens Richter (geb. 1940)

Heilssorge für die Kranken (1975)

697 Die Krankensalbung –
Hilfe zum Heil für den Kranken, nicht Todesweihe

M. Probst/K. Richter (Hrsg.), Heilssorge für die Kranken und Hilfen zur Erneuerung eines mißverstandenen Sakraments, Freiburg 1975, 5 (Einführung).

Aus der Liturgiewissenschaft vor allem, die auch die beiden Herausgeber des Sammelbandes (von ihnen stammt der Text der Einführung) vertreten, kamen wichtige Impulse zur Rückbesinnung auf den ursprünglichen Sinn der Krankensalbung: Sie ist ganzmenschliche Stärkung in der Krise des Krankseins, nicht „letzte Ölung". (Vgl. auch: E. J. Lengeling, Todesweihe oder Krankensalbung, in: Lit. Jahrb. 21 [1971], 193–213.)

Es gibt kein anderes Sakrament, das infolge einseitiger geschichtlicher Entwicklung in seiner Praxis so sehr in eine Sackgasse geraten ist wie die Krankensalbung. Daran hat auch die Umbenennung von „Letzte Ölung" in „Krankensalbung" immerhin schon im Katechismus von 1955 leider nichts geändert. Zu tief saß die alte Gewohnheit, den Priester erst zu rufen, wenn nichts mehr zu hoffen war. Was auf diesem Gebiet an Zwängen und Aversionen gegen die Kirche hervorgerufen worden ist, wird nie ganz zu ermessen sein.

Die nun auch für das deutsche Sprachgebiet verbindliche Neuordnung der „Feier der Krankensakramente"[1] setzt den Akzent wieder deutlicher dort, wo er schon in frühchristlicher Zeit lag: nicht in erster Linie für den Sterbenden ist das Sakrament gedacht, nicht „Todesweihe" ist das Ziel, sondern Hilfe zum Heil für den Kranken. Die Salbung darf nicht länger als Vorbote des Todes erscheinen, nicht das nahende Ende ankündigen. In der Salbung stärkt der Herr den Kranken und richtet ihn auf in dieser bedrückenden Unheilssituation. Er steht ihm bei in der Niedergeschlagenheit des Leistungsversagens, der Isolierung und der Schmerzen, der Ungeduld und der Angst, im Glaubenszweifel und Aufbegehren. In schwerer leiblich-seelischer Krise wird dem Kranken Stärkung verheißen, wird er eingeladen zur Teilnahme am Leiden Christi für das Heil der Welt.

[1] Die Feier der Krankensakramente und die Ordnung der Krankenpastoral in den katholischen Bistümern des deutschen Sprachgebiets, hrsg. im Auftrag der Bischofskonferenzen. Freiburg 1975. Vgl. auch die dazugehörige Volksausgabe, Einsiedeln – Freiburg 1975.

Theodor Schneider (geb. 1930)

Krankensalbung (1979)

698 Die Krankensalbung – Hilfe zum Bestehen der Krankheit in Zeichen und Feier

In: Ders., Zeichen der Nähe Gottes, Mainz 1979, 231 ff.

Der Mainzer Dogmatiker faßt die theologischen Grundsätze, die für die Neuordnung der Liturgie und Pastoral der Krankensalbung auf der Grundlage des 2. Vatikanischen Konzils maßgeblich waren, in vertiefender Reflexion zusammen.

231 *b) Leitmotive der Neuordnung*

Die drei Leitmotive der Neuordnung sind folgende:

(1) *Der Gemeinschafts- und Feiercharakter wird betont.* Sakramente sind Zeichen der Gemeinschaft der Christen mit ihrem Herrn und untereinander, Grundvollzüge der Glaubensgemein-

schaft. Das gilt auch hier: Weder der Kranke noch der Priester sind hier nur und ausschließlich als Einzelpersonen im Blick. Beide sind vielmehr als Glieder und Diener der Ge-
232 meinde tätig. Das ergibt sich unmittelbar auch aus der Pluralformulierung des Jakobusbriefes: Der Kranke soll *die* Priester der Gemeinde rufen ... bekennt *einander eure* Sünden, damit *ihr* geheilt werdet ... Die ganze liturgisch gestaltete Feier, in Form eines Wortgottesdienstes oder eingebettet in die Eucharistiefeier, soll deutlich machen, daß der Kranke hier den Beistand seiner Schwestern und Brüder empfängt, daß hier die Kirche an der Seite eines ihrer kranken Glieder steht.

(2) *Das zeichenhafte Handeln bei der Krankensalbung hat sich an dem biblischen Grundriß regeneriert.* Die deutschen Bischöfe heben dies in ihrer Einführung besonders hervor: Die ursprünglichere und richtigere Bezeichnung Krankensalbung umfaßt mehr als die fromme Anwendung von geweihtem Öl.

„Der volle Zeichengehalt des Sakramentes schließt wesentlich mehr ein, nämlich das von den Aposteln überkommene Zeichen der priesterlichen Handauflegung und vor allem das Gebet aus der Kraft des Glaubens, von dem der Jakobusbrief so nachdrücklich spricht. Dieses ‚Gebet des Glaubens' besteht nicht bloß in der Spendeformel; es umfaßt vielmehr auch das Weihe- und Dankgebet über das Salböl und das gemeinsame inständige Fürbittgebet des Priesters und aller an der Feier Beteiligten. Das Gebet des Glaubens gibt der Zeichenhandlung erst das ihr eigene Gepräge."[1]

Das äußere Zeichen besteht also aus Handauflegung – Salbung und Gebet des Glaubens.

Auf den Glauben als die Basis des sakramentalen Handelns weist auch die pastorale Einführung hin.

„In der heiligen Salbung, die mit dem Gebet des Glaubens verbunden wird, kommt der Glaube zum Ausdruck. Er ist in erster Linie zu erwecken, sowohl im Spender des Sakraments wie auch vor allem in dem, der es empfängt: sein Glaube nämlich und der Glaube der Kirche werden dem Kranken Heil bringen" (Nr. 7).

In diesen Worten, die zwar in der Pastoralen Einführung stehen, aber eine dezidierte theologische Aussage machen, klingen unmittelbar die Worte Jesu im Evangelium an: Dein Glaube hat dir geholfen, dein Glaube hat dich gesund gemacht. Dem, der ganz geöffnet ist für das Einwirken Gottes, wird Heil geschenkt. Dieser Hinweis auf den Glauben des Spenders und Empfängers verweist betont auf den „Sitz im Leben" und leitet über zu einem dritten Leitgedanken der Neuordnung.

(3) *Es geht um das „Bestehen" der Krankheit,* um Hilfe und Beistand in der Unheilssituation dessen, der in seinen Lebensmöglichkeiten und in seinem Selbstvollzug entscheidend behindert und beeinträchtigt ist und weiß, was um ihn vorgeht, damit er sich selber auch entsprechend einbringen kann.

Und genau hier stehen noch viele falsche Empfindungen im Wege. Die deutschen Bischöfe sagen dazu: „Das Sakrament der Krankensalbung soll daher in jeder ernsthaften Erkrankung, die eine Erschütterung des gesamtmenschlichen Befindens darstellt, empfangen werden. Deshalb muß endgültig mit der vielfach noch üblichen Praxis gebrochen werden, dafür
233 erst die Anzeichen des herannahenden Todes abzuwarten. Normalerweise gehört nämlich die Krankensalbung nicht in den engsten Zusammenhang mit dem sogenannten Versehgang."[2] Diese Hinweise scheinen recht praktischer Art, aber sie zielen auf eine falsche theologische Deutung des Geschehens: „Weihesakrament der christlichen Lebensvollendung . . . Todesweihe zum letzten Kampf . . . oder Weihe des Siegers zur Auferstehung und zur beseligenden Schau des Himmels. Derartige Deutungen treffen nicht den eigentlichen Sinn des Sakramentes. Es hat seinen Platz in der Situation jeder ernstlichen Erkrankung und kann deshalb mehrmals im Leben, ja auch innerhalb einer fortschreitenden Krankheit wiederholt empfangen werden."[3]

[1] Die Feier der Krankensakramente. Hrsg. im Auftrag der Bischofskonferenzen Deutschlands, Österreichs und der Schweiz und der Bischöfe von Bozen-Brixen und von Luxemburg, Einsiedeln u. a. 1974, Einführungswort der Bischöfe des deutschen Sprachgebietes, 21.

[2] A.a.O., 22.

[3] A.a.O., 22.

Robert Hotz (geb. 1935)

Sakramente – im Wechselspiel zwischen Ost und West (1979)

699 Die Krankensalbung in ostkirchlicher Tradition – Heilsmittel der Kranken

Sakramente im Wechselspiel zwischen Ost und West, Zürich/Köln – Gütersloh 1979, 254 f.

Der u. a. in Zürich wirkende Ostkirchenkundler Hotz arbeitet heraus, daß die Krankensalbung zwar auch in der ostkirchlichen Tradition Verkürzungen erfahren hat, daß sie aber nie zu einem reinen „Sakrament der Todesstunde" abgewandelt wurde.

254 *5. Krankensalbung und Beerdigung*

In ihren Erläuterungen zur *Krankensalbung* (euhelaion/eleosvjaščenie) heben die östlichen Theologen meist einen Doppelaspekt hervor: 1. die Befreiung von Sünden und 2. die Heilung des Kranken, wobei sie sich auf Jak 5,14 f. berufen.

Dieser Doppelaspekt der Krankensalbung zeigt sich auch in einer im östlichen Raum schon lange gebräuchlichen Aufspaltung in zwei (ihrer Form nach identische) rituelle Handlungen: 1. Die Salbung aller Gläubigen (auch der gesunden), die meist in der Liturgie des Hohen Donnerstags vollzogen wird, und 2. die Salbung von Kranken.

Bei der Salbung aller Gläubigen wird das „mustērion" als Heilung von der Krank-
255 heit der Sünde interpretiert und als Ritus der Sündenbefreiung in gewissem Sinne in eine Linie mit dem „mustērion" der Buße gestellt. Dies bedeutet jedoch eine Verkürzung und Einschränkung im Verständnis der Krankensalbung, welche in einer ganzheitlichen Auffassung Krankheit als ein leibseelisches Phänomen behandelt, wie die liturgischen Texte zur Genüge beweisen. Eine solche Beschränkung der Krankensalbung auf die Befreiung von Sünde steht auch im Widerspruch zum östlichen Kirchenrecht, dem Nomokanon, der in Art. 163 fordert, daß das „euhelaion" am Kranken zu vollziehen sei und in Art. 164 präzisierend eine Spendung der Krankensalbung an Gesunde ebenso wie an Tote untersagt.

Die Krankensalbung besitzt ihrer Struktur nach alle Wesenselemente eines „mustērion" mit einer Anrufung des Heiligen Geistes bei der Weihe des Öls, welche dieses (analog zur Chrisamweihe) zu einem Vehikel des Heiligen Geistes macht, ohne daß dabei aber eine Transformation des Öls angenommen wird. Die (nach den Rubriken von sieben Priestern zu vollziehende) Krankensalbung, welche auch als „Ritus der Lampe" bezeichnet wird, fand anfänglich nur in der Kirche statt und mündete, wie alle übrigen „mustēria", in den Empfang der hl. Eucharistie. Die Spendung des heiligen Öls entspricht im Osten nicht einem „mustērion" der Sterbenden, einer „letzten Ölung" (wie die Krankensalbung von der lateinischen Kirche bis zur Liturgiereform nach dem II. Vaticanum genannt wurde), sondern wird vielmehr als ein Heilsmittel für die Genesung des Kranken (und zwar an Seele und Leib) verstanden.

Herbert Vorgrimler (geb. 1929)

Die Krankensalbung (1987)

700 **Die Krankensalbung – Überwindung menschlicher Todesverfallenheit durch wirksame Bekundung der Nähe Gottes in menschlicher Nähe**

In: Sakramententheologie, Düsseldorf 1987 (Leitfaden Theologie 17) 259f.

Der Münsteraner Dogmatiker arbeitet Aspekte der Krankensalbung nachdrücklich heraus: so die innere Verbindung von Krankheit und Todesverfallenheit des Menschen – es geht um beider Ernstnahme und Entmächtigung zugleich – und die heilende Kraft menschlicher Nähe.

259 Der sakramentale Ort der Krankensalbung ist eindeutig die Krankheit und nicht das Lebensende. Aber die Krankheit wird, wenn die Kirche in ihr den Ort eines Sakraments erkennt, in ihrer Bedrohlichkeit für den Menschen ernst genommen. Sie ist, wo immer sie ernsthaft ist, ein Anzeichen der Todesverfallenheit. Sie stellt dem erkrankten Menschen unerbittlich die Frage nach dem Glauben angesichts des Leidens, nach dem Gottesverhältnis, in dem die Nähe Gottes „jetzt schon" eingeübt und festgehalten werden soll, die einmal dem Menschen für immer und ohne Brüche zugedacht ist, immer also auch die Frage nach dem Lebensende. Sie bedeutet für die Mitchristen, für die Kirche, nicht nur die Aufgabe, unter Verzicht auf falsche Tröstungen Leid zu bekämpfen, wo immer es bekämpfbar ist. Sie verlangt auch solidarische Zuwendung in menschlicher, das heißt auch sinnlicher, und religiöser Gestalt. Die Symbolhandlung der Krankensalbung kann das glaubende, auf Gott hoffende Aushalten dieser Situation zum Ausdruck bringen und zugleich in der körperlichen Berührung jene menschliche Nähe anzeigen, die, wenn sie nicht *nur* symbolisch ist, heilend wirkt.[1] Sie ist das Bekenntnis der Gemeinde und der Kranken in ihr, daß die entscheidende Rettung von Gott dem Vater durch seinen Sohn in jenem göttlichen Geist zu erhoffen ist, um dessen Wirken in dieser Symbolhandlung gebetet wird. Für die aber, denen die Ölsalbung befremdlich und nur schwer zu vermitteln ist, ist es tröstlich, daß das eigentliche Sterbesakrament die Eucharistie ist und bleibt. Auch dieses Sakrament setzt, wie die Krankensalbung, voraus, daß die Situation nicht verdrängt, sondern bewußt vergegenwärtigt und damit vor die Gegenwart des liebenden und erbarmenden Gottes gestellt wird.

1 Dieser Aspekt führt zur Neuentdeckung der Krankensalbung z. B. im anglikanischen Bereich. Vgl. die Lit. bei *H. Vorgrimler,* HDG IV/3, 227, Anm. 60.

Dialogtexte der Ökumene

Ökumenischer Arbeitskreis evangelischer und katholischer Theologen

Lehrverurteilungen – kirchentrennend? I
Rechtfertigung, Sakramente und Amt im Zeitalter der Reformation und heute, allgemeine Sakramentenlehre (1986)

701 **Die erneuerte Krankensalbung – eine ökumenisch mögliche, kraft des Heiligen Geistes wirksame Form der Krankenpastoral**

Hrsg. von K. Lehmann und W. Pannenberg, Freiburg/Göttingen 1986, 136.

Der Arbeitskreis (vgl. Einl. in 190) zeigt und begründet, daß die wechselseitigen Lehrverurteilungen des 16. Jahrhunderts auch bei der Krankensalbung heute nicht mehr treffen. Er weist zugleich auf Annäherungen im Verständnis von entsprechenden Grundvollzügen der Krankenpastoral hin.

136 3. Die Auseinandersetzungen über die „extrema unctio" (Letzte Ölung) im 16. Jahrhundert erscheinen heute in einem neuen Licht. Denn inzwischen wurde die Geschichte der Krankensalbung genauer erforscht. Zudem wurde die Bedeutung der Charismen und damit die Gabe der Krankenheilung neu erkannt. Vor allem aber wurden Theologie und Praxis der Krankensalbung durch das II. Vatikanische Konzil und durch Paul VI. (Ordo unctionis infirmorum eorumque pastoralis curae, 1972) erneuert. Es erfolgte eine Rückbesinnung auf die biblische und frühchristliche Sicht der Krankensalbung.

Das Weihesakrament

Biblische Leittexte

Mk 3,13–19 – Mk 6,6b–13 – Lk 10,1–12

702 **Jesus gibt Anteil an seiner Sendung**

Auch wenn man nicht von einer formellen Einsetzung des Weihesakramentes durch Jesus sprechen kann, so geht das durch Weihe übertragene Amt in der Kirche doch auf ihn zurück: Jesus berief Menschen in eine besondere Form der Nachfolge, und er gab ihnen – vor allem den Zwölfen – Anteil an seiner eigenen Sendung.

Markus 3,13–19

[13] Jesus stieg auf einen Berg und rief die zu sich, die er erwählt hatte, und sie kamen zu ihm. [14] Und er setzte zwölf ein, die er bei sich haben und die er dann aussenden wollte, damit sie predigten [15] und mit seiner Vollmacht Dämonen austrieben. [16] Die Zwölf, die er einsetzte, waren: Petrus – diesen Beinamen gab er dem Simon –, [17] Jakobus, der Sohn des Zebedäus, und Johannes, der Bruder des Jakobus – ihnen gab er den Beinamen Boanerges, das heißt Donnersöhne –, [18] dazu Andreas, Philippus, Bartholomäus, Matthäus, Thomas, Jakobus, der Sohn des Alphäus, Thaddäus, Simon Kananäus [19] und Judas Iskariot, der ihn dann verraten hat.

703 Markus 6,6b–13

[6b] Jesus zog durch die benachbarten Dörfer und lehrte. [7] Er rief die Zwölf zu sich und sandte sie aus, jeweils zwei zusammen. Er gab ihnen die Vollmacht, die unreinen Geister auszutreiben, [8] und er gebot ihnen, außer einem Wanderstab nichts auf den Weg mitzunehmen, kein Brot, keine Vorratstasche, kein Geld im Gürtel, [9] kein zweites Hemd und an den Füßen nur Sandalen. [10] Und er sagte zu ihnen: Bleibt in dem Haus, in dem ihr einkehrt, bis ihr den Ort wieder verlaßt. [11] Wenn man euch aber in einem Ort nicht aufnimmt und euch nicht hören will, dann geht weiter, und schüt-

telt den Staub von euren Füßen, zum Zeugnis gegen sie. 12 Die
Zwölf machten sich auf den Weg und riefen die Menschen zur
Umkehr auf. 13 Sie trieben viele Dämonen aus und salbten viele
Kranke mit Öl und heilten sie.

704 Lukas 10,1–12

Danach suchte der Herr zweiundsiebzig andere aus und sandte sie
zu zweit voraus in alle Städte und Ortschaften, in die er selbst
gehen wollte. 2 Er sagte zu ihnen: Die Ernte ist groß, aber es gibt
nur wenig Arbeiter. Bittet also den Herrn der Ernte, Arbeiter für
seine Ernte auszusenden. 3 Geht! Ich sende euch wie Schafe mitten
unter die Wölfe. 4 Nehmt keinen Geldbeutel mit, keine Vorrats-
tasche und keine Schuhe! Grüßt niemand unterwegs! 5 Wenn ihr in
ein Haus kommt, so sagt als erstes: Friede diesem Haus! 6 Und
wenn dort ein Mann des Friedens wohnt, wird der Friede, den ihr
ihm wünscht, auf ihm ruhen; andernfalls wird er zu euch zurück-
kehren. 7 Bleibt in diesem Haus, eßt und trinkt, was man euch
anbietet: denn wer arbeitet, hat ein Recht auf seinen Lohn. Zieht
nicht von einem Haus in ein anderes! 8 Wenn ihr in eine Stadt
kommt und man euch aufnimmt, so eßt, was man euch vorsetzt.
9 Heilt die Kranken, die dort sind, und sagt den Leuten: Das Reich
Gottes ist euch nahe. 10 Wenn ihr aber in eine Stadt kommt, in der
man euch nicht aufnimmt, dann stellt euch auf die Straße und ruft:
11 Selbst den Staub eurer Stadt, der an unseren Füßen klebt, lassen
wir euch zurück; doch das sollt ihr wissen: Das Reich Gottes ist
nahe. 12 Ich sage euch: Sodom wird es an jenem Tag nicht so
schlimm ergehen wie dieser Stadt.

Apg 1,15–26 – 1 Kor 15,6–8 – Röm 1,1–7 – 2 Kor 5,19 f. – Röm 15,14 ff.

705 Die Apostel wissen sich vom auferstandenen Christus gesandt

Nach Jesu Tod und Auferstehung wissen sich die Zwölf (bzw. die Elf) auf neue Weise berufen, zusammen mit anderen Zeugen der Erscheinungen des Auferstandenen ihn und die in seinem Geschick geschehene Erlösung zu verkündigen. Ihnen gesellt sich Paulus zu, der sich ebenfalls als Erscheinungszeuge und berufener Apostel sieht. Paulus versteht sein Apostolat als vollmächtigen Versöhnungsdienst in Teilhabe an Jesu eschatologischem Wirken; nur im Ausnahmefall deutet er es als Verwaltung eines priesterlichen Dienstes.

Apostelgeschichte 1,15–26

15 In diesen Tagen erhob sich Petrus im Kreis der Brüder – etwa

hundertzwanzig waren zusammengekommen – und sagte: [16]Brüder! Es mußte sich das Schriftwort erfüllen, das der Heilige Geist durch den Mund Davids im voraus über Judas gesprochen hat. Judas wurde zum Anführer derer, die Jesus gefangennahmen. [17]Er wurde zu uns gezählt und hatte Anteil am gleichen Dienst. [18]Mit dem Lohn für seine Untat kaufte er sich ein Grundstück. Dann aber stürzte er vornüber zu Boden, sein Leib barst auseinander, und alle Eingeweide fielen heraus. [19]Das wurde allen Einwohnern von Jerusalem bekannt; deshalb nannten sie jenes Grundstück in ihrer Sprache Hakeldamach, das heißt Blutacker. [20]Denn es steht im Buch der Psalmen: *Sein Gehöft soll veröden, niemand soll darin wohnen!* und: *Sein Amt soll ein anderer erhalten!* [21]Einer von den Männern, die die ganze Zeit mit uns zusammen waren, als Jesus, der Herr, bei uns ein und aus ging, [22]angefangen von der Taufe durch Johannes bis zu dem Tag, an dem er von uns ging und (in den Himmel) aufgenommen wurde, – einer von diesen muß nun zusammen mit uns Zeuge seiner Auferstehung sein. [23]Und sie stellten zwei Männer auf: Josef, genannt Barsabbas, mit dem Beinamen Justus, und Matthias. [24]Dann beteten sie: Herr, du kennst die Herzen aller; zeige, wen von diesen beiden du erwählt hast, [25]diesen Dienst und dieses Apostelamt zu übernehmen. Denn Judas hat es verlassen und ist an den Ort gegangen, der ihm bestimmt war. [26]Dann gaben sie ihnen Lose; das Los fiel auf Matthias, und er wurde den elf Aposteln zugerechnet.

706 1. Korintherbrief 15,6–8

[6]Danach erschien er mehr als fünfhundert Brüdern zugleich; die meisten von ihnen sind noch am Leben, einige sind entschlafen. [7]Danach erschien er dem Jakobus, dann allen Aposteln. [8]Als letztem von allen erschien er auch mir, dem Unerwarteten, der „Mißgeburt".

707 Römerbrief 1,1–7

Paulus, Knecht Christi Jesu, berufen zum Apostel, auserwählt, das Evangelium Gottes zu verkündigen, [2]das er durch seine Propheten im voraus verheißen hat in den heiligen Schriften: [3]das Evangelium von seinem Sohn, der dem Fleisch nach geboren ist als Nachkomme Davids, [4]der dem Geist der Heiligkeit nach eingesetzt ist als Sohn Gottes in Macht seit der Auferstehung von den Toten, das Evangelium von Jesus Christus, unserem Herrn. [5]Durch ihn haben wir Gnade und Apostelamt empfangen, um in seinem Namen alle Heiden zum Gehorsam des Glaubens zu füh-

ren: 6 zu ihnen gehört auch ihr, die ihr von Jesus Christus berufen
seid.
7 An alle in Rom, die von Gott geliebt sind, die berufenen Heili-
gen: Gnade sei mit euch und Friede von Gott, unserem Vater, und
dem Herrn Jesus Christus.

708 2. Korintherbrief 5,19 f.

19 Ja, Gott war es, der in Christus die Welt mit sich versöhnt hat,
indem er den Menschen ihre Verfehlungen nicht anrechnete und
uns das Wort von der Versöhnung (zur Verkündigung) anvertrau-
te. 20 Wir sind also Gesandte an Christi Statt, und Gott ist es, der
durch uns mahnt. Wir bitten an Christi Statt: Laßt euch mit Gott
versöhnen!

709 Römerbrief 15,14 ff.

14 Meine Brüder, ich bin fest davon überzeugt, daß ihr viel Gutes
tut, daß ihr reiche Erkenntnis besitzt und selbst imstande seid,
einander zurechtzuweisen. 15 Um euch aber einiges in Erinnerung
zu rufen, habe ich euch einen teilweise sehr deutlichen Brief ge-
schrieben. Ich tat es kraft der Gnade, die mir von Gott gegeben
ist, 16 damit ich als Diener Christi Jesu für die Heiden wirke und
das Evangelium Gottes wie ein Priester verwalte; denn die Heiden
sollen eine Opfergabe werden, die Gott gefällt, geheiligt im Heili-
gen Geist.

Apg 6,1–7 – Apg 11,29 f. – 1 Kor 12,28–31a – Eph 4,10–13 – 1 Tim 3,1–13 – Röm 16,1 f.

710 Die neutestamentliche Vielfalt der Ämter und Dienste

Die Entwicklung des neutestamentlichen Dienstamtes hat sich in der apostolischen und nachapostolischen Generation in unterschiedlicher Weise vollzogen, wobei man auch Anleihen bei profanen Amtsstrukturen der jeweils umgebenden Welt machte. Manchmal erscheinen Benennungen austauschbar, und erst in den Pastoralbriefen wird die spätere Trias von Episkopen, Diakonen und Presbytern (Ältesten) deutlich unterschieden. – Daß Frauen zumindest manche kirchlichen Dienstämter übernehmen konnten, ist aufgrund der Texte unbezweifelbar.

Apostelgeschichte 6,1–7

In diesen Tagen, als die Zahl der Jünger zunahm, begehrten die
Hellenisten gegen die Hebräer auf, weil ihre Witwen bei der täg-
lichen Versorgung übersehen wurden. 2 Da riefen die Zwölf die
ganze Schar der Jünger zusammen und erklärten: Es ist nicht recht,
daß wir das Wort Gottes vernachlässigen und uns dem Dienst an

den Tischen widmen. 3 Brüder, wählt aus eurer Mitte sieben Män-
ner von gutem Ruf und voll Geist und Weisheit; ihnen werden wir
diese Aufgabe übertragen. 4 Wir aber wollen beim Gebet und
beim Dienst am Wort bleiben. 5 Der Vorschlag fand den Beifall
der ganzen Gemeinde, und sie wählten Stephanus, einen Mann,
erfüllt vom Glauben und vom Heiligen Geist, ferner Philippus und
Prochorus, Nikanor und Timon, Parmenas und Nikolaus, einen
Proselyten aus Antiochia. 6 Sie ließen sie vor die Apostel hintre-
ten, und diese beteten und legten ihnen die Hände auf. 7 Und das
Wort Gottes breitete sich aus, und die Zahl der Jünger in Jerusa-
lem wurde immer größer; auch eine große Anzahl von den Prie-
stern nahm gehorsam den Glauben an.

711 Apostelgeschichte 11,29 f.
29 Man beschloß, jeder von den Jügern solle nach seinem Vermö-
gen den Brüdern in Judäa etwas zur Unterstützung senden. 30 Das
taten sie auch und schickten ihre Gaben durch Barnabas und Sau-
lus an die Ältesten.

712 1. Korintherbrief 12,28–31a
28 So hat Gott in der Kirche die einen als Apostel eingesetzt, die
andern als Propheten, die dritten als Lehrer; ferner verlieh er die
Kraft, Wunder zu tun, sodann die Gaben, Krankheiten zu heilen,
zu helfen, zu leiten, endlich die verschiedenen Arten von Zungen-
rede. 29 Sind etwa alle Apostel, alle Propheten, alle Lehrer? Haben
alle die Kraft, Wunder zu tun? 30 Besitzen alle die Gabe, Krankhei-
ten zu heilen? Reden alle in Zungen? Können alle solches Reden
auslegen? 31a Strebt aber nach den höheren Gnadengaben!

713 Epheserbrief 4,10–13
10 Derselbe, der herabstieg, ist auch hinaufgestiegen bis zum höch-
sten Himmel, um das All zu beherrschen. 11 Und er gab den einen
das Apostelamt, andere setzte er als Propheten ein, andere als
Evangelisten, andere als Hirten und Lehrer, 12 um die Heiligen für
die Erfüllung ihres Dienstes zu rüsten, für den Aufbau des Leibes
Christi. 13 So sollen wir alle zur Einheit im Glauben und in der
Erkenntnis des Sohnes Gottes gelangen, damit wir zum vollkom-
menen Menschen werden und Christus in seiner vollendeten Ge-
stalt darstellen.

714 1. Timotheusbrief 3,1–13
Das Wort ist glaubwürdig: Wer das Amt eines Bischofs anstrebt,
der strebt nach einer großen Aufgabe. 2 Deshalb soll der Bischof

ein Mann ohne Tadel sein, nur einmal verheiratet, nüchtern, besonnen, von würdiger Haltung, gastfreundlich, fähig zu lehren; [3] er sei kein Trinker und kein gewalttätiger Mensch, sondern rücksichtsvoll; er sei nicht streitsüchtig und nicht geldgierig. [4] Er soll ein guter Familienvater sein und seine Kinder zu Gehorsam und allem Anstand erziehen. [5] Wer seinem eigenen Hauswesen nicht vorstehen kann, wie soll der für die Kirche Gottes sorgen? [6] Er darf kein Neubekehrter sein, sonst könnte er hochmütig werden und dem Gericht des Teufels verfallen. [7] Er muß auch bei den Außenstehenden einen guten Ruf haben, damit er nicht in üble Nachrede kommt und in die Falle des Teufels gerät.

[8] Ebenso sollen die Diakone sein: achtbar, nicht doppelzüngig, nicht dem Wein ergeben und nicht gewinnsüchtig; [9] sie sollen mit reinem Gewissen am Geheimnis des Glaubens festhalten. [10] Auch sie soll man vorher prüfen, und nur wenn sie unbescholten sind, sollen sie ihren Dienst ausüben. [11] Ebenso sollen die Frauen ehrbar sein, nicht verleumderisch, sondern nüchtern und in allem zuverlässig. [12] Die Diakone sollen nur einmal verheiratet sein und ihren Kindern und ihrer Familie gut vorstehen. [13] Denn wer seinen Dienst gut versieht, erlangt einen hohen Rang und große Zuversicht im Glauben an Christus Jesus.

715 Römerbrief 16,1 f.

Ich empfehle euch unsere Schwester Phöbe, die Dienerin der Gemeinde von Kenchreä: [2] Nehmt sie im Namen des Herrn auf, wie es Heilige tun sollen, und steht ihr in jeder Sache bei, in der sie euch braucht: sie selbst hat vielen, darunter auch mir, geholfen.

Num 8,5–11 – Num 27,15–23 – Dtn 34,7 ff. – Apg 6,6 – Apg 13,2 f. – Apg 14,21 ff. – 1 Tim 4,12–16 – 2 Tim 1,6 f. – 1 Tim 5,17–22

716 Ämterübertragung

Ob die Amtsübertragung in ntl. Zeit in jedem Fall durch einen Ritus geschah, läßt sich nicht ausmachen. Nach dem Zeugnis der Apg hat man jedoch bald Ämter durch Handauflegung – verbunden mit Gebet – übertragen, wofür man atl. Anregung hatte. Einem sakramentalen Verständnis der Amtsübertragung kommen die Pastoralbriefe am nächsten.

Numeri 8,5–11

[5] Der Herr sprach zu Mose: [6] Sondere die Leviten von den Israeliten ab, und reinige sie! [7] So sollst du ihre Reinigung vollziehen:

Spreng über sie das Entsündigungswasser! Sie selbst sollen sich an
ihrem ganzen Körper mit einem Schermesser die Haare schneiden,
ihre Kleider waschen und sich reinigen. 8 Dann sollen sie einen
Jungstier nehmen und dazu als Speiseopfer Feinmehl, das mit Öl
vermengt ist. Einen zweiten Jungstier sollst du für das Sündopfer
nehmen. 9 Dann sollst du die Leviten vor das Offenbarungszelt
führen und die ganze Gemeinde der Israeliten versammeln. 10 Laß
die Leviten vor den Herrn treten! Die Israeliten sollen den Leviten
die Hände auflegen, 11 und Aaron soll an den Leviten im Namen
der Israeliten vor den Augen des Herrn die Weihe vornehmen.
Auf diese Weise sollen sie den Dienst des Herrn antreten.

717 Numeri 27,15–23
15 Da sagte Mose zum Herrn: 16 Der Herr, der Gott der Geister,
die alle Menschen beleben, setze einen Mann als Anführer der
Gemeinde ein, 17 der vor ihnen her in den Kampf zieht und vor
ihnen her wieder in das Lager einzieht, der sie zum Krieg hinaus-
führt und sie zurückführt; die Gemeinde des Herrn soll nicht sein
wie Schafe, die keinen Hirten haben. 18 Der Herr antwortete Mose:
Nimm Josua, den Sohn Nuns, einen Mann, der mit Geist begabt
ist, und leg ihm deine Hand auf! 19 Dann laß ihn vor den Priester
Eleasar und vor die ganze Gemeinde treten, und gib ihm vor ihren
Augen deine Anweisungen! 20 Gib ihm einen Teil deiner Würde
ab, damit die ganze Gemeinde der Israeliten auf ihn hört. 21 Er soll
vor den Priester Eleasar treten und ihn vor dem Herrn um die
Entscheidung durch das Urim-Orakel bitten. Nach seinem Befehl
sollen sie in den Kampf ziehen, und nach seinem Befehl sollen sie
wieder in das Lager einziehen, er und mit ihm alle Israeliten und
die ganze Gemeinde. 22 Mose tat, was ihm der Herr befohlen hat-
te. Er nahm Josua und ließ ihn vor den Priester Eleasar und vor die
ganze Gemeinde treten. 23 Er legte ihm seine Hände auf und gab
ihm seine Anweisungen, wie es der Herr durch Mose befohlen
hatte.

718 Deuteronomium 34,7 ff.
7 Mose war hundertzwanzig Jahre alt, als er starb. Sein Auge war
noch nicht getrübt, seine Frische war noch nicht geschwunden.
8 Die Israeliten beweinten Mose dreißig Tage lang in den Steppen
von Moab. Danach war die Zeit des Weinens und der Klage um
Mose beendet. 9 Josua, der Sohn Nuns, war vom Geist der Weisheit
erfüllt, denn Mose hatte ihm die Hände aufgelegt. Die Israeliten
hörten auf ihn und taten, was der Herr dem Mose aufgetragen hatte.

719 Apostelgeschichte 6,6
6 Sie ließen sie vor die Apostel hintreten, und diese beteten und
legten ihnen die Hände auf.

720 Apostelgeschichte 13,2 f.
2 Als sie zu Ehren des Herrn Gottesdienst feierten und fasteten,
sprach der Heilige Geist: Wählt mir Barnabas und Saulus zu dem
Werk aus, zu dem ich sie mir berufen habe. 3 Da fasteten und
beteten sie, legten ihnen die Hände auf und ließen sie ziehen.

721 Apostelgeschichte 14,21 ff.
21 Als sie dieser Stadt das Evangelium verkündet und viele Jünger
gewonnen hatten, kehrten sie nach Lystra, Ikonion und Antiochia
zurück. 22 Sie sprachen den Jüngern Mut zu und ermahnten sie,
treu am Glauben festzuhalten; sie sagten: Durch viele Drangsale
müssen wir in das Reich Gottes gelangen. 23 In jeder Gemeinde
bestellten sie durch Handauflegung Älteste und empfahlen sie mit
Gebet und Fasten dem Herrn, an den sie nun glaubten.

722 1. Timotheusbrief 4,12–16
12 Niemand soll dich wegen deiner Jugend geringschätzen. Sei den
Gläubigen ein Vorbild in deinen Worten, in deinem Lebenswan-
del, in der Liebe, im Glauben, in der Lauterkeit. 13 Lies ihnen eifrig
(aus der Schrift) vor, ermahne und belehre sie, bis ich komme.
14 Vernachlässige die Gnade nicht, die in dir ist und die dir verlie-
hen wurde, als dir die Ältesten aufgrund prophetischer Worte
gemeinsam die Hände auflegten. 15 Dafür sollst du sorgen, darin
sollst du leben, damit allen deine Fortschritte offenbar werden.
16 Achte auf dich selbst und auf die Lehre; halte daran fest! Wenn
du das tust, rettest du dich und alle, die auf dich hören.

723 2. Timotheusbrief 1,6 f.
6 Darum rufe ich dir ins Gedächtnis: Entfache die Gnade Gottes
wieder, die dir durch die Auflegung meiner Hände zuteil geworden
ist. 7 Denn Gott hat uns nicht einen Geist der Verzagtheit gegeben,
sondern den Geist der Kraft, der Liebe und der Besonnenheit.

724 1. Timotheusbrief 5,17–22
17 Älteste, die das Amt des Vorstehers gut versehen, verdienen
doppelte Anerkennung, besonders solche, die sich mit ganzer
Kraft dem Wort und der Lehre widmen. 18 Denn die Schrift sagt:
Du sollst dem Ochsen zum Dreschen keinen Maulkorb anlegen,
und: Wer arbeitet, hat ein Recht auf seinen Lohn.

[19] Nimm gegen einen Ältesten keine Klage an, außer *wenn zwei oder drei Zeugen sie bekräftigen.* [20] Wenn sich einer verfehlt, so weise ihn in Gegenwart aller zurecht, damit auch die anderen sich fürchten. [21] Ich beschwöre dich bei Gott, bei Christus Jesus und bei den auserwählten Engeln: Befolge dies alles ohne Vorurteil, und vermeide jede Bevorzugung! [22] Lege keinem vorschnell die Hände auf, und mach dich nicht mitschuldig an fremden Sünden; bewahre dich rein!

Lehramtliche Texte

Gregor I., der Große (590–604)

Epistel „Quia caritati nihil" (601)

725 Auch die Weihen der Häretiker sind gültig

Lat.: DS 478 = PL 77, 1208 BC.
Dt.: G. Koch.

In dem Brief des Papstes Gregor des Großen an die Bischöfe Georgiens geht es u. a. um die Gültigkeit der bei Häretikern gespendeten Taufen bzw. Weihen (Ordinationen). Der Papst legt seinem Briefpartner nahe, bei einer Rückkehr der Getrennten in die kirchliche Gemeinschaft ihre Weihen als gültig anzuerkennen.

Ohne jeden Zweifel möge eure Heiligkeit diese (nämlich die zurückgekehrten Nestorianer) unter Wahrung ihrer eigenen Weihen (servatis eis propriis ordinibus) in ihre Gemeinschaft wiederaufnehmen, damit ihr sie, indem ihr ihnen aus Milde im Blick auf ihre eigenen Weihen keinen Widerspruch und keine Schwierigkeit bereitet, aus dem Rachen des alten Feindes entreißt.

Bonifaz IX. (1389–1404)

Bulle „Sacrae religionis" (1400)

726 Die Weihevollmacht – im Ausnahmefall auch Sache der Priester?

Lat.: DS 1145.
Dt.: NR 704.

In seiner Bulle gewährt der Papst dem Abt des Klosters St. Osyth bei London, einem einfachen Priester, das Privileg, die höheren Weihen (einschließlich der Priesterweihe) zu spenden. Zwar wird dieses Privileg nach drei Jahren wieder zurückgezogen, aber die Frage nach der Weihevollmacht des Priesters bleibt aufgeworfen, zumal ein solches Privileg auch später im Einzelfall gewährt wird.

704 [. . .] Deshalb stimmen wir den diesbezüglichen Wünschen des Abtes und des Konventes zu und gewähren, daß der jetzige Abt dieses Klosters und alle seine Nachfolger für die Zeit ihres Amtes allen und jedem Kanoniker, die Professen dieses Klosters sind, jetzt und in Zukunft alle niederen Weihen wie auch die Weihen des Subdiakonats, des Diakonats und die Priesterweihe zu den rechtlich festgesetzten Zeiten nach eigenem Ermessen und erlaubterweise spenden können; und ferner, daß die erwähnten Kanoniker, durch die besagten Äbte geweiht, ihre so verliehenen Weihedienste frei und erlaubt ausüben. (Alle entgegenstehenden Bestimmungen sind außer Kraft gesetzt.) [. . .]

Die allgemeine Kirchenversammlung zu Florenz (1438–1445)

Lehrentscheid für die Armenier (1439)

727 Wie und wozu die Weihen gespendet werden

Lat.: DS 1326 = Mansi 31 A 1058 DE.
Dt.: NR 705.

Der Lehrentscheid für die Armenier (vgl. Einl. in 10) schließt sich auch beim Weihesakrament der Theologie des hl. Thomas von Aquin an. Entsprechend wird die von Thomas mit der ganzen scholastischen Tradition vertretene Lehre von der „Materie“ des Sakramentes in die kirchliche Lehrtradition übernommen, auch wenn sie keine Anhaltspunkte in der frühen Kirche hat.

705 Das sechste Sakrament ist die Weihe. Seine *Materie* sind die Dinge, durch deren Übertragung die Weihe gespendet wird. So wird das Priestertum übertragen durch die Übergabe des Kelches mit dem Wein und der Patene mit dem Brot, das Diakonat durch die Übergabe des Evangelienbuches, das Subdiakonat durch die Übergabe des leeren Kelches und der daraufliegenden leeren Patene. Ähnliches gilt von den andern Weihen, die durch die Zuweisung der Dinge übertragen werden, die zu den Dienstleistungen gehören. Die *Form* der Priesterweihe ist folgende: „Empfange die Gewalt, das Opfer in der Kirche darzubringen für Lebende und Tote, im Namen des Vaters und des Sohnes und des Heiligen Geistes.“ Ähnliches gilt von den Formen der anderen Weihen, wie sie im Pontificale Romanum ausführlich enthalten sind. Der ordentliche *Spender* dieses Sakramentes ist der Bischof. Die Wirkung ist die Mehrung der Gnade, so daß einer ein geeigneter Diener *(am Altare)* sei.

Die allgemeine Kirchenversammlung zu Trient (1545–1563)

Die Lehre vom Weihesakrament (23. Sitzung, 1563)

728 Das Priestertum – Inbegriff der Weihevollmachten

Lat.: DS 1764–1769; 1771–1778 = Mansi 33, 138 B – 140 D.
Dt.: NR 706–720.

In Reaktion auf die Reformatoren, die mit dem Opfercharakter der Messe auch die Notwendigkeit einer besonderen priesterlichen Vollmacht zurückwiesen, wird vom Konzil von Trient (vgl. Einl. in 14) besonders der kultisch-sazerdotale Charakter des Priestertums herausgestellt. Anders als in der alten Kirche, wo das Bischofsamt als das wichtigste der kirchlichen Ämter galt, erscheint nun das Priestertum als Inbegriff dessen, was mit dem Weihesakrament angezielt ist.

1. Kapitel: Die Einsetzung des Priestertums des Neuen Bundes

706 *Opfer und Priestertum* sind nach göttlicher Anordnung so verknüpft, daß sich beides in jeder Heilsordnung findet. Da also im *Neuen Bund* die katholische Kirche nach der Einsetzung des Herrn die heilige Eucharistie als *sichtbares* Opfer empfangen hat, so muß man auch bekennen, daß es in ihr *ein neues, sichtbares, äußeres Priestertum* gibt, in dem das alte Priestertum aufgehoben und vollendet wurde. Daß dieses Priestertum von unserm Herrn und Heiland eingesetzt wurde, daß den Aposteln und ihren Nachfolgern im Priestertum die Gewalt übertragen wurde, seinen Leib und sein Blut zu verwandeln, darzubringen und auszuteilen, sowie Sünden zu vergeben und zu behalten, das zeigt die Heilige Schrift, und das hat die Überlieferung der katholischen Kirche immer gelehrt.

729 2. Kapitel: Die sieben Weihen

707 Da aber dieser heilige Priesterdienst eine göttliche Einrichtung ist, so war es entsprechend, daß es im fein gegliederten Aufbau der Kirche *verschiedene Ordnungen von Dienern* gebe, auf daß er *(der Priesterdienst)* würdig und mit größerer Ehrfurcht durchgeführt werden könne. Sie sollten von Amts wegen dem Priestertum dienen und so verteilt sein, daß diejenigen, die schon die klerikale Tonsur tragen, durch die niederen Weihen zu den höheren aufsteigen. Denn die Heilige Schrift redet nicht nur von den Priestern, sondern ganz klar auch von den Diakonen, und sie lehrt mit ernsten Worten, auf was man bei ihrer Weihe vor allem zu achten habe.

Von Anfang an waren in der Kirche die Namen folgender Dienstordnungen und die den einzelnen Dienstordnungen entsprechenden Amtsverrichtungen in Gebrauch: des Subdiakons, des Altardieners, des Beschwörers, des Vorlesers und des Pförtners, freilich nicht auf gleicher Stufe. Denn das Subdiakonat wird von den Vätern und Kirchenversammlungen zu den höheren Weihen gezählt. Wir lesen bei ihnen aber auch häufig von den andern, niederen Weihen.

730 3. Kapitel: Die Weihe ist ein wirkliches Sakrament

708 Da es nach dem Zeugnis der Schrift, nach apostolischer Überlieferung und allgemeiner Auffassung der Väter ganz klar ist, daß durch die heilige Weihe, die in Worten und äußeren Zeichen vollzogen wird, Gnade mitgeteilt wird, so darf niemand daran zweifeln, daß die Weihe im wahren und eigentlichen Sinn eines von den sieben Sakramenten der heiligen Kirche ist; denn der Apostel sagt: „Ich mahne dich, du mögest die Gnadengabe neu erwecken, die in dir ist durch die Auflegung meiner Hände. Denn Gott hat uns nicht den Geist des Zagens gegeben, sondern der Kraft, der Liebe und der Besonnenheit" (2 Tim 1,6 f.).

731 4. Kapitel: Die kirchliche Hierarchie *(heilige Rangordnung)* und die Weihe

709 Da im Sakrament der Weihe wie in der Taufe und Firmung ein *Merkmal* eingeprägt wird, das *nicht zerstört* und nicht weggenommen werden kann, so verurteilt die heilige Kirchenversammlung mit Recht die Auffassung derer, die behaupten, die Priester des Neuen Bundes hätten nur eine zeitweise Vollmacht, und auch, wer richtig geweiht sei, könne wieder Laie werden, wenn er den Dienst des Gotteswortes nicht versehe.

732

710 Wenn jemand behauptet, *alle Christen* seien *in gleicher Weise Priester* des Neuen Bundes, oder alle seien ohne Unterschied mit derselben geistlichen Vollmacht ausgestattet, dann heißt das nichts anderes als *Verwirrung in die kirchliche Hierarchie* bringen, die wie ein geordnetes Kriegsheer ist (Hl 6,9), gleich als wären gegen die Lehre des heiligen Paulus alle Apostel, alle Propheten, alle Evangelisten, alle Hirten, alle Lehrer (vgl. 1 Kor 12,29).

711 Sodann erklärt die heilige Kirchenversammlung, daß außer den übrigen kirchlichen Rangstufen vor allem die *Bischöfe,* die den Aposteln im Amte nachfolgten, zu dieser hierarchischen Ordnung gehören, daß sie nach dem Wort desselben Apostels (Apg 20,28) vom Heiligen Geist eingesetzt sind, die Kirche Gottes zu lenken, daß sie den Priestern vorgesetzt sind, das Sakrament der Firmung spenden, die Diener der Kirche weihen und verschiedene andere

Vollmachten haben, deren Ausübung den anderen auf einer niedrigeren Stufe nicht zukommt.

733
712 Außerdem lehrt die heilige Kirchenversammlung, daß bei der Weihe von Bischöfen, Priestern und der übrigen Rangstufen niemals die Zustimmung, Berufung oder Bevollmächtigung durch das *Volk* oder irgendeine *weltliche Macht und Regierung* in dem Sinn erfordert ist, daß bei ihrem Fehlen die Weihe ungültig wäre. Im Gegenteil entscheidet sie, daß alle, die nur vom Volk oder von einer weltlichen Macht und Regierung berufen und eingesetzt sind und zur Verwaltung dieses Amtes emporsteigen, und alle, die es aus eigener Vermessenheit ergreifen, nicht Diener der Kirche sind, sondern als Diebe und Räuber betrachtet werden müssen, die nicht durch das Tor eingetreten sind (vgl. Jo 10,1). [. . .]

734 Lehrsätze über das Weihesakrament
713 1. Wer sagt, im Neuen Bund gebe es kein sichtbares und äußeres Priestertum oder keine Vollmacht, den wahren Leib und das Blut des Herrn zu verwandeln und darzubringen, Sünden zu vergeben und zu behalten, sondern nur das Amt und den bloßen Dienst an der Verkündigung des Evangeliums, oder, daß solche, die nicht predigen, überhaupt keine Priester seien, der sei ausgeschlossen.

Canones de sacramento ordinis
1771 Can. 1. Si quis dixerit, non esse in Novo Testamento sacerdotium visibile et externum, vel non esse potestatem aliquam consecrandi et offerendi verum corpus et sanguinem Domini, et peccata remittendi et retinendi, sed officium tantum et nudum ministerium praedicandi Evangelium, vel eos, qui non praedicant, prorsus non esse sacerdotes: anathema sit.

735
714 2. Wer sagt, neben dem Priestertum gebe es in der katholischen Kirche nicht noch andere Weihegrade, höhere und niedere, durch die man wie auf Stufen dem Priestertum entgegengeht, der sei ausgeschlossen.

1772 Can. 2. Si quis dixerit, praeter sacerdotium non esse in Ecclesia catholica alios ordines, et maiores et minores, per quos velut per gradus quosdam in sacerdotium tendatur: an. s.

736
715 3. Wer sagt, die Weihe, d. h. heilige Weihehandlung, sei nicht ein wahres und eigentliches von Christus, dem Herrn, eingesetztes Sakrament, sondern menschliches Machwerk, von Männern erson-

nen, die nichts von kirchlichen Dingen verstanden, oder sie seien nur eine bestimmte äußere Form, Diener des Gotteswortes und der Sakramente auszuwählen, der sei ausgeschlossen.

1773 Can. 3. Si quis dixerit, ordinem sive sacram ordinationem non esse vere et proprie sacramentum a Christo Domino institutum, vel esse figmentum quoddam humanum, excogitatum a viris rerum ecclesiasticarum imperitis, aut esse tantum ritum quendam eligendi ministros verbi Dei et sacramentorum: an. s.

737

716 4. Wer sagt, durch die heilige Weihehandlung werde nicht der Heilige Geist mitgeteilt, und es sei daher sinnlos, wenn der Bischof sage: „Empfange den Heiligen Geist", oder es werde durch sie nicht ein Merkmal eingeprägt, oder, wer einmal Priester war, könne wieder Laie werden, der sei ausgeschlossen.

1774 Can. 4. Si quis dixerit, per sacram ordinationem non dari Spiritum Sanctum, ac proinde frustra episcopos dicere: Accipe Spiritum Sanctum; aut per eam non imprimi characterem; vel eum, qui sacerdos semel fuit, laicum rursus fieri posse: an. s.

738

717 5. Wer sagt, die heilige Salbung, die die Kirche bei der heiligen Weihehandlung gebraucht, sei nicht nur überflüssig, sondern verächtlich und verderblich, gleichwie auch die andern äußeren Gebräuche dabei, der sei ausgeschlossen.

1775 Can. 5. Si quis dixerit, sacram unctionem, qua Ecclesia in sancta ordinatione utitur, non tantum non requiri, sed contemnendam et perniciosam esse, similiter et alias ceremonias: an. s.

739

718 6. Wer sagt, es gebe in der katholischen Kirche keine heilige Rangordnung, die, nach göttlicher Anordnung eingeführt, aus Bischöfen, Priestern und Dienern besteht, der sei ausgeschlossen.

1776 Can. 6. Si quis dixerit, in Ecclesia catholica non esse hierarchiam, divina ordinatione institutam, quae constat ex episcopis, presbyteris et ministris: an. s.

740

719 7. Wer sagt, die Bischöfe seien den Priestern nicht vorgesetzt, oder sie hätten nicht die Vollmacht zu firmen und zu weihen, oder die Vollmacht, die sie hätten, sei ihnen mit den Priestern gemeinsam; oder die Weihen, die sie ohne Zustimmung oder Berufung durch das Volk oder eine weltliche Macht erteilten, seien ungültig; oder solche, die nicht von kirchlicher und rechtlicher Vollmacht

geweiht oder beauftragt sind, sondern anderswoher kommen, seien rechtmäßige Diener des Wortes und der Sakramente, der sei ausgeschlossen.

1777 Can. 7. Si quis dixerit, episcopos non esse presbyteris superiores; vel non habere potestatem confirmandi et ordinandi, vel eam, quam habent, illis esse cum presbyteris communem; vel ordines ab ipsis collatos sine populi vel potestatis saecularis consensu aut vocatione irritos esse; aut eos, qui nec ab ecclesiastica et canonica potestate rite ordinati nec missi sunt, sed aliunde veniunt, legitimos esse verbi et sacramentorum ministros: an. s.

741

720 8. Wer sagt, die Bischöfe, die ihr Amt durch Vollmacht des römischen Papstes erhalten, seien nicht rechtmäßige und wahre Bischöfe, sondern menschliches Machwerk, der sei ausgeschlossen.

1778 Can. 8. Si quis dixerit, episcopos, qui auctoritate Romani Pontificis assumuntur, non esse legitimos et veros episcopos, sed figmentum humanum: an. s.

Pius XII. (1939–1958)

Rundschreiben „Mediator Dei" (1947)

742 Wie der Priester in der Person Christi handelt

Lat.: DS 3849–3852 = AAS 39 (1947) 552–556.
Dt.: NR 721–723.

Die Enzyklika will wichtige Anliegen der „Liturgischen Bewegung" zum Gemeingut der Kirche machen, sie will aber auch mögliche Gefahren abwehren. In diesem Sinne wird das sog. allgemeine Priestertum der Laien in der Kirche zwar auch im Blick auf die Eucharistiefeier anerkannt, es wird aber zugleich sehr nachdrücklich die besondere Stellung des geweihten Priesters in der eucharistischen Liturgie herausgestellt: Der Priester allein vertritt im eigentlichen Sinne die Person Christi.

Amtspriestertum und allgemeines Priestertum

721 Wenn jedoch die Gläubigen am eucharistischen Opfer teilnehmen, so haben sie deshalb nicht auch die priesterliche Vollmacht. Das müßt ihr eurer Herde ganz klar vor Augen stellen.

Es gibt nämlich heute welche, Ehrwürdige Brüder, die sich schon einmal verurteilten Irrtümern nähern, indem sie lehren: im Neuen Testament gebe es nur jenes Priestertum, das sich auf alle Getauften erstrecke; jenes Gebot ferner, womit Jesus Christus beim Letzten Abendmahl den Aposteln das zu tun auftrug, was er selbst getan hatte, gehe unmittelbar die gesamte Kirche der Gläubigen

an; erst daraus sei dann in der Folge das hierarchische Priestertum entstanden. Somit behaupten sie, das Volk besitze wahre priesterliche Gewalt, der Priester dagegen handle nur kraft des von der Gemeinschaft erhaltenen Auftrages. Daher halten sie das Eucharistische Opfer für ein wahres „Zusammenzelebrieren" *(Konzelebration)* und meinen, es sei besser, wenn die Priester zusammen mit dem anwesenden Volk „mitzelebrieren", als daß sie „privat" in Abwesenheit des Volkes das Opfer darbringen.
Es erübrigt sich, auseinanderzusetzen, wie sehr solche verfängliche Irrtümer den Wahrheiten widersprechen, die Wir weiter oben dargelegt haben, als Wir von der Stellung handelten, die der Priester im Mystischen Leib Christi einnimmt. An folgendes aber glauben Wir erinnern zu sollen: Der Priester handelt nur deshalb an Stelle des Volkes, weil er die Person unseres Herrn Jesus Christus vertritt, insofern dieser das Haupt aller Glieder ist und sich selbst für sie opfert; er tritt folglich an den Altar als Diener Christi, niedriger als Christus stehend, aber höher als das Volk. Das Volk aber, das unter keiner Rücksicht die Person des göttlichen Erlösers darstellt noch Mittler ist zwischen sich selbst und Gott, kann in keiner Weise priesterliche Rechte genießen.
Das alles ist durch den Glauben sicher, daneben aber gilt, daß auch die Gläubigen, jedoch in anderer Weise, die göttliche Opfergabe darbringen. [. . .]

Apostolische Konstitution über die Diakons-, Priester- und Bischofsweihen (1947)

743 Die Neubestimmung des sakramentalen Zeichens beim Weihesakrament – im Sinne der alten Tradition

Lat.: DS 3859 = AAS 40 (1948) 5–7.
Dt.: NR 724.

Hatte die von Thomas von Aquin mitgeprägte scholastische Tradition (vgl. Einl. in 727) die Materie des Weihesakraments vorwiegend oder ausschließlich in der „Übergabe der Geräte" gesehen, so greift Papst Pius XII. in einer Entscheidung von hohem Verbindlichkeitsgrad auf die ältere, neutestamentlich begründete Überlieferung zurück.

724 Kraft Unserer höchsten Apostolischen Vollmacht und aus sicherem Wissen erklären und – soweit es nötig sein sollte – verordnen Wir: die Materie der heiligen Diakons-, Priester- und Bischofsweihen ist allein die Handauflegung; die ebenfalls einzige Form sind die den Vollzug dieser Materie in ihrem Sinn bestimmenden Worte, durch welche die sakramentalen Wirkungen – nämlich die

durch die Weihe verliehene Gewalt und die Gnade des Heiligen Geistes – eindeutig bezeichnet werden und die von der Kirche als solche aufgefaßt und verwendet werden. Dementsprechend [. . .] erklären [. . .] und verordnen Wir für den Fall, daß jemals eine gegenteilige rechtsgültige Bestimmung bestanden haben sollte: die Übergabe der Geräte ist wenigstens von jetzt an nicht notwendig zur Gültigkeit der heiligen Diakons-, Priester- und Bischofsweihen.

Die allgemeine II. Kirchenversammlung im Vatikan (1962–1965)

Dogmatische Konstitution über die Kirche (1964)

744 Das Bischofsamt – Fülle des Weihesakraments

Lat.: LThK E I 182; 216–220; 246–258 = AAS 57 (1965) 14f.; 24f.; 33–36.
Dt.: LThK E I 183; 217–221; 247–259.

Das 2. Vatikanische Konzil hat die Lehre vom kirchlichen Amt, seinem theologischen Verständnis und seiner rechten Ausübung mehrfach angesprochen (so im Dekret über die Hirtenaufgabe der Bischöfe in der Kirche und im Dekret über Dienst und Leben der Priester, beide von 1965). Die Quintessenz dieser Aussagen findet sich bereits in der Kirchenkonstitution. Neue Akzente werden hier vor allem im Blick auf Bischofsamt und Bischofsweihe sowie im Blick auf den Diakonat gesetzt. Beim Verständnis des Priestertums steht nun nicht mehr das kultisch-sazerdotale Moment einseitig im Vordergrund.

2. Kap. Art. 10

183 Das gemeinsame Priestertum der Gläubigen aber und das Priestertum des Dienstes, das heißt das hierarchische Priestertum, unterscheiden sich zwar dem Wesen und nicht bloß dem Grade nach. Dennoch sind sie einander zugeordnet: das eine wie das andere nämlich nimmt je auf besondere Weise am Priestertum Christi teil. Der Amtspriester nämlich bildet kraft seiner heiligen Gewalt, die er innehat, das priesterliche Volk heran und leitet es; er vollzieht in der Person Christi das eucharistische Opfer und bringt es im Namen des ganzen Volkes Gott dar; die Gläubigen hingegen wirken kraft ihres königlichen Priestertums an der eucharistischen Darbringung mit und üben ihr Priestertum aus im Empfang der Sakramente, im Gebet, in der Danksagung, im Zeugnis eines heiligen Lebens, durch Selbstverleugnung und tätige Liebe.

745 3. Kap. Art. 21; 28; 29

217 21. In den Bischöfen, denen die Priester zur Seite stehen, ist also

inmitten der Gläubigen der Herr Jesus Christus, der Hohepriester, anwesend. Zur Rechten des Vaters sitzend, ist er nicht fern von der Versammlung seiner Bischöfe, sondern
219 vorzüglich durch ihren erhabenen Dienst verkündet er allen Völkern Gottes Wort und spendet den Glaubenden immerfort die Sakramente des Glaubens. Durch ihr väterliches Amt (vgl. 1 Kor 4,15) fügt er in seinem Leib kraft der Wiedergeburt von oben neue Glieder ein. Durch ihre Weisheit und Umsicht endlich lenkt und ordnet er das Volk des Neuen Bundes auf seiner Pilgerschaft zur ewigen Seligkeit. Diese Hirten, die ausgewählt sind, die Herde des Herrn zu weiden, sind Diener Christi und Ausspender der Geheimnisse Gottes (vgl. 1 Kor 4,1). Ihnen ist das Zeugnis für die frohe Botschaft von der Gnade Gottes anvertraut (vgl. Röm 15,16; Apg 20,24) und der Dienst des Geistes und der Gerechtigkeit in Herrlichkeit (vgl. 2 Kor 3,8–9).
Um solche Aufgaben zu erfüllen, sind die Apostel mit einer besonderen Ausgießung des herabkommenden Heiligen Geistes von Christus beschenkt worden (vgl. Apg 1,8; 2,4; Jo 20,22–23). Sie hinwiederum übertrugen ihren Helfern durch die Auflegung der Hände die geistliche Gabe (vgl. 1 Tim 4,14; 2 Tim 1,6–7), die in der Bischofsweihe bis auf uns gekommen ist. Die Heilige Synode lehrt aber, daß durch die Bischofsweihe die Fülle des Weihesakramentes übertragen wird. Sie heißt ja auch im liturgischen Brauch der Kirche wie in den Worten der heiligen Väter das Hohepriestertum, die Ganzheit des heiligen Dienstamtes. Die Bischofsweihe überträgt mit dem Amt der Heiligung auch die Ämter der Lehre und der Leitung, die jedoch ihrer Natur nach nur in der hierarchischen Gemeinschaft mit Haupt und Gliedern des Kollegiums ausgeübt werden können. Aufgrund
221 der Überlieferung nämlich, die vorzüglich in den liturgischen Riten und in der Übung der Kirche des Ostens wie des Westens deutlich wird, ist es klar, daß durch die Handauflegung und die Worte der Weihe die Gnade des Heiligen Geistes so übertragen und das heilige Prägemal so verliehen wird, daß die Bischöfe in hervorragender und sichtbarer Weise die Aufgabe Christi selbst, des Lehrers, Hirten und Priesters, innehaben und in seiner Person handeln. Sache der Bischöfe ist es, durch das Weihesakrament neue Erwählte in die Körperschaft der Bischöfe aufzunehmen.

746
247 28. Christus, den der Vater geheiligt und in die Welt gesandt hat (Jo 10,36), hat durch seine Apostel deren Nachfolger, die Bischöfe, seiner eigenen Weihe und Sendung teilhaftig gemacht. Diese wie-

derum haben die Aufgabe ihres Dienstamtes in mehrfacher Abstufung verschiedenen Trägern in der Kirche rechtmäßig weiter-
249 gegeben. So wird das aus göttlicher Einsetzung kommende kirchliche Dienstamt in verschiedenen Ordnungen ausgeübt von jenen, die schon seit alters Bischöfe, Priester, Diakone heißen. Die Priester haben zwar nicht die höchste Stufe der priesterlichen Weihe und hängen in der Ausübung ihrer Gewalt von den Bischöfen ab; dennoch sind sie mit ihnen in der priesterlichen Würde verbunden und kraft des Weihesakramentes nach dem Bilde Christi, des höchsten und ewigen Priesters (Hebr 5,1–10; 7,24; 9,11–28), zur Verkündigung der Frohbotschaft, zum Hirtendienst an den Gläubigen und zur Feier des Gottesdienstes geweiht und so wirkliche Priester des Neuen Bundes. Auf der Stufe ihres Dienstamtes haben sie Anteil am Amt des einzigen Mittlers Christus (1 Tim 2,5) und verkünden allen das Wort Gottes. Am meisten üben sie ihr heiliges Amt in der eucharistischen Feier oder Versammlung aus, wobei sie in der Person Christi handeln und sein Mysterium verkünden, die Gebete der Gläubigen mit dem Opfer ihres Hauptes vereinigen und das einzige Opfer des Neuen Bundes, das Opfer Christi nämlich, der sich ein für allemal dem Vater als unbefleckte Gabe dargebracht hat (vgl. Hebr 9,11–28), im Meßopfer bis zur Wiederkunft des Herrn (vgl. 1 Kor 11,26) vergegenwärtigen und zuwenden. Für die büßenden oder von Kranheit heimgesuchten
251 Gläubigen walten sie vollmächtig des Amtes der Versöhnung und der Wiederaufrichtung; die Nöte und Bitten der Gläubigen tragen sie zu Gott dem Vater hin (vgl. Hebr 5,1–4). Das Amt Christi des Hirten und Hauptes üben sie entsprechend dem Anteil ihrer Vollmacht aus, sie sammeln die Familie Gottes als von einem Geist durchdrungene Gemeinde von Brüdern und führen sie durch Christus im Geist zu Gott dem Vater. Inmitten der Herde beten sie ihn im Geist und in der Wahrheit an (vgl. Jo 4,24). Endlich mühen sie sich im Wort und in der Lehre (vgl. 1 Tim 5,17), sie glauben, was sie im Gesetz des Herrn meditierend gelesen haben, lehren, was sie glauben, verwirklichen, was sie lehren.

253 Als sorgsame Mitarbeiter, als Hilfe und Organ der Ordnung der Bischöfe bilden die Priester, die zum Dienst am Volke Gottes gerufen sind, in Einheit mit ihrem Bischof ein einziges Presbyterium, das freilich mit unterschiedlichen Aufgaben betraut ist. In den einzelnen örtlichen Gemeinden der Gläubigen machen sie den Bischof, mit dem sie in vertrauensvoller und großzügiger Gesinnung verbunden sind, gewissermaßen gegenwärtig; sie übernehmen zu ihrem Teil seine Amtsaufgaben und seine Sorge und stel-

len sich täglich in ihren Dienst. Unter der Autorität des Bischofs heiligen und leiten sie den ihnen zugewiesenen Anteil der Herde des Herrn, machen die Gesamtkirche an ihrem Orte sichtbar und leisten einen wirksamen Beitrag zur Erbauung des gesamten Leibes Christi (vgl. Eph 4,12). Auf das Wohl der Kinder Gottes allzeit bedacht, sollen sie darüber hinaus bestrebt sein, ihren Anteil beizutragen zur Hirtenarbeit an der ganzen Diözese, ja an der ganzen Kirche. Um dieser Teilhabe an Priestertum und Sendung willen sollen die Priester den Bischof wahrhaft als ihren Vater anerkennen und ihm ehrfürchtig gehorchen. Der Bischof hinwiederum soll seine priesterlichen Mitarbeiter als Söhne und Freunde ansehen, gleichwie Christus seine Jünger nicht mehr Knechte, sondern Freunde nennt (vgl. Jo 15,15). Diözesan- wie Ordenspriester sind also alle zusammen aufgrund ihrer Weihe und ihres Dienstamtes dem Kollegium der Bischöfe zugeordnet und wirken vermöge ihrer Berufung und der ihnen verliehenen Gnade zum Wohl der gesamten Kirche.

747 Kraft der Gemeinsamkeit der heiligen Weihe und Sendung sind die Priester alle einander in ganz enger Brüderlichkeit verbunden. Diese soll sich spontan und freudig äußern in gegenseitiger Hilfe, geistiger wie materieller, pastoraler wie persönlicher Art, in Zusammenkünften, in der Gemeinschaft des Lebens, der Arbeit und der Liebe.

255 Die Fürsorge für die Gläubigen, die sie geistlich in Taufe und Lehre gezeugt haben (vgl. 1 Kor 4,15; 1 Petr 1,23), sollen sie wie Väter in Christus wahrnehmen. Als Vorbilder der Herde aus Überzeugung (1 Petr 5,3) sollen sie ihrer Ortsgemeinde so vorstehen und dienen, daß diese zu Recht mit jenem Namen benannt werden kann, der die Auszeichnung des einen und ganzen Gottesvolkes ist: Kirche Gottes (vgl. 1 Kor 1,2; 2 Kor 1,1 u. öfter). Sie seien eingedenk, daß sie in ihrem täglichen Wandel und ihrer Obsorge für Gläubige und Ungläubige, Katholiken und Nichtkatholiken, das Antlitz des wahren Priester- und Hirtendienstes zeigen und allen das Zeugnis der Wahrheit und des Lebens geben müssen. Als gute Hirten haben sie die Pflicht, auch jenen nachzugehen (vgl. Lk 15,4–7), die zwar in der katholischen Kirche getauft, aber sich von der Übung des sakramentalen Lebens oder gar vom Glauben entfernt haben.

Weil die Menschheit heute mehr und mehr zur Einheit im bürgerlichen, wirtschaftlichen und sozialen Bereich zusammenwächst, sollen die Priester um so mehr in vereinter Sorge und Arbeit unter

Leitung der Bischöfe und des Papstes jede Art von Spaltung beseitigen, damit die ganze Menschheit der Einheit der Familie Gottes zugeführt werde.

748

257 29. In der Hierarchie eine Stufe tiefer stehen die Diakone, welche die Handauflegung „nicht zum Priestertum, sondern zur Dienstleistung empfangen". Mit sakramentaler Gnade gestärkt, dienen sie dem Volke Gottes in der Diakonie der Liturgie, des Wortes und der Liebestätigkeit in Gemeinschaft mit dem Bischof und seinem Presbyterium. Sache des Diakons ist es, je nach Weisung der zuständigen Autorität, feierlich die Taufe zu spenden, die Eucharistie zu verwahren und auszuteilen, der Eheschließung im Namen der Kirche zu assistieren und sie zu segnen, die Wegzehrung den Sterbenden zu überbringen, vor den Gläubigen die Heilige Schrift zu lesen, das Volk zu lehren und zu ermahnen, dem Gottesdienst und dem Gebet der Gläubigen vorzustehen, Sakramentalien zu spenden und den Beerdigungsritus zu leiten. Den Pflichten der Liebestätigkeit und der Verwaltung hingegeben, sollen die Diakone eingedenk sein der Mahnung des heiligen Polykarp: „Barmherzig, eifrig, wandelnd nach der Wahrheit des Herrn, der aller Diener geworden ist."

259 Weil diese für die Kirche in höchstem Maße lebensnotwendigen Ämter bei der gegenwärtig geltenden Disziplin der lateinischen Kirche in zahlreichen Gebieten nur schwer ausgeübt werden können, kann in Zukunft der Diakonat als eigene und beständige hierarchische Stufe wiederhergestellt werden. Den zuständigen verschiedenartigen territorialen Bischofskonferenzen kommt mit Billigung des Papstes die Entscheidung zu, ob und wo es für die Seelsorge angebracht ist, derartige Diakone zu bestellen. Mit Zustimmung des Bischofs von Rom wird dieser Diakonat auch verheirateten Männern reiferen Alters erteilt werden können, ferner geeigneten jungen Männern, für die jedoch das Gesetz des Zölibats in Kraft bleiben muß.

Bischofssynode 1971

Das Priesteramt

749 Der sakramentale Charakter der Priesterweihe – Grundlage von Autorität und Dienst

Bischofssynode 1971, Das Priesteramt, eingel. von Joseph Kardinal Höffner, übers. und kommentiert von H. Urs von Balthasar, Einsiedeln 1972, 46 f.; 49.

Die römische Bischofssynode von 1971 gibt in ihrem dem Papst vorgelegten Bericht auf der Grundlage einer Situationsanalyse eine vor allem christologisch orientierte theologische Standortbestimmung des Priesters und seiner Aufgabe, um dann in einem 2. Teil „Richtlinien für Leben und Wirken des Priesters" vorzulegen.

46 13. *Der bleibende Charakter des Priestertums*

Durch die Handauflegung wird die unverlierbare Gabe des Heiligen Geistes mitgeteilt (2 Tim 1,6). Kraft dieser Gnadenwirklichkeit wird der Ordinierte Christus angestaltet und ihm geweiht (PO 2). Sie macht ihn der Sendung Christi unter zweifachem Aspekt teilhaftig: dem der Autorität und dem des Dienstes. Die Autorität gehört dem amtlichen Diener nicht zu eigen: in ihr wird die Vollmacht (exousia) des Herrn sichtbar, in dessen Auftrag der Priester im endzeitlichen Versöhnungswerk als Abgesandter amtet (2 Kor 1,20; 5,18–20). Er leistet seinen Dienst auch in der Bemühung, die freien Menschen zu Gott hinzuführen, um aus ihnen die Christengemeinschaft aufzubauen.

Daß diese prägende Wirklichkeit lebenslänglich bleibt, ist Glaubenswahrheit und wird von der kirch-
47 lichen Überlieferung als der priesterliche „Charakter" bezeichnet. Sie bringt zum Ausdruck, daß Christus sich die Kirche zum Heil der Welt auf unwiderrufliche Weise zugesellt hat, und daß die Kirche ihrerseits sich endgültig Christus überantwortet, um sein Heilswerk mitzuvollenden. Der Priester, dessen Existenz durch die im Weihesakrament empfangene Gabe besiegelt wurde, ruft der Kirche in Erinnerung, daß Gottes Selbsthingabe endgültig ist. In der Mitte der Christengemeinschaft, die aus dem Geist lebt, ist er trotz seinen Schwachheiten das Unterpfand der Heilsgegenwart Christi.

Diese besondere Teilnahme am Priestertum Christi geht niemals verloren, auch dann nicht, wenn der Priester aus kirchlichen oder persönlichen Gründen von der Ausübung seines Amtes entbunden oder daraus entlassen wird.

750

49 14. *Im Dienst an der Gemeinschaft*

(1) Gewiß übt der Priester sein Amt [zumeist] in einer bestimmten Gemeinschaft aus; trotzdem darf seine Absicht und sein Interesse sich nicht auf einen beschränkten Kreis von Gläubigen einengen. Denn sein Dienst ist immer auf die Einheit der Gesamtkirche ausgerichtet und darauf, alle Menschen in ihr zu sammeln. Jede Einzelgemeinschaft von Gläubigen bedarf der Verbindung mit ihrem Bischof und der Gesamtkirche. So ist auch das Priesteramt wesent-

lich gemeinschaftsbestimmt: es ist Glied des Presbyteriums und steht in Verbindung mit dem Bischof, der seinerseits, die Gemeinschaft mit dem Nachfolger Petri wahrend, in das Bischofskollegium eingegliedert ist.

(2) Das gilt auch von Priestern, die nicht unmittelbar im Dienst einer bestimmten Gemeinschaft stehen, oder von solchen, die fernab in entlegenen Gegenden arbeiten. Die Ordenspriester ihrerseits sind im Rahmen des besonderen Zieles und der Eigenart ihres Instituts unlösbar der kirchlich geordneten Gesamtsendung eingegliedert.

(3) Leben und Wirken des Priesters soll ganz vom Geist der Katholizität geprägt sein, das heißt vom Bewußtsein der universalen Sendung der Kirche, so daß er alle Gaben des Geistes bereitwillig anerkennt, ihnen Raum zu ihrer Entfaltung gewährt und sie auf das Wohl aller hinlenkt.

Johannes Paul II. (1978–)

Schreiben an die Priester (1979)

751 Das besondere Priestertum als vollmächtiger Dienst am gemeinsamen Priestertum

Dienst aus der größeren Liebe zu Christus. Schreiben Papst Johannes Pauls II. an die Priester, mit Kommentar von H. Urs von Balthasar, Freiburg/Basel/Wien [2]1979, 21 f.; 24 f.

In seinem Schreiben an die Priester arbeitet der Papst heraus, daß das „amtliche Priestertum" zwar nicht in der Gemeinschaft der Gläubigen seinen Ursprung hat, aber doch als Teilhabe an Amt und Sendung Jesu Christi ganz dem Dienst am Volke Gottes zugeordnet ist.

21 Das II. Vatikanische Konzil hat die Auffassung vom Priestertum vertieft und es im Zusammenhang seiner Lehraussagen als Ausdruck der inneren Kräfte, nämlich jener „Dynamik" dargestellt, durch die sich die Sendung des ganzen Volkes Gottes in der Kirche ausformt und entfaltet. Hier gilt es vor allem, die Konstitution *Lumen Gentium* zu beachten und ihre entsprechenden Abschnitte aufmerksam nachzulesen. Die Sendung des Volkes Gottes vollzieht sich durch die Teilnahme an dem Amt und der Sendung Christi selber, die bekanntlich eine dreifache Dimension aufweisen: Sendung und Amt des Propheten, Priesters und Königs. Wer die Konzilstexte aufmerksam studiert, weiß, daß man eigentlich nur von einer dreifachen Dimension des Amtes und der Sendung Christi sprechen darf statt von drei verschiedenen Funktionen.

Diese sind nämlich zuinnerst miteinander verbunden, sie erklären, bedingen und verdeutlichen sich
22 gegenseitig. Folglich entspringt auch unsere Teilnahme an der Sendung und dem Amt Christi aus dieser dreifach gegliederten Einheit. Als Christen, als Glieder des Volkes Gottes und später dann als Priester, die in die hierarchische Ordnung der Kirche eingefügt sind, verdanken wir unseren Ursprung der Gesamtwirklichkeit der Sendung und des Amtes unseres Meisters, der zugleich Prophet, Priester und König ist. Für ihn sollen wir in der Kirche und vor der Welt besondere Zeugen sein.

752 *Das Priestertum, an dem wir durch das Weihesakrament teilhaben* und das für immer durch ein besonderes Zeichen Gottes, den „Charakter", unserer Seele eingeprägt worden ist, *bleibt immer ausdrücklich auf das allgemeine Priestertum der Gläubigen,* das heißt aller Getauften, hingeordnet und unterscheidet sich gleichzeitig von diesem „dem Wesen und nicht bloß dem Grade nach".[1] Auf diese Weise erhalten die Worte, die der Verfasser des Hebräerbriefes vom Priester sagt, ihre volle Bedeutung, daß er „aus den Menschen genommen und für die Menschen eingesetzt" ist.[2]

[1] 2. Vat. Konzil, Dogmat. Konst. über die Kirche „Lumen Gentium" 10.
[2] Hebr 5,1.

753
24 Wir müssen nicht nur die theoretische, sondern auch die existentielle Bedeutung der gegenseitigen Zuordnung des hierarchischen Priestertums und des gemeinsamen Priestertums der Gläubigen gründlich erwägen. Wenn beide sich nicht bloß dem Grade, sondern dem Wesen nach unterscheiden, so ist das eine Folge des besonderen Reichtums des Priestertums Christi selbst: dieses ist sowohl für die allen Getauften gemeinsame Teilnahme wie auch für jene andere, die man durch ein eigenes Sakrament, nämlich das Weihesakrament, erlangt, der alleinige Mittelpunkt und die einzige Quelle. Das für uns spezifische Sakrament, liebe Brüder, das eine Frucht der besonderen Gnade unserer Berufung und die Grundlage unserer Identität ist, soll kraft seiner eigenen Natur und durch alles, was es in unserem Leben und Tun bewirkt, den Gläubigen ihr gemeinsames Priestertum bewußtmachen und sie zu dessen Ausübung anregen:[1] „es erinnert sie daran, daß sie Volk Gottes sind", und befähigt sie, jene „geistigen Opfer darzubringen"[2], durch die Christus selbst uns zu einer ewigen Gabe für seinen Vater macht.[3] Das geschieht vor allem, wenn der Priester „kraft

seiner heiligen Gewalt, die er inne hat . . ., in der Person Christi *(in persona Christi)* das eucharistische Opfer (vollzieht) und . . . es im Namen des ganzen Volkes Gott darbringt"[4], wie wir im oben angeführten Konziltext lesen.

1 Vgl. Eph 4,11–12.
2 1 Petr 2,5.
3 Vgl. Petr 3,18.
4 2. Vat. Konzil, Dogmat. Konst. über die Kirche „Lumen Gentium" 10.

754 Unser sakramentales Priestertum ist also zugleich ein hierarchisches Priestertum und ein Priestertum des Dienstes. Es ist ein besonderes *Dienstamt,* denn es steht im Dienst an der Gemeinschaft der Gläubigen. Es leitet aber seinen Ursprung nicht von dieser Gemeinschaft her, als ob sie „berufen" oder „delegieren" könnte. Es ist vielmehr ein Geschenk für diese Gemeinschaft, das von Christus selber, aus der Fülle seines Priestertums kommt. Diese findet ihren Ausdruck darin, daß Christus, während er alle zur Darbringung des geistigen Opfers befähigt, einige beruft und dazu ausrüstet, Diener seines sakramentalen Opfers, der Eucharistie, zu sein, bei deren Darbringung alle Gläubigen mitwirken und in die auch die geistigen Opfer des Volkes Gottes aufgenommen werden.

755 Sind wir uns dieser Wirklichkeit bewußt, so verstehen wir, in welcher Weise unser *Priestertum „hierarchisch",* das heißt mit der Vollmacht verbunden ist, das priesterliche Volk heranzubilden und zu leiten[1], und *eben deswegen ein „Dienst"* ist. Wir üben ein Amt aus, durch das Christus selber unaufhörlich dem Vater im Werk unserer Erlösung „dient".

1 Vgl. aaO.

Theologentexte

Klemens-Brief

(wohl zwischen 93 und 97)

756 Die kirchlichen Ämter – gegründet im Willen Gottes

Griech.: Die Apostolischen Väter, eingel., hrsg., übertr. und erläutert von J. A. Fischer, Darmstadt 1970 (Schriften des Urchristentums 1. Teil), 76; 78; 80.
Dt.: AaO., 77; 79; 81.

Die außer- bzw. nachbiblischen Zeugnisse des 1. und 2. Jahrhunderts zeigen allgemein eine Ausgestaltung und allmähliche Vereinheitlichung der kirchlichen Ämter. Die Reflexion auf die Amtsübergabe bzw. ein Weihegeschehen fehlt noch weitgehend. Der Klemens-Brief (vgl. Einl. in 606) führt die Ämter, deren Struktur noch recht offen erscheint, auf den Willen Gottes zurück, er stellt eine Analogie zum atl. Amt her und läßt u. a. erkennen, daß zumindest in der Adressatengemeinde Korinth wichtige Aufgaben in der Gemeindeleitung und der Liturgie dem kirchlichen Amt zukamen.

77 40. 4. Die also ihre Opfer zu den verordneten Zeiten darbringen, sind genehm und selig; denn sie folgen den Vorschriften des Herrn und sündigen nicht. 5. Denn es sind dem Hohenpriester eigene Verrichtungen übertragen, den Priestern ist ihr eigener Platz verordnet und auch den Leviten obliegen eigene Dienstleistungen; der Laie[1] ist an die Anordnungen für Laien gebunden.

1 Erstmals begegnet hier der Begriff Laie in der christlichen Literatur. Der Laie steht hier wohl in hierarchisch-kultischem Bezug den atl. Tempelbeamten bzw. nun den mit einem kirchlichen Amt Betrauten gegenüber; zur Entwicklungsgeschichte des Begriffes vgl. Apg 13,15, wo, wie auch schon in der LXX, den jüdischen Kultbeamten der λαός, der aber λαός Gottes ist, gegenübersteht.

757 42. 1. Die Apostel empfingen die frohe Botschaft für uns vom Herrn Jesus Christus; Jesus, der Christus, wurde von Gott gesandt. 2. Christus kommt also von Gott, und die Apostel kommen von Christus her; beides geschah demnach in schöner Ordnung nach Gottes Willen. 3. Sie empfingen also Aufträge, wurden durch die Auferstehung unseres Herrn Jesus Christus
79 mit Gewißheit erfüllt und durch das Wort Gottes in der Treue gefestigt, zogen dann mit der Fülle Heiligen Geistes aus und verkündeten die frohe Botschaft von der Nähe des Gottesreiches. 4. So predigten sie in Stadt und Land und setzten ihre Erstlinge[1]

nach vorhergegangener Prüfung im Geiste zu Bischöfen und Diakonen für die künftigen Gläubigen ein.[2]

1 Vgl. Röm 16,5; 1 Kor 16,15.
2 Vgl. Tit 1, 5 f.; Apg 6,3; 14,23; 2 Tim 2,2; 1 Tim 3,10; 1,16.

758

81 44. 1. Auch unsere Apostel wußten durch unsern Herrn Jesus Christus, daß es Streit geben würde um das Bischofsamt.[1] 2. Aus diesem Grunde nun setzten sie, da sie genauen Bescheid im Voraus erhalten hatten, die oben Genannten ein und gaben hernach Anweisung, es sollten, wenn sie stürben, andere erprobte Männer deren Dienst übernehmen. 3. Daß nun die, die von jenen oder hernach von anderen angesehenen Männern unter Zustimmung der gesamten Gemeinde eingesetzt wurden, die untadelig der Herde Christi in Demut dienten, friedlich und großherzig, und von allen lange Zeit hindurch ein [gutes] Zeugnis bekamen – daß diese vom Dienst abgesetzt werden, halten wir nicht für recht. 4. Denn es wird für uns keine kleine Sünde sein, wenn wir die, die untadelig und fromm[2] die Opfer darbrachten[3], vom Bischofsamt absetzen. 5. Selig sind die vorangegangenen Presbyter, die reich an Ertrag und vollkommen hinschieden; denn sie müssen nicht Angst haben, es könnte sie jemand von dem für sie errichteten Platz entfernen. 6. Sehen wir doch, daß ihr einige, die einen guten Wandel führten, aus dem von ihnen untadelig in Ehren gehaltenen Dienst vertrieben habt.

1 Vgl. 1 Tim 3,1.
2 Vgl. 1 Thess 2,10.
3 Unter den Opfern ist wohl nicht nur an die Gebetsopfer (vgl. 52,3 f.; Hebr 13,15) zu denken, sondern auch an die Gabenopfer der Kirche, darunter die Elemente der Eucharistie, und vor allem diese selbst.

Ignatius von Antiochien (gest. um 110)

An die Magnesier
An die Trallianer – An die Smyrnäer

759 Die Kirche Jesu Christi – verwirklicht nur in Verbindung mit dem Amt

Griech.: Die sieben Ignatius-Briefe, in: Die Apostolischen Väter, eingel., hrsg., übertr. und erläutert von J. A. Fischer, Darmstadt 1970 (Schriften des Urchristentums 1), 162; 164; 172; 174; 210.
Dt.: AaO., 163; 165; 173; 175; 211.

Bei Ignatius (vgl. Einl. in 425) bahnt sich eine Ämterstruktur an, die sich bald in der Kirche durchsetzen wird: Die Dreiheit von Bischof, Presbyter und Diakon tritt in den Vordergrund und wird zugleich theologisch legitimiert. Als Inbegriff kirchlicher Amtsvollmacht gilt das Bischofsamt.

An die Magnesier

163 2. Da ich nun gewürdigt wurde, euch zu sehen durch Damas, euren gotteswürdigen Bischof und die würdigen Presbyter Bassus und Apollonius und meinen Mitknecht[1], den Diakon Zotion, dessen *ich* mich erfreuen möchte[2], weil er dem Bischof wie Gottes Gnade und dem Presbyterium wie Jesu Christi Gesetz untertan ist . . .

1 Vgl. Kol 1,7; 4,7.
2 Vgl. Philem 20.

760

165 6. 1. Da ich nun in den oben erwähnten Personen die ganze Gemeinde im Glauben erblickt und liebgewonnen habe, so mahne ich: Seid bestrebt, alles in Gottes Eintracht zu tun, wobei der Bischof an Gottes Stelle und die Presbyter an Stelle der Ratsversammlung der Apostel den Vorsitz führen und die mir besonders lieben Diakone mit dem Dienst Jesu Christi[1] betraut sind, der vor aller Zeit beim Vater war und am Ende erschienen ist.[2]

1 Vgl. Mt 20,28.
2 Vgl. Jo 1,1 f.; Hebr 1,2; 9,26; 1 Petr 1,20.

761 An die Trallianer

173 2. 1. Denn wenn ihr euch dem Bischof wie Jesus Christus unterordnet, scheint ihr mir nicht nach Menschenart[1] zu leben, sondern nach Jesus Christus[2], der unsertwegen gestorben ist, damit ihr im Glauben an seinen Tod dem Sterben entrinnet. 2. Darum ist es notwendig, wie ihr ja tut, daß ihr nichts ohne den Bischof unternehmt, vielmehr euch auch dem Presbyterium unterordnet wie den Aposteln Jesu Christi, unserer Hoffnung[3], in dem unser Wandel erfunden werden soll.[4] 3. Aber auch die, die Diakone der Geheimnisse Jesu Christi[5] sind, müssen sich auf jede Weise allen gefällig machen.[6] Denn sie sind nicht Diakone für Speisen und Getränke[7], sondern

175 der Kirche Gottes Diener. Darum müssen sie sich vor den Anschuldigungen hüten[8] wie vor Feuer.

1 Vgl. Röm 3,5; 1 Kor 9,8; Gal 3,15.
2 Vgl. Röm 15,5.
3 1 Tim 1,1; vgl. Kol 1,27.
4 Vgl. Phil 3,8 f.
5 Vgl. 1 Kor 4,1.
6 Vgl. 1 Kor 10,33.
7 Vgl. Apg 6,2 f. sowie Röm 14,17.
8 Vgl. 1 Tim 3,10.

762 3. 1. Desgleichen sollen alle die Diakone achten wie Jesus Christus, ebenso den Bischof als Abbild des Vaters, die Presbyter aber wie eine Ratsversammlung Gottes und wie eine Vereinigung von Aposteln. Ohne diese ist von Kirche nicht die Rede.

763 An die Smyrnäer

211 8. 1. Folgt alle dem Bischof wie Jesus Christus dem Vater, und dem Presbyterium wie den Aposteln; die Diakone aber achtet wie Gottes Gebot! Keiner soll ohne Bischof etwas, was die Kirche betrifft, tun. Jene Eucharistiefeier gelte als zuverlässig, die unter dem Bischof oder einem von ihm Beauftragten stattfindet. 2. Wo der Bischof erscheint, dort soll die Gemeinde sein, wie da, wo Christus Jesus ist, die katholische Kirche ist.[1] Ohne Bischof darf man weder taufen, noch das Liebesmahl halten; was aber jener für gut findet, das ist auch Gott wohlgefällig, auf daß alles, was ihr tut, sicher und zuverlässig[2] sei.

1 Erstmals begegnet hier der Ausdruck „katholische Kirche". Während der Bischof das rechtmäßige Haupt der Einzelgemeinde ist, ist Christus das Haupt der katholischen, universalen Kirche. Der konfessionelle Sinn des Ausdrucks kündigt sich bereits an: der Bischof steht unter Christus; die häretischen und schismatischen Gruppen, die sich vom Bischof lostrennen, gehören daher auch nicht zur katholischen Christuskirche.

2 Vgl. Hebr 6,19.

Irenäus von Lyon (gest. um 202)

Adversus haereses (180–185)

764 Die bischöfliche Amtsnachfolge als Garantin der Wahrheit

Lat. Version: PG 7, 1053 f.
Dt.: G. Koch.

Unter den vielfältigen häretischen Bedrohungen des 2. Jahrhunderts richtet sich die Aufmerksamkeit zunehmend auf die geschichtliche Kontinuität der Kirche. Irenäus (vgl. Einl. in 259) sieht sie vor allem durch die apostolische Amtsnachfolge gewährleistet.

Deswegen muß man denen, die in der Kirche Älteste sind, gehorchen, denen also, welche die Nachfolge der Apostel haben (qui successionem habent ab apostolis). ... Sie haben mit der Nachfolge im Bischofsamt (cum episcopatus successione) nach dem Willen des Vaters das sichere Charisma der Wahrheit empfangen.

Klemens von Alexandrien (140/150–216/217)

Stromata (Teppiche, VI. Buch, 13. Kap.)

765 Die kirchliche Hierarchie – Abbild der himmlischen Ordnung

Griech.: PG 9, 328 C–329 A (VI. Buch, 13. Kap., 107, 2–3).
Dt.: BKV² 19 (Clemens von Alexandrien Bd. 4, München 1937), 310.

Auch für die ägyptische Kirche beginnt sich die Vorstellung einer Hierarchie aus Bischöfen, Ältesten und Diakonen noch im 2. Jahrhundert herauszugestalten. Klemens (vgl. Einl. in 613) verankert diese Dreiheit in der himmlischen Heilsordnung.

310 107. 2. Und noch auserwählter als die Auserwählten, so heißt es, sind diejenigen, die entsprechend ihrer vollkommenen Erkenntnis auch aus der Kirche selbst wie Blüten ausgewählt und der herrlichsten Ehre gewürdigt worden sind, als Richter und Ordner, in gleicher Weise aus Juden und Griechen ausgewählt, die vierundzwanzig, indem die Zahl der Begnadigten verdoppelt wurde[1]; denn wie ich glaube, sind auch die hier auf der Erde in der Kirche vorhandenen Rangstufen von Bischöfen, Ältesten und Diakonen Abbilder der Herrlichkeit der Engel und jener Heilsordnung, die nach den Worten der Heiligen Schrift diejenigen zu erwarten haben, die nach dem Vorbild der Apostel in vollkommener Gerechtigkeit nach den Geboten des Evangeliums gelebt haben.[2] 3. Von diesen schreibt der Apostel, daß sie „auf Wolken"[3] entrückt zuerst Diakonen sein und dann auf einer höheren Stufe der Ehre (denn zwischen Ehre und Ehre gibt es noch einen Unterschied[4]) der Zahl der Ältesten würden eingereiht werden, bis sie „zum vollkommenen Mann"[5] herangewachsen sind.

1 Vgl. Offenb 4,4; Matth 19,28; Lk 22,30.
2 Vgl. vielleicht 1 Kor 2,9.
3 1 Thess 4,17.
4 Vgl. 1 Kor 15,41.
5 Eph 4,13.

Tertullian (um 160 – nach 220)

Die Prozeßeinreden gegen die Häretiker (ca. 200)
Über die Taufe (zwischen 195 und 205)

766 Die Amtseinweisung – Ordination in einen kirchlichen Stand

Lat.: De praescriptione haeret. 41, 5–8, CChr I, 221 f.; De baptismo CSEL 20, 214, 24; 24–215, 5.
Dt.: BKV² 24, 351 – BKV² 7, 294 f.

Tertullian (vgl. Einl. in 48) ist der erste, der den Bischof als Hohenpriester bezeichnet. Bei ihm begegnet auch erstmals der Begriff der Ordination für die Amtseinweisung bzw. die Weihe, was im eigentlichen Sinne die Eingliederung in einen Stand (ordo) bedeutet. (Wenig später wird Cyprian, vgl. Einl. in 50, vom clericus sprechen, dem Kleriker, als von dem, der aufgrund seines Standes an Gott in besonderer Weise Anteil hat.)

Die Prozeßeinreden gegen die Häretiker

351 Und selbst die häretischen Weiber, wie frech und anmaßend sind sie! Sie unterstehen sich, zu lehren, zu disputieren, Exorzismen vorzunehmen, Heilungen zu versprechen, vielleicht auch noch zu taufen. Die Ordinationen der Häretiker sind aufs Geratewohl leichtfertig und ohne Bestand. Bald stellen sie Neophyten an, bald an die Welt gefesselte Männer, bald unsere Apostaten, um die Leute durch die Ehre an sich zu ketten, da sie es durch Wahrheit nicht vermögen. Nirgends gibt es leichtere Beförderung als im Lager der Rebellen, wo bloß sich aufzuhalten schon als Verdienst gilt. Und so ist denn heute der eine Bischof, morgen der andere, heute ist jemand Diakon und morgen Lektor, heute einer Priester und morgen Laie. Denn sie tragen die priesterlichen Verrichtungen auch Laien auf.

767 Über die Taufe

294 17. Um diesen kleinen Gegenstand abzuschließen, ist nur noch über die Regeln bei Erteilung und Empfang der Taufe eine Erinnerung hinzuzufügen. Sie zu erteilen hat das Recht der oberste Priester, welches der Bischof ist, danach die Priester und Diakonen, jedoch nicht ohne Vollmacht vom Bischof wegen der der Kirche schuldigen Ehrerbietung, bei deren Beobachtung der Friede bewahrt bleibt. In anderen Fällen haben auch die Laien das Recht dazu – denn was bloß aus Billigkeitsgründen empfangen wird, kann in gleicher Weise gegeben werden –, es müßte denn etwa sein, lernende Brüder wollten sich Bischöfe, Priester oder Diakonen nennen lassen.[1] Das Wort des Herrn darf vor niemand verborgen werden; ebenso kann auch die Taufe, in gleicher Weise[2] der Anfang des Göttlichen, von allen ausgespendet werden. Aber da sogar den obern die Zucht der Ehrerbietung und Bescheidenheit obliegt, so ist es um so mehr Pflicht für die Laien, damit sie sich nicht das dem Bischof zugewiesene Amt anmaßen. Die Feind-
295 schaft gegen den Episkopat ist die Mutter der Spaltungen. Alles, sagt der heilige Apostel, sei erlaubt, aber nicht alles bringe Nutzen.[3]

[1] Diese Stelle ist verschieden verstanden und abgeteilt worden. Tertullian, scheint es, will sagen: Nur dürfen Laien oder Katechumenen, wie es bei den

Häretikern oft vorkam (vgl. De praescr. c. 41), nicht den Bischöfen, Priestern und Diakonen gleichstehen wollen.
2 Wie die Lehre.
3 1 Kor 6,12; 10,23.

Hippolyt von Rom (vor 170–235)

Die apostolische Überlieferung

768 Das Weihegeschehen: Handauflegung und Gebet zur Herabkunft des Heiligen Geistes

Lat. und franz. Version: Aus verschiedenen Überlieferungen rekonstruiert von B. Botte, Hippolyte de Rome, La tradition apostolique (SC 11), Paris 1946, 26–30; 37–41.
Dt.: G. Koch.

Die Apostolische Überlieferung des Hippolyt (vgl. Einl. in 263), die sowohl im Westen wie im Osten der Kirche einen großen Einfluß ausübte, bietet ein theologisch reflektiertes Zeugnis für die Ordination der Bischöfe, Presbyter und Diakone: Sie geschieht wie in ntl. Zeit durch Handauflegung und Gebet, wobei das Gebet Hinweise auf die jeweiligen Amtsobliegenheiten gibt.

Als Bischof werde der ordiniert, der vom ganzen Volk ausgewählt wurde. Wenn sein Name ausgerufen und von allen gebilligt worden ist, dann versammelt sich das Volk mit dem Presbyterium und den Bischöfen, die zugegen sind, am Sonntag. Unter Zustimmung aller sollen diese (die Bischöfe) ihm die Hände auflegen, und das Presbyterium soll ruhig dabeistehen. Alle aber sollen Schweigen halten und in ihrem Herzen um die Herabkunft des Heiligen Geistes beten. Einer von den anwesenden Bischöfen soll auf die Bitte aller hin dem, der zum Bischof geweiht wird, die Hand auflegen und so beten:

769 „Gott und Vater unsres Herrn Jesus Christus, Vater der Erbarmungen und Gott allen Trostes (2 Kor 1,3) ... der du Vorsteher (principes) und Priester eingesetzt hast und der du dein Heiligtum nicht ohne Dienst ließest, du, dem es gefallen hat, vom Anfang der Welt an von denen gepriesen zu werden, die du auserwählt hast; gieße nun die Kraft aus, die von dir stammt, die Kraft des herrscherlichen Geistes, den du deinem geliebten Sohn Jesus Christus gegeben hast und den dieser den heiligen Aposteln geschenkt hat, die deine Kirche bauten ... Gewähre, Vater, der du die Herzen kennst, deinem Diener, den du zum Bischofsamt auserwählt hast, daß er deine heilige Herde weidet und daß er ohne Tadel dein hohes Priestertum ausübt, indem er dir Nacht und Tag dient;

daß er dein Angesicht gnädig stimme und daß er dir die Gaben deiner heiligen Kirche darbringe; daß er durch den Geist des Hohenpriestertums die Vollmacht habe, Sünden nachzulassen gemäß deinem Auftrag; daß er die Anteile verleihe nach deiner Anordnung und daß er jede Bande löse kraft der Vollmacht, die du den Aposteln gegeben hast; daß er dir wohlgefällig sei durch seine Sanftmut und sein reines Herz, indem er dir den Duft des Wohlgeruches darbringt durch deinen Sohn Jesus Christus ..."

770 Wenn aber ein Presbyter ordiniert wird, dann soll der Bischof die Hand auf sein Haupt legen, während auch die Priester ihn anrühren, und er soll Worte sprechen, die denen ähnlich sind, die schon im Vorausgehenden für den Bischof angeführt wurden. Er spreche dieses Gebet:
„Gott und Vater unsres Herrn Jesus Christus, schaue auf diesen deinen Diener und teile ihm den Geist der Gnade und des Rates mit, daß er den Priestern zur Seite stehe und dein Volk mit einem reinen Herzen regiere ..."

771 Wenn man einen Diakon ordiniert, so wähle man ihn aus, so, wie es schon zuvor dargelegt wurde, wobei ihm in ähnlicher Weise der Bischof allein die Hände auflegt. So schreiben wir vor, daß bei der Ordination eines Diakons der Bischof allein die Hände auflegt, und zwar deswegen, weil dieser nicht zum Priestertum ordiniert wird, sondern zum Dienste des Bischofs, daß er das tue, was ihm von diesem aufgetragen wird. In der Tat, er nimmt nicht teil am Rat des Klerus, sondern er verwaltet und zeigt dem Bischof an, was nottut. Er empfängt nicht den gemeinsamen Geist des Presbyteriums, an dem die Presbyter Anteil haben, sondern (er tut) das, was ihm anvertraut ist unter der Vollmacht des Bischofs. Deswegen soll der Bischof allein einen zum Diakon machen. Einem Presbyter sollen aber auch die Presbyter die Hände auflegen wegen des gemeinsamen und gleichen Geistes ihres Anteils am Amt. Der Priester aber hat allein die Fähigkeit, dieses zu empfangen, er hat nicht die Vollmacht, es auch zu verleihen. ...

Gregor von Nyssa (um 335–394)

Rede auf den Tag der Lichter (383)

772 Der Priester – durch die Weihe innerlich verwandelt

Griech.: PG 46, 581 C – 584 B (Oratio in diem luminum).
Dt.: G. Koch.

Bei Gregor von Nyssa (vgl. Einl. in 268) wird der Beginn einer Entwicklung sichtbar, die später noch an Bedeutung gewinnen wird: Man sieht die Priesterweihe als Ursache einer inneren Verwandlung des Geweihten zu einem besseren Seinszustand und zu höheren Fähigkeiten, was entsprechende Ehrerbietung dem Priester gegenüber fordert.

Ebenso ist das Brot anfangs gewöhnliches Brot. Wo aber das Mysterium es im Opfer geweiht hat, da wird es Leib Christi und heißt so. Ebenso ist es bei dem mystischen Öl, ebenso bei dem Wein: Obwohl es vor der Segnung Dinge von geringem Wert sind, wirken beide nach der Heiligung, die vom Geist ausgeht, in erhabener Weise. Ebenso macht dieselbe Kraft des Wortes den Priester erhaben und verehrungswürdig, und sie trennt ihn aufgrund des neuen Segens von der Gemeinschaft des gewöhnlichen Volkes. Während er nämlich gestern und in der früheren Zeit noch einer aus der Menge und aus dem Volke war, wird er plötzlich zum Gesetzgeber, zum Vorsteher, zum Lehrer der Frömmigkeit, zum Künder verborgener Geheimnisse; und dieses wird ihm zuteil, obwohl nichts an Körper oder Gestalt verwandelt ist, sondern, was die äußere Erscheinung angeht, er jener ist, der er war, wohingegen er durch eine unsichtbare Kraft und Gnade eine ins Bessere verwandelte unsichtbare Seele besitzt.

Theodor von Mopsuestia (um 350–428)

Kommentar zu 1 Tim 3,1

773 Das kirchliche Amt: Aufgabe, nicht Würde

Griech. bzw. lat. Version: H. B. Swete, Theodori Mopsuesteni in epistolas B. Pauli commentarii, 2 vols., Cambridge 1880–82 (In 1 Tim 3,1: Swete II, 97 f.).
Dt.: G. Koch.

Der Bischof von Mopsuestia (vgl. Einl. in 65) versteht – wohl in Abwehr andersgerichteter Tendenzen – die Beauftragung mit einem kirchlichen Amt nicht als Erhebung zu größerer Würde, sondern als Übernahme eines Dienstes.

Mit Recht sprach er (Paulus) von „Werk" (opus) und nicht von „Würde" (dignitas); nicht nämlich Würden sind die kirchlichen

Funktionen, sondern Dienstleistung; denn jede von ihnen ist für den gemeinsamen Nutzen geschaffen, sei es der Episkopat, sei es der Diakonat, oder irgend etwas anderes. Wer nämlich dazu erwählt wird, wird offenbar zu einem heiligen Werk erhoben (δῆλον ὡς εἰς ἔργον ἅγιον προάγεται), wobei er es erhält um des Bedürfnisses und Nutzens der anderen willen.

Augustinus (354–430)

Gegen die Epistel des Parmenian

774 Die unauslöschliche Wirkung der Ordination

Lat.: PL 43, 70 (Contra epistulam Parmeniani 2, 28).
Dt.: G. Koch.

In einem Vergleich von Taufe und Ordination, die nach seiner Auffassung und der Praxis der Kirche beide nicht wiederholt werden können, legt Augustinus (vgl. Einl. in 66) in seiner Schrift gegen den donatistischen Bischof Parmenian die Lehre vom unauslöschlichen Weihesiegel grund.

Beides[a] nämlich ist Sakrament, und in einer Art von Weihe wird beides dem Menschen zuteil: das eine, wenn er getauft wird, das andere, wenn er ordiniert wird. Daher dürfen in der katholischen Kirche beide nicht wiederholt werden (ideoque in catholica utrumque non licet iterari). Denn wann auch aus einer Abspaltung kommende Vorsteher um des Gutes des Friedens willen nach Korrektur des schismatischen Irrtums wieder aufgenommen wurden, und wann es als notwendig erschien, daß sie dieselben Ämter bekleideten, die sie bekleidet hatten, dann wurden sie nicht wiederum ordiniert; sondern wie die Taufe, so blieb auch die Ordination in ihnen unangetastet (sed sicut baptismus in eis, ita ordinatio mansit integra). Denn in der Abspaltung hatte der Fehler gelegen, der durch den Frieden der Einheit korrigiert wurde, nicht in den Sakramenten, welche, wo auch immer sie sind, dieselben sind (quia in praecisione fuerat vitium . . .; non in sacramentis, quae ubicumque sunt, ipsa sunt).

[a] Taufe und Ordination.

Theodoret von Kyros (um 393–457/58 bzw. 466)

Kommentar zum Hohenlied 1,3
Kommentar zu Psalm 44,13

775 Das Amt als äußeres Antlitz der Kirche

Griech.: PG 81, 64 D (In Cant. 1, 3) – PG 80, 1196 B (In Ps. 44, 13).
Dt.: G. Koch (vgl. ders., Strukturen und Geschichte des Heils in der Theologie des Theodoret von Kyros, Frankfurt 1974, 214 f.).

Theodoret (vgl. Einl. in 274), der das kirchliche Amt im Begriff der priesterlichen Würde oder Ordnung zusammenfaßt, sieht dieses Amt als äußeres Antlitz der Kirche, in dem das innere Antlitz, Christus selber, sichtbar wird. Dieses Verständnis, das später, speziell im Hochmittelalter eine zentrale Bedeutung gewinnen wird, baut Theodoret auf seiner Lesart von Psalm 44,13 auf („Dein Antlitz nämlich werden anflehen alle die Reichen des Volkes . . .").

Zum Hohenlied 1,3
Antlitz der Kirche aber, das ist, was die sichtbare Ordnung angeht (κατὰ τὸ ὁρώμενον), die priesterliche Würde, nach der geistigen Bedeutung aber (κατὰ τὸ νοούμενον) ist es der Bräutigam selbst, der sich würdigte, ihr Haupt zu sein.

776 Zu Psalm 44,13
Antlitz der Kirche aber ist zwar im eigentlichen Sinn (κυρίως) der Herr selber; denn er ist Haupt des Leibes . . . Dann aber ist auch die priesterliche Ordnung gleichsam ein Antlitz der Kirche, weil sie ja eine größere geistliche Würde verliehen bekommen hat (ἅτε δὴ πλείονα πνευματικὴν περιβεβλημένον ἀξίαν). Man kann aber sehen, daß auch diese Prophetie ihre Erfüllung gefunden hat; denn diejenigen, die mit großem Reichtum begabt sind und die in höchsten Würden erstrahlen, ehren das genannte Antlitz der Kirche.

Petrus Lombardus (um 1095–1160)

Die vier Bücher der Sentenzen (1142–1158)
Aus Buch IV: d. XXIV c. 1; 3; 11; 12; 13; 15

777 Warum es sieben Weihestufen gibt

Lat.: Magistri Petri Lombardi Sententiae in IV libris distinctae t. II l. III et IV, Grottaferrata (Romae) 1981, 293 f.; 403 ff.; 406.
Dt.: G. Koch.

Zwei Entwicklungen kennzeichnen in besonderer Weise den Übergang vom Amtsverständnis der Alten Kirche zum Amtsverständnis des Mittelalters: Nicht mehr das Bischofsamt, sondern das Priestertum steht im Zentrum; und die Frage nach der Sakramentalität der verschieden gezählten Weihestufen tritt in den Vordergrund. Bei Petrus Lombardus (vgl. Einl. in 78) werden diese Entwicklungen greifbar. Er zählt anders als die Kanonisten des Mittelalters sieben Weihestufen, zu denen der Episkopat nicht mehr als eigene Weihestufe, sondern nur als Aufgipfelung des Priestertums gehört.

Cap. 1
1. Über die kirchlichen Ordnungen. Nun wollen wir an die Betrachtung der heiligen Ordination herangehen.
2. Wie viele Ordnungen es sind. Es sind sieben Grade oder auch Ordnungen der geistlichen Ämter, wie es durch Aussprüche der heiligen Väter offenkundig überliefert wird und wie es durch das Beispiel unsres Hauptes, nämlich Jesu Christi, gezeigt wird. Er hat alle Ämter in sich verwirklicht und hat seinem Leib, welches die Kirche ist, dieselben Ordnungen zur Bewahrung hinterlassen.

778 Cap. 2
Warum es sieben sind. Sieben aber sind es wegen der siebenfältigen Gnade des Heiligen Geistes: Diejenigen, die seiner nicht teilhaftig sind, treten zu den kirchlichen Amtsstufen unwürdig hinzu; jene aber, in deren Geist die siebenfältige Gnade des Heiligen Geistes ausgegossen ist, die empfangen nach unsrem Glauben, wenn sie zu den kirchlichen Ordnungen hinzutreten, gerade durch die Beförderung zu einem geistlichen Grade noch weitere Gnade (in ipsa spiritualis gradus promotione ampliorem gratiam percipere creduntur).

779 Cap. 3
2. Im Sakrament des siebenfältigen Geistes also gibt es sieben kirchliche Grade, nämlich die Ostiarier, die Lektoren, die Exorzisten, die Akolythen, die Subdiakone, die Diakone, die Priester. Gleichwohl heißen alle Kleriker, d. h. solche, die einen Anteil erhalten haben.

780 Cap. 11
1. Über die Presbyter. Die siebte Ordnung ist die Ordnung der Presbyter. . . .
2. Darum[1] aber werden die Presbyter Priester (sacerdotes) genannt, weil sie das Heilige (sacrum) geben. Diejenigen, die (einfache) Priester sind, haben gleichwohl nicht den Gipfel des Pontifikates erreicht, so wie die Bischöfe, weil sie nämlich nicht die Stirn mit Chrisam salben und nicht den Tröstergeist verleihen: daß dies

allein den Bischöfen zukommt, zeigt der Text der Apostelgeschichte.[2]

1 Isidor, Etymol., VII, c. 12 (PL 82, 291 C – 292 A).
2 Apg 8,14–17.

781 Cap. 11
3. . . . Wenn dieser (d. i. der Presbyter) ordiniert wird, dann werden ihm die Hände gesalbt, damit er erkennt, daß er die Gnade des Weihens (gratiam consecrandi) empfangen hat und daß er die Werke der Liebe auf alle hin ausweiten muß. Er empfängt auch die Stola, die zweiseitig ist, weil er geschützt sein muß durch die Waffen der Gerechtigkeit gegen Unglückliches und gegen Glückliches. Er empfängt auch den Kelch mit Wein und die Patene mit Hostien, damit er dadurch wisse, daß er die Vollmacht empfangen habe, Gott wohlgefällige Opfergaben darzubringen.

782 Cap. 12
1. Zwei heißen nur heilig. Obwohl alle geistlich sind und heilig, bestimmen doch die Canones[1], daß nur zwei in herausgehobener Weise als heilige Ordnungen bezeichnet werden, nämlich die Ordnung des Diakonates und des Presbyterates, weil diese allein, wie zu lesen ist, die ursprüngliche Kirche gehabt hat, und weil wir über diese allein die Vorschrift des Apostels[2] haben.
2. Die Apostel[3] nämlich ordinierten in den einzelnen Städten Bischöfe und Presbyter. Auch von den Leviten lesen wir, daß sie von den Aposteln ordiniert worden sind[4] . . . Die Subdiakone aber und die Akolythen führte mit fortschreitender Zeit die Kirche ein.

1 Can.1 Concilii Beneventani (1091): Mansi 20, 738 E.
2 1 Tim 3,1–7; Tit 1,5–9; 1 Tim 3,8–13.
3 Vgl. Tit 1,5.
4 Apg 6,5.

783 Cap. 13
1. Was hier als Ordo bezeichnet wird. Wenn aber gefragt wird, was es denn eigentlich sei, was hier Ordo genannt wird, dann kann wohl gesagt werden: Es ist eine Art von Siegel, d. h. etwas Heiliges, wodurch geistliche Vollmacht und Amt dem Ordinierten übergeben wird. Der geistliche Charakter (character spiritualis) also wird dort, wo die Verleihung von Amtsvollmacht geschieht, Ordo oder Grad genannt.
2. Diese Ordnungen aber heißen Sakramente, weil bei ihrem Empfang eine heilige Sache, das ist die Gnade, geschenkt wird; diese stellt das, was hier geschieht, bildlich dar.

784 Cap. 15
Über den Bischof. Bischof ist zugleich Namen einer Würde und eines Amtes.

Thomas von Aquin (wahrsch. 1225–1274)

Summa theologica, Supplement, quaestiones 34–37

785 **Die sieben Weihestufen – bestimmt aus ihrer Beziehung zur Eucharistie**

Lat. und dt.: Die deutsche Thomas-Ausgabe, 32. Bd. (Supplement Qu. 17–40) Graz/Wien/Köln 1985. q 34a 1c S. 227; q 34a 3c S. 233 f.; q 35a 1c S. 243; q 35a 2c S. 245 f.; q 36a 2c S. 259 f.

Thomas von Aquin (vgl. Einl. in 80) bestimmt die sieben Weihestufen, die er insgesamt für sakramental hält, aus ihrer inneren Nähe zum Zentralsakrament der Eucharistie.

q 34a 1c
1. Artikel
Muß es eine [priesterliche] Ordnung in der Kirche geben?

227 Antwort: Gott wollte seine Werke hervorbringen in größtmöglicher Ähnlichkeit mit sich selbst, damit sie vollendet wären und er durch sie erkannt werden könnte. Um nun in seinen Werken vergegenwärtigt zu werden nicht nur, sofern er in sich selbst ist, sondern auch, sofern er Einfluß ausübt auf anderes, hat er allen Wesen dieses natürliche Gesetz auferlegt: das Letzte sollte durch Mittleres vollendet werden und das Mittlere durch Erstes ([Ps.-] Dionysius). Damit nun diese Schönheit auch der Kirche nicht abgehe, hat er eine [priesterliche] Ordnung in ihr eingesetzt, so daß bestimmte Menschen anderen die Sakramente spenden, auf ihre Weise Gott darin angeglichen, daß sie gleichsam mit Gott zusammen wirken; wie auch im natürlichen Leibe einige Glieder auf andere Einfluß ausüben.

786 q 34a 3c
3. Artikel
Ist die Weihe ein Sakrament?

233 Antwort: Ein Sakrament ist nichts anderes als eine Heiligung, die dem Menschen unter einem sichtbaren Zeichen erteilt wird. Da nun beim Empfang der Weihe dem Menschen eine heiligende Wei-
234 hung durch sichtbare Zeichen erteilt wird, steht fest, daß die Weihe ein Sakrament ist.

787 q 35a 1c

1. Artikel

Wird im Sakrament der Weihe heiligmachende Gnade verliehen?

243 Antwort: „Die Werke Gottes sind vollkommen" (Dtn 32,4). Darum gilt: Wem immer von Gott her irgendeine Fähigkeit verliehen wird, dem werden auch die Mittel verliehen, um die angemessene Ausübung dieser Fähigkeit zu ermöglichen. Und das erhellt bereits im Naturbereich: den Tieren werden Glieder verliehen, durch welche die Seelenvermögen in ihre Tätigkeiten übergehen können, falls kein Mangel auf seiten der Materie vorliegt. Wie nun die heiligmachende Gnade unerläßlich ist, damit der Mensch würdig die Sakramente empfange, so auch, damit er die Sakramente würdig spende. Und wie darum in der Taufe, durch welche der Mensch zum Empfang der anderen Sakramente befähigt wird, heiligmachende Gnade verliehen wird, so auch im Sakrament der [Priester-]Weihe, durch das der Mensch zur Spendung anderer Sakramente befähigt wird.

788 q 35a 2c

2. Artikel

Wird im Sakrament der Weihe ein „Charakter" eingeprägt in bezug auf sämtliche Weihestufen?

245 Antwort: Hierzu gab es eine dreifache Meinung. Einige nämlich sagten, daß nur in der Priesterweihe ein
246 „Charakter" eingeprägt wird. – Das aber ist nicht wahr. Denn nur ein Diakon kann rechtmäßig das Amt des Diakons ausüben. Und so ist offensichtlich, daß er eine besondere Vollmacht zur Spendung der Sakramente besitzt, welche andere nicht besitzen.

Aus diesem Grunde haben andere gesagt, daß bei den Heiligen [„Höheren"] Weihen ein „Charakter" eingeprägt wird, nicht aber bei den Niederen Weihen. – Aber auch das ist nichtig. Denn durch jede Weihe wird jemand dem Volke übergeordnet auf irgendeiner Stufe der Vollmacht, die auf die Spendung der Sakramente hingeordnet ist.

Da nun der „Charakter" ein Zeichen ist, das die Unterscheidung von anderen bewirkt, muß bei allen Weihen ein „Charakter" eingeprägt werden. Ein Zeichen hierfür liegt darin, daß sie immerwährend bleiben und niemals wiederholt werden. Und das ist die dritte Meinung, welche weiter verbreitet ist [als die anderen].

789 q 36a 2c

2. Artikel

Ist bei den Empfängern der Weihen die Kenntnis der gesamten Heiligen Schrift erforderlich?

259 Antwort: Bei jeder Handlung des Menschen muß, wenn sie geordnet sein soll, die Vernunft die Leitung haben. Soll jemand also die Aufgabe seiner Weihestufe wahrnehmen, so muß er ausreichendes Wissen besitzen, um recht geleitet zu sein zur Ausübung der betreffenden Weihestufe. Und darum ist bei dem Anwärter einer Weihestufe ein derartiges Wissen erfordert: nicht, daß er allumfassend in der gesamten Schrift unterrichtet sei, sondern mehr oder weniger, je nachdem sein Amt sich auf mehr oder weniger Aufgaben erstreckt; so müssen z. B. diejenigen, die in der Annahme eines Seelsorgeauftrags

260 anderen übergeordnet werden, das wissen, was zur Glaubens- und Sittenlehre gehört, und andere das, was die Ausübung ihrer Weihestufe betrifft.

Martin Luther (1483–1546)

Von der babylonischen Gefangenschaft der Kirche
Ein Vorspiel Martin Luthers (1520)

790 Priesteramt als Predigeramt – eine Befähigung aller Gläubigen

Lat.: WA 6, 560; 564; 566.
Dt.: Luther deutsch. Die Werke Martin Luthers in neuer Auswahl für die Gegenwart hrsg. von K. Aland, Bd. 2 (Luther der Reformator), Stuttgart/Göttingen 1962, 227 f.; 230.

Luther (vgl. Einl. in 93) leugnet ausdrücklich die Sakramentalität der Weihe. Das Priestertum ist ein Dienstamt, zu dem grundsätzlich jeder befähigt ist, das aber nur mit Zustimmung der Gemeinde ausgeübt werden darf.

227 Von der (Priester-)Weihe

Dieses Sakrament kennt die Kirche Christi nicht, es ist eine Erfindung der Kirche des Papstes. Denn es hat nicht

228 nur an keiner Stelle eine Verheißung der Gnade, sondern das ganze Neue Testament erwähnt es auch mit keinem einzigen Wort. Lächerlich ist es aber, etwas zu einem Sakrament Gottes zu erklären, das nirgends als von Gott gestiftet bewiesen werden kann. Nicht, daß ich solchen Brauch für verdammlich erkläre, der so viele Jahrhunderte hindurch geübt worden ist, aber ich will

nicht, daß man in göttlichen Dingen etwas Menschliches hinzudichtet. . . .

791

230 Darum soll jeder, der ein Christ sein will, gewiß sein und sich darauf besinnen, daß wir alle auf gleiche Weise Priester sind, d. h. daß wir die gleiche Gewalt am Wort Gottes und an jedem Sakrament haben. Doch ist einem jeden, diese zu gebrauchen, nur mit Einwilligung der Gemeinde erlaubt oder wenn man von oben her dazu berufen ist. Denn dessen, was allen gemeinsam gehört, kann sich niemand allein anmaßen, bis er dazu berufen wird. Und so kann das Sakrament der (Priester-)Weihe – wenn es überhaupt etwas ist – nichts anderes sein als eine gewisse Form, jemand in den Dienst der Kirche zu berufen. Weiter ist das Priesteramt eigentlich nichts anderes als ein Dienst am Wort – am Wort, sage ich, nicht des Gesetzes, sondern des Evangeliums. Das Diakonat aber ist nicht ein Dienst, das Evangelium oder die Epistel zu lesen, wie es heutzutage Brauch ist, sondern die Kirchengüter den Armen auszuteilen, damit die Priester, von der Last der zeitlichen Dinge entledigt, sich desto mehr dem Gebet und dem Wort widmen können.

Johannes Calvin (1509–1564)

Unterricht in der christlichen Religion (^{4}1559)

782 Die Einsetzung ins Presbyteramt – Merkzeichen geistlicher Gnade

Franz.: Inst. IV, 19, 22; 28 – Ioannis Calvini Opera quae supersunt omnia, ed. G. Baum u. a., vol. IV, Braunschweig 1866.
Dt.: J. Calvin, Unterricht in der christlichen Religion, übers. von O. Weber, Neunkirchen-Vluyn ^{2}1963, 1026.

Calvin (vgl. Einl. in 96) lehnt zwar die scholastische Lehre von den sieben Weihestufen des kirchlichen Amtes und die Vorstellung von einem Priestertum, das eigenständige Sühnopfer darbringen könnte, entschieden ab. Er läßt aber den Ritus der Einsetzung in das Presbyteramt als „Merkzeichen der geistlichen Gnade", also in seinem Sinne als Sakrament, gelten.

Was das wahre Presbyteramt angeht, das uns durch Christi eigenes Wort anbefohlen ist, so will ich es gerne als „Sakrament" gelten lassen. Denn da haben wir es mit einer Zeremonie zu tun, und die ist erstens aus der Schrift entnommen, und zweitens bezeugt uns Paulus, daß sie nicht leer und überflüssig ist, sondern ein zuverlässiges Merkzeichen der geistlichen Gnade darstellt (1. Tim.

4,14). Daß ich das Presbyteramt trotzdem nicht als drittes in die Zahl der Sakramente eingereiht habe, das ist deshalb geschehen, weil es nicht allen Gläubigen ordnungsmäßig zukommt und nicht allen gemein ist, sondern einen besonderen Gebrauch für eine bestimmte Amtsaufgabe darstellt.

Robert Bellarmin (1542–1621)

Über das Sakrament der Weihe (1586–1593)

793 Die Bischofsweihe – ein Sakrament

Lat.: De sacramento ordinis liber unicus, in: Disp. de controv. christ. fidei adversus huius temporis haereticos – Roberti Bellarmini Opera omnia, ed. J. Fèvre, t. IV, Parisiis 1873, 22; 26 (c. 2; 4; 5).
Dt.: G. Koch.

Im Gegensatz zu den meisten scholastischen Theologen hält Bellarmin (vgl. Einl. in 640) auch die Bischofsweihe – wie übrigens auch die Übertragung der übrigen Weihestufen – für ein Sakrament. Er beruft sich dafür eigens auf die Kirchenväter.

Cap. II

Daß die Ordination ein Sakrament ist, wird aus den heiligen Schriften bewiesen.

Daß also die Ordination Sakrament im wahren und eigentlichen Sinne ist, läßt sich aus den heiligen Schriften beweisen. Drei Dinge gehören notwendig zu einem Sakrament im eigentlichen Sinne, wie auch die Gegner zugestehen ... nämlich zweifellos ein äußeres Symbol oder ein Ritus, die Verheißung der Gnade und ein Auftrag oder die göttliche Einsetzung. Dies alles findet man bei der Ordination.

794 Cap. IV

Dasselbe wird mit der Vernunft aufgezeigt.

... Gott nämlich, dessen Werke vollkommen sind, ... gibt, wenn er eine Vollmacht verleiht, auch das, was zu ihrem rechtmäßigen und angemessenen Gebrauch erforderlich ist. Das sehen wir bei den Naturdingen, denen Gott nicht nur Befähigungen zum Wirken (potentias operativas) verliehen hat, sondern auch bestimmte Qualitäten und Werkzeuge, mit Hilfe derer sie jene leicht und gut gebrauchen können. Bei den Sakramenten aber wird den Menschen die heilige Vollmacht verliehen, die Sakramente zu vollziehen und zu spenden. Diese kann gewiß von einem Sünder nicht richtig ausgeübt werden. Gott gibt also zugleich mit dieser Vollmacht auch die Gnade, die rechtfertigt und die Seele vervollkommnet, damit ein so großes Dienstamt angemessen verwaltet werde. ... Wenn aber in diesem Sakrament die Gnade gegeben wird, die vor Gott wohlgefällig macht (gratia gratum faciens), dann handelt es sich um ein Sakrament im wahren und eigentlichen Sinne: Jede Zeremonie, die zur Heiligung eingesetzt ist, ist Sakrament im eigentlichen Sinne.

795 Cap. V
Die Bischofsweihe ist Sakrament.
Es folgt eine zweite Frage: Welche Ordnungen (ordines) eigentlich Sakramente sind. Daß es sieben Ordnungen gibt, haben wir bereits aufgezeigt ... nämlich die Ordnungen der Priester, der Diakone, der Subdiakone, der Akolythen, der Exorzisten, der Lektoren und der Ostiarier. Unter diesen ist die Ordnung der Priester von doppelter Art: Da gibt es nämlich einerseits die „größeren" Priester (majores sacerdotes), d. h. die Bischöfe, und andererseits die „kleineren" Priester (minores), die Presbyter also. Im Blick auf diese herrscht unter allen Katholiken Übereinstimmung, daß die Ordination der Presbyter im wahren und eigentlichen Sinne Sakrament ist, hinsichtlich der anderen herrscht solche Übereinstimmung nicht durchweg. ...
Zum ersten nun ist die Bischofsweihe Sakrament im wahren und eigentlichen Sinne. Wenn diese Auffassung auch von einigen älteren Scholastikern abgelehnt wird, ... so wird sie doch von allen alten Kirchenvätern vertreten ... Mir in der Tat scheint die vorgelegte Auffassung sehr gewiß zu sein. Zunächst einmal, weil die Schrifttexte, mit denen die Katholiken die Sakramentalität der Ordination beweisen, von der Bischofsweihe zu verstehen sind, wie aus 1 Tim 4 und 2 Tim 1 hervorgeht, Stellen, in denen allein ausdrücklich ein äußeres Symbol mit der Verheißung von Gnade verbunden wird.

Yves Congar (geb. 1904)

Weihe und Jurisdiktion in der Kirche (1933)

796 Ziel und Befähigung christlichen Amtspriestertums: Mitteilung göttlichen Lebens

In: Y. Congar, Heilige Kirche, Stuttgart 1966, 214 f. (als Aufsatz erstmals erschienen in Irénikon 10, 1933).

In einer Reflexion auf das Verhältnis von Weihevollmacht und Jurisdiktion beim kirchlichen Amt arbeitet Congar (vgl. Einl. in 131) das Proprium des kirchlichen Amtes heraus: Anders als die staatliche Ordnungsmacht findet es das Volk nicht einfach vor, sondern ist für seine Herausgestaltung als Volk Gottes in Dienst genommen.

214 *2. Die Weihevollmacht*

Die Kirche ist jedoch gerade in ihrer Struktur und in ihren Vollmachten sehr verschieden von jeder anderen menschlichen Gesellschaft. Die politische Gesellschaft hat nur eine Funktion der Regierung und der Erziehung; die Kirche hat eine mütterliche Zeugungsfunktion. Die bürgerliche Gesellschaft braucht ihre Untergebenen nicht zu konstituieren; sie findet sie vor und nimmt sie so wie sie sie vorfindet, um ihnen zu einem menschenwürdigen Dasein zu verhelfen; aber auch ohne sie haben diese Untergebenen ihr Dasein und den Besitz ihrer menschlichen Kräfte. Die übernatürliche Gesellschaft dagegen muß den Kindern, die sie für Gott und zum gottgemäßen Leben zeugt, erst das Sein und die Handlungsfähigkeit geben: Bevor sie sie im Namen Christi regiert in diesem Reich, dessen Anfang sie hienieden ist, muß sie sie zum Leben erwecken durch diese Wiedergeburt aus Wasser und Geist[1], deren Geheimnis und Sakrament sie in sich trägt. Sie muß sie zum Leben erwecken, ohne sie eigentlich zur Welt zu bringen, denn die Kirche ist eine Mutter, die uns ohne Unterlaß zeugt, ohne uns jemals zu gebären: sie muß uns nämlich tragen „bis Christus in uns Gestalt gewonnen hat"[2]; einzig der Tod der Heiligen ist die endgültige Geburt des Christen, *dies natalis,* und bis ihr mütterliches Tun[3] sowie das Seufzen und die Wehen der ganzen Schöpfung[4] endgültig ans Ziel kommen, zeugt und nährt die Kirche mütterlich die Kinder, die sie mit dem Blick auf die Rekrutierung und das „Kommen" des Gottesreiches draußen leiten muß.

1 Joh 3,5.
2 Gal 4,19.
3 „Die Kirche am Werk ist die Kirche, die gebiert." F. Florand OP, *L'Église à l'œuvre,* in *La vie spirituelle,* Juni 1932, S. 295–307: S. 296.
4 Röm 8,22.

797 Dieses Zeugen, Nähren, Reinigen, diese Verklärung der Seelen sind das Ziel des Priestertums der Kirche und definieren die Zuständigkeit ihrer Weihevollmacht. Die Weihevollmacht konstituiert in der Kirche ihre Heiligungsfunktion: Sie ist ausgerichtet auf die Mitteilung des göttlichen Lebens und
215 darauf, daß die Quelle des Heils und des Lebens, die von der Seite des gekreuzigten Christus ausgeht, in jede einzelne Seele in Zeit und Raum eindringen kann. Nun wird uns, wie der heilige Thomas von Aquin so oft sagt, das für uns alle in Christus am Kreuz erworbene Heil geistig durch den Glauben vermittelt und leiblich durch die Glaubenssakramente, vor allem durch die Eucharistie, die geradezu die Substanz der lebensspendenden Passion Christi enthält.

Karl Rahner (1904–1984)

Kirche und Sakramente (1960)

798 Inwiefern im sakramentalen Amt Bevollmächtigung und Heiligung zusammengehören

K. Rahner, Kirche und Sakramente, Freiburg/Basel/Wien 1960, QD 10, 86 ff.; 94 f.

Rahner (vgl. Einl. in 111) arbeitet heraus, daß und warum es sich auch bei der Weihe kirchlicher Amtsträger um eine Grundweise des Selbstvollzugs der Kirche handelt, also ein Sakrament; und er zeigt, daß die objektive Amtsvollmacht doch die subjektive Heiligung des Amtsinhabers nicht überflüssig macht, sondern sogar fordert.

86 Die Frage, die wir zu stellen und genauer zu beantworten haben, ist eine doppelte: Warum ist die Weitergabe der Amtsvollmacht in der Kirche ein Grundakt in der Kirche, in dem die Kirche ihr eigenes Wesen radikal engagiert? Und warum ist dieser Grundakt, wenn er gegeben ist, nicht nur ein Akt, der auf die Amtsvollmacht zielt, sondern auch notwendig auf eine eigentliche, den Amtsträger selbst heiligende Amtsgnade? Diese beiden Fragen sind zu unterscheiden. Denn nicht jeder Grundakt der Kirche ist auch schon ein Sakrament. Eine unfehlbare Definition ist auch ein solcher Grundakt, in der die Kirche ihr ganzes Wesen (aber in einer anderen Richtung) einsetzt, aber kein Sakrament. Umgekehrt kann ein Akt der Kirche auf eine Gnade hinzielen (direkt oder indirekt), z. B. in einem Gebet der gewöhnlichen Liturgie oder in einem Sakramentale, und doch kein Sakrament im strengen Sinn des Wortes sein. Dasselbe ist z. B. auch der Fall, wenn ein Christ dem

anderen in seiner persönlichen Situation ein überführendes, Glauben und Trost der Vergebung erweckendes Wort sagt. Ein solches kann durchaus auch in einem wahren Sinn nicht nur als Wort des „Privatmannes", sondern auch als ein solches der Kirche betrachtet werden (es kann ja das Wort des getauften und gefirmten Christen sein, das Wort des von der Kirche autorisierten Erziehers, der Eltern in einer sakramentalen, vor der Kirche gültigen, sie repräsentierenden Ehe). Die beiden gestellten Fragen sind also zu
87 unterscheiden. Allerdings werden wir sehen, daß sie dennoch beide vom Grundverständnis der Kirche her beantwortet werden können.

799 Was nun zuerst die erste Frage angeht, so ist die positive Antwort auf sie leicht einzusehen. Die eigentlichen Grundämter in der Kirche sind wesentlichste Konstitutive[a] der Kirche selbst. Sie *ist* nur sie selber, wenn sie diese ihr von Christus überkommenen Aufträge und die damit verbundenen und ihr dienenden Gewalten besitzt und also auch weitergibt. In der Weitergabe der Ämter (wenigstens dort, wo diese Ämter selbst Bevollmächtigungen zu den Grundfunktionen der Kirche sind, also zur Bezeugung der Botschaft Christi und zur Feier der Eucharistie und – müssen wir rückläufig hinzufügen – zur Weitergabe dieser kirchenbildenden Vollmachten) konstituiert die Kirche sich selber immer wieder unter einem wesentlichen Gesichtspunkt aufs neue. So etwas ist, wenn überhaupt solche Grundfunktionen sein können, eine Grundfunktion der Kirche, vorausgesetzt nur, daß man die Kirche nicht aktualistisch und rein charismatisch immer wieder absolut neu anfangend entstehen läßt, sondern ihr, wie eine geschichtliche Greifbarkeit ihrer Erscheinung, so auch eine geschichtliche Greifbarkeit ihrer zeitlichen Kontinuität zuerkennen muß. Und dies ist der Fall. Denn geschichtliche Erscheinung und geschichtliche Kontinuität sind voneinander bei einer Wirklichkeit, die in der Zeit existiert, nicht zu trennen. Und die Idee der Sukzession[b] ist unmittelbar im Neuen Testament und seiner Umwelt greifbar.
Warum aber ist nun dieser Grundakt der Kirche, in dem sie ihre Ämter weitergibt und sich dadurch selbst immer neu konstituiert, ein Akt, der auch auf die Heiligung des Menschen, der das Amt empfängt, hinzielt und dann auch Sakrament genannt werden kann? Auch hier ist zur Beantwortung der Frage vom Wesen der Kirche auszugehen. Daraus ergibt sich, daß es für den Sinn und das Wesen des Amtes in der Kirche nicht gleichgültig ist, ob es heilig ausgeübt und verwaltet wird oder nicht. Zwar behält das

Amt seine Gültigkeit und sein Träger seine Vollmacht, auch wenn er als der einzelne ein Sünder ist und auch das Amt selbst sündig ver-
88 waltet.

[a] tragende Grundlagen.
[b] Amtsnachfolge.

800

94 Der Empfänger des Ordo[a] empfängt sein Amt als seine Gnade, denn er empfängt die Gnade, die ihm ermöglicht, sein Amt als ihn heiligendes zu verwalten, und die Gnade, jene Heiligkeit zu realisieren, die zur wirklich echten Verwaltung seines Amtes wesentlich ist. Es handelt sich also bei der priesterlichen Heiligkeit nicht um die Forderung, der Priester solle neben der Verwaltung seines Amtes „auch" noch ein „frommer Mann" sein, weil sich das schließlich doch „gezieme". Der Zusammenhang zwischen Amt und priesterlicher Heiligkeit (die dadurch selbst einen wesentlich ekklesio-
95 logischen[b] Aspekt erhält) ist viel enger: Die Heiligkeit des Priesters ist die existentielle, durch die Gnade ermöglichte Aneignung seines *Amtes,* welche Aneignung selbst wieder ein notwendiges Moment ist an diesem Amt (als ganzem, insofern es auch die Verkündigung als Kontext und Auslegung des sakramentalen Wortes einschließt).

[a] Ordnung: das kirchliche Weiheamt.
[b] auf die Kirche bezogen.

Joseph Ratzinger (geb. 1927)

Zur Frage nach dem Sinn des priesterlichen Dienstes (1968)

801 Das kirchliche Amt – Teilhabe an der Sendung Jesu Christi

In: Geist und Leben. Zeitschrift für Aszese und Mystik 41. Jhrg. (1968) 352 f.; 358.

Ratzinger (vgl. Einl. in 125) macht deutlich, daß neutestamentliches Priestertum „Mitgesandtsein" mit Jesus Christus bedeutet und daß christliches Amt darüber hinaus den Charakter der Stellvertretung besitzt.

352 Kehren wir zunächst zu einer Überlegung zurück, die sich vorhin im Anschluß an den Hebräerbrief ergeben hatte. Christus war juridisch gesehen in seiner Religion ein Laie – so hatten wir gesagt. Dieser Sachverhalt ist nicht belanglos. Er behält sein Gewicht. Er ist der Ausgangspunkt des christlich Neuen, der als solcher nicht mehr aufgehoben wird. Gleichzeitig gilt aber auch, daß Jesus nicht

als Volkstribun zu verstehen ist, der sich selbst ermächtigt und sich angesichts der Situation, die er vorfindet, entschließt, aus Eigenem etwas Neues in Gang zu bringen und es gegen die bestehende Ordnung durchzusetzen. Er ist ferner nicht jemand, den die Masse von unten her, aus eigener Übereinkunft an die Spitze gestellt hat. Jesus versteht sich selbst vielmehr als jemand, der eine Sendung vollzieht; er hat sich weder selbst berufen (vgl. Hebr 5,4 f.!) noch auch verdankt er demokratischer Wahl seine Bestellung: Er weiß sich unter einem göttlichen Muß (Mk 8,31 u. ö.), das gleichsam der innere Ort, ja der wahre Ursprung seiner ganzen Existenz ist. Er kommt nicht von sich selbst, sondern weiß sich als Gesandter; das gilt so total, daß nicht zum schon vorhandenen Sein nachträglich eine Sendung hinzutritt: Seine Existenz besteht nur als Sendung, Sein von einem anderen her und auf die anderen hin.[1] Wenn man dieses Selbstbewußtsein Jesu und das neutesta-
353 mentliche Glaubensverständnis über ihn sieht, wird auch schon die Grundstruktur der christlichen Dienste andeutungsweise klar: Auch sie beruhen nicht auf eigener Ermächtigung und nicht auf bloßer Zweckmäßigkeit oder Übereinkunft, sondern auf dem Hineingerufensein in den, der selbst der Ruf Gottes, „das Wort", ist. Von dieser christologischen Mitte her muß das Wesentliche des christlichen Amtsbegriffs entfaltet werden. Er hat in der Sendung Jesu Christi und im Mitgesandtsein mit ihm seine eigentliche Achse.

[1] Vgl. J. Ratzinger, *Einführung in das Christentum*, München 1968, 161–168 und 173–183.

802

358 4. Amt als Vikariat

Die letzten Überlegungen haben uns über den Sendungsgedanken hinausgeführt und ein weiteres Grundelement des neutestamentlichen Amtes bloßgelegt: Es ist seiner Struktur nach Vikariat, Stehen für einen anderen, nämlich für Jesus Christus. Dadurch hebt es sich noch einmal entscheidend von jedem nichtchristlichen Sacerdotenamt ab. Dort ist der einzelne ein *selbständiger* Träger seines Amtes, er ist *selbst* Brahmane, sacerdos, Mittler zwischen Gott und den Menschen. Er ist ohne Verweis auf einen anderen. Der christliche Priester dagegen ist nie selbständiger Mittler, er steht nie für sich, er bleibt immer Vikar – welche Titulaturen er sich schließlich im übrigen auch verdienen mag. Er bleibt nur Vertreter, der nicht für sich spricht und handelt, sondern für den, der uns alle vertreten hat und vertritt, und der nun durch uns vertreten sein will.

Walter Kasper (geb. 1933)

Die Funktion des Priesters in der Kirche (1969)

803 Das Presbyteramt als Leitungsdienst

In: W. Kasper, Glaube und Geschichte, Mainz 1970, 379; 386f. (der Aufsatz wurde erstmals veröffentlicht in: Geist und Leben 42 [1969] 102–116).

In der Beantwortung der vieldiskutierten Frage nach dem leitenden Element des Amtsverständnisses (Dienst am Wort, Hirtenamt oder „sazerdotales" Tun) entscheidet sich Kasper (vgl. Einl. in 128) für das Hirtenamt: Der Priester (und entsprechend auch der Bischof) steht im bevollmächtigten Dienst an der Einheit der Gemeinde.

379 *Das Presbyteramt als Leitungsdienst*

Wir haben bisher nur über den priesterlichen Dienst der Versöhnung gesprochen, der der Kirche insgesamt zukommt. Wir haben dabei jedoch die Funktion, die speziell dem Priester in der Kirche zukommt, nicht aus den Augen verloren; denn eben weil es sich um eine Funktion in der Kirche handelt, kann man sie nicht isoliert von der Funktion betrachten, die die Kirche insgesamt hat. Welches ist dieser spezifische Dienst?

804

386 *Schlußfolgerungen*

Das neutestamentliche Amt ist wesentlich der Gemeinde zugeordnet. Es ist Dienst und nicht Herrschaft. Es ist ein Charisma unter anderen Charismen und für die anderen Charismen, Dienst an der Einheit und am Frieden in der Kirche und damit auch in der Welt. Die primäre Heilssendung kommt der Kirche bzw. der Gemeinde als Ganzes zu. Die eigentli-
387 chen Entscheidungsgremien in der Kirche müßten deshalb das gesamte Volk Gottes in der Einheit und Vielheit seiner Charismen repräsentieren. Trotz dieser diakonalen, kollegialen und charismatischen Struktur der Kirche ist jedes Charisma nicht eine Funktion von unten, sondern eine Geistgabe. Deshalb ist auch das Amt nicht nur eine Ausformung der Gemeinde, sondern zugleich etwas, was der Gemeinde gegenübersteht. Das schließt nicht aus, daß die Gemeinde bei der Auswahl und Beauftragung eines Amtsträgers mitwirken kann.

Auch der so gewählte Amtsträger wäre jedoch nicht nur Repräsentant der Gemeinde, sondern auch Repräsentant Christi gegenüber der Gemeinde. Aber auch als solcher ist er darauf angewiesen, die Stimme Christi in der Gemeinde und durch die Gemeinde zu hören. So verstand die alte Kirche das „sentire cum ecclesia".[a]

Wo ein Amtsträger solches Hinhören auf das, „was sich in der Kirche tut", unterläßt, da kann er auch nach der mittelalterlichen Lehre schismatisch werden.

[a] Fühlen mit der Kirche.

Gisbert Greshake (geb. 1933)

Priester sein (1982)

**805 Die Ordination:
eine neue Beziehung zu Christus und zur Kirche**

Freiburg/Basel/Wien 1982, 92f.

In der theologisch umstrittenen Frage, woraus das Amt abzuleiten sei, aus einer unmittelbaren Sendung durch Christus oder aus besonderer Teilhabe an der Sendung der ganzen Kirche, legt der Freiburger Systematiker Gisbert Greshake eine Synthese vor, die trinitarisch begründet wird: Der Priester repräsentiert Christus, und er repräsentiert die Kirche.

92 Von dieser trinitarischen Struktur der Kirche her ist auch das priesterliche Amt geprägt. Christologisch ist es auf Grund von Sendung und Weihe dazu bestimmt, das Werk Christi in Wort, Heiligung und Weisung sakramental weiterzugeben. So handelt es „in persona Christi"[a] und repräsentiert den anderen Getauften gegenüber den Herrn der Kirche. Pneumatologisch[b] dagegen steht das Amt mitten im Lebensgefüge der Kirche als *deren* amtliches Organ. Als solches bezeugt es den Glauben der Kirche, stellt es den priesterlichen Charakter des ganzen Gottesvolkes dar, hat es den Vorsitz in der liturgischen Feier, wo die Gemeinde den Empfang der Gaben Gottes preist, und vergegenwärtigt es die geistgewirkte Einheit der Kirche – die Einheit der Glieder untereinander und die Einheit aller mit Christus. So gesehen, handelt der Priester „in persona ecclesiae"[c] und repräsentiert er die Kirche vor Gott und vor der Welt.

[a] in der Person Christi.
[b] auf das Pneuma, den Heiligen Geist bezogen; vom Geist her gesehen.
[c] in der Person der Kirche.

806 Wird das Amt nur christologisch verstanden, steht es isoliert unter dem Vorzeichen von auctoritas[a] und potestas[b] (Christi!). Wird es ausschließlich pneumatologisch begriffen, ist es *ein* Dienst unter den anderen geistgewirkten Diensten innerhalb der Kirche. Weil aber die Kirche das unteilbare Werk des Dreieinigen Gottes ist, wird sie vom Vater begründet als ein Volk, das zwar eins ist (im

Heiligen Geist) und das doch in seiner Gestalt so *strukturiert* ist, daß in dieser Einheit der Vorrang Christi, sein Wort und sein Heil im Amt sakramental-greifbar in Erscheinung tritt.

Zum Verständnis des Amtes kann man also weder ausgehen von Christus allein her (Tendenz der westlichen Theologie), noch allein von der charismatischen Gemeinde als Werk des Geistes her (Gefahr der reformierten Amtstheologie), sondern vom Vater, der Christus *und* Geist in untrennbarer Einheit sen-
93 det, um sein Volk zu schaffen, das auf Grund des zwei-einen Wirkens von Christus und Geist von vornherein und nicht erst nachträglich eins ist in der Differenz (nicht nur verschiedener Dienste – das auch! – sondern) verschiedener „ordines"[c], in denen das Amt *als Amt* gegenüber dem Laientum sakramental die Sendung Christi zu vergegenwärtigen hat, das Laientum aber den Empfang des Heilswerkes Christi bezeugt und dessen innere geistgewirkte Fruchtbarkeit zur Geltung bringt und an Kirche und Welt weitergibt. So besteht die Kirche, trinitarisch gesehen, von vornherein in der Einheit und Differenz ihrer „Stände" – so mißverständlich dieses Wort auch ist. Was von Christus und seiner Kirche gilt: „Der Leib ist die Fülle des Hauptes, und das Haupt ist die Fülle des Leibes", gilt auch vom Verhältnis Amt und Gemeinde: nur in ihrer gegenseitigen Differenz und Zuordnung ereignet sich die „Fülle Gottes".

[a] Autorität.
[b] Amtsvollmacht.
[c] Ordnungen.

807 Wenn man formal sprechen will, kann man sagen: „In persona Christi" stellt der Priester das Haupt der Kirche, „in persona ecclesiae" den durch den Heiligen Geist zusammengefügten und von ihm erfüllten Leib Christi dar. Deshalb stellt die Ordination den Amtsträger auch in eine doppelte Beziehung: zu Christus, in dessen Namen und Vollmacht er dem Gottesvolk sein Heilswerk vermittelt, und zur Kirche, deren Glauben er zusammenfaßt, deren Feiern er vorsteht und deren Einheit er abbildet – wenn (und solange als) die Kirche sich *tatsächlich* im Amtsträger „repräsentiert" weiß. Dieser Doppelaspekt des Amtes entspricht frühester Vätertheologie.

Dialogtexte der Ökumene

Kommission für Glauben und Kirchenverfassung des ökumenischen Rates der Kirchen

Taufe, Eucharistie und Amt. Konvergenzerklärungen. „Lima-Dokument" (1982)

808 Das kirchliche Amt – konstitutiv für Leben und Zeugnis der Kirche

In: Dokumente wachsender Übereinstimmung. Sämtliche Berichte und Konsenstexte interkonfessioneller Gespräche auf Weltebene 1931 bis 1982, hrsg. von H. Meyer u. a., Paderborn/Frankfurt 1983, 569 ff.; 573; 575.

Die Kommission (vgl. auch Einl. in 295) konstatiert neben noch nicht überbrückbaren Gegensätzen auch wesentliche Annäherungen im Amtsverständnis. Vor allem wird ein in der Autorität Christi begründetes Amt als grundlegend für Leben und Zeugnis der Kirche erklärt.

A. *Das ordinierte Amt*

8. Um ihre Sendung zu erfüllen, braucht die Kirche Personen, die öffentlich und ständig dafür verantwortlich sind, auf ihre fundamentale Abhängigkeit von Jesus Christus hinzuweisen, und die dadurch innerhalb der vielfältigen Gaben einen Bezugspunkt ihrer Einheit darstellen. Das Amt solcher Personen, die seit sehr früher Zeit ordiniert wurden, ist konstitutiv für das Leben und Zeugnis der Kirche.

809 11. So wie Christus die Apostel auserwählt und ausgesandt hat, so fährt Christus durch den Heiligen Geist fort, Personen für das ordinierte Amt auszuwählen und zu
570 berufen. Als Herolde und Botschafter sind die ordinierten Amtsträger Repräsentanten Jesu Christi gegenüber der Gemeinschaft und verkünden seine Botschaft der Versöhnung. Als Leiter und Lehrer fordern sie die Gemeinschaft auf, sich der Autorität Jesu Christi, des Lehrers und Propheten, in dem das Gesetz und die Propheten erfüllt worden sind, zu unterstellen. Als Hirten unter Jesus Christus, dem obersten Hirten, sammeln und leiten sie das zerstreute Volk Gottes in Antizipierung des kommenden Gottesreiches.

810 12. Alle Glieder der Gemeinschaft der Glaubenden, Ordinierte wie Laien, sind aufeinander bezogen. Einerseits bedarf die Gemeinde der ordinierten Amtsträger. Deren Präsenz erinnert die Gemeinschaft an die göttliche Initiative und an die Abhängigkeit der Kirche von Jesus Christus, der die Quelle ihrer Sendung und die Grundlage ihrer Einheit ist. Sie dienen, um die Gemeinschaft in Christus aufzuerbauen und ihr Zeugnis zu stärken. Die Kirche möchte, daß sie ein Beispiel an Heiligkeit und liebevoller Anteilnahme geben. Andererseits kann das ordinierte Amt nicht abgesehen von der Gemeinschaft existieren. Die ordinierten Amtsträger können ihre Berufung nur in der und für die Gemeinschaft erfüllen. Sie bedürfen der Anerkennung, Unterstützung und Ermutigung durch die Gemeinschaft.

811 13. Die hauptsächliche Verantwortung des ordinierten Amtes besteht darin, den Leib Christi zu sammeln und aufzuerbauen durch die Verkündigung und Unterweisung des Wortes Gottes, durch die Feier der Sakramente und durch die Leitung des Lebens der Gemeinschaft in ihrem Gottesdienst, in ihrer Sendung und in ihrem fürsorgenden Dienst.

812 14. Besonders in der eucharistischen Feier ist das ordinierte Amt der sichtbare Bezugspunkt der tiefen und allumfassenden Gemeinschaft zwischen Christus und
571 den Gliedern seines Leibes. In der Feier der Eucharistie sammelt, lehrt und erhält Christus die Kirche. Es ist Christus, der zum Mahl einlädt und ihm vorsteht. In den meisten Kirchen wird diese Leitung durch einen ordinierten Amtsträger bezeichnet und repräsentiert.

813
573 D. *Das Amt von Männern und Frauen in der Kirche*

18. Wo Christus gegenwärtig ist, sind menschliche Schranken durchbrochen. Die Kirche ist berufen, der Welt das Bild einer neuen Menschheit zu vermitteln. In Christus ist nicht Mann noch Frau (Gal 3,28). Frauen wie Männer müssen ihren Beitrag zum Dienst Christi in der Kirche entdecken. Die Kirche muß den Dienst erkennen, der von Frauen verwirklicht werden kann, ebenso wie den, der von Männern geleistet werden kann. Ein tiefergehendes Verständnis des umfassenden Charakters des Dienstes, das die gegenseitige Abhängigkeit von Männern und Frauen widerspiegelt, muß noch breiter im Leben der Kirche zum Ausdruck kommen.

Obwohl die Kirchen sich in dieser Notwendigkeit einig sind, ziehen sie daraus unterschiedliche Folgerungen bezüglich der Zulassung von Frauen zum ordinierten Amt. Eine zunehmende Zahl von Kirchen hat entschieden, daß weder biblische noch theologische Gründe gegen die Ordination von Frauen sprechen, und viele von ihnen haben inzwischen Frauen ordiniert. Viele Kirchen sind jedoch der Meinung, daß die Tradition der Kirche in dieser Hinsicht nicht geändert werden darf.

814

575 22. Obwohl es keine einheitliche neutestamentliche Struktur gibt, obwohl der Geist die Kirche oftmals dazu gebracht hat, ihre Ämter den kontextuellen Bedürfnissen anzugleichen und obwohl andere Formen des ordinierten Amtes mit den Gaben des Heiligen Geistes gesegnet worden sind, könnte dennoch das dreifache Amt des Bischofs, Presbyters und Diakons heute als ein Ausdruck der Einheit, die wir suchen, und auch als ein Mittel, diese zu erreichen, dienen. Geschichtlich ist es zutreffend zu sagen, daß das dreifache Amt zur allgemein akzeptierten Struktur in der Kirche der frühen Jahrhunderte wurde und heute von vielen Kirchen weiter beibehalten wird. In Erfüllung ihrer Sendung und ihres Dienstes brauchen die Kirchen Personen, die in verschiedener Weise die Aufgaben des ordinierten Amtes zum Ausdruck bringen und ausführen in seinen diakonischen, presbyteralen und episkopalen Aspekten und Funktionen.

Ökumenischer Arbeitskreis evangelischer und katholischer Theologen

Lehrverurteilungen – kirchentrennend? I
Rechtfertigung, Sakramente und Amt im Zeitalter der Reformation und heute (1986)

815 Ein sakramentales Ordinationsverständnis – auch für lutherische Christen annehmbar

Hrsg. von K. Lehmann und W. Pannenberg, Freiburg/Göttingen 1986, 160.

Der Arbeitskreis (vgl. Einl. in 192) stellt fest, daß die gegenseitigen Lehrverurteilungen auch in der Amtsfrage heute nicht mehr treffen. Ein entsprechend geläutertes katholisches Ordinationsverständnis erscheint auch lutherischen Theologen als akzeptabel.

160 *2. Die Sakramentalität der Ordination*

Nach römisch-katholischer Lehre ist die Ordination, deren Fülle durch die Bischofsweihe übertragen wird . . . , ein Sakrament (DS 1773). Luther hat in seiner Frühzeit die Sakramentalität der Ordination bestritten, dabei aber eine heute in der römisch-katholischen Kirche nicht mehr gültige liturgische Form und theologische Deutung des Ordinationsritus mit Konzentration auf die Übergabe der eucharistischen Geräte und die Salbung der Hände vorausgesetzt. Er ist dabei seinerseits den biblischen Ausgangspunkten für einen Ritus der Amtsübertragung durch Handauflegung und Gebet (Apg 6,1–6, vgl. 1 Tim 4,14; 2 Tim 1,6) nicht gerecht geworden. Die lutherische Reformation hat später die Anerkennung einer durch Gebet und Handauflegung vollzogenen Ordination als Sakrament für möglich gehalten unter der Voraussetzung, daß das Amt als Dienst (ministerium) der Verkündigung und Sakramentsverwaltung verstanden und nicht als Opferdienst (im Sinne des von der Reformation abgelehnten Opferbegriffs) bestimmt werde; denn das so verstandene Amt beruht auch nach reformatorischer Auffassung zweifellos auf einem Auftrag Christi. Dafür ist besonders auf Lk 10,16, auf Joh 20,21 f., Mk 16,15 sowie auf Eph 4,10 ff. verwiesen worden. In diesem Interpretationsrahmen wäre heute auch dem Anliegen der tridentinischen Auffassung von der (impliziten) Einsetzung des Amtes durch den im Zusammenhang der Abendmahlsworte überlieferten Wiederholungsbefehl (Lk 22,19; 1 Kor 11,24 f.) Rechnung zu tragen (vgl. DS 1740 und 1752).

Gemischte internationale Kommission für den theologischen Dialog zwischen der römisch-katholischen und der orthodoxen Kirche

Das Sakrament der Weihe in der sakramentalen Struktur der Kirche, insbesondere die Bedeutung der apostolischen Sukzession für die Heiligung und die Einheit des Volkes Gottes (1988)

816 Der Bischof – „Ikone Christi als des Dieners inmitten seiner Brüder"

In: Ostkirchliche Studien 37. Bd. H. 4, 328–338, hier 328 f.; 332 f.; 335.

Die Kommission (vgl. Einl. in 193) sieht den Ursprung des kirchlichen Amtes im „Amt" Christi selber und zugleich in dem von Christus gesandten Heiligen Geist. Kraft der Ordination wird dieses Amt vor allem im Bischofsamt (analog im Amt des Priesters und Diakons) in der Geschichte gegenwärtig und wirksam gehalten.

328 (2) Unsere Kirchen betonen, daß das Amt in der Kirche das Amt Jesu Christi selbst aktualisiert. In den Schriften des Neuen Testa-

ments wird Christus Apostel, Prophet, Hirte, Diener, Diakonos, Lehrer, Priester, Episkopos genannt. Unsere gemeinsame Tradition erkennt das enge Band, das zwischen dem Werk Christi und dem des Heiligen Geistes besteht.

817 (5) Weil Christus in der Kirche gegenwärtig ist, ist es sein Amt, das sich in ihr erfüllt. Das Amt in der Kirche tritt also nicht an die Stelle des Amtes Christi. Es hat in ihm seinen Ursprung. (Und) weil der durch Christus gesandte Geist die Kirche lebendig macht, ist das Amt nur fruchtbringend durch die
329 Gnade des Heiligen Geistes. Es umfaßt in der Tat eine Vielzahl von Funktionen, die die Glieder der Gemeinschaft ausüben je nach der Verschiedenheit der Gaben, die sie empfangen als Glieder des Leibes Christi. Bestimmte von ihnen empfangen durch die Ordination die dem Episkopat, Presbyterat und Diakonat eigene Funktion (Beauftragung) und üben sie aus.

818
332 (24) In der Feier der Eucharistie ist die gesamte Gemeinde, jeder nach seinem Rang, „Liturge" der *koinônia*[a], und sie ist es einzig durch den (Heiligen) Geist. „Es gibt verschiedene Dienste, aber nur den einen Herrn. (. . .) Jedem aber wird die Offenbarung des Geistes geschenkt, im Hinblick auf das Wohl aller" (1 Kor 12,5,7). Die verschiedenen Dienste laufen zusammen in der eucharistischen Synaxis[b], in deren Verlauf sie übergeben wurden. Dennoch ist ihre Verschiedenheit ausgerichtet auf das Gesamt des Lebens der Gemeinschaft: Treue gegenüber dem Wort Gottes, Beständigkeit in der Eintracht und in der brüderlichen Liebe, Zeugnis vor „denen, die draußen" sind, Wachstum in der Heiligkeit, Beharrlichkeit im Gebet, Sorge um die Ärmsten.

a Gemeinschaft, Teilhabe.
b (gottesdienstliche) Versammlung.

819 (25) Kulminierend in der Feier der Eucharistie, in der die christliche Initiation, durch die alle der eine Leib Christi werden, sich verwirklicht, ist das Amt des Bischofs, im Herzen des Gesamt der Charismen und Dienste, die der Geist verleiht, ein Dienst der Vorsteherschaft zur Sammlung in der Einheit. Tatsächlich hat die Ortskirche als Trägerin der vielfältigen Gaben des Geistes in ihrem Mittelpunkt den Bischof, und die Gemeinschaft mit ihm verwirklicht die Einheit aller und bringt die Fülle der Kirche zur Darstellung.

820 (26) Diese Einheit der Ortskirche ist nicht zu trennen von der universalen Gemeinschaft der Kirchen. Es ist wesentlich für eine Kirche, in Gemeinschaft mit den anderen zu sein. Diese Gemeinschaft äußert und verwirklicht sich in und durch das Bischofskollegium. Durch seine Ordination wird der Bischof als Diener einer Kirche eingesetzt, die er in der universalen Gemeinschaft repräsentiert.

821 (28) Die Bischofsweihe erteilt demjenigen, der sie durch die Gnade des Heiligen Geistes erhält, die Fülle des Priestertums. Die Konzelebration der Bischöfe bei der Ordination drückt die Einheit der Kirche und ihre Identität mit der apostolischen Gemeinschaft aus. Sie legen ihm die Hände auf und rufen
333 den Heiligen Geist an über den zu Weihenden, als einzige, die dazu befugt sind, ihm das Bischofsamt zu übertragen. Sie tun es jedoch umfangen vom Gebet der Gemeinde.

822 (32) Während der ganzen Geschichte unserer Kirchen haben die Frauen eine grundlegende Rolle gespielt, wovon nicht nur die allheilige Gottesmutter, die heiligen Frauen des Neuen Testaments und zahlreiche Heilige, die wir verehren, zeugen, sondern auch so viele andere Frauen, die bis heute der Kirche auf vielerlei Weise gedient haben. Ihre besonderen Charismen sind überaus wichtig im Aufbau des Leibes Christi. Unsere Kirchen bleiben jedoch der historischen und theologischen Tradition treu, nach der sie zum Priesterdienst nur Männer weihen.

823
335 (42) Der Priester, vom Bischof geweiht und in Abhängigkeit von ihm, ist gesandt, genau umschriebene Aufgaben zu erfüllen; insbesondere ist er für eine Pfarrgemeinde bestellt, ihr Seelsorger zu sein: er steht der Eucharistie vor am (vom Bischof geweihten) Altar, er ist der Diener der Sakramente für die Gemeinde, er verkündet das Evangelium und die Katechese, er hat die Aufgabe, die Charismen des Volkes *(laos)* Gottes in der Einheit zu erhalten; er erscheint als der ordentliche Diener der eucharistischen Ortsgemeinde, die Diözese ist dann eine Gemeinschaft eucharistischer Gemeinden.

824 (43) Der Diakonat wird im Dienste des Bischofs und des Priesters ausgeübt in der Liturgie, der Verkündigung wie in der Diakonie der Caritas.

Die Ehe

Biblische Leittexte

Gen 2,18–25 – Gen 1,26–31

825 **Das atl. Zeugnis: die eheliche Verbindung von Mann und Frau in Gottes Schöpfungswillen gegründet**

Im älteren jahwistischen Schöpfungsbericht ist bereits bildhaft angezeigt, daß die Einehe als dauerndes personales Verhältnis von Mann und Frau unter ein besonderes Interesse Gottes gestellt ist. Nach dem priesterschriftlichen Schöpfungsbericht sind Mann und Frau zusammen Abbild Gottes, seine Platzhalter auf Erden.

Genesis 2,18–25

[18] Dann sprach Gott, der Herr: Es ist nicht gut, daß der Mensch allein bleibt. Ich will ihm eine Hilfe machen, die ihm entspricht. [19] Gott, der Herr, formte aus dem Ackerboden alle Tiere des Feldes und alle Vögel des Himmels und führte sie dem Menschen zu, um zu sehen, wie er sie benennen würde. Und wie der Mensch jedes lebendige Wesen benannte, so sollte es heißen. [20] Der Mensch gab Namen allem Vieh, den Vögeln des Himmels und allen Tieren des Feldes. Aber eine Hilfe, die dem Menschen entsprach, fand er nicht.

[21] Da ließ Gott, der Herr, einen tiefen Schlaf auf den Menschen fallen, so daß er einschlief, nahm eine seiner Rippen und verschloß ihre Stelle mit Fleisch. [22] Gott, der Herr, baute aus der Rippe, die er vom Menschen genommen hatte, eine Frau und führte sie dem Menschen zu. [23] Und der Mensch sprach: Das endlich ist Bein von meinem Bein und Fleisch von meinem Fleisch. Frau soll sie heißen; denn vom Mann ist sie genommen. [24] Darum verläßt der Mann Vater und Mutter und bindet sich an seine Frau, und sie werden *ein* Fleisch. [25] Beide, Adam und seine Frau, waren nackt, aber sie schämten sich nicht voreinander.

826 Genesis 1,26–31

[26] Dann sprach Gott: Laßt uns Menschen machen als unser Abbild, uns ähnlich. Sie sollen herrschen über die Fische des Meeres, über die Vögel des Himmels, über das Vieh, über die ganze Erde und über alle Kriechtiere auf dem Land. [27] Gott schuf also den Menschen als sein Abbild; als Abbild Gottes schuf er ihn. Als Mann und Frau schuf er sie. [28] Gott segnete sie, und Gott sprach zu ihnen: Seid fruchtbar, und vermehrt euch, bevölkert die Erde, unterwerft sie euch, und herrscht über die Fische des Meeres, über die Vögel des Himmels und über alle Tiere, die sich auf dem Land regen. [29] Dann sprach Gott: Hiermit übergebe ich euch alle Pflanzen auf der ganzen Erde, die Samen tragen, und alle Bäume mit samenhaltigen Früchten. Euch sollen sie zur Nahrung dienen. [30] Allen Tieren des Feldes, allen Vögeln des Himmels und allem, was sich auf der Erde regt, was Lebensatem in sich hat, gebe ich alle grünen Pflanzen zur Nahrung. So geschah es. [31] Gott sah alles an, was er gemacht hatte: Es war sehr gut. Es wurde Abend, und es wurde Morgen: der sechste Tag.

Mt 5,31 f. par. – Mt 19,3–12; Mk 10,2–12 – Mt 18,19 f.

827 Das Zeugnis der Evangelien: die Ehegatten in der andrängenden Gottesherrschaft zu unauflöslicher Einheit befähigt und verpflichtet

Aus: O. Knoch mit E. Sitarz (Hrsg.), Vollständige Synopse der Evangelien. Nach dem Text der Einheitsübersetzung, Stuttgart 1988, 46 f., 180 f.

Jesus selbst hat in weisheitlich-prophetischer Rede zur Ehe Stellung genommen. Seine Worte, die in verschiedenem Überlieferungszusammenhang überkommen sind, verpflichten die Ehegatten zu unbedingter Einheit. Die Kontexte lassen erkennen, daß diese Einheit nicht nur gefordert, sondern durch das Kommen der Gottesherrschaft in Jesus auch ermöglicht wird (vgl. auch das weiter gefaßte Logion Mt 18,19 f.). Die in die Jesusworte eingefügte sog. Unzuchtsklausel (Mt 5,32; 19,9) zeigt, wie man sich in einer frühen Gemeinde bemühte, das „Zielgebot" Jesu nicht einfach zu verrechtlichen.

46 *46. Von der Ehescheidung*

Mt 5,31–32

[31] Ferner ist gesagt worden: *Wer seine Frau aus der Ehe entläßt,* muß *ihr eine Scheidungsurkunde* geben (Dtn 24,1). [32] Ich aber sage euch:

Mk 10,11–12

Lk 16,18

	Mt 5,31–32	*Mk 10,11–12*	*Lk 16,18*
	Wer seine Frau entläßt, obwohl kein Fall von Unzucht vorliegt, liefert sie dem Ehebruch aus; und wer	11 Wer seine Frau aus der Ehe entläßt und eine andere heiratet, begeht ihr gegenüber Ehebruch. 12 Auch eine Frau begeht Ehebruch,	18 Wer seine Frau aus der Ehe entläßt und eine andere heiratet, begeht Ehebruch; auch wer
47	eine Frau heiratet, die aus der Ehe entlassen worden ist, begeht Ehebruch.	wenn sie ihren Mann aus der Ehe entläßt und einen anderen heiratet.	eine Frau heiratet, die von ihrem Mann aus der Ehe entlassen worden ist, begeht Ehebruch.

Mt 5,31 Vgl. Mt 19,7
Mt 5,32 Vgl. Mt 19,9 par.
1 Kor 7,10 f.

Hermas, Mandata 4,1,6 (Mt 5,32; Mk 10,11) Herr, fragte ich, was soll aber der Mann tun, wenn die Frau an dieser Leidenschaft (= Ehebruch) festhält ...? – Er antwortete: Entlassen soll er sie, und der Mann selbst soll allein bleiben. Wenn er aber die Frau entläßt und eine andere heiratet, begeht er selber Ehebruch.

828

180 *220. Von Ehescheidung und Ehelosigkeit*

Mt 19,3–12 Mt 5,31–32	*Mk 10,2–12*	*Lk 16,18*
3 Da kamen Pharisäer zu ihm, die ihm eine Falle stellen wollten, und fragten: Darf man seine Frau aus jedem beliebigen Grund aus der Ehe entlassen?	2 Da kamen Pharisäer zu ihm und fragten: Darf ein Mann seine Frau aus der Ehe entlassen? Damit wollten sie ihm eine Falle stellen.	
4 Er antwortete: Habt ihr nicht gelesen, daß der Schöpfer die Menschen am Anfang *als Mann und Frau geschaffen hat* (Gen 1,27; 5,2) 5 und daß er gesagt hat: *Darum wird der Mann Vater und Mutter verlassen und sich an seine Frau binden, und die zwei werden ein Fleisch sein?* (Gen 2,24 G) 6 Sie sind also nicht mehr zwei, sondern eins. Was aber Gott verbunden hat, das darf der Mensch nicht trennen.		

	Mt 19,3–12	*Mt 5,31–32*	*Mk 10,2–12*	*Lk 16,18*
			[3] Er antwortete ihnen: Was hat euch Mose vorgeschrieben?	
	[7] Da sagten sie zu ihm: Wozu hat dann Mose vorgeschrieben, daß man (der Frau) eine *Scheidungsurkunde geben muß* (Dtn 24,1), wenn man sich trennen will?	[5,31] Ferner ist gesagt worden: *Wer seine Frau aus der Ehe entläßt, muß ihr eine Scheidungsurkunde geben* (Dtn 24,1).	[4] Sie sagten: Mose hat erlaubt, *eine Scheidungsurkunde auszustellen und* (die Frau) *aus der Ehe zu entlassen* (Dtn 24,1).	
	[8] Er antwortete: Nur weil ihr so hartherzig seid, hat Mose euch erlaubt, eure Frauen aus der Ehe zu entlassen. Am Anfang war das nicht so.		[5] Jesus entgegnete ihnen: Nur weil ihr so hartherzig seid, hat er euch dieses Gebot gegeben. [6] Am Anfang der Schöpfung aber *hat Gott sie als Mann und Frau geschaffen* (Gen 1,27; 5,2). [7] *Darum wird der Mann Vater und Mutter verlassen,* [8] *und die zwei werden ein Fleisch sein* (Gen 2,24 G). Sie sind also nicht mehr zwei, sondern eins. [9] Was aber Gott verbunden hat, das darf der Mensch nicht trennen. [10] Zu Hause befragten ihn die Jünger noch einmal darüber.	
	[9] Ich sage euch: Wer seine Frau entläßt,	[5,32] Ich aber sage euch: Wer seine Frau entläßt,	[11] Er antwortete ihnen: Wer seine Frau aus der Ehe entläßt	[18] Wer seine Frau aus der Ehe entläßt
181	obwohl kein Fall von	obwohl kein Fall von		

Mt 19,3–12	*Mt 5,31–32*	*Mk 10,2–12*	*Lk 16,18*
Unzucht vorliegt,	Unzucht vorliegt,		
und eine andere heiratet, der begeht Ehebruch.	liefert sie dem Ehebruch aus; und wer eine Frau heiratet, die aus der Ehe entlassen worden ist, begeht Ehebruch.	und eine andere heiratet, begeht ihr gegenüber Ehebruch.	und eine andere heiratet, begeht Ehebruch; auch wer eine Frau heiratet, die von ihrem Mann aus der Ehe entlassen worden ist, begeht Ehebruch.
		[12] Auch eine Frau begeht Ehebruch, wenn sie ihren Mann aus der Ehe entläßt und einen anderen heiratet.	
[10] Da sagten die Jünger zu ihm: Wenn das die Stellung des Mannes in der Ehe ist, dann ist es nicht gut zu heiraten. [11] Jesus sagte zu ihnen: Nicht alle können dieses Wort erfassen, sondern nur die, denen es gegeben ist. [12] Denn es ist so: Manche sind von Geburt an zur Ehe unfähig, manche sind von den Menschen dazu gemacht, und manche haben sich selbst dazu gemacht – um des Himmelreiches willen. Wer das erfassen kann, der erfasse es.			
19,9 Einige Textzeugen fügen nach „Ehebruch“ entsprechend Lk 16,18 hinzu: auch wer eine Frau heiratet, die aus der Ehe entlassen worden ist, begeht Ehebruch.		*10,1 f. Einige Textzeugen haben: . . . wie er es gewohnt war; und sie fragten ihn: darf ein Mann . . .* *10,7 Einige alte Textzeugen fügen nach „verlassen“ hinzu: und sich an seine Frau binden (vgl. Gen 2,24; Mt 19,5).*	

Mt 19,3–12	*Mt 5,31–32*	*Mk 10,2–12*	*Lk 16,18*
Mt 19,9 par. Vgl. 1 Kor 7,1.10 f.		Mk 10,2 Vgl. Mk 12,15	
Mt 19,11 f. Vgl. 1 Kor 7,7.25.		Mk 10,8 Vgl. 1 Kor 6,16.	
		Mk 10,10 f. Vgl. 1 Kor 7,10 f.	

Pseudo-Klemens, Homilien 3,54,2 (Mt 19,4.8) Nur weil ihr so hartherzig seid, hat Mose es euch erlaubt. Denn am Anfang ist es nicht so gewesen. Der Schöpfer hat nämlich am Anfang den Menschen als Mann und Frau geschaffen.
Justin, 1. Apologie 15,3 f. (Mt 19,9.12 par.) Wer eine (Frau) heiratet, die von einem anderen Mann aus der Ehe entlassen worden ist, begeht Ehebruch. Und: Manche sind von den Menschen zur Ehe unfähig gemacht, manche sind von Geburt an zur Ehe unfähig, manche haben sich selbst dazu gemacht – um des Himmelreiches willen. Doch nicht alle können das erfassen.

829 Matthäus 18,19 f.

19 Weiter sage ich euch: Alles, was zwei von euch auf Erden gemeinsam erbitten, werden sie von meinem himmlischen Vater erhalten. 20 Denn wo zwei oder drei in meinem Namen versammelt sind, da bin ich mitten unter ihnen.

1 Thess 4,3–8 – 1 Kor 7,1–16

830 Die Stellungnahme des Paulus: die unauflösliche Ehe unter Christen, geheiligt und heiligend

Bei Paulus finden sich zwar manche eher abwertenden Äußerungen über die Ehe, die sich aus Zeitgeist und Naherwartung erklären lassen, er weiß aber auch von der heiligenden Kraft christlicher Ehe überzeugend zu sprechen. Die Unauflöslichkeit gilt nach Paulus nur für die Ehe unter Christen absolut (vgl. das sog. „Paulinische Privileg" 1 Kor 7,15 f.).

1. Thessalonicherbrief 4,3–8

3 Das ist es, was Gott will: eure Heiligung. Das bedeutet, daß ihr die Unzucht meidet, 4 daß jeder von euch lernt, mit seiner Frau in heiliger und achtungsvoller Weise zu verkehren, 5 nicht in leidenschaftlicher Begierde wie *die Heiden, die Gott nicht kennen,* 6 und daß keiner seine Rechte überschreitet und seinen Bruder bei Geschäften betrügt, denn all das rächt der Herr, wie wir euch schon früher gesagt und bezeugt haben. 7 Denn Gott hat uns nicht dazu berufen, unrein zu leben, sondern heilig zu sein. 8 Wer das verwirft, der verwirft also nicht Menschen, sondern Gott, der euch *seinen* Heiligen *Geist schenkt.*

831 1. Korintherbrief 7,1–16

Die christliche Ehe: 7,1–7 Nun zu den Anfragen eures Briefes! „Es ist gut für den Mann, keine Frau zu berühren." [2] Wegen der Gefahr der Unzucht soll aber jeder seine Frau haben, und jede soll ihren Mann haben. [3] Der Mann soll seine Pflicht gegenüber der Frau erfüllen und ebenso die Frau gegenüber dem Mann. [4] Nicht die Frau verfügt über ihren Leib, sondern der Mann. Ebenso verfügt nicht der Mann über seinen Leib, sondern die Frau. [5] Entzieht euch einander nicht, außer im gegenseitigen Einverständnis und nur eine Zeitlang, um für das Gebet frei zu sein. Dann kommt wieder zusammen, damit euch der Satan nicht in Versuchung führt, wenn ihr euch nicht enthalten könnt. [6] Das sage ich als Zugeständnis, nicht als Gebot. [7] Ich wünschte, alle Menschen wären (unverheiratet) wie ich. Doch jeder hat seine Gnadengabe von Gott, der eine so, der andere so.

Ehe mit Heiden – Ehescheidung: 7,8–16 [8] Den Unverheirateten und den Witwen sage ich: Es ist gut, wenn sie so bleiben wie ich. [9] Wenn sie aber nicht enthaltsam leben können, sollen sie heiraten. Es ist besser zu heiraten, als sich in Begierde zu verzehren. [10] Den Verheirateten gebiete nicht ich, sondern der Herr: Die Frau soll sich vom Mann nicht trennen [11] – wenn sie sich aber trennt, so bleibe sie unverheiratet oder versöhne sich wieder mit dem Mann –, und der Mann darf die Frau nicht verstoßen.

[12] Den übrigen sage ich, nicht der Herr: Wenn ein Bruder eine ungläubige Frau hat und sie willigt ein, weiter mit ihm zusammenzuleben, soll er sie nicht verstoßen. [13] Auch eine Frau soll ihren ungläubigen Mann nicht verstoßen, wenn er einwilligt, weiter mit ihr zusammenzuleben. [14] Denn der ungläubige Mann ist durch die Frau geheiligt, und die ungläubige Frau ist durch ihren gläubigen Mann geheiligt. Sonst wären eure Kinder unrein; sie sind aber heilig. [15] Wenn aber der Ungläubige sich trennen will, soll er es tun. Der Bruder oder die Schwester ist in solchen Fällen nicht wie ein Sklave gebunden; zu einem Leben in Frieden hat Gott euch berufen. [16] Woher weißt du denn, Frau, ob du den Mann retten kannst? Oder woher weißt du, Mann, ob du die Frau retten kannst?

Eph 5,21–33

832 Der Epheserbrief: die Ehe der Christen als sakramentale Teilhabe an der Heilsverbindung Christi zur Kirche

Ehe unter Christen ist nach diesem Text nicht nur Nachahmung des Verhältnisses Christus–Kirche (wozu die Ehepartner in der Tat aufgefordert werden), sie ist vielmehr zugleich Einbezug in diese Lebens- und Liebesgemeinschaft (5,32: „das große Geheimnis").

[21] Einer ordne sich dem andern unter in der gemeinsamen Ehrfurcht vor Christus. [22] Ihr Frauen, ordnet euch euren Männern unter wie dem Herrn (Christus); [23] denn der Mann ist das Haupt der Frau, wie auch Christus das Haupt der Kirche ist; er hat sie gerettet, denn sie ist sein Leib. [24] Wie aber die Kirche sich Christus unterordnet, sollen sich die Frauen in allem den Männern unterordnen. [25] Ihr Männer, liebt eure Frauen, wie Christus die Kirche geliebt und sich für sie hingegeben hat, [26] um sie im Wasser und durch das Wort rein und heilig zu machen. [27] So will er die Kirche herrlich vor sich erscheinen lassen, ohne Flecken, Falten oder andere Fehler; heilig soll sie sein und makellos. [28] Darum sind die Männer verpflichtet, ihre Frauen so zu lieben wie ihren eigenen Leib. Wer seine Frau liebt, liebt sich selbst. [29] Keiner hat je seinen eigenen Leib gehaßt, sondern er nährt und pflegt ihn, wie auch Christus die Kirche. [30] Denn wir sind Glieder seines Leibes. [31] *Darum wird der Mann Vater und Mutter verlassen und sich an seine Frau binden, und die zwei werden ein Fleisch sein.* [32] Dies ist ein tiefes Geheimnis; ich beziehe es auf Christus und die Kirche. [33] Was euch angeht, so liebe jeder von euch seine Frau wie sich selbst, die Frau aber ehre den Mann.

Lehramtliche Texte

Innozenz III. (1198–1216)

Das Glaubensbekenntnis gegen die Waldenser (1208)

833 Die Grundoption: Die Ehe ist nicht vom Bösen

Lat.: DS 794 = PL 215, 1512 A.
Dt.: NR 729.

In diesem dem rückkehrwilligen Waldenser Durandus von Huesca abverlangten Glaubensbekenntnis (vgl. Einl. in 7), wird gegenüber dualistischen Irrlehren – die Ehe entstamme dem bösen, dem materiellen Weltprinzip – die christliche Werthaftigkeit der Ehe hochgehalten: Sie ist zumindest kein Heilshindernis.

729 Wir erkennen [. . .] an, daß wirkliche Ehen geschlossen werden dürfen. Streng verbieten Wir, daß richtig geschlossene Ehen geschieden werden. Wir glauben und bekennen, daß der Mann, auch wenn er eine Ehegattin hat, gerettet werden kann, und Wir verurteilen auch nicht eine zweite oder noch weitere Ehen.

Die allgemeine Kirchenversammlung zu Florenz (1438–1445)

Lehrentscheid für die Armenier (1439)

834 Die Ehe als wirksames Zeichen der Verbindung von Christus und Kirche

Lat.: DS 1327 = Mansi 31 A, 1058 E – 1059 A.
Dt.: NR 730.

Das Armenierdekret (vgl. Einl. in 10) spricht im Anschluß an Thomas von Aquin (vgl. 888 f.) die sakramentale Zeichenhaftigkeit der Ehe erstmals deutlich aus. Auch die auf Augustinus zurückgehende Ehegüterlehre (vgl. 879 ff.) wird so in einen lehramtlichen Text aufgenommen.

730 Das siebente Sakrament ist die Ehe. Nach dem Apostel ist sie ein Zeichen der Verbindung Christi mit der Kirche: „Es ist dies ein großes Geheimnis, ich meine aber in Christus und der Kirche" (Eph 5,32). Die *Wirkursache* der Ehe ist die gegenseitige Zustimmung, die für gewöhnlich in Worten, die sich auf die Gegenwart beziehen, ausgedrückt wird. Ein *dreifaches Gut* kommt der Ehe zu: Das erste ist die Zeugung des *Nachwuchses* und seine Erziehung zum Dienst Gottes, das zweite die *Treue,* die der eine Gatte dem andern wahren muß, das dritte die *Unauflöslichkeit* der Ehe, weil

sie die unlösliche Verbindung Christi und der Kirche darstellt. Wegen Unzucht ist zwar eine Scheidung von Tisch und Bett erlaubt, aber es bleibt dennoch gegen Gottes Gebot, eine andere Ehe einzugehen; denn das Band einer rechtmäßig geschlossenen Ehe ist dauernd.

Die allgemeine Kirchenversammlung zu Trient (1545–1563)

Die Lehre vom Ehesakrament (24. Sitzung 1563)

835 Die christliche Ehe:
Wirklichkeit der Gnadenordnung in der Obhut der Kirche

Lat.: DS 1797–1812 = Mansi 33, 149 E – 151 E.
Dt.: NR 731–746.

Gegenüber Lehre und Praxis im Bereich der reformatorischen Kirchen reklamiert das Konzil die Ehe als Wirklichkeit der übernatürlichen Ordnung. Und es behauptet und konkretisiert die Zuständigkeit der Kirche in der Verwaltung des Sakramentes. Lehrsatz (Kanon) 7 über die Unauflöslichkeit der Ehe auch bei Ehebruch ist mit Rücksicht auf die Tradition der Ostkirchen zurückhaltend formuliert.

Die Lehre vom Ehesakrament

731 Das dauernde und unauflösliche Band der Ehe hat *der Stammvater des Menschengeschlechts,* erleuchtet vom Heiligen Geist, mit den Worten verkündet: „Dies ist nun Bein von meinem Bein und Fleisch von meinem Fleisch. Deshalb verläßt der Mann seinen Vater und seine Mutter und hängt seinem Weibe an, und die zwei werden ein Fleisch sein" (Gen 2,23 f.).

836

732 Daß durch dieses Band zwischen nur zwei Menschen eine Verbindung geschlossen wird, hat *Christus der Herr* noch klarer gelehrt. Er berichtete jene Worte als Worte Gottes und sagte: „Sie sind also nicht mehr zwei, sondern ein Fleisch" (Mt 19,6). Und dann bekräftigte er gleich die Festigkeit dieses Bandes, die von Adam schon so viel früher verkündet war, mit folgenden Worten: „Was nun Gott verbunden hat, darf der Mensch nicht trennen" (Mt 19,6).

837

733 Die *Gnade* aber, die jene natürliche Liebe vollenden, die unlösliche Einheit festigen, die Ehegatten heiligen soll, hat uns Christus, der Stifter und Vollender der ehrwürdigen Sakramente, durch sein Leiden verdient. Der heilige Apostel Paulus deutet das mit den Worten an: „Ihr Männer, liebt eure Frauen, wie Christus seine Kirche

liebte und sich selbst für sie hingab" (Eph 5,25). Und dann fügte er bei: „Das ist ein großes Geheimnis, ich meine in Christus und in seiner Kirche" (Eph 5,32).

838

734 Da nun die Ehe im Gesetz des Evangeliums durch Christus aufgrund der Gnade einen Vorrang hat vor den ehelichen Verbindungen der früheren Zeit, so lehrten unsere heiligen Väter, die Kirchenversammlungen und die gesamte kirchliche Überlieferung stets mit Recht, daß sie *zu den Sakramenten des Neuen Bundes* zu zählen ist. Dagegen haben in unseren Tagen betörte Menschen nicht nur falsch von diesem ehrwürdigen Sakrament gedacht, sondern nach ihrer Art unter Berufung auf das Evangelium eine falsche Freiheit des Fleisches eingeführt und vieles in Schrift und Wort verkündet, was der Auffassung der katholischen Kirche und den bewährten Überlieferungen aus der Zeit der Apostel fremd ist, nicht ohne großen Nachteil der Gläubigen. [. . .]

839 Lehrsätze über das Sakrament der Ehe

735 1. Wer sagt, die Ehe sei nicht wahrhaft und eigentlich eines der sieben Sakramente des evangelischen Gesetzes, das von Christus dem Herrn eingesetzt wurde, sondern es sei von Menschen in der Kirche erfunden worden und teile keine Gnade mit, der sei ausgeschlossen.

Canones de sacramento matrimonii

1801 Can. 1. Si quis dixerit, matrimonium non esse vere et proprie unum ex septem Legis evangelicae sacramentis, a Christo Domino insitutum, sed ab hominibus in Ecclesia inventum, neque gratiam conferre: anathema sit.

840

736 2. Wer sagt, es sei den Christen erlaubt, gleichzeitig mehrere Frauen zu haben; das sei durch kein göttliches Gesetz untersagt, der sei ausgeschlossen.

1802 Can. 2. Si quis dixerit, licere Christianis plures simul habere uxores, et hoc nulla lege divina esse prohibitum *[Mt 19,9 ss]:* an. s.

841

737 3. Wer sagt, nur diejenigen Grade der Blutsverwandtschaft und Schwägerschaft könnten einen Eheabschluß verhindern oder ein Eheband trennen, die im Buch Leviticus (18,6 ff.) angeführt sind; die Kirche aber könne nicht in einigen von ihnen eine Dispens erteilen oder bestimmen, daß auch noch andere Grade die Ehe hindern und trennen, der sei ausgeschlossen.

1803 Can. 3. Si quis dixerit, eos tantum consanguinitatis et affinitatis gradus, qui *Levitico [18,6 ss]* exprimuntur, posse impedire matrimonium contrahendum, et dirimere contractum; nec posse Ecclesiam in nonnullis illorum dispensare, aut constituere, ut plures impediant et dirimant: an. s.

842

738 4. Wer sagt, die Kirche habe nicht die Vollmacht gehabt, trennende Ehehindernisse aufzustellen, oder sie habe in ihrer Aufstellung geirrt, der sei ausgeschlossen.

1804 Can. 4. Si quis dixerit, Ecclesiam non potuisse constituere impedimenta matrimonium dirimentia vel in iis constituendis errasse: an. s.

843

739 5. Wer sagt, wegen Irrglauben, wegen Schwierigkeiten im Zusammenleben oder wegen böswilliger Abwesenheit vom Gatten könne das eheliche Band gelöst werden, der sei ausgeschlossen.

1805 Can. 5. Si quis dixerit, propter haeresim, aut molestam cohabitationem, aut affectatam absentiam a coniuge dissolvi posse matrimonii vinculum: an. s.

844

740 6. Wer sagt, eine geschlossene, aber nicht vollzogene Ehe werde durch die feierlichen Ordensgelübde des einen Ehegatten nicht gelöst, der sei ausgeschlossen.

1806 Can. 6. Si quis dixerit, matrimonium ratum, non consummatum, per solemnem religionis professionem alterius coniugum non dirimi: an. s.

845

741 7. Wer sagt, die Kirche irre, wenn sie gelehrt hat und lehrt: Nach evangelischer und apostolischer Lehre (Mt 19,6 ff.; Mk 10,6 ff.; 1 Kor 7,10 ff.) könne wegen eines Ehebruchs des einen Ehegatten das eheliche Band nicht gelöst werden und beide, auch der unschuldige Teil, der keinen Anlaß zum Ehebruch gegeben hat, könne zu Lebzeiten des andern Ehegatten keine andere Ehe eingehen; und der Mann begehe einen Ehebruch, der nach Entlassung der ehebrecherischen Frau eine andere heirate, ebenso die Frau, die nach Entlassung des ehebrecherischen Mannes sich mit einem anderen vermähle, der sei ausgeschlossen.

1807 Can. 7. Si quis dixerit, Ecclesiam errare, cum docuit et docet, iuxta evangelicam et apostolicam doctrinam *[cf. Mc 10; 1 Cor 7]*, propter adulterium alterius coniugum matrimonii vinculum non posse dissolvi, et utrumque, vel etiam innocentem, qui causam adulterio non dedit, non posse, altero coniuge vivente, aliud matrimonium contrahere, moecharique eum, qui dimissa adultera aliam duxerit, et eam, quae dimisso adultero alii nupserit: an. s.

846

742 8. Wer sagt, die Kirche irre, wenn sie aus vielen Gründen eine Scheidung der Ehegatten von Bett und Tisch auf bestimmte oder unbestimmte Zeit für erlaubt erklärt, der sei ausgeschlossen.

1808 Can. 8. Si quis dixerit, Ecclesiam errare, cum ob multas causas separationem inter coniuges quoad thorum, seu quoad cohabitationem, ad certum incertumve tempus, fieri posse decernit: an. s.

847

743 9. Wer sagt, Kleriker, die die heiligen Weihen empfangen haben, oder Ordensleute mit dem feierlichen Gelübde der Keuschheit könnten eine Ehe eingehen, und der Ehebund sei trotz des entgegenstehenden kirchlichen Gesetzes und des Gelübdes gültig, und die gegenteilige Auffassung sei nichts als eine Verurteilung der Ehe, und alle könnten eine Ehe eingehen, die nicht spüren, daß sie die Gabe der Keuschheit haben, auch wenn sie sie gelobt haben, der sei ausgeschlossen. Denn wenn sie Gott richtig darum bitten, dann verweigert er sie nicht; er duldet es nicht, daß wir über unsere Kräfte versucht werden (1 Kor 10,13).

1809 Can. 9. Si quis dixerit, clericos in sacris ordinibus constitutos, vel regulares castitatem solemniter professos, posse matrimonium contrahere, contractumque validum esse, non obstante lege Ecclesiastica vel voto, et oppositum nil aliud esse, quam damnare matrimonium; posseque omnes contrahere matrimonium, qui non sentiunt se castitatis (etiamsi eam voverint) habere donum: an. s. Cum Deus id recte petentibus non deneget, „nec patiatur, nos supra id, quod possumus, tentari" *[1 Cor 10,13]*.

848

744 10. Wer sagt, der Ehestand sei dem jungfräulichen Stand oder der Ehelosigkeit vorzuziehen, und es sei nicht besser und seliger, in Jungfräulichkeit und Ehelosigkeit zu bleiben, als eine Ehe einzugehen, der sei ausgeschlossen.

1810 Can. 10. Si quis dixerit, statum coniugalem anteponendum esse statui virginitatis vel caelibatus, et non esse melius ac beatius, manere in virginitate aut caelibatu, quam iungi matrimonio *[cf. Mt 19,11 s; 1 Cor 7,25 s 38 40]*: an. s.

849

745 11. Wer sagt, das Verbot des feierlichen Eheschlusses zu bestimmten Zeiten des Jahres sei Anmaßung und Aberglaube, der noch aus dem Aberglauben der Heiden stamme; oder wer die Segnungen und die anderen äußeren gottesdienstlichen Vorschriften, die die Kirche bei ihm anwendet, verurteilt, der sei ausgeschlossen.

1811 Can. 11. Si quis dixerit, prohibitionem solemnitatis nuptiarum certis anni temporibus superstitionem esse tyrannicam, ab ethnicorum superstitione profectam; aut benedictiones et alias ceremonias, quibus Ecclesia in illis utitur, damnaverit: an. s.

850

746 12. Wer sagt, Eheangelegenheiten gehörten nicht vor den kirchlichen Richter, der sei ausgeschlossen.

1812 Can. 12. Si quis dixerit, causas matrimoniales non spectare ad iudices ecclesiasticos: an. s.

Leo XIII. (1878–1903)

Rundschreiben über die christliche Ehe
„Arcanum divinae sapientiae" (1880)

851 Der Ehevertrag als Ehesakrament

Lat.: DS 3142–3146 = ASS 14 (1881/82) 4 ff.
Dt.: NR 747–750.

Die Enzyklika wendet sich gegen den Versuch, die natürliche und die übernatürliche Wirklichkeit der Ehe auseinanderzureißen und die Zuständigkeit für die erstere allein dem Staat zu überlassen. Dabei identifiziert sie weitestgehend Ehevertrag und Ehesakrament.

Die Ehe ist ein Sakrament

747 Christus der Herr hat die Ehe *zur Würde eines Sakramentes erhoben,* und gleichzeitig hat er bewirkt, daß die Gatten, umhegt und gefestigt von göttlicher Gnade, die seine Verdienste uns erworben haben, eben in der Ehe ihre Heiligkeit erlangen. In ihr hat er in wundervoller Angleichung der Ehe an das Vorbild seiner geheimnisvollen Ehe mit der Kirche die Liebe, wie sie der Menschennatur entspricht, zur Vollendung geführt und durch das Band göttlicher Liebe die ihrer Natur ausschließliche Gemeinschaft zwischen Mann und Weib fester geknüpft. „Ihr Männer", sagt Paulus, „liebt eure Frauen, wie Christus seine Kirche geliebt und sich für sie hingegeben hat, sie zu heiligen" (Eph 5,25). [. . .]

852 *Die kirchliche Machtbefugnis über die Ehe*

748 Wie nun Christus die Ehe zu einer solchen Würde *(eines Sakramentes)* neu erhoben hast, so hat er auch der Kirche *die ganze Ehegesetzgebung übergeben* und anvertraut. Sie hat diese Rechtsbefugnis über die Ehen der Christen immer und überall ausgeübt, und zwar so, daß sie klar als ihr Eigentum erschien, nicht als Zugeständnis, das sie von Menschen erbeten hätte, sondern als Besitz, den sie von Gott durch den Willen ihres Stifters erlangt hat. [. . .]

853 *Es gibt keine Scheidung zwischen staatsrechtlichem Ehevertrag und kirchlichem Sakrament*

749 Niemand soll sich durch jene Unterscheidung täuschen lassen, die von den übereifrigen Verteidigern der weltlichen Gewalt so sehr betont wird. Sie trennen nämlich den Ehevertrag vom Sakrament mit der Absicht, der Kirche alles zu überlassen, was das Sakrament betrifft, den Vertrag dagegen der Verfügung der weltlichen Macht zu unterstellen. Denn eine solche Unterscheidung – besser würde man sagen, ein solches Zerreißen – läßt sich nicht begründen. Es ist ja offenkundig, daß sich in der christlichen Ehe *der Vertrag vom Sakrament nicht scheiden läßt.* Hier kann es keinen wahren, gesetzmäßigen Vertrag geben, der nicht eben dadurch schon Sakrament wäre. Denn Christus der Herr hat die Ehe zur Würde des Sakramentes erhoben, die Ehe aber ist der rechtmäßig abgeschlossene Vertrag selbst.

854 *Die innere Begründung, warum der Ehevertrag selbst das Sakrament ist*

750 Dazu kommt, daß die Ehe deshalb ein Sakrament ist, weil sie ein heiliges Zeichen ist, das die Gnade wirkt und *gleichnishaft jene geheimnisvolle Ehe Christi mit seiner Kirche darstellt.* Dieses Gleichnis und dieser Hinweis aber wird durch jenes Band der innigsten Vereinigung ausgedrückt, das Mann und Weib miteinander verbindet und das nichts anderes als eben die Ehe ist. Daraus ergibt sich, daß jede rechtmäßige Ehe unter Christen in sich und aus sich ein Sakrament ist. Nichts kann der Wahrheit ferner liegen als die Behauptung, daß das Sakrament eine schmückende Beigabe sei oder eine Eigenschaft, die von außen hinzutrete und die sich nach menschlichem Gutdünken vom Ehevertrag lostrennen läßt.

So gibt es keinen Beweis aus der Vernunft oder aus der Geschichte, daß die rechtliche Vollmacht über die Ehe der Christen auf die weltliche Gewalt rechtmäßig übergegangen sei. Wenn in dieser Sache fremdes Recht verletzt worden ist, so möge niemand sagen, es sei durch die Kirche verletzt worden.

Pius XI. (1922–1939)

Rundschreiben über die christliche Ehe
„Casti connubii" (1930)

855 Das Ehesakrament: gnadenhafte Vollendung ehelicher Liebe

Lat.: DS 3700–3714 (mit Auslassungen) = AAS 22 (1930) 541 ff.
Dt.: NR 751–760.

Über die tradierte Ehelehre hinaus entfaltet die Enzyklika erstmals ausführlicher die positiven Gehalte des Ehesakraments: Es vermag die natürliche Liebe der Ehegatten zu tragen und zu vollenden.

[Im Eingang beruft sich Papst Pius XI. auf das Rundschreiben Leos XIII.] [a]

751 [. . .] Um nun mit diesem Brief *[Leos XIII.]* zu beginnen, der sich fast ganz mit der Verteidigung der göttlichen Einrichtung der Ehe, ihrer sakramentalen Würde und ihrer beständigen Festigkeit befaßt, so muß zuerst als unbewegliche und unverletzliche Grundlage feststehen:

Die Ehe als göttliche Einrichtung

Die Ehe ist nicht menschliche, sondern göttliche Einrichtung. Nicht von Menschen, sondern von Gott, dem Urheber der Menschennatur, und von Christus dem Herrn, dem Wiederhersteller dieser Natur, ist sie durch Gesetze geschützt, gefestigt und erhoben. Diese Gesetze können nicht menschlichem Gutdünken, auch nicht einer entgegenstehenden Abmachung der Ehegatten selbst unterworfen sein. [. . .]

[a] „Arcanum divinae sapientiae" von 1880, vgl. 851–854.

856 *Der Beitrag des menschlichen Willens zur Ehe*

752 Obwohl indessen die Ehe ihrer Natur nach von Gott gestiftet ist, so hat doch auch der menschliche Wille an ihr einen hervorragenden Anteil. Denn jede einzelne Ehe entspringt, soweit sie eben die eheliche Verbindung zwischen diesem Mann und dieser Frau darstellt, ausschließlich der freien Zustimmung beider Brautleute. Dieser freie Willensentschluß, in dem jeder Ehegatte das der Ehe eigentümliche Recht gibt und empfängt, ist zur Begründung einer wahren Ehe so notwendig, daß keine menschliche Vollmacht sie ersetzen kann.

857 *Die Grenzen dieser Freiheit*
753 Diese Freiheit betrifft aber nur die Tatsache, ob die beiden Vertragschließenden in der Tat eine Ehe eingehen wollen oder nicht, und ob mit dieser Person. Die Natur der Ehe hingegen ist der Freiheit des Menschen vollkommen entzogen. Wer also einmal eine Ehe geschlossen hat, ist ihren göttlichen Gesetzen und wesenhaften Eigenschaften unterstellt. [. . .]

858 *Die Nachkommenschaft*
754 Der Schöpfer des Menschengeschlechts wollte in seiner Güte bei der Fortpflanzung des Lebens die Menschen in seinen Dienst nehmen. Er tat diesen Willen kund, als er im Paradies die Ehe einsetzte und den Stammeltern und in ihnen allen künftigen Gatten sagte: Wachset und mehret euch. [. . .]
Die christlichen Eltern müssen wissen, daß sie nicht nur dazu berufen sind, das Menschengeschlecht auf der Erde auszubreiten und zu erhalten, auch nicht nur um irgendwelche Diener des wahren Gottes großzuziehen, sondern um der Kirche Christi die Nachkommenschaft zu schenken, um Mitbürgern der Heiligen und Hausgenossen Gottes das Leben zu geben, damit das Volk, das dem Dienst Gottes und unseres Heilands geweiht ist, von Tag zu Tag wachse. [. . .]

859 *Die Treue*
755 Das zweite Gut der Ehe [. . .] ist die Treue. Es ist die gegenseitige Treue der Ehegatten in Erfüllung des Ehebundes, so daß die Pflicht, die sich die Ehegatten aufgrund des durch Gottes Gesetz geheiligten Vertrags ausschließlich schulden, nicht verweigert, aber auch sonst niemand zugestanden werden darf. [. . .]

860 *Die Ehe als Sakrament*
756 Aber erst in der Ehe [. . .] als Sakrament erreichen die Güter der Ehe ihre ganze Fülle. Damit ist die Unauflöslichkeit des Ehebandes und die Erhebung und Weihe des Ehevertrags durch Christus zu einem wirksamen Zeichen der Gnade gemeint.

861 *Das übernatürliche Geheimnis der Ehe*
757 [. . .] *[Den letzten Grund für die Unauflöslichkeit der Ehe]* finden wir in der gleichnishaften Bedeutung der christlichen Ehe. Diese Bedeutung ist vollkommen enthalten in der zwischen Gläubigen vollzogenen Ehe. Denn nach dem Zeugnis des Apostels in seinem Brief an die Epheser [. . .] weist die Ehe der Christen auf jene

vollkommenste Gemeinschaft hin, die Christus mit seiner Kirche verbindet: „Ein großes Geheimnis ist es, ich meine auf Christus und seine Kirche hin" (Eph 5,32). Niemals, solange Christus lebt und die Kirche durch ihn lebt, kann diese Gemeinschaft irgendwie getrennt werden. Auch der heilige Augustinus lehrt dies ausdrücklich mit folgenden Worten: „In Christus und der Kirche erfüllt es sich, daß es zu Lebzeiten des einen Teils keine Scheidung geben kann. Und dieses Geheimnis wird im Staat unseres Gottes, d. i. in der Kirche Christi, so sehr beobachtet, daß Frauen, die heiraten oder zur Ehe genommen werden, um Kindern das Leben zu schenken, auch wegen Unfruchtbarkeit nicht entlassen werden dürfen, um eine andere, fruchtbare, zur Ehe zu nehmen. Wenn jemand solches tut, so ist er zwar nicht nach weltlichem Recht [. . .], wohl aber nach dem Gesetz des Evangeliums des Ehebruchs schuldig, wie auch die Frau, wenn sie eine andere Ehe eingeht."

862 *Die Gnaden des Ehesakramentes*

758 In diesem Geist des Sakramentes sind aber neben der unauflöslichen Festigkeit noch viel höhere Vorteile enthalten, die das Wort „Sakrament" selbst sehr passend ausdrückt. Denn für den Christen ist es kein leeres und inhaltloses Wort, daß Christus der Herr, der Stifter und Vollender der Sakramente, die Ehe seiner Gläubigen zu einem eigentlichen und wahren Sakrament des Neuen Bundes erhoben hat und sie dadurch in der Tat zum Zeichen und zum Quell jener besonderen inneren Gnade gemacht hat, mit der er jene natürliche Liebe vollenden, die unauflösliche Einheit festigen und die Ehegatten heiligen wollte.

863

759 Da nun Christus den rechtsgültigen Ehevertrag zwischen Gläubigen zum Zeichen der Gnade bestimmte, so ist das Sakrament so eng mit der christlichen Ehe verknüpft, daß es zwischen Getauften keine wahre Ehe geben kann, die nicht eben dadurch schon Sakrament wäre. Wenn also die Gläubigen mit aufrichtigem Herzen dieses Jawort sprechen, so schließen sie sich den Schatz der sakramentalen Gnade auf, aus dem sie die übernatürlichen Kräfte schöpfen zur treuen, heiligen und bis zum Tod beharrlichen Erfüllung ihrer Pflichten und Aufgaben.

864

760 Denn in denen, die der Gnade, wie man sagt, kein Hindernis entgegenstellen, mehrt dieses Sakrament nicht nur die heiligmachende Gnade, den steten Quellgrund des übernatürlichen Lebens, sondern es fügt noch besondere Gaben hinzu, gute Regungen der

Seele, Keime der Gnade, indem es die Kräfte der Natur steigert und vollendet, so daß die Eheleute nicht nur verstandesmäßig erkennen, sondern innerlich kosten, stark festhalten, tatkräftig wollen und im Werk zu vollbringen vermögen, was zum Ehestand, zu seinen Zielen und Pflichten gehört. Es gibt ihnen endlich das Recht, die helfende Gnade immer zu erlangen, sooft sie ihrer zur Erfüllung der Pflichten ihres Standes bedürfen.

Die allgemeine II. Kirchenversammlung im Vatikan (1962–1965)

Pastoralkonstitution über die Kirche in der Welt von heute (1965)

865 Das Ehesakrament: personale Liebesgemeinschaft auf dem Weg mit Christus

Lat.: LThK E III 426–440 (mit Auslassungen) = AAS 58 (1966) 1067 bis 1072.
Dt.: LThK E III 427–441 (mit Auslassungen).

Schon in der Kirchenkonstitution (LG) hat das 2. Vatikanische Konzil grundlegende Aussagen über das Sakrament der Ehe gemacht (vgl. 40). Die Pastoralkonstitution entfaltet und konkretisiert diese Aussagen, wobei ein gegenüber der Vergangenheit personaleres und dynamischeres Eheverständnis deutlich zum Durchbruch kommt.

429 48. *(Die Heiligkeit von Ehe und Familie).* Die innige Gemeinschaft des Lebens und der Liebe in der Ehe, vom Schöpfer begründet und mit eigenen Gesetzen geschützt, wird durch den Ehebund, d. h. durch ein unwiderrufliches personales Einverständnis, gestiftet. So entsteht durch den personal freien Akt, in dem sich die Eheleute gegenseitig schenken und annehmen, eine nach göttlicher Ordnung feste Institution, und zwar auch gegenüber der Gesellschaft. Dieses heilige Band unterliegt im Hinblick auf das Wohl der Gatten und der Nachkommenschaft sowie auf das Wohl der Gesellschaft nicht mehr menschlicher Willkür. Gott selbst ist Urheber der Ehe, die mit verschiedenen Gütern und Zielen ausgestattet ist[1]; sie alle sind von größter Bedeutung für den Fortbestand der Menschheit, für den persönlichen Fortschritt der einzelnen Familienmitglieder und ihr ewiges Heil; für die Würde,
431 die Festigkeit, den Frieden und das Wohlergehen der Familie selbst und der ganzen menschlichen Gesellschaft. Durch ihre natürliche Eigenart sind die Institutionen der Ehe und die eheliche Liebe auf die Zeugung und Erziehung von Nachkommenschaft hingeordnet und finden darin gleichsam ihre Krönung. Darum gewähren sich Mann und Frau, die im Ehebund nicht mehr zwei sind,

sondern ein Fleisch (Mt 19,6), in inniger Verbundenheit der Personen und ihres Tuns gegenseitige Hilfe und gegenseitigen Dienst und erfahren und vollziehen dadurch immer mehr und voller das eigentliche Wesen ihrer Einheit. Diese innige Vereinigung als gegenseitiges Sichschenken zweier Personen wie auch das Wohl der Kinder verlangen die unbedingte Treue der Gatten und fordern ihre unauflösliche Einheit.[2]

Christus der Herr hat diese Liebe, die letztlich aus der göttlichen Liebe hervorgeht und nach dem Vorbild seiner Einheit mit der Kirche gebildet ist, unter ihren vielen Hinsichten in reichem Maße gesegnet. Wie nämlich Gott einst durch den Bund der Liebe und Treue seinem Volk entgegenkam[3], so begegnet nun der Erlöser der Menschen und der Bräutigam[4] der Kirche durch das Sakrament der Ehe den christlichen Gatten. Er bleibt fernerhin bei ihnen, damit die Gatten sich in gegenseitiger Hingabe und ständiger Treue lieben, so wie er selbst die Kirche geliebt und sich für sie hingegeben hat.[5] Echte eheliche Liebe wird in die göttliche Liebe aufgenommen und durch die erlösende Kraft Christi und die Heilsvermittlung der

433 Kirche gelenkt und bereichert, damit die Ehegatten wirksam zu Gott hingeführt werden und in ihrer hohen Aufgabe als Vater und Mutter unterstützt und gefestigt werden.[6] So werden die christlichen Gatten in den Pflichten und der Würde ihres Standes durch ein eigenes Sakrament gestärkt und gleichsam geweiht.[7] In der Kraft dieses Sakramentes erfüllen sie ihre Aufgabe in Ehe und Familie. Im Geist Christi, durch den ihr ganzes Leben mit Glaube, Hoffnung und Liebe durchdrungen wird, gelangen sie mehr und mehr zu ihrer eigenen Vervollkommnung, zur gegenseitigen Heiligung und so gemeinsam zur Verherrlichung Gottes. . . .

435 Daher soll die christliche Familie – entsteht sie doch aus der Ehe, die das Bild und die Teilhabe an dem Liebesbund Christi und der Kirche ist[8] – die lebendige Gegenwart des Erlösers in der Welt und die wahre Natur der Kirche allen kundmachen, sowohl durch die Liebe der Gatten, in hochherziger Fruchtbarkeit, in Einheit und Treue als auch in der bereitwilligen Zusammenarbeit aller ihrer Glieder.

1 Vgl. Augustinus, De bono coniugali: PL 40, 375–376 u. 394; Thomas v. Aquin, Summa Theol., Suppl. q. 49 a. 3, ad 1; Decretum pro Armenis: Denz. 702 (1327); Pius XI., Enz. Casti connubii: AAS 22 (1930) 543–555; Denz. 2227–2238 (3703–3714).

2 Vgl. Pius XI., Enz. Casti connubii: AAS 22 (1930) 546–547; Denz. 2231 (3706).

3 Vgl. Os 2; Jr 3,6–13; Ez 16 u. 23; Is 54.

4 Vgl. Mt 9,15; Mk 2,19–20; Lk 5,34–35; Jo 3,29; 2 Kor 11,2; Eph 5,27; Apk 19,7–8; 21,2 u. 9.
5 Vgl. Eph 5,25.
6 Vgl. II. Vat. Konzil, Dogm. Konst. über die Kirche Lumen Gentium: AAS 57 (1965) 15–16 40–41 47.
7 Vgl. Pius XI., Enz. Casti connubii: AAS 22 (1930) 583.
8 Vgl. Eph 5,32.

866 49. *(Die eheliche Liebe).* Mehrfach fordert Gottes Wort Braut- und Eheleute auf, in keuscher Liebe ihre Brautzeit zu gestalten und in ungeteilter Liebe ihre Ehe durchzuhalten und zu entfalten.[1] Auch in unserer Zeit hat die wahre Liebe zwischen Mann und Frau in der Ehe, wie sie sich in verschiedener Weise je nach Volk und Zeit geziemend äußert, als hoher Wert Geltung. Diese eigentümlich menschliche Liebe geht in frei bejahter Neigung von Person zu Person, umgreift das Wohl der ganzen Person, vermag so den leib-seelischen Ausdrucksmöglichkeiten eine eigene Würde zu verleihen und sie als Elemente und besondere Zeichen der ehelichen Freundschaft zu adeln. Diese Liebe hat der Herr durch eine besondere Gabe seiner Gnade und Liebe geheilt, vollendet und erhöht. Eine solche Liebe, die Menschliches
437 und Göttliches in sich eint, führt die Gatten zur freien gegenseitigen Übereignung ihrer selbst, die sich in zarter Zuneigung und in der Tat bewährt, und durchdringt ihr ganzes Leben[2]; ja gerade durch ihre Selbstlosigkeit in Leben und Tun verwirklicht sie sich und wächst. Sie ist viel mehr als bloß eine erotische Anziehung, die, egoistisch gewollt, nur zu schnell wieder erbärmlich vergeht. Diese Liebe wird durch den eigentlichen Vollzug der Ehe in besonderer Weise ausgedrückt und verwirklicht. Jene Akte also, durch die die Eheleute innigst und lauter eins werden, sind von sittlicher Würde; sie bringen, wenn sie human vollzogen werden, jenes gegenseitige Übereignetsein zum Ausdruck und vertiefen es, durch das sich die Gatten gegenseitig in Freude und Dankbarkeit reich machen. Diese Liebe, die auf gegenseitige Treue gegründet und in besonderer Weise durch Christi Sakrament geheiligt ist, bedeutet unlösliche Treue, die in Glück und Unglück Leib und Seele umfaßt und darum unvereinbar ist mit jedem Ehebruch und jeder Ehescheidung. Wenn wirklich durch die gegenseitige und bedingungslose Liebe die gleiche personale Würde sowohl der Frau wie des Mannes anerkannt wird, wird auch die vom Herrn bestätigte Einheit der Ehe deutlich. Um die Pflichten dieser christlichen Berufung beständig zu erfüllen, ist ungewöhnliche Tugend erforderlich. Von daher müssen die Gatten, durch die Gnade zu

heiligem Leben gestärkt, Festigkeit in der Liebe, Seelengröße und Opfergeist pflegen und im Gebet erbitten. ...

[1] Vgl. Gn 2,22–24; Spr 5,18–20; 31,10–31; Tob 8,4–8; Hl 1,1–3; 2,16; 4,16–5,1; 7,8–14; 1 Kor 7,3–6; Eph 5,25–33.
[2] Vgl. Pius XI., Enz. Casti connubii: AAS 22 (1930) 547–548; Denz. 2232 (3707).

867 50. *(Die Fruchtbarkeit der Ehe).* Ehe und eheliche Liebe sind ihrem Wesen nach auf die Zeugung und Erziehung von Nachkommenschaft ausgerichtet. Kinder sind gewiß die vorzüglichste Gabe für die Ehe und tragen zum Wohl der Eltern selbst
439 sehr viel bei. Derselbe Gott, der gesagt hat: „Es ist nicht gut, daß der Mensch allein sei" (Gn 2,28), und der „den Menschen von Anfang an als Mann und Frau schuf" (Mt 19,14), wollte ihm eine besondere Teilnahme an seinem schöpferischen Wirken verleihen, segnete darum Mann und Frau und sprach: „Wachset und mehret euch" (Gn 1,28). Ohne Hintansetzung der übrigen Eheziele sind deshalb die echte Gestaltung der ehelichen Liebe und die ganze sich daraus ergebende Natur des Familienlebens dahin ausgerichtet, daß die Gatten von sich aus entschlossen bereit sind zur Mitwirkung mit der Liebe des Schöpfers und Erlösers, der durch sie seine eigene Familie immer mehr vergrößert und bereichert. ...
441 Die Ehe ist aber nicht nur zur Zeugung von Kindern eingesetzt, sondern die Eigenart des unauflöslichen personalen Bundes und das Wohl der Kinder fordern, daß auch die gegenseitige Liebe der Ehegatten ihren gebührenden Platz behalte, wachse und reife. Wenn deshalb das – oft so erwünschte – Kind fehlt, bleibt die Ehe dennoch als volle Lebensgemeinschaft bestehen und behält ihren Wert sowie ihre Unauflöslichkeit.[a]

[a] Der Text wird (wenn auch mit Auslassungen) fortlaufend zitiert; der Sprung der Seitenzahlen erklärt sich daraus, daß im LThK der lateinische Text dem deutschen gegenübergestellt wird.

Gemeinsame Synode der Bistümer in der Bundesrepublik Deutschland (1971–1975)

Christlich gelebte Ehe und Familie (1975)

868 Die partnerschaftliche christliche Ehe – Teilhabe am Bund Gottes mit den Menschen

Gemeinsame Synode der Bistümer in der Bundesrepublik Deutschland, Beschlüsse der Vollversammlung, Offizielle Gesamtausgabe, Freiburg 1976, 428–430.

Die Synode, die den partnerschaftlichen Charakter der Ehe besonders herausstellt, versteht das Ehesakrament als Teilhabe am Bund Gottes mit den Menschen, eine Teilhabe, die die Ehegatten in ihrer gemeinsamen Aufgabe und wechselseitigen Liebe stärkt und trägt.

428 1.3 Ehe als Sakrament

Viele halten die unbdingte Annahme eines Menschen in der Ehe für eine harte und schwer erfüllbare Forderung. Jesu Gebot zu unverbrüchlicher Treue (Mk 10,11 f.) steht jedoch in Zusammenhang mit seiner Gnadenbotschaft von der Gottesherrschaft. Die Ehe als Lebensform ist nämlich Gabe des Schöpfers. Darin gründet die Kraft für die vorbehaltlose Annahme des anderen und die unbegrenzte Treue bis zum Tod. Jesus wußte, daß diese Schöpfungsgabe durch die Hartherzigkeit der Menschen nicht immer als Geschenk verstanden, ja sogar zurückgewiesen wird. Christus hat nicht allein die ursprüngliche Ordnung der Ehe wiederhergestellt, sondern sie sakramental geheiligt und ihr dadurch eine neue
429 Würde und Weihe gegeben. Durch das Sakrament empfangen die Gatten die Kraft, als christliche Eheleute zu leben. In der Nachfolge Jesu wird durch seine erlösende Gnade Ehe neu als Geschenk des Schöpfers erfahrbar. Die Zuwendung der Ehepartner zueinander steht dann nicht isoliert für sich, vielmehr hat der menschenliebende Gott die Partner verbunden (Mk 10,6–10). Wer sich dem Ruf Jesu zum Glauben geöffnet hat, vermag auch seine Ehe mit der Großmut, die aus dem Glauben an die Nähe und an das Wirken Gottes fließt, zu leben. Der menschliche Lebensbund Ehe ist hineingenommen in den größeren Bund Gottes mit den Menschen, den er in Jesus Christus ein für allemal geöffnet hat. Dieser Bund Gottes mit den Menschen wird durch die Kirche vergegenwärtigt. In ihr ist die Ehe Sakrament und nimmt auf ihre Weise teil am Grundsakrament Kirche. „Die Kirche ist ja in Jesus gleichsam das Sakrament, das heißt Zeichen und Werkzeug für die innigste Vereinigung mit Gott wie für die Einheit der ganzen Menschheit“ (LG 1).

869 Das im Angesicht der Kirche verpflichtend ausgetauschte Ja-Wort zur dauerhaften und ausschließlichen ehelichen Lebensgemeinschaft zwischen gleichberechtigten Partnern ist das öffentliche Zeichen, mit dem die Ehe eingegangen und als Sakrament der Liebe zwischen Mann und Frau begonnen wird; das gemeinsame Leben selbst soll ein wirkkräftiges Zeichen der einigenden Gnade Christi werden. Dazu empfängt die Ehe bei ihrem Abschluß die Verheißung der unverbrüchlichen Treue Christi und durch die Herabrufung seines Geistes dessen bleibende Gegenwart.

870 Gläubige Ehepartner erfassen den Bund Gottes mit den Menschen, den er durch Christus und in Christus schenkt, als die Quelle, die auch ihre gegenseitige Liebe ermöglicht und ihre Treue trägt. Aus ihr kann sich der, menschlich gesehen, so zerbrechliche Bund einer Ehe immer wieder erneuern. Gläubige Ehepartner leben nicht nur aus den Reserven ihrer eigenen Großmut, sondern aus der unerschöpflichen Versöhnungskraft des Kreuzes.

871 Der Blick auf die Gnade Christi gibt Mut, von der Ehe als Sakrament zu sprechen, auch wenn ihre sichtbare Verwirklichung oft hinter Christi Angebot zurückbleibt. Die Gemeinschaft der Kirche muß viel Sorge darauf verwenden, ihren in einer Ehe lebenden Gliedern zu helfen. Sie darf, will sie dem Auftrag ihres Herrn Jesus Christus treu bleiben, keine Ehe scheiden. Sie kann aber auch ihren Blick nicht
430 davor verschließen, daß heute allzu viele ihrer Glieder in der Ehe nach menschlichem Ermessen unheilbar gescheitert sind. Diesen muß die besondere Sorge der Kirche gelten.

Johannes Paul II. (1978–)

Apostolisches Schreiben Familiaris Consortio (1981)

872 Die Lebens- und Liebesgemeinschaft der Ehe – Realsymbol des Neuen Bundes

Lat.: AAS 73 (1981).
Dt.: Apostolisches Schreiben „Familiaris Consortio" von Papst Johannes Paul II. ... über die Aufgaben der christlichen Familie in der Welt von heute, Hrsg.: Sekretariat der Deutschen Bischofskonferenz, Bonn 1981, 16ff., 87f.

Das Apostolische Schreiben führt im Anschluß an eine römische Bischofssynode Gedanken des 2. Vatikanischen Konzils weiter, wobei auch die menschlicher Gestaltungsmöglichkeit entzogenen Konstanten der Lehre vom Ehesakrament besonders unterstrichen werden. Es sucht diese Lehre in die pastorale Situation der Gegenwart hinein zu vermitteln. Dabei werden auch Fragen der Pastoral an „Wiederverheirateten Geschiedenen" eigens aufgegriffen.

16 Jesus Christus, der Bräutigam der Kirche, und das Sakrament der Ehe

13. Die Gemeinschaft zwischen Gott und den Menschen findet ihre endgültige Erfüllung in Jesus Christus, dem liebenden Bräutigam, der sich hingibt als Erlöser der Menschheit und sie als seinen Leib mit sich vereint.
Er offenbart die Urwahrheit über die Ehe, die Wahrheit des „An-

fangs"[1] und macht den Menschen fähig, sie vollends zu verwirklichen, indem er ihn von seiner Herzenshärte befreit.

17 Diese Offenbarung gelangt zur endgültigen Vollendung in der Liebesgabe, die das göttliche Wort der Menschheit macht, indem es die menschliche Natur annimmt, und im Opfer, mit dem Jesus Christus sich am Kreuz für seine Braut, die Kirche, darbringt. In diesem Opfer wird der Plan vollständig enthüllt, den Gott dem Menschsein des Mannes und der Frau seit ihrer Schöpfung eingeprägt hat[2]; die Ehe der Getauften wird so zum Realsymbol des neuen und ewigen Bundes, der im Blut Christi geschlossen wurde. Der Geist, den der Herr ausgießt, macht das Herz neu und befähigt Mann und Frau, einander zu lieben, wie Christus uns geliebt hat. Die eheliche Liebe erreicht dadurch jene Fülle, auf die sie von innen her ausgerichtet ist, die übernatürliche Gattenliebe, in welcher die Vermählten auf die ihnen eigene und spezifische Art an der sich am Kreuz schenkenden Liebe Christi teilnehmen und sie zu leben berufen sind. . . .

1 Vgl. *Gen* 2,24; *Mt* 19,5.
2 Vgl. *Eph* 5,32 f.

873 In treuem Annehmen und Bedenken des Wortes Gottes hat die Kirche feierlich gelehrt – und lehrt es heute –, daß die Ehe zwischen Getauften eines der sieben Sakramente des Neuen Bundes ist.[1]

Denn durch die Taufe wurden Mann und Frau endgültig in den neuen und ewigen Bund, in den bräutlichen Bund Christi mit seiner Kirche, hineingenommen, und aufgrund dieses unzerstörbaren Hineingenommenseins wird die vom Schöpfer begründete innige Lebens- und Liebesgemeinschaft der Ehe[2] erhoben und mit der bräutlichen Liebe Christi verbunden – bestärkt und bereichert von seiner erlösenden Kraft.

Dank des sakramentalen Charakters ihrer Ehe haben sich Mann und Frau auf zutiefst unlösbare Weise aneinander gebunden. Ihr gegenseitiges Sichgehören macht die Beziehung Christi zur Kirche sakramental gegenwärtig.

Die Eheleute sind daher für die Kirche eine ständige Erinnerung an das, was am Kreuz geschehen ist; sie sind füreinander und für die Kinder Zeugen des Heils, an dem sie durch das Sakrament teilhaben. Wie jedes andere Sakrament ist die Ehe Gedächtnis, Vollzug und Prophetie des Heilsgeschehens. „Als Gedächtnis befähigt und verpflichtet sie das Sakrament, der Großtaten Gottes eingedenk zu sein und für sie vor ihren Kindern Zeugnis abzulegen; als Voll-

18 zug befähigt und verpflichtet es sie, einander und den Kindern gegenüber im Jetzt zu verwirklichen, was eine verzeihende und erlösende Liebe verlangt; als Prophetie befähigt und verpflichtet es sie, die Hoffnung auf die künftige Begegnung mit Christus zu leben und zu bezeugen."[3]
Wie jedes der sieben Sakramente, so ist auch die Ehe ein Realsymbol des Heilsgeschehens, jedoch auf eigene Weise. „Die Eheleute haben daran als Eheleute Anteil, zu zweit, als Paar – so sehr, daß die erste und unmittelbare Wirkung der Ehe *(res et sacramentum)* nicht die übernatürliche Gnade selbst ist, sondern das christliche Eheband, eine Gemeinschaft zu zweit, die als Darstellung des Geheimnisses der Menschwerdung Christi und seines Bundesgeheimnisses spezifisch christlich ist. Auch der Inhalt dieser Teilhabe am Leben Christi ist spezifischer Natur: Die eheliche Liebe hat etwas Totales an sich, das alle Dimensionen der Person umfaßt; sie betrifft Leib und Instinkt, die Kraft des Gefühls und der Affektivität, das Verlangen von Geist und Willen; sie ist auf eine zutiefst personale Einheit hingeordnet, die über das leibliche Einswerden hinaus dazu hinführt, ein Herz und eine Seele zu werden; sie fordert Unauflöslichkeit und Treue in der endgültigen gegenseitigen Hingabe und ist offen für die Fruchtbarkeit (vgl. Enzyklika *Humanae vitae,* 9). In einem Wort, es handelt sich um die normalen Merkmale jeder natürlichen ehelichen Liebe, jedoch mit einem neuen Bedeutungsgehalt, der sie nicht nur läutert und festigt, sondern so hoch erhebt, daß sie Ausdruck spezifisch christlicher Werte werden."[4]

1 Vgl. Konzil von Trient, 24. Session, Kan. 1: I. D. Mansi, *Sacrorum Conciliorum Nova et Amplissima Collectio,* 33, 149f.
2 Vgl. II. Vat. Konzil, Pastorale Konstitution über die Kirche in der Welt von heute *Gaudium et spes,* 48.
3 Johannes Paul II., Ansprache an die Delegierten des „Centre de Liaison des Equipes de Recherche" (3. 11. 1979), 3. *Insegnamenti di Giovanni Paolo II,* II, 2 (1979) 1032.
4 Ebenda, 4: aaO., 1032.

874

87 e) *Wiederverheiratete Geschiedene*

84. Die tägliche Erfahrung zeigt leider, daß derjenige, der sich scheiden läßt, meist an eine neue Verbindung denkt, natürlich ohne katholische Trauung. Da es sich auch hier um eine weitverbreitete Fehlentwicklung handelt, die mehr und mehr auch katholische Bereiche erfaßt, muß dieses Problem unverzüglich aufgegriffen werden. Die Väter der Synode haben es ausdrücklich behandelt. Die Kirche, die dazu gesandt ist, um alle Menschen und

insbesondere die Getauften zum Heil zu führen, kann diejenigen nicht sich selbst überlassen, die eine neue Verbindung gesucht haben, obwohl sie durch das sakramentale Eheband schon mit einem Partner verbunden sind. Darum wird sie unablässig bemüht sein, solchen Menschen ihre Heilsmittel anzubieten.
Die Hirten mögen beherzigen, daß sie um der Liebe willen zur Wahrheit verpflichtet sind, die verschiedenen Situationen gut zu unterscheiden. Es ist ein Unterschied, ob jemand trotz aufrichtigen Bemühens, die frühere Ehe zu retten, völlig zu Unrecht verlassen wurde oder ob jemand eine kirchlich gültige Ehe durch eigene schwere Schuld zerstört hat. Wieder andere sind eine neue Verbindung eingegangen im Hinblick auf die Erziehung der Kinder und haben manchmal die subjektive Gewissensüberzeugung, daß die frühere, unheilbar zerstörte Ehe niemals gültig war.
Zusammen mit der Synode möchte ich die Hirten und die ganze Gemeinschaft der Gläubigen herzlich ermahnen, den Geschiedenen in fürsorgender Liebe beizustehen, damit sie sich nicht als von der Kirche getrennt betrachten, da sie als Getaufte an ihrem Leben teilnehmen können, ja dazu verpflichtet sind. Sie sollen ermahnt werden, das Wort Gottes zu hören, am heiligen Meßopfer teilzunehmen, regelmäßig zu beten, die Gemeinde in ihren Werken der Nächstenliebe und Initiativen zur Förderung der Gerechtigkeit zu unterstützen, die Kinder im christlichen Glauben zu erziehen und den Geist und die Werke der Buße zu pflegen, um so von Tag zu Tag die Gnade Gottes auf sich herabzurufen. Die Kirche soll für sie beten, ihnen Mut machen, sich ihnen als barmherzige Mutter erweisen und sie so im Glauben und in der Hoffnung stärken.

875

88 Die Kirche bekräftigt jedoch ihre auf die Heilige Schrift gestützte Praxis, wiederverheiratete Geschiedene nicht zum eucharistischen Mahl zuzulassen. Sie können nicht zugelassen werden; denn ihr Lebensstand und ihre Lebensverhältnisse stehen in objektivem Widerspruch zu jenem Bund der Liebe zwischen Christus und der Kirche, den die Eucharistie sichtbar und gegenwärtig macht. Darüber hinaus gibt es noch einen besonderen Grund pastoraler Natur: Ließe man solche Menschen zur Eucharistie zu, bewirkte dies bei den Gläubigen hinsichtlich der Lehre der Kirche über die Unauflöslichkeit der Ehe Irrtum und Verwirrung.

Theologentexte

Ignatius von Antiochien (gest. um 110)

Brief an Polykarp

876 Die christliche Ehe als dem Herrn entsprechende Ehe

Griech.: Die sieben Ignatius-Briefe, in: Die Apostolischen Väter, eing., hrsg., übertr. u. erläutert von Joseph A. Fischer, Darmstadt 1970 (Schriften des Urchristentums 1) 220.
Dt.: AaO., 221.

In diesem Brieftext des Bischofs Ignatius von Antiochien (vgl. Einl. in 425), der in seinem Zusammenhang an die urchristlichen „Gemeinde- und Haustafeln" denken läßt, wird die Ehe der Christen sehr unmittelbar mit Christus und der Kirche – repräsentiert durch den Bischof – in Verbindung gebracht.

5. 1. Die schlimmen Künste fliehe[1], vielmehr predige über diese! Meinen Schwestern rede zu, den Herrn zu lieben und sich mit ihren Lebensgefährten zu begnügen in Fleisch und Geist. Ebenso fordere auch meine Brüder im Namen Jesu Christi auf, ihre Lebensgefährtinnen zu lieben wie der Herr die Kirche![2] 2. Wenn jemand zur Ehre des Fleisches des Herrn in der Keuschheit zu bleiben vermag, so bleibe er es ohne Selbstruhm. Rühmt er sich, so ist er verloren, und wird er für mehr angesehen als der Bischof, so ist er dem Verderben verfallen.[3] Es ziemt sich aber für die Männer, die heiraten, und die Frauen, die verheiratet werden, die Vereinigung mit Zustimmung des Bischofs einzugehen, damit die Ehe dem Herrn entspreche[4] und nicht der Begierde. Alles soll zur Ehre Gottes geschehen.

1 Es handelt sich hier vermutlich um verbotene Künste und Gewerbe, z. B. die Magie.
2 Eph 5,25.29 Var.
3 Der Bischof mußte nicht zölibatär leben, vgl. 1 Tim 3,2.
4 Vgl. 1 Kor 7,39.

Tertullian (um 160 – nach 220)

An seine Frau (um 203)

877 Die Ehe der Gläubigen – vor der Kirche eingegangen, von Gott besiegelt

Lat.: Ad uxorem II, c. 8, n. 6–9, CCL (Series Latina) I, 393,37–394,57.
Dt.: BKV 7, 84.

Der Kirchenschriftsteller Tertullian (vgl. Einl. in 48) entwirft im 2. Buch seiner Schriften an die eigene Gattin das Idealbild einer gläubig gelebten Ehe: Kirchlich geschlossen, steht sie unter dem besonderen Segen Gottes; sie verwirklicht sich vor allem auch in der Gemeinsamkeit des Gottesdienstes und religiös-karitativer Betätigung.

84 Woher soll ich die Kräfte nehmen, um das Glück einer Ehe zu schildern, welche vor der Kirche eingegangen, durch die Darbringung[1] bestätigt, mit dem Segen besiegelt ist[a], welche die Engel ansagen und der himmlische Vater genehm hält? Es ist ja nicht einmal auf Erden recht und gesetzlich, wenn Kinder ohne die Einwilligung der Eltern heiraten. Welch schönes Zweigespann sind ein Paar Gläubige, die *eine* Hoffnung, *ein* Ziel ihrer Wünsche, einerlei Lebensweise und dieselbe Art des Dienstes haben! Sie beide sind Geschwister, Mitknechte, es ist kein Unterschied vorhanden, weder an Geist noch an Körper. Sie beten zu gleicher Zeit, sie werfen sich zusammen nieder, sie halten zu gleicher Zeit die Fasten, sie belehren, sie ermahnen, sie tragen sich gegenseitig. Sie finden sich in gleicher Weise in der Kirche Gottes und beim Tische des Herrn ein, sowie sie sich auch in Bedrängnissen, bei Verfolgungen und in guten Tagen in gleicher Weise verhalten. Keins hat vor dem andern Heimlichkeiten, keins meidet das andere, keins wird dem andern zur Last. Gern besucht man die Kranken und kommt dem Dürftigen zu Hilfe. Die Almosen werden gereicht ohne lange Quälerei, das Opfer gehalten ohne Erregung von Verdruß, die tägliche Beobachtung der Religion ist ungehindert. Die Bekreuzung findet nicht verstohlen statt, die Beglückwünschungen nicht mit Zittern, der Segen wird nicht bloß in Gedanken gesprochen. Aus beider Munde ertönen Psalmen und Hymnen, und sie fordern sich gegenseitig zum Wettstreite heraus, wer wohl am besten dem Herrn lobsingen könne. Dergleichen zu sehen und zu hören ist ein Gegenstand der Freude für Christus. Solchen sendet er seinen Frieden. Wo[b] zwei sind, dort ist auch er selbst (vgl. Mt 18,20): Und wo er selbst ist, dort ist auch der Böse nicht.

[1] Des eucharistischen Opfers.

[a] quod ecclesia conciliat et confirmat oblatio et obsignat benedictio.

[b] Von hier an Übersetzung von G. Koch.

Origenes (um 184 – um 254)

Kommentar zum Matthäusevangelium Tom. XIV, 16

878 Die Ehe nach dem Willen Gottes – eine Gnadengabe

Griech.: Origenes Werke 10. Bd. (Matthäuserklärung) In Mt 19,3–12; Griech. Christl. Schriftsteller 40. Bd., Leipzig 1935, 323, 30–324, 17. Dt.: G. Koch.

Origenes (vgl. Einl. in 205) sieht in der ehelichen Verbindung von Mann und Frau, die dem Worte Gottes entspricht, eine Gnadengabe, die den Ehegatten geschenkt und zur Verwirklichung aufgegeben ist.

Gott aber ist es, der die beiden in Eins zusammengefügt hat, daß nicht mehr zwei sind, wo doch „von Gott dem Manne die Gattin beigefügt wird" (vgl. Spr 19,14). Da nun die eheliche Verbindung von Gott stammt, ist eine Gnadengabe (χάρισμα, gratia) in den von Gott Verbundenen. Im Wissen darum bezeichnet Paulus in gleicher Weise, wie er die keusche Ehelosigkeit ein Charisma nennt, auch die dem Wort Gottes gemäße Ehe als Charisma. Er sagt ja: „Ich will, daß alle Menschen so wie ich seien, aber jeder hat seine ihm eigene Gnadengabe von Gott, der eine so, der andere aber so" (vgl. 1 Kor 7,7). Die aber von Gott Zusammengefügten verstehen und vollbringen das Wort: „Ihr Männer, liebt eure Frauen, wie auch Christus die Kirche" (vgl. Eph 5,25).

Aurelius Augustinus (354–430)

Über das Gut der Ehe (401)
Über den Wortlaut der Genesis (401–415)

879 Inwiefern die christliche Ehe ein Gut ist

Lat.: De bono conjug. c. 24 n. 32; PL 40, 394.
De Gen. ad litt. IX, c. 7 n. 12, CSEL 28 – I, 275 f. (PL 34, 397).
Dt.: KKD VII, 240 bzw. Aurelius Augustinus, Über den Wortlaut der Genesis, Zum erstenmal in deutscher Sprache von C. J. Perl, 2. Bd., Paderborn 1964, 98 f.

Augustinus (vgl. Einl. in 66), dem ehefeindliche oder doch eheabwertende Tendenzen und eine Mindereinschätzung der Frau nicht fremd waren, versucht gleichwohl, die Ehe als einen Segen zu erweisen. Seine Lehre vom dreifachen Ehegut hatte einen großen Einfluß auf die gesamte künftige Ehetheologie der westlichen Kirche.

De bono conjugali c. 24 n. 32

240 Das Gut der Ehe besteht bei allen Völkern und Menschen in der Zeugung (der Kinder) und in der keuschen Treue (der Ehegatten); für das Volk Gottes aber besteht es noch dazu in der Heiligkeit eines Sakramentes (in sanctitate sacramenti), die es verbietet, daß

einer, der aus Abscheu sich getrennt hat, eine andere heirate, solange ihr Mann lebt, auch nicht um der Nachkommenschaft willen. Sie (die Heiligkeit des Sakramentes) allein ist es, wodurch der Ehebund begründet wird; auch wenn das nicht eintritt, weswegen die Ehe geschlossen wird (die Nachkommenschaft), wird das Eheband nicht gelöst, außer durch den Tod eines Gatten. Ebenso, wie die Weihe des Klerikers geschieht, damit er das Volk Gottes sammle, in den Ordinierten aber das Sakrament der Ordination auch bleibt, wenn diese Sammlung des Gottesvolkes nicht eintritt. Wenn einer wegen einer Verschuldung von seinem Amt entfernt wird, entbehrt er des Sakramentes des Herrn, das ihm einmal verliehen worden ist, nicht, mag es auch nunmehr zu seinem Gerichte bleiben.

880 De genesi ad litteram IX, c. 7 n. 12

98 Ich sehe daher nicht ein, zu welcher andern Hilfeleistung für den Mann das Weib erschaffen wurde, wenn man vom Erzeugen der Kinder absieht. . . .

881 Die Ehe selbst aber ist ein dreifältiges Gut, das Treue, Kind und Sakrament heißt. Die Treue verlangt, daß außerhalb der ehelichen Bindung mit keiner andern, keinem andern ein geschlechtlicher Verkehr stattfindet. Das Kind verlangt, daß es liebevoll empfangen, gütig genährt und religiös erzogen wird. Und das Sakrament verlangt, daß die Ehe nicht getrennt wird und der Entlassene oder die Entlassene sich auch nicht um des Kindes willen mit einem andern verbindet. Als Maßstab gleichsam gilt für den
99 Ehestand, daß er die Fruchtbarkeit der Natur verherrlicht und zugleich den Mißbrauch der Ausschweifung steuert.

Petrus Lombardus (um 1095–1160)

Die vier Bücher der Sentenzen (1142–1158)
Aus Buch IV: Dist. 26; 27; 30; 31

882 Die Ehe als Zeichen der Verbindung von Christus und Kirche

Lat.: Magistri Petri Lombardi Sententiae in IV libris distinctae t. II l. III et IV, Grottaferrata (Romae) 1981, 416 f.; 419 f.; 422; 441; 442.
Dt.: G. Koch.

Petrus Lombardus (vgl. Einl. in 78) wendet seinen von aristotelischem Denken mitgeprägten Sakramentsbegriff auch auf die Ehe an. Wesentliche Elemente der augustinischen Ehelehre sowie kanonistische Festlegungen der vorausgehenden Jahrhunderte werden von ihm übernommen. Ehetheologie und Eherecht der Folgezeit bis zur Gegenwart werden wesentlich von Petrus Lombardus mitbestimmt.

Liber IV dist. XXVI
Cap. 1 (157)
1. Über das Sakrament der Ehe: ihre Einsetzung und ihr Grund wird aufgezeigt.
Während andere Sakramente nach der Sünde und der Sünde wegen ihren Ursprung haben, wurde das Sakrament der Ehe – wie zu lesen ist – auch schon vor der Sünde vom Herrn eingesetzt, nicht zwar als Heilmittel, sondern als Dienstamt (non tamen ad remedium, sed ad officium).

883 Cap. 2 (158)
1. Über die doppelte Einsetzung der Ehe.
Die Einsetzung der Ehe aber ist eine doppelte: Die eine geschah vor der Sünde im Paradies als Dienstamt, ... die andere geschah nach der Sünde als Heilmittel außerhalb des Paradieses, um die unerlaubte geschlechtliche Begierde zu vermeiden.

884 Cap. 6 (162)
1. Welcher Sache Zeichen die Ehe ist. Da also die Ehe ein Sakrament ist, ist sie sowohl heiliges Zeichen als auch Zeichen einer heiligen Sache, nämlich der Verbindung Christi und der Kirche ... Wie nämlich unter den Gatten eine Verbindung besteht im Konsens der Seelen und in der Geschlechtsgemeinschaft der Leiber, so wird die Kirche Christus verbunden dem Willen und der Natur nach: Sie will ja dasselbe wie er, und er nahm seine Daseinsform an aus der Natur des Menschen. Verbunden ist also die Braut mit dem Bräutigam auf geistige und auf leibliche Weise, d. h. durch die Liebe und die Gleichförmigkeit der Natur. – Ein Abbild dieser doppelten Verbindung findet sich in der Ehe: Der Konsens der Gatten nämlich bezeichnet die geistliche Verbindung Christi und der Kirche, die durch die Liebe geschieht; die Geschlechtsgemeinschaft aber bezeichnet jene Verbindung, die durch die Gleichförmigkeit der Natur zustande kommt.

885 Liber IV dist. XXVII
Cap. 3 (165)
1. Über den Konsens, der die Ehe wirkt.
Wirkursache der Ehe aber ist der Konsens, nicht jeder beliebige, sondern der durch Worte ausgedrückte; nicht der über eine zukünftige, sondern über eine gegenwärtige Wirklichkeit.

886 Liber IV dist. XXX
Cap. 3 (180)
2. Hauptzweck des Eheabschlusses ist die Erzeugung von Nachkommenschaft ... Sekundärer Zweck ist – nach der Sünde Adams – die Vermeidung von Unzucht ... Es gibt noch andere ehrbare Gründe, derentwegen bisweilen die Ehe geschlossen wird, so die Versöhnung von Feinden und die Wiederherstellung des Friedens. – Es gibt aber auch weniger ehrbare Gründe, derentwegen sie manchmal geschlossen wird, so die Schönheit des Mannes und der Frau ...

887 Liber IV dist. XXXI
Cap. 1 (182)
Über die drei Güter der Ehe. – Nunmehr ist über die Güter der Ehe zu sprechen, welche es nämlich sind und wie sie die geschlechtliche Vereinigung entschuldigen (qualiter coitum excusent). – Augustinus über die Genesis:[a] Drei Ehegüter gibt es hauptsächlich; so sagt Augustinus: „Das Gut der Ehe ist dreigeteilt, nämlich Treue, Nachkommenschaft, Sakrament. Bei der Treue geht es darum, daß man nicht nach Abschluß des Ehebandes mit einem anderen oder einer anderen geschlechtlich zusammenkommt; bei der Nachkommenschaft, daß sie in Liebe aufgenommen und religiös erzogen wird; beim Sakrament, daß die Ehe nicht getrennt und der Entlassene oder die Entlassene nicht um der Nachkommenschaft willen einem anderen verbunden wird."

[a] De Genesi ad litt. IX, c. 7 n. 12 (PL 34, 397; CSEL 28–I, 275 f.).

Thomas von Aquin (wahrsch. 1225–1274)

Summa theologica, Supplement, quaestio 42

888 Inwiefern die Ehe ein Sakrament ist

Lat.: Divi Thomae Aquinatis Summa Theologica, hrsg. von J.-P. Migne, Tomus quartus, Paris 1861, 1083; 1085 f.
Dt.: G. Koch.

Thomas von Aquin (vgl. Einl. in 80) baut die wesentlich von Petrus Lombardus grundgelegte scholastische Ehelehre weiter aus. Dabei werden auch neue Akzente gesetzt, vor allem, was die Gnadenwirkung des Ehesakramentes angeht.

1. Artikel (q. 42a 1c; ad I.; ad II.)
Inwiefern ist die Ehe ein Sakrament?
Antwort: Das Sakrament bringt dem Menschen ein Mittel der

Heiligung gegen die Sünde, das durch sinnenhafte Zeichen verwirklicht wird. Da nun dieser Sachverhalt bei der Ehe aufzufinden ist, wird sie unter die Sakramente gerechnet.
Gegenüber dem ersten Einwand ist zu sagen: Das Sakrament der Ehe wird vollendet (perficitur) durch den Akt dessen, der sich dieses Sakramentes bedient, wie bei der Buße. Wie daher die Buße keine andere Materie hat als die sinnlich wahrnehmbaren Akte (des Bußwilligen), die an die Stelle des materiellen Elementes treten, so verhält es sich auch bei der Ehe.

889 3. Artikel (q. 42a 3c)
Verleiht die Ehe Gnade?
Antwort: In diesem Punkt hat es eine dreifache Meinung gegeben. Einige nämlich sagten: Die Ehe ist auf keine Weise Ursache der Gnade, sondern sie ist nur ihr Zeichen. Aber diese Auffassung kann nicht bestehen; denn danach hätte die Ehe in keiner Weise einen Vorzug vor den Sakramenten des Alten Bundes ...
Daher haben andere die Meinung vertreten: Bei der Ehe wird Gnade verliehen (nur) im Hinblick auf die Beseitigung eines Übels; denn so wird der Akt (der geschlechtlichen Vereinigung) entschuldigt, der ohne die Ehe Sünde wäre. Aber auch das ist zu wenig, da es dies ja auch im Alten Bund gab ...
Von daher sagen andere: Die Ehe, insofern sie im Glauben Christi eingegangen wird, hat es an sich, daß sie helfende Gnade zum Tun dessen verleiht, was in der Ehe gefordert ist. Dies ist am wahrscheinlichsten, da ja, wo immer von Gott her eine Befähigung (facultas) gegeben wird, auch jene Hilfen verliehen werden, durch die der Mensch in entsprechender Weise von jener Befähigung Gebrauch machen kann (auxilia quibus homo convenienter uti possit facultate illa); ... Wenn daher in der Ehe dem Mann aus göttlicher Einrichtung die Befähigung gegeben wird, mit seiner Gattin zur Erzeugung von Nachkommenschaft geschlechtlichen Umgang zu haben, so wird auch die Gnade gegeben, ohne welche er das in passender Weise (convenienter) nicht zu tun vermöchte ... Und so ist diese geschenkte Gnade die letztangezielte Sache, die in diesem Sakrament enthalten ist (ultima res contenta in hoc sacramento).

Martin Luther (1483–1546)

Von der babylonischen Gefangenschaft der Kirche
Ein Vorspiel Martin Luthers (1520)

890 Die Ehe als Schöpfungswirklichkeit – weder Zeichen noch Verheißung

Lat.: WA 6, 550 f.
Dt.: Luther deutsch, hrsg. von K. Aland, Bd. 2, Stuttgart/Göttingen, 1962, 226 f.

Da Luther (vgl. Einl. in 93) bei der Ehe die Merkmale eines Sakraments, nämlich den Zeichen- und Verheißungscharakter wie auch die Einsetzung durch Christus, vermißt, lehnt er es ab, sie als Sakrament zu bezeichnen. Als Schöpfungswirklichkeit mag sie zwar heilig sein, die Kirche hat aber im Blick auf die Ehe keine besondere Vollmacht.

226 Von der Ehe
Die Ehe wird nicht allein ohne jeden Schriftbeweis für ein Sakrament gehalten, sondern sie ist auch durch die gleichen Überlieferungen, nach denen sie als ein Sakrament
227 gerühmt wird, zum reinen Spott geworden. Das wollen wir einmal betrachten. Wir haben gesagt, daß in jedem Sakrament das Wort der göttlichen Verheißung enthalten ist, das derjenige glauben muß, der das Zeichen empfängt, und daß das Zeichen allein kein Sakrament sein könne. Nun liest man aber nirgends, daß der irgendwelche Gnade bei Gott erlange, der eine Ehefrau nimmt. Ja, es ist von Gott der Ehe nicht einmal ein Zeichen gegeben. Denn nirgends liest man, daß die Ehe von Gott gestiftet sei, damit sie etwas versinnbildliche, obwohl alles, was sichtbar geschieht, als Abbild und Allegorie der unsichtbaren Dinge verstanden werden kann. Aber dennoch sind die Abbilder und Allegorien nicht Sakramente (in dem Sinne), wie wir von den Sakramenten reden.
Weiter: weil die Ehe von Anfang der Welt bestanden hat und (selbst) bei den Ungläubigen noch bis zum Augenblick besteht, so gibt es keinen Grund dafür, daß die Ehe ein Sakrament des neuen Gesetzes und der Kirche allein genannt werden kann. Denn die Ehen der Väter waren nicht weniger heilig als unsere, und die Ehen der Ungläubigen sind nicht weniger echte Ehen als die der Gläubigen – und doch halten sie es bei denen (den Ungläubigen) nicht für ein Sakrament. Außerdem sind bei den Gläubigen auch gottlose Eheleute, die viel gottloser sind als die Heiden selbst. Warum soll denn hier die Ehe ein Sakrament genannt werden, aber nicht bei den Heiden? Oder wollen wir von der Taufe und der Kirche so närrisch reden, wie es manche halten, nämlich: das zeit-

liche Regiment ist nirgends anders als in der Kirche, ebenso sei die Ehe nur im Raume der Kirche ein Sakrament?

Matthias Joseph Scheeben (1835–1888)

Die Mysterien des Christentums (1865)

891 Die Ehe als Sakrament der Vereinigung Christi mit der Kirche

M. J. Scheeben, Die Mysterien des Christentums, Ausgabe letzter Hand, hrsg. von J. Höfer, Freiburg 1941, 493; 495; 497.

Im Rahmen der katholischen Tradition, aber doch auch neue Akzente setzend, arbeitet Scheeben (vgl. Einl. in 101) nachdrücklich den „übernatürlichen, mystischen, sakramentalen" Charakter der christlichen Ehe heraus. Er erkennt dem „Ehebund" „eine besondere hohe Stellung im mystischen Leibe Christi" zu.

493 2. Den *eigentlich sakramentalen Charakter* erhält der Kontrakt erst dadurch, daß die in ihm zusammentretenden Glieder in *einer übernatürlichen Stellung sich befinden und als solche zu einem übernatürlichen Zwecke sich vereinigen.*

Das war zuerst der Fall bei unseren Stammeltern im Paradiese. Sie verbanden sich in der Ehe miteinander als Kinder Gottes zur Fortpflanzung des übernatürlichen Reiches Gottes. Ihre Verbindung war nicht eine einfach religiöse, sondern eine übernatürlich heilige, sowohl in den Gliedern, die sie umschloß, als in dem Ziele, auf das sie gerichtet war, sowie endlich in der Sanktion Gottes, der hier nicht als Befestiger der natürlichen, sondern als Gründer der übernatürlichen Ordnung intervenierte. . . .

892

495 Auf allen Punkten wird somit das eheliche Verhältnis unter Christen zu einem übernatürlich heiligen gemacht: durch den *übernatürlichen Charakter der Eheleute selbst,* durch den *übernatürlichen Zweck* und durch die *erhabenste Dazwischenkunft Gottes,* zu dem die Eheleute hier im innigsten Verhältnisse stehen; und diese Heiligkeit ist hier in demselben Maße größer und erhabener als bei der paradiesischen Ehe, in welchem ein Glied Christi über einem einfach begnadeten Menschen, die Erweiterung des mystischen Leibes des Gottmenschen über der des einfachen Gnadenreiches, die Vereinigung des Sohnes Gottes mit uns in der Inkarnation über der einfachen Einwohnung des Heiligen Geistes steht.

Dieses eigentümlich erhabene Wesen der christlichen Ehe wird gewöhnlich dadurch erklärt, daß man in Beziehung auf die Worte des Apostels Eph. 5. Kap. sie als „Sakrament" der Vereinigung

Christi mit der Kirche bezeichnet. Tiefer und herrlicher kann man es in der Tat nicht aussprechen, aber man muß dann auch den ganzen tiefen Sinn des Wortes verstehen. . . .

893

497 Am treffendsten würde man aber die Stellung der christlichen Ehe im Bunde Christi mit der Kirche bezeichnen, wenn man sie als eine *Abzweigung* oder *Ausgliederung* desselben darstellte. Darin liegt nämlich ausgedrückt, daß die Eheleute, selbst auf dem Grunde der Vermählung Christi mit der Kirche stehend, in ihrer Vermählung miteinander sich zugleich mit Christus vermählen, somit den Bund Christi mit der Kirche nach einer besonderen Seite hin zu einem bestimmten Zwecke erweitern, ihn in einer besonderen Form reproduzieren und eben dadurch ihm zur Erreichung jenes Zweckes ein neues Organ zu Gebote stellen; daß also ihre Verbindung untereinander in ihrer beiderseitigen Verbindung mit Christus wurzelt, aus derselben hervorwächst und, wie der Zweig am Baume, zu gleicher Zeit eine *Erweiterung* oder Fortsetzung, ein *Abbild* und ein *Organ* derselben ist.

Karl Barth (1886–1968)

Die kirchliche Dogmatik: Die Lehre von der Schöpfung (1945)

894 Grund und Ermöglichung christlicher Ehe: die Ehe Christi mit seiner Gemeinde

Die kirchliche Dogmatik 3,1: Die Lehre von der Schöpfung, Zollikon-Zürich ²1947, 366 f.; 369 f.

Wenn Karl Barth (vgl. Einl. in 286) die Ehe der Christen auch nicht als Sakrament bezeichnet, so deutet er ihren Sinn doch pointiert christologisch: Erst von der „Ehe" Christi mit seiner Gemeinde her wird Ehe als personale Liebesgemeinschaft sinnvoll und lebbar.

366 Woher weiß das Alte Testament um jene Würde des Geschlechtsverhältnisses als solchen? Wie kommt es dazu, die Beziehung von Jahve und Israel gerade mit diesen Farben zu beschreiben? – Woher weiß es anderseits so genau um die faktische Zerstörung jenes Verhältnisses? Mit welcher bitteren Notwendigkeit ist es darum genötigt, nun auch die Beziehung von Jahve und Israel nur als eine verwüstete erotische Beziehung darzustellen?

Woher nimmt es seine Hoffnung auf eine Wiederherstellung dieser Beziehung zu vollkommener Gestalt? Und woher den Mut, auf diese Hoffnung hin gelegentlich nun doch auch dem geschlechtlichen Eros so unverblümt das Wort zu geben? Woher ist seine

Hoffnung nun doch wieder so gebändigt, warum bleibt sie doch so ganz Hoffnung und also Blick auf ein Zukünftiges? – Woher nimmt es also die nüchterne Disziplin, sich in der Regel nun doch allein an das Problem der Vaterschaft und Mutterschaft zu halten, Mann und Frau über sich selbst hinweg allein auf den kommenden Sohn hinblicken zu lassen? Daß alle diese Linien sich in einem Punkt schneiden *könnten*, daß eine einzige Antwort die Auflösung aller dieser Fragen bieten *möchte*, das ist zwar nicht ausgeschlossen, das drängt sich angesichts der Fülle der hier sichtbaren gegenseitigen Beziehungen sogar auf. Es ist aber doch ebenso deutlich oder noch deutlicher, daß dieser Punkt im Alten Testament als solcher *nicht* sichtbar, diese Antwort selbst im Alten Testament *nicht* direkt gegeben wird, daß die alttestamentliche Exegese hier wie so oft mit der Feststellung eines unübersehbaren Rätsels ihr letztes Wort sprechen müßte.

Man kann nun aber – und in der christlichen Kirche muß man das – geltend machen, daß die bundesgeschichtliche Entsprechung von Gen 2,
367 18 f. sich nicht erschöpft in dem, was auf jenen beiden alttestamentlichen Linien, was im Hohen Lied und bei den Propheten in dieser Sache zu sehen ist. Man kann und muß geltend machen, daß das Alte Testament als Ganzes mit dem Neuen einen einzigen Sachzusammenhang bildet und daß auch Gen 2,18 f. über das Alte Testament hinaus, um vollständig verstanden zu werden, in diesem Sachzusammenhang verstanden werden muß. Man kann und muß geltend machen, daß man zwischen jenen Linien dann nicht Divergenz, sondern Konvergenz, nicht Widerspruch, sondern Übereinstimmung zu konstatieren hat, wenn man ihres allerdings *außerhalb* des Alten Testamentes liegenden Brennpunktes gewahr wird, der mit dem Mittelpunkt der neutestamentlichen Botschaft identisch ist. Man kann und darf und muß den Eph 5,25 f. gegebenen Kommentar zu Gen 2,18 f. und damit auch zum Hohen Lied, damit auch zu jenen Prophetenstellen beachten, statt ihn willkürlich außer acht zu lassen. „Das Geheimnis ist groß; ich aber deute es auf Christus und auf die Gemeinde" (Eph 5,32). Läßt man das gelten, so wird man zunächst nicht leugnen können, daß schon die dunkle Rede der Schöpfungssage selbst noch einmal ganz anders Gestalt und Farbe gewinnt, ja daß sie doch erst so ganz konkreten Sinn bekommt.

895

369 Wenn das Alte Testament trotzdem und allem Schein zuwider jene Hoffnung auf eine Wiederherstellung verkündigt, wenn es

Jahve zutraut, daß jene Verlobung in Recht und Gerechtigkeit zwischen ihm und seinem Volk noch einmal wirklich werden dürfte, und wenn es daraufhin nun doch auch von Liebe und Ehe als solchen so positiv zu reden wagt, so zielt es faktisch auf das Ereignis, in welchem Jesus seine Gemeinde in Herrlichkeit, ohne Flecken und Runzeln, heilig und unanfechtbar, vor sich hinstellen wird: gereinigt durch die Taufe, geheiligt in seinem Wort (Eph 5,26 f.). Seine Verlobung und Ehe mit dieser Frau ist, anders als die zwischen Jahve und Israel, die dem Alten Testament vor Augen steht, indem sie ganz durch ihn gemacht wird zu dem, was sie ist, nun doch ein

370 Verhältnis beiderseitiger Liebe und Treue, ein Verhältnis, in welchem „Gnade und Treue einander begegnen, Gerechtigkeit und Friede sich küssen, in welchem Treue aus der Erde sprießt und Gerechtigkeit vom Himmel herniederschaut" (Ps 85,11 f.). Hier ist ein Bereich, wo des Menschen Abfall aufgehalten und gut gemacht und wo eben darum auch die Anklage gegen ihn verstummen darf und muß. Hier ist darum der Bereich, in welchem es den Männern zur Pflicht gemacht werden darf, „ihre Frauen zu lieben als ihre eigenen Leiber". „Wer seine Frau liebt, der liebt sich selbst. Denn niemand hat je sein eigenes Fleisch gehaßt, sondern er nährt und hegt es, wie auch Christus die Gemeinde; denn wir sind Glieder seines Leibes" (Eph 5,28 f.). Hier wird das Verhältnis von Mann und Frau zum erstenmal wieder als solches und nicht mehr bloß – das tritt im Neuen Testament nun überhaupt völlig zurück – im Blick auf Vater-, Mutter- und Nachkommenschaft gewürdigt. Hier hat es seine eigene Ehre, wie sie im Hohen Lied so strahlend geltend gemacht wird, faktisch zurückerhalten.

Karl Rahner (1904–1984)

Kirche und Sakramente (1960)

896 Die Ehe der Christen – „kleinste, aber wahre Einzelkirche"

K. Rahner, Kirche und Sakramente, Freiburg/Basel/Wien 1960, QD 10, 99.

Karl Rahner (vgl. Einl. in 111) unterstreicht in besonderer Weise die ekklesiale Bedeutung des Ehesakraments: Christlich gelebte Ehe ist eine der Grundweisen, wie sich Kirche als Wurzelsakrament verwirklicht.

99 Die Einzelkirche ist nicht nur Glied, Provinz der Gesamtkirche; die Gesamtkirche ist nicht nur Summe der Einzelgemeinden. Vielmehr tritt in der Einzelkirche und ihrem aktiven Selbstvollzug die Ge-

samtkirche in einem wahren Sinn als *ganze* in Erscheinung, weil das, was in der Einzelgemeinde (vor allem in der Feier der Eucharistie) sich ereignet, die Existenz der Gesamtkirche als der Gnadenpräsenz Gottes in ihrem Grund (dem erlösenden Tod des Herrn) real gegenwärtig setzt und in ihrem Wesen und ihrer Wirklichkeit in der Welt eindeutig bezeugt und garantiert. Wenn wir dies bedenken, können wir (wenn es richtig ist, daß die Ehe ein Abbild des Bundes zwischen Christus und der Kirche ist) in einem wahren Sinn dasselbe von der Ehe sagen: In ihr wird die Kirche präsent, die Ehe ist (im Maße ihrer eigenen Wesensverwirklichung: als gültige, als gnadenhaft geheiligte, als heilig gelebte Ehe) wirklich die kleinste Gemeinschaft, die kleinste, aber noch wahre Gemeinde der Erlösten und Geheiligten, deren Einheit noch auf demselben Grund aufbauen kann, auf dem die Einheit der Kirche gegründet ist, also die kleinste, aber wahre Einzelkirche.

Joseph Ratzinger (geb. 1927)

Zur Theologie der Ehe (1969)

897 Die sakramentale Ehe: Verwirklichung der Einheit von Schöpfung und Bund

In: G. Krems, R. Mumm (Hrsg.), Theologie der Ehe, Regensburg/Göttingen [2]1972, 91 ff.

Nach Ratzinger (vgl. Einl. in 125) wird durch die christliche Ehe in besonderer Weise die Einheit von Schöpfungs- und Erlösungsordnung ermöglicht: Was Ehe von Natur her meint, wird erst im Sakrament aus dem Glauben wahrhaft lebbar.

Versuchen wir nun, im Anschluß an das bisher betrachtete Material zu erfragen, was „Sakramentalität" in bezug auf die Ehe bedeuten kann. Die Antwort dürfte etwa lauten: Sakramentalität der Ehe besagt, daß die in der Ehe konkretisierte Schöpfungsordnung des Zueinander von

92 Mann und Frau nicht neutral und bloß weltlich neben dem Bundesgeheimnis Jesu Christi steht, sondern selbst aufgenommen ist in die Bundesordnung des Bundesvolkes Gottes, so daß sich in ihr die Einheit von Schöpfung und Bund ratifiziert und die Bundestreue Gottes aus dem Glauben heraus in ihr als Bundestreue der Menschen dargestellt und besiegelt wird. Wichtig ist: *Als* Schöpfungsordnung ist sie Bundesordnung und als Bundesordnung vollzieht sie die Schöpfungsordnung. Richtiger und genauer müßten wir sagen: Die Realität des Bundes ermöglicht erst die wahrhaft

der Schöpfung gemäße Ordnung des „Naturphänomens", das als *bloßes* Naturphänomen überhaupt nicht bestehen kann, sondern immer nur als geschichtlich geordnetes und daher gewöhnlich auch geschichtlich überfremdetes. Für denjenigen, der sich im Glauben in die Bundesgeschichte stellt, empfängt es logischerweise seine Ordnung nicht mehr von irgendeiner Geschichte her, sondern eben von der Bundesgeschichte, die allein den Menschen in seine Ursprünge zurückrufen und aus seinen Überfremdungen befreien kann. Das aber heißt: Sakrament ist nicht etwas über, neben oder an der Ehe, sondern gerade die Ehe selbst, und als solche ist sie für den, der sie im Glauben lebt, das Sakrament. Je mehr es ihm gelingt, die Ehe aus dem Glauben zu leben und zu gestalten, desto mehr ist sie „Sakrament". Hier wäre wohl der Ort, die alte Rede von den Standesgnaden auf eine sachgemäße Weise auszulegen und ihren wahren Kern zu enthüllen: Der Anspruch der christlichen Ehe kann nicht anders als im Glauben angenommen und verwirklicht werden, so freilich, daß dieser „unmögliche" Anspruch dann zugleich als Heil, als „Glück" erfahren wird, in der Paradoxie allen Heils im Glauben. Der Anspruch der christlichen Ehe ist nur im Glauben sinnvoll und zu vollziehen – der Glaube aber ist die Gnade ...

898

93 Von hier aus zeichnen sich bereits die Grundlinien eines christlichen Ethos der Ehe ab. Wenn die Schöpfungsordnung selbst Bundesordnung ist, beziehungsweise wenn der Bund Ermöglichung des Schöpfungsgemäßen ist, es freilegt und sich in ihm vollzieht, so heißt das, daß die Schöpfungskomponenten der Ehe: Sexus und Eros in der Ehe in den Bund aufgenommen sind. Wenn Ehe Bundesordnung ist, heißt das freilich auch, daß sie unter dem Wasserzeichen des Bundes: unter dem Zeichen von Kreuz und Auferstehung steht; daß sie von der Vergebung, vom Paradox des Simul iustus et peccator[a], vom Geheimnis der Gerechtigkeit aus Gnade lebt, daß sie als Glaubensgeschehnis unter dem Zeichen des Schon und Noch-nicht zu sehen ist.

[a] zugleich Gerechter und Sünder.

Heinz-Dietrich Wendland (geb. 1900)

Zur Theologie der Sexualität und der Ehe (1969)

899 Die Ehe der Christen – im Herrschaftsbereich Christi

In: G. Krems, R. Mumm (Hrsg.), Theologie der Ehe, Regensburg/Göttingen [2]1972, 120f.

Der evangelische, zuletzt in Münster wirkende Theologe wendet sich zwar entschieden gegen die Anwendung des Sakramentsbegriffs auf die Ehe. Er sieht die Ehe der Christen aber gleichwohl als personale Lebensgemeinschaft von der Liebe Christi ergriffen und durchformt.

120 Dort, wo Christus und die christliche Gemeinde wirksam sind, treten alle Formen der Ehe unter die vergebende, versöhnende und helfende Macht der Agape[a], und Mt 6,12 hat gerade auch für die Ehepartner alltägliche Bedeutung. Hier greift das Reich Christi in die menschlich-geschichtlichen Ordnungen der Ehe ein.

Der traditionelle Begriff des Zweckes muß von dem Verständnis der Ehe als einer personalen Liebesgemeinschaft gänzlich ferngehalten werden. Die Ehe hat weder a) den Zweck der Zeugung von Kindern, noch b) den Zweck der Verhütung der Unzucht. Beides sind *Folgen* und *Segnungen,* welche aus der personalen Liebesgemeinschaft erwachsen, die überhaupt erst dergleichen Wirkungen hervorbringen kann. Es ist eine Entwürdigung der personalen Liebe, sie solchen „Zwecken" dienstbar zu machen. Die Ehe ist nicht ein „Spital der Siechen", wie Luther ganz im Sinne der hier abgelehnten Tradition gesagt hat, weil auch er noch die mit dem Liebesakt verbundene Lust für sündig hielt.

Da die Ehe ein „vorchristliches", menschheitliches Datum ist, sollte sie nicht als Sakrament bezeichnet werden. Denn mit der durch Christus und seine Gemeinde geschehenden *Heils*verwirklichung hat der menschliche Liebesbund als solcher nicht das Geringste zu tun. Er gehört allen Menschen zu, nicht nur den Christen. Was auch immer Mann und Weib durch Liebe und Ehewillen begründen, – ein Sakrament ist dies nicht. Christus hat nicht
121 die Ehe gestiftet; sie ist vielmehr – darin behält Luther recht – ein „weltlich Ding".

[a] die christliche Liebe.

900 Hierdurch wird keineswegs bestritten, daß dann, wenn Christen die Ehe schließen, dieser Ehebund in den Herrschaftsbereich Christi eintritt, wo die Agape die „natürliche" Liebe ergreift und formt und vor ihren Gefährdungen bewahrt. Doch gehen von der Ehe als solcher keinerlei Heilswirkungen aus, wie sie bei den Sakramenten der Taufe und des Herrenmahls das entscheidende Kennzeichen sind. Sehen wir einmal von der höchst fragwürdigen Exegese von Eph 5,31 f. ab, welche das Verständnis der Ehe als Sakrament begründen soll, so ist allgemein gegen eine derartige Ausweitung des Sakramentsbegriffs zu protestieren. Legt man einen solchen zu Grunde, warum können dann nicht auch andere menschliche Handlungen und Zusammenschlüsse als Sakramente definiert werden?

Karl Lehmann (geb. 1936)

Nochmals: Wiederverheiratete Geschiedene (1974)

901 Hilfen für wiederverheiratete Geschiedene – eine notwendige pastorale Notordnung

In: K. Lehmann, Gegenwart des Glaubens, Mainz 1974, 296 f.

Im Rückgriff auf seinen vorausgehenden Artikel „Unauflöslichkeit der Ehe und Pastoral für wiederverheiratete Geschiedene" von 1972 (abgedruckt aaO., S. 274–294) betont Lehmann (Dogmatiker in Mainz und Freiburg, seit 1983 Bischof von Mainz) den Vorrang des unaufgebbaren Grundsatzes von der Unauflöslichkeit der sakramentalen Ehe. Er zeigt zugleich, daß und unter welchen Bedingungen pastorale Hilfen für wiederverheiratete Geschiedene möglich, ja christlich geboten sind.

296 Dabei[a] wurden – zusammenfassend formuliert – folgende Prinzipien aufgestellt:
1. Der Grundsatz der Unauflöslichkeit der Ehe muß einen uneingeschränkten Vorrang behalten. Irgendeine Regelung von Konzessionen einer von diesem Prinzip abweichenden Praxis – auch wenn sie kirchlich erlaubt ist – hat *für sich allein* keinen legitimen theologischen Ort. Es gibt in keiner Weise irgendein „Recht" eigener Art oder einen „Anspruch" auf Trennung, auf Wiederverheiratung und auf eine eventuell folgende Zulassung zu den Sakramenten. Wer nicht gleichzeitig mit noch größerer Entschiedenheit und Überzeugungskraft das Bewußtsein für die unbedingte Treue in der Ehe weckt, verwirkt sich theologisch und praktisch das Recht, ernsthaft und verantwortlich pastorale Hilfen für wiederverheiratete Geschiedene zu schaffen.

902 2. Dieser von der Kirche stets festgehaltene Grundsatz der Unauflöslichkeit der Ehe weist schon vom Neuen Testament an und durch die Geschichte der Kirche hindurch „am Rand" menschlich offenbar fast unvermeidliche Einbrüche und notgedrungene „Konzessionen" auf. Ohne die absolute Forderung Jesu preiszugeben,

wird für einzelne und begrenzte Notfälle ein „Ausweg" gefunden, um noch Schlimmeres zu vermeiden. Solche Situationen sind möglich, weil der Mensch auch nach der Erlösung in Jesus Christus ein fehlbares, versagendes, in Schuld und Sünde verstricktes Wesen bleibt. Darum ist man sich in allen
297 „Ausnahmen" und „Konzessionen" durchaus des Widerspruchs zu den Worten Jesu bewußt.

903 3. Von daher erscheint es ausgeschlossen, daß die Kirche *allgemeine Normen* für die Stellung von wiederverheirateten Geschiedenen in der Kirche *neben* eine nur abstrakt „vorausgesetzte" Unauflöslichkeit der Ehe stellen kann. Jede „Konzession" und alle „Barmherzigkeit" können nicht verdunkeln, daß bei jeder Erstellung von „Richtlinien" oder „Hilfen" dieser Art von der Forderung Jesu und von der Aufgabe der Kirche her ein uneinlösbarer *Grundwiderspruch* gegeben ist und bleibt: Der Sache nach soll nämlich durch eine solche Regelung etwas „geordnet" werden, was von der Mitte des christlichen Glaubens her „an sich" *unmöglich* ist, daß nämlich *nicht* nach dem Gebot des Evangeliums gelebt wird. Diese Tatsache bildet auch den inneren Grund dafür, warum es letztlich in dieser Sache nie eine wirklich „befriedigende" oder gar „gute" Lösung geben kann.

Jede Erstellung von Richtlinien und jede pastorale Praxis, die sich dieser unaufhebbaren Spannung nicht stets bewußt bleibt, würde unverantwortlich handeln. Darum darf man nie außer acht lassen, daß solche „Hilfen" eine in sich fragwürdige „Notordnung" sind, um eine weitere Auflösung zu verhüten, vor Schlimmerem zu bewahren und um bedrängten Menschen zu helfen, damit sie voll am Gemeindeleben teilnehmen können.

[a] in Lehmanns früherem Artikel.

Walter Kasper (geb. 1933)

Zur Theologie der christlichen Ehe (1977)

904 Die eheliche Liebe – Vergegenwärtigung der in Christus erschienenen Liebe Gottes

W. Kasper, Zur Theologie der christlichen Ehe, Mainz 1977, 45 f.; 48 f.; 81 f.

W. Kasper (vgl. Einl. in 128) entwickelt auf der Grundlage des 2. Vatikanischen Konzils eine Theologie der Ehe, die auch den Weg- und Entwicklungscharakter der konkret gelebten Ehe nachdrücklich einbezieht und sich drängenden pastoralen Problemen stellt.

Die Liebe und Treue der christlichen Ehegatten ist also nicht nur Zeichen und Symbol der Liebe Gottes, sie ist wirksames Zeichen, erfülltes Symbol, wirkliche Vergegenwärtigung, Epiphanie der in Jesus Christus erschienenen Liebe Gottes.

Wenn die Ehe eine besondere Gestalt des durch die Taufe begründeten „Sein in Christus" darstellt, dann ist sie auch eine besondere Gestalt der Teilnahme an Tod und Auferstehung Jesu Christi. Wird die eheliche Liebe unter dem österlichen Zeichen des Kreuzes gesehen, dann lebt sie vom Beschenken, vom Vergeben und vom immer wieder neuen Anfangen. So wie Christus die Kirche auch als die Kirche der Sünder liebt, reinigt und heiligt, so werden sich auch die Eheleute mit allen entstehenden Konflikten, in all ihrem Ungenügen und ihrer Schuld immer wieder annehmen müssen. Ein solches Wachsen und ein solcher Wandel der Liebe
46 ist den Eheleuten möglich, weil sie darauf vertrauen dürfen, daß ihre menschliche Liebe und Treue immer schon überholt ist durch den österlichen Sieg der Liebe Gottes über alle Untreue und Lieblosigkeit der Menschen.

905

48 Dabei sind Ehe und Familie jedoch nicht nur Ausformung des Wesens der Kirche, sie tragen vielmehr ihrerseits auch aktiv bei zur Auferbauung der Kirche. Deshalb kommt den Eheleuten innerhalb der Kirche ein eigenes Charisma, d. h. eine eigene Berufung, Gnadengabe und ein eigener Dienst zu (vgl. 1 Kor 7,7). Sie sollen sich gegenseitig heiligen (vgl. 1 Kor 7,14). In besonderer Weise tragen sie durch die Annahme und Erziehung der ihnen geschenkten Kinder zum inneren und äußeren Wachstum der Kirche bei. Durch das Beispiel ihres gemeinsamen christlichen Lebens, durch die Gastlichkeit und
49 Offenheit ihres „Hauses" können sie außerdem lebendige Zellen in der Kirche bilden....

906

81 Nicht wenige Seelsorger und Theologen, zu denen auch der Verfasser gehört, sind der Meinung, daß die geltenden kirchenrechtlichen Bestimmungen in der gegenwärtigen Situation kein befriedigendes Instrumentarium für pastorale Hilfen bieten. Im allgemeinen gehen sie jedoch nicht so weit, daß sie befürworten, die Zweitehe in liturgischer Form einzu-
82 segnen und sie als sakramentale Ehe der Erstehe gleichzustellen. Dies wäre mit der kirchlichen Tradition nicht vereinbar. Die gemäßigtere Richtung erstrebt deshalb analog der „Duldung" und „Nachsicht" in manchen Zeugnissen der alten Kirche, analog (also

nicht: identisch) mit der Praxis der Ostkirche, die vom Trienter Konzil nicht formell ausgeschlossen wurde, eine Lösung, die ebenfalls auf eine Art Bußordnung hinausläuft. Der Gott, den Jesus Christus verkündete, eröffnet ja jedem Menschen, auch und gerade dem Sünder, wenn er umkehrt, eine Möglichkeit des Heils. Dieser Handlungsweise Gottes sollte das kirchliche Handeln entsprechen. Deshalb ist nach dieser Meinung eine Zulassung zu den Sakramenten unter drei Bedingungen möglich: 1. wenn begangene Schuld bereut und nach Kräften gutgemacht, 2. wenn alles Menschenmögliche getan wurde, um zu einer Versöhnung mit dem ersten Partner zu kommen, und 3., wenn die zweite Ehe zu einer sittlich verpflichtenden Bindung geworden ist, die nicht ohne neues Unrecht wieder gelöst werden kann.

Robert Hotz (geb. 1935)

Sakramente im Wechselspiel zwischen Ost und West (1979)

907 Ostkirchliches Eheverständnis: Ehe als Liebesgemeinschaft in der Liebesgemeinschaft der Kirche

Zürich/Köln und Gütersloh 1979 (Ökumenische Theologie Bd. 2) 249f.

Wie Hotz, der als Kenner der ostkirchlichen Sakramentenlehre ausgewiesen ist (vgl. Einl. in 172), zeigt, ist Ost- und Westkirche die sakramentale Sicht der Ehe gemeinsam. Nach ostkirchlichem Verständnis spenden sich die Brautleute allerdings nicht gegenseitig das Ehesakrament, wie es im Westen im allgemeinen vertreten wird.

Zu diesen entscheidenden Akten des Lebens, welche die Kirche als „mustērion" bezeichnet, gehört auch die *Ehe.* Man könnte fragen, ... weshalb nur dieser „Stand" aus der Vielfalt der Berufungen ausgesondert und als „mustērion" angesehen wird. Die Antwort hierauf dürfte sich beim hl. Paulus finden, der von der Ehe sagte: „Dieses Geheimnis ist groß; ich aber deute es auf Christus und auf die Kirche" (Eph 5,32).
Wie schon die Lesung (Eph 5,20–33) beim Eheritus zeigt, wird die eheliche Vereinigung als Bild der Vereinigung Christi mit seiner Kirche gesehen, die Liebe der Eheleute in Verbindung mit der göttlichen Liebe zu den Menschen gebracht. Weil diese göttliche Liebe in das „Hochzeitsfest" der Kirche, in die Eucharistie mündet, deshalb wird bei der Eheschließung das Wunder der Hochzeit von Kanaa (Joh 2,1–11) als Evangelium verkündet, das das Geheimnis der Eucharistie vorzeichnet. Und ursprünglich wurde die Eheschließung auch mit der gemeinsamen Kommunion besiegelt.

Aus ostkirchlichem Eheverständnis sind es niemals die Eheleute selbst, die sich das eigentliche „mustērion" der Ehe spenden, denn in Anlehnung an Hebr 2,7 werden die Brautleute mit den Worten gekrönt: „Herr, unser Gott, kröne sie mit Herrlichkeit und Ehre", was ... eine Bitte um den Heiligen Geist und die Manifestation seines pfingstlichen Charismas der Einheit bedeutet, und diese Gabe ist nur in der Kirche zugänglich.

Die kirchliche Gemeinschaft ist ja wesentlich eine Liebesgemeinschaft. Und die eheliche Gemeinschaft muß als ein integrierender Bestandteil dieser Liebesgemeinschaft verstanden werden. Dies wird liturgisch auch dadurch ausgedrückt, daß sich die Verlobten bei Beginn der Vermählungszeremonie vor der zentralen Türe der Ikonostase (der königlichen Pforte) aufstellen, der Mann zur Ikone Christi, die Frau zur Ikone der Gottesgebärerin (dem Urbild der
250 Kirche) zugewendet. So stellen sie das archetypische Bild der Ehe dar, die Einheit von Christus und der Kirche.

Anastasios Kallis (geb. 1934)

„Kröne sie mit Herrlichkeit und Ehre."
Zur Ekklesiologie der orthodoxen Trauung (1989)

908 Eheschließung als Akt, den die Kirche vollzieht

In: K. Richter (Hrsg.), Eheschließung – mehr als ein rechtlich Ding? (QD 120) Freiburg/Basel/Wien 1989, 133; 135.

Der orthodoxe Münsteraner Theologe Kallis arbeitet Sinn und Bedeutung der ostkirchlichen Tradition heraus, nach der das Ehesakrament nicht von den Brautleuten, sondern von dem die Kirche repräsentierenden Priester gespendet wird.

133 Am Höhepunkt der orthodoxen Trauungsfeier, den die Krönung des Brautpaares bildet, spricht der Priester, während der Brautführer mit gekreuzten Armen die Kronen bzw. die Kränze wechselt, ein kurzes Gebet, das den Sinn der Krönungssymbolik eindrucksvoll wiedergibt: „Herr, unser Gott, mit Herrlichkeit und Ehre kröne sie." Diese Worte im Mittelpunkt des liturgischen Geschehens klingen wie ein Widerhall der paradiesischen Erhabenheit des Menschen, die der Psalmist besingt: „Du hast ihn nur für kurze Zeit niedriger sein lassen als die Engel; mit Herrlichkeit und Ehre hast du ihn gekrönt" (Ps 8,6; Hebr 2,7). Für die Gnade dieser königlichen Würde, die alles Irdische übersteigt, betet die Kirche, wenn sie die Ehe mit Bezug auf das erste Menschenpaar vor dem Sündenfall segnet.

Das heutige liturgische Formular der Krönung, dessen Theologie auf die altkirchliche Tradition zurückgeht und im 9. Jahrhundert im wesentlichen gestaltet war, unterstreicht die ekklesiologische Dimension der Ehe als einen sakramentalen Akt, den die Kirche vollzieht.

909

135 Während die lateinische Kirche, ausgehend vom römisch-rechtlichen Grundsatz „Nuptias non concubitus, sed consensus facit"[1] (es ist nicht die Beiwohnung, sondern der Konsens, der die Ehe zustande kommen läßt), den Vertragscharakter der Eheschließung nach christlichen Grundprinzipien fortentwickelte, hat im Osten – angefangen von der schlichten bischöflichen bzw. priesterlichen Einsegnung bis zur Gestaltung des feierlichen Krönungsritus – der Gedanke geherrscht, daß es Gott selbst ist, der durch die Kirche und ihre Diener den Eheleuten seine Gnade verleiht. . . .

[1] Digesten XXXV 1, 15.

Dialogtexte der Ökumene

Anglikanisch/römisch-katholische internationale Kommission

Bericht über die Theologie der Ehe und ihre Anwendung auf konfessionsverschiedene Ehen (1975)

910 Gemeinsames Eheverständnis auf der Basis von Epheser 5

In: H. Meyer u. a. (Hrsg.), Dokumente wachsender Übereinstimmung, Paderborn/Frankfurt 1983, 208 f.

Der Bericht, der grundlegende Übereinstimmung im Eheverständnis feststellt und daraus pastorale Konsequenzen zieht, ist in achtjährigem Studium der Probleme von einer Kommission erarbeitet worden, die von Papst Paul VI. und Erzbischof Michael Ramsey 1967 eingesetzt worden war.

208 *Ehe*

21. Bezüglich der Ehe selbst kann die Kommission keine grundlegenden Lehrunterschiede zwischen den beiden Kirchen feststellen, weder hinsichtlich der Natur der Ehe selbst noch hinsichtlich der Zwecke, denen sie dienen soll. Die Ausdrucksweise des Vaticanum II in „Gaudium et spes" (47–52), daß die Ehe auf der natürlichen Ebene in dem gegenseitigen Vertrag oder Bund (pactum, foedus) der Brautleute

209 begründet sei, stimmt völlig mit der Deutung der Ehe als Bund überein, die den anglikanischen Liturgien zugrunde liegt. Auch die sakramentale Natur der Ehe ist dort ausgesagt, einerseits im moralischen Sinn einer bleibenden Verpflichtung (Sacramentum), die im Ehegelöbnis ausgesprochen ist, andererseits im Sinn ihres Charakters als Zeichen (Signum): Zeichen gegenüber der Welt dafür, was Ehe in der Ordnung der Natur nach Gottes Willen ist und sein sollte; Zeichen gegenüber der Welt und der Kirche für den unwiderruflichen Bund Christi mit der Kirche wie auch für die gegenseitige Liebe, die zwischen ihm und der Kirche Gestalt gewinnt und zwischen den Gliedern der Kirche bestehen sollte; Zeichen ferner gegenüber den Eheleuten, gegenüber der Welt und der Kirche, daß Fortdauer innerhalb der Bundesbeziehung abhängt von fortgesetzter Vergebung und immer neuer Gnade Gottes; Zeichen schließlich, insofern Christus die Ehe, die zwischen Getauften gefeiert wird, zu einem Wirkzeichen der Gnade gemacht hat. Von all diesen Gesichtspunkten her erhält die christliche Ehe, bei beständiger Teilnahme am sakramentalen Leben der Kirche, ihren besonderen Charakter und ihre volle Gestalt. Die natürliche Ehe war von Anfang an voll darauf angelegt, in der Erlösungsordnung sakramentale Bedeutung zu erhalten: diese sakramentale Bedeutung wurde ihr zugesprochen als Teil des „Mysteriums" („Sacramentum"), das in der Fülle der Zeit von Gott durch seinen Sohn erschlossen und offenbart und das durch den Apostel als solches erkannt worden ist; so bringt die Sprache von Epheser 5, die die eheliche Liebe durch die Liebe Christi zu seiner Kirche deutet (und umgekehrt), unsere gemeinsame Theologie der Ehe angemessen zum Ausdruck, und in ebenso angemessener Weise ist sie in den Trauungsriten unserer beiden Traditionen verankert.

Römisch-katholische/lutherische/reformierte Studienkommission

Schlußbericht: Die Theologie der Ehe und das Problem der Mischehe (1976)

911 Die gemeinsame Grundlage: Ehe als Verheißung und Christusbund

In: H. Meyer u. a. (Hrsg.), Dokumente wachsender Übereinstimmung, Paderborn/Frankfurt 1983, 366 ff.

Die Kommission, deren Mitglieder vom Lutherischen Weltbund, vom Reformierten Weltbund und vom Sekretariat für die Einheit der Christen delegiert worden waren, konstatiert „eine im tiefsten gemeinsame Sicht der Ehe" trotz unterschiedlicher Begrifflichkeit bzw. unterschiedlicher pastoraler Konsequenzen.

366 Die Tatsache, daß die Christen einem solchen Herrn angehören, weil sie durch die Taufe Anteil an seinem Leben bekommen haben, berührt darum auch ihre eheliche Existenz, wobei nie das Wirken des Heiligen Geistes in jeder ehelichen Liebe vergessen werden soll.

912 (17) Wenn man bereit ist, sich von den für beide Seiten herkömmlichen Formulierungen zu lösen, wird man erkennen, daß diese Beziehung Christi zur ehelichen Existenz nichts anderes ist, als was wir alle gemeinhin Gnade nennen. Die Gnade, das ist in der Tat Christus selbst, der den Menschen im Geist gemäß der Verheißung gegeben ist. Ohne im Stand der Ehe enthalten zu sein, als ob sie eine von Jesus Christus unabhängige Wirklichkeit wäre oder als ob die Ehe sie aus sich selbst heraus erzeugen würde, wird somit die Gnade den Eheleuten in ihrer ganzen Fülle durch Christus gewährt. Diese Gnade, die vor allem als eine beständige Verheißung geschenkt wird, ist ebenso beständig wie es die Ehe ihrer Berufung nach ist.

913 (18) Diese Gnadenbeziehung zwischen dem Mysterium Christi und dem Ehestand muß einen Namen bekommen. Wir meinen alle, daß der biblische Begriff des „Bundes" das Mysterium der Ehe am besten kennzeichnet. Diesen Bund nennt die
367 Katholische Kirche ein Sakrament. Die reformatorischen Kirchen ziehen es vor, diesen Begriff nicht zu gebrauchen, zunächst wegen ihrer Definition des Sakraments und auch wegen der besonderen Stellung der Ehe im Verhältnis zum Sakrament der Taufe und der Eucharistie und schließlich wegen der Auseinandersetzungen und Mißverständnisse der Vergangenheit. Wir glauben, daß wir selbst von einer unterschiedlichen Mentalität und von verschiedenen historischen Situationen her eine im tiefsten gemeinsame Sicht der Ehe haben können. . . .

914 IV. Die Ehe für das ganze Leben
368 (24) Es ist unsere gemeinsame Gewißheit, daß Mann und Frau sich für das ganze Leben zur ehelichen Gemeinschaft verpflichten und daß die Partnerschaft durch die Ehe dazu bestimmt ist, das ganze Leben zu währen, „bis der Tod euch scheidet", wie es in unseren Liturgien heißt. Als eine gegenseitige Gabe, die aus den Ehegatten

„ein Fleisch" macht, muß die eheliche Gemeinschaft uneingeschränkt, ohne Vorbehalt und bedingungslos sein. Das verlangt die Dynamik, die einer authentischen Liebe zu eigen ist, die von sich aus danach strebt, für immer zu bestehen. Es geht dabei um den tiefen Respekt den Menschen gegenüber, die sich einander verpflichten, und um das Glück ihrer Kinder und das Wohl der menschlichen Gemeinschaft. Darum glauben wir, der Menschheit und den Ehepaaren selbst einen Dienst zu erweisen, wenn wir in unseren Kirchen unermüdliche Zeugen dieser ehelichen Liebe sein wollen.

915 (25) Trotz dieser gemeinsamen Gewißheit bleiben offensichtlich trennende Unterschiede zwischen uns bestehen, wie es im Hinblick auf den „sakramentalen" Aspekt der Ehe der Fall ist. Doch während unsere Spaltungen an diesem letzteren Punkt eher theologischer Art sind, leiten sie sich hier zum großen Teil von der pastoralen Praxis her.

Gemeinsame Kommission der römisch-katholischen Kirche und des Weltrates methodistischer Kirchen

Bericht (1981, „Honolulu-Bericht")

916 Die gemeinsame Überzeugung: Ehe als christliche Berufung

In: H. Meyer u. a. (Hrsg.), Dokumente wachsender Übereinstimmung, Paderborn/Frankfurt 1983, 470 f.

Der Kommissionsbericht – der dritte im römisch-katholischen/methodistischen Dialog: „Denver-Bericht" 1971; „Dublin-Bericht" 1976 – beschäftigt sich im 1. Teil mit der Grundlegung „zu einer gemeinsamen Erklärung über den Heiligen Geist", im 2. Teil mit dem Thema „Der Heilige Geist, die christliche Glaubenserfahrung und die kirchliche Autorität", im 3. Teil mit dem Bereich „Sittliche Entscheidungen des Christen". Dabei wird auch die Ehe behandelt: Gemeinsam erkennt man ihr einen sakramentalen Charakter zu.

470 *Die christliche Ehe*

48. Sowohl der Denver- wie der Dublin-Bericht enthalten Abschnitte über die christliche Ehe und Familie. Wir möchten das in diesen Berichten Gesagte bekräftigen, insbesondere das allgemeine Bild der christlichen Ehe, wie es im Denver-Bericht, Abs. 71, vorgestellt wird, sowie den Aufruf zum gemeinsamen Zeugnis „für die zentrale Bedeutung der Ehe in Gottes Heilsplan mit der menschlichen Gesellschaft", den der Dublin-Bericht, Abs. 39, so nachdrücklich formuliert hat.

Unsere Gespräche haben unsere Übereinstimmung bezüglich des sakramentalen Charakters der Ehe und ihrer Bedeutung im weiteren Zusammenhang der Gesellschaft vertieft.

917 49. Insbesondere können wir gemeinsam den Standpunkt vertreten, daß nicht nur die Trauung, sondern die ganze Ehe sakramental ist. Die Beziehung selbst, das ständige und uneingeschränkte gegenseitige Anteilgeben und -nehmen der Partner im alltäglichen Leben ist ein echtes Zeichen der Liebe Gottes zu uns, der Liebe Christi für uns bzw. der Liebe Christi zu seiner Kirche.
Wenn nun die Katholiken von der Ehe als einem Sakrament sprechen und die Methodisten dies nicht tun, so vertreten doch beide, was die Einführung zur „Feier der christlichen Trauung" (1979) der United Methodist Church in die Worte kleidet: „Die christliche Ehe ist das Zeichen eines lebenslangen Bundes zwischen einem Mann und einer Frau. Sie sind einer die Erfüllung des anderen, und ihre Liebe bringt in jedem und durch jeden von ihnen neues Leben hervor. Diese Einheit der Liebe ist nur möglich, weil Christus das Band der Einheit ist ... Die Ehe zwischen zwei getauften Christen ist ein Bund zwischen gleichberechtigten Partnern, die ihre Einheit in Jesus Christus feiern. Sie bilden eine kleine Familie im Haushalt Gottes, eine ‚kleine Kirche' innerhalb des Leibes Christi ... Die protestantischen Reformatoren des 16. Jahrhunderts waren nicht bereit, die Ehe ein Sakrament zu nennen, weil sie sie nicht als heilsnotwendiges Mittel der Gnade ansahen. Aber auch wenn sie nicht heilsnotwendig ist, ist die Ehe doch sicherlich ein Mittel der Gnade und in diesem Sinn von sakramentalem Charakter. Sie ist ein in Gottes Liebe gegründeter Bund. Die christliche Ehe ist ein Zeichen der Bitte um die Gnade für das tägliche Leben – und ist zugleich der Ausdruck für das Geschenk dieser Gnade" (S. 14).

918

471 50. Die Ehe ist in ihrem Wesen sakramental, weil sie die lebendige und lebenschenkende Einheit ist, in der die Bundesliebe Gottes verwirklicht wird. Das ist der Sinn von Eph 5,21–34, wo die Ehe in Beziehung gesetzt wird zu „einem tiefen Geheimnis. Ich sage es im Hinblick auf Christus und die Kirche" (5,32).

Ökumenischer Arbeitskreis evangelischer und katholischer Theologen

Lehrverurteilungen – kirchentrennend? I – Rechtfertigung, Sakramente und Amt im Zeitalter der Reformation und heute: Ehe (1986)

919 Annäherungen im Verständnis der Ehe als Sakrament

Hrsg. von K. Lehmann und W. Pannenberg, Freiburg/Göttingen 1986, 149 f.; 154 f.

Der Arbeitskreis (vgl. Einl. in 192) stellt fest, daß bei entsprechender – vor allem pneumatologischer, auf das Wirken des Geistes Gottes gewendeter – Interpretation der Sakramente überhaupt eine Verständigung auch über die Sakramentalität der Ehe als möglich erscheint. Unterschiede bleiben bei der Beurteilung der Ehescheidung.

149 Wie die Überlegungen zur allgemeinen Sakramentenlehre verdeutlicht haben, meint *die katholische Lehre* vom „opus operatum" weder eine Verfügung des Menschen über die Gnade noch einen Gnadenautomatismus. . . .

Primäres Subjekt des Gnadengeschehens im Ehesakrament bleibt Jesus Christus; das gilt auch für die Betrachtung der Ehe als „Sakrament des Ehelebens". Diese Akzentuierung innerhalb der neueren katholischen Theologie steht im Einklang mit einer fast einhelligen altkirchlichen und mittelalterlichen Tradition, nach der nicht der Trauungsritus, sondern die Ehe selbst das Sakrament darstellt. Könnten die in diesem Zusammenhang spürbaren Widerstände nicht auch durch ein allzu aktualistisches Verständnis von Heilszusage vorbestimmt sein? Die Betonung der „Weltlichkeit" der Ehe behält gegenüber manchen konkreten Ausprägungen kirchlicher Gesetzgebung (und Ehemoral) ihr kritisches Recht; es darf aber andererseits nicht übersehen werden, daß das Festhalten der römisch-katholischen Kirche an der Unauflöslichkeit der Ehe letztlich Ausdruck dafür ist, daß diese Einrichtung der Schöpfungs- und Erlösungsordnung dem (rechtlichen) kirchlichen Zugriff entzogen ist.

920 Angesichts der besonderen Verpflichtung der Eheleute, ihrer intensiven Lebensgemeinschaft und ihres Angewiesenseins auf den göttlichen Segen könnte auch die *evangelische Seite* (mit Apol 13,14 f.) vom „Sakrament" der Ehe sprechen, sofern einerseits der grundlegende Unterschied zu den Sakramenten Taufe und Abendmahl beachtet und andererseits ihre Sakramentalität mit Bezug auf diese Christusgemeinschaft, vermittelt durch Verkündigung, Taufe

und Abendmahl, beschrieben wird: Die Eheleute realisieren in spezifischer Weise, bezogen auf ihr Verhältnis zueinander und auf die gemeinsamen Aufgaben, die allen Christen geltende Gabe und Verpflichtung Jesu Christi.
Eine pneumatologische Interpretation könnte eine Hilfe sein, um die Sakramentalität gemeinsam so auszudrücken: Das Sakrament ist generell ein Unterpfand der Tatsache, daß den Christen der Heilige Geist als Geist Christi gegeben
150 ist und sie bis in ihre Leiblichkeit hinein bestimmen will; die Früchte des Geistes (vgl. Gal 5,22; Liebe, Freude, Friede, Geduld, Freundlichkeit, Güte, Glaube, Sanftmut, Keuschheit) finden in der Ehe eine spezielle Ausprägung. Insofern stimmt die Bezeichnung als „sakramental" mit der reformatorischen Bezeichnung der Ehe als eines heiligen und göttlichen Standes überein. Denn die Heiligkeit des Christen ist durch den Geist Christi gewirkt. Ob man von dieser pneumatologischen Interpretation her zu einer Verständigung darüber gelangen kann, was die katholische Formulierung von der Gnadenmitteilung (DS 1801) meint, muß noch geklärt werden. Eine Möglichkeit der Verständigung eröffnet auch der alttestamentliche Vergleich zwischen der Ehe und dem Gott – Volk-Verhältnis unter dem Stichwort „Bund".

921 Die *katholische Theologie* setzt hier bejahend an und versteht die Ehe als Zeichen der Liebe und Treue Gottes zu seinem Volk. Dabei versucht sie, eine innere, wesensmäßige Beziehung zwischen Zeichen und Bezeichnetem herauszuarbeiten: Ehe ist als geschöpfliche Größe das am meisten geeignete Zeichen für die lebendige, wirksame Gegenwart Gottes im menschlichen Leben und Tun, für das Wirken des Heiligen Geistes in der menschlichen Gemeinsamkeit. Das Ineinander von Schöpfung und Bund, welches das Charakteristikum der christlichen Ehe darstellt, ist also im Wesen des Menschen angelegt.

922
154 Evangelische und katholische Lehre stimmen darin überein, daß eine Ehescheidung in keinem Fall eine normale Lösung sein kann, weil die Ehe auf Lebenszeit geschlossen wird; auch bei Krisen sollte die Bindung durchgehalten werden, weswegen nicht unter Rekurs auf die christliche Barmherzigkeit eine laxe Praxis gefördert werden darf. Sie stimmen ferner darin überein, daß es Situationen gibt, wo das eheliche Zusammenleben nicht mehr zumutbar ist. Allerdings ziehen sie daraus unterschiedliche Folgerungen, da die katholische Lehre nicht die Scheidung, sondern nur die – vor-

übergehende oder dauerhafte – Trennung von Tisch und Bett zuläßt. Trotz erheblicher Unterschiede in Lehre und Praxis sind beide Kirchen aber in dieser Frage nicht unversöhnlich voneinander getrennt, wenn man die vorstehend skizzierte theologische Nähe beider Positionen bedenkt. Allerdings lassen ihre Auffassungen beim derzeitigen Stand der Lehre keine Annäherung im Sinne einer Übereinstimmung zu.

Ob indes die gegenseitigen Verwerfungen bzw. Ablehnungen in ihrer kirchentrennenden Wirkung fortgelten müssen, sei zumindest gefragt. Die evangelische und die katholische Position berufen sich jeweils auf biblische Aussagen; sie entsprechen jeweils einem zentralen Aspekt der Ehe (prinzipielle Unlösbarkeit – tatsächliche Realisierung der intensiven Lebensgemeinschaft) und führen zu unterschiedlichen Aporien. Die als Notmaßnahme verstandene Möglichkeit der Scheidung (dissolutio) oder Trennung (separatio) stellt die theologische Reflexion wie die kirchliche Praxis vor ein Dilemma, für das es keine allseits befriedigende Lösung gibt: Auf der einen Seite wird der Eindruck erweckt, als werde die Unlösbarkeit der Ehe nicht ernst genug genommen, auf der anderen Seite wird die prinzipiell gültige Dauerhaftigkeit durch die Trennung faktisch in Frage gestellt und der Eindruck erweckt, als werde das formale Eheband ohne Berücksichtigung der
155 menschlichen Notsituation aufrechterhalten. Beide Kirchen sind gemeinsam herausgefordert, angesichts der allgemeinen Auflösungserscheinungen solche Regelungen zu praktizieren, die sowohl die Dauerhaftigkeit der Institution als auch die göttliche Barmherzigkeit mit seinem gefallenen Geschöpf zur Geltung bringen.

Literatur

Zu: 1. Allgemeine Sakramentenlehre

Adam, A., Grundriß Liturgie, Freiburg 1985.

Ambaum, J., Glaubenszeichen. Schillebeeckx' Auffassung von den Sakramenten, Regensburg 1980.

Auer, J., Allgemeine Sakramentenlehre und das Mysterium der Eucharistie, Regensburg [3]1980 (KKD VI) 23–128; 295–304.

Baumer, I., Interaktion, Zeichen, Symbol. Ansätze zu einer Deutung liturgischen und volksfrommen Tuns, in: Liturg. Jahrbuch 31 (1981) 9–35.

Baumgartner, J. (Hrsg.), Gläubiger Umgang mit der Welt. Die Segnungen der Kirche, Zürich/Freiburg 1976.

Beeck, F. J. van, Grounded in love: sacramental theology in an ecumenical perspective, London 1982.

Beinert, W., Die Sakramentalität der Kirche im theologischen Gespräch, in: Theologische Berichte 9, Zürich 1980, 13–66.

Beinert, W., Die Heilkraft der Sakramente, in: Ders. (Hrsg.), Hilft Glaube heilen?, Düsseldorf 1985, 64–85.

Biemer, G., Katechetik der Sakramente, Freiburg 1983.

Boff, L., Kleine Sakramentenlehre, Düsseldorf [5]1982.

Brinkmann, B. R., For an aesthetic of sacramentology: a retrospective, in: Zeitschrift für kath. Theologie 107 (1985) 341–364.

Chauvet, L.-M., u. a., Sacrements de Jésus-Christ, Paris 1983.

Congar, Y., Die Idee der sacramenta maiora, in: Concilium 4 (1968), 9–15.

Denis, H., Sacrements, sources de vie, Paris 1982.

Dumont, H., Theologische Bedeutung der Symbole. Zum Stellenwert des Symbols im christlichen Glauben, in: Theologie der Gegenwart 32 (89) 255–265.

Ebeling, G., Erwägungen zum evangelischen Sakramentenverständnis, in: Ders., Wort Gottes und Tradition, Göttingen 1964.

Eckermann, W./Sauer, R./Untergaßmair, F. G. (Hrsg.), Sakramente. Heilszeichen für das Leben der Welt, Cloppenburg 1987.

Eham, M., Gemeinschaft im Sakrament? Die Frage nach der Möglichkeit sakramentaler Gemeinschaft zwischen katholischen und nichtkatholischen Christen, Frankfurt/Bern 1986.

Eisenbach, F., Die Gegenwart Jesu Christi im Gottesdienst. Systematische Studien zur Liturgiekonstitution des Zweiten Vatikanischen Konzils, Mainz 1982.

Finkenzeller, J., Die Lehre von den Sakramenten im allgemeinen. Von der Schrift bis zur Scholastik (HDG IV/1a), Freiburg 1980.

Finkenzeller, J., Die Lehre von den Sakramenten im allgemeinen. Von der Reformation bis zur Gegenwart (HDG IV/1b), Freiburg 1982.

Fries, H. (Hrsg.), Wort und Sakrament. Eine thematische Sammlung aus dem „Handbuch theologischer Grundbegriffe" (mit Beiträgen u. a. von J. Betz, P. Neuenzeit, H. R. Schlette, H. Schlier, H. Volk, H. Vorgrimler), München 1966.

Gamber, K., Die Christus- und Geist-Epiklese in der frühen abendländischen Liturgie, in: Praesentia Christi (Festschrift J. Betz), Düsseldorf 1984, 79–100.

Ganoczy, A., Einführung in die katholische Sakramentenlehre, Darmstadt 1979; [2]1984.

Ganoczy, A., Sakrament, in: Neues Handbuch theologischer Grundbegriffe IV, 1985, 94–104.

Garijo Guembe, M. M., Sakrament und Sakramentalität, in: Catholica 40 (1986) 110–124.

Gemeinsame röm.-kath./ev.-luth. Kommission, Einheit vor uns. Modelle, Formen und Thesen katholisch/lutherischer Kirchengemeinschaft, Paderborn/Frankfurt 1985.

Gerhards, A., Stationen der Gottesbegegnung. Zur theologischen Bestimmung der Sakramentenfeiern, in: M. Klöckener/W. Glade (Hrsg.), Die Feier der Sakramente in der Gemeinde, Kevelaer 1986, 17–30.

Harnoncourt, Ph., Die Gegenwart des Mysteriums Christi in den Sakramenten. Entwurf eines Modells zur Sakramententheologie, in: M. Klöckener/W. Glade (Hrsg.), Die Feier der Sakramente in der Gemeinde, Kevelaer 1986, 31–46.

Heumann, J., Symbol – Sprache der Religion, Stuttgart 1983.

Hotz, R., Sakramente – im Wechselspiel zwischen Ost und West, Zürich 1979.

Hünermann, P., Reflexionen zum Sakramentenbegriff des II. Vatikanums, in: Glaube im Prozeß, hrsg. von E. Klinger/K. Wittstadt, Freiburg 1984, 309–324.

Jetter, W., Symbol und Ritual. Anthropologische Elemente im Gottesdienst, Göttingen 1978.

Jorissen, I./Meyer, H. B., Zeichen und Symbole im Gottesdienst, Innsbruck 1977 (auch zum Thema des Segens).

Jüngel, E./Rahner, K., Was ist ein Sakrament?, Freiburg 1971.

Kasper, W., Wort und Sakrament, in: Ders., Glaube und Geschichte, Mainz 1970, 285 bis 310.

Klauck, H.-J., Die Sakramente und der historische Jesus, in: Ders., Gemeinde – Amt – Sakrament. Neutestamentliche Perspektiven, Würzburg 1989, 273–285.

Klauck, H.-J., Kultische Symbolsprache bei Paulus, in: Ders., Gemeinde – Amt – Sakrament. Neutestamentliche Perspektiven, Würzburg 1989, 348–358.

Kleinheyer, B., Heil erfahren in Zeichen, München 1980.

Klöckener, M./Glade, W. (Hrsg.), Die Feier der Sakramente in der Gemeinde (Festschrift H. Rennings), Kevelaer 1986.

Koch, G., u. a., Gegenwärtig in Wort und Sakrament. Eine Hinführung zur Sakramentenlehre, Würzburg 1976.

Koch, G., Sakramente, die zum Christsein befähigen: Taufe, Firmung, Eucharistie, Theologie im Fernkurs, Grundkurs LB 20, Würzburg ^{2}1989.

Koch, K., Erfahrungen der Zärtlichkeit Gottes, Zürich 1990.

Köhnlein, M., Was bringt das Sakrament? Disputation mit Karl Rahner, Göttingen 1971.

Konijn, S., Aufstieg zur Lebenstiefe. Sakramente als Symbole menschlicher Grunderfahrungen, Freiburg/Br. 1989.

Kress, B., The church. Communion, sacrement, communication, New York 1985.

Kühn, U., Sakramente (Handbuch Systematischer Theologie 11), Gütersloh 1985.

Langer, Susanne K., Philosophie auf neuem Wege. Das Symbol im Denken, im Ritus und in der Kunst (Fischer-Taschenbuch FW 7344), Frankfurt/M. 1984 (amerik. Original Cambridge/Mass. 1942).

Lehmann, K./Pannenberg, W. (Hrsg.), Lehrverurteilungen – kirchentrennend? I Rechtfertigung, Sakramente und Amt im Zeitalter der Reformation und heute, Freiburg/Göttingen 1986.

Lies, L., Kultmysterium heute – Modell sakramentaler Begegnung, in: Archiv für Liturgiewissenschaft 28 (1986) 2–21.

Lies, L., Sakramententheologie. Eine personale Sicht, Graz/Wien/Köln 1990.

Luthe, H. (Hrsg.), Christusbegegnung in den Sakramenten, Kevelaer ^{2}1984.

Martos, J., Doors to the Sacred. A historical introduction to sacrements in the christian church, London 1981.

Mayer, C., Transformation der Gesellschaft mit Hilfe der Sakramente. Franz Schupps Entwurf einer neuen Sakramententheologie, in: Theologische Quartalschrift Tübingen, 155. Jg. (1975), 144–149.

Müller, A., Die Sakramente der Kirche, Fribourg 1975.

Nastainczyk, W., Katechese: Grundfragen und Grundformen (UTB Uni-Taschenbücher 1245), Paderborn u. ö. 1983, bes. 92–153.

Neue Zeitschrift für systematische Theologie und Religionsphilosophie 27 (1985) H. 2: Sondernummer über moderne Symboltheorien.

Nocke, F.-J., Wort und Geste. Zum Verständnis der Sakramente, München 1985.

Pesch, O. H., Das katholische Sakramentsverständnis im Urteil gegenwärtiger evangelischer Theologen, in: Verifikationen (Festschrift G. Ebeling), Tübingen 1982, 317 bis 340.

Rahner, K., Personale und sakramentale Frömmigkeit, in: Schriften II, 1955, 115–141.
Rahner, K., Theologie des Symbols, in: Schriften IV, 1960, 275–311.
Rahner, K., Kirche und Sakramente. Freiburg i. Br. 1960.
Rahner, K., Überlegungen zum personalen Vollzug des sakramentalen Geschehens, in: Schriften X, 1972, 405–429.
Ratzinger, J., Die sakramentale Begründung christlicher Existenz, Meitingen 1966.
Ratzinger, J., Zum Begriff des Sakramentes, Eichstätter Hochschulreden 15, München 1979.
Reinhardt, H. J. F., Die Sakramentalien, in HKR 836–839.
Richter, K., Riten und Symbole in der Industriekultur, in: Concilium 13 (1980) 108–113.
Richter, K./Schilson, A., Den Glauben feiern. Wege liturgischer Erneuerung, Mainz 1989.
Rosenberg, A., Einführung in das Symbolverständnis, Freiburg 1984.
Ruster, Th., Sakramentales Verstehen, Frankfurt/Bern 1983.
Schäfer, P./Deichgräber, R./Davies, J. G., Benediktionen, in: TRE V, 1980, 560–573.
Schaeffler, R./Hünermann, P., Ankunft Gottes und Handeln des Menschen. Thesen über Kult und Sakrament (QD 77) Freiburg/Basel/Wien 1977.
Scharfenberg, J./Kämpfer, H., Mit Symbolen leben, Olten 1980.
Scheele, P.-W., Das Wirken der Kirche in den Sakramenten – Taufe und Eucharistie (Theologie im Fernkurs Grundkurs LB 19) Würzburg 1971.
Scherer, G., u. a., Symbol, Mythos, Sprache. Ein Forschungsgespräch (hrsg. von G. Larcher), Annweiler 1988.
Schillebeeckx, E., Sakramente als Organe der Gottbegegnung, in: J. Feiner/J. Trütsch/F. Böckle, Fragen der Theologie heute, Einsiedeln 1957, 379–401.
Schillebeeckx, E., Christus, Sakrament der Gottbegegnung, Mainz 1960.
Schilson, A., Theologie als Sakramententheologie. Die Mysterientheologie Odo Casels, Mainz 1982.
Schilson, A., Sakrament als Symbol, in: Christlicher Glaube in moderner Gesellschaft 28, Freiburg 1982, 122–150.
Schmid-Keiser, St., Aktive Teilnahme: Kriterium gottesdienstlichen Handelns und Feierns, 2 Bde., Bern/Frankfurt 1985.
Schmied, A., Was ist ein Sakrament? in: Theologie der Gegenwart 20 (1977) 143–152.
Schmied, A., Perspektiven und Akzente heutiger Sakramententheologie, in: Wissenschaft und Weisheit 44 (1981) 17–45.
Schneider, Th., Zeichen der Nähe Gottes, Mainz [5]1987.
Schulte, R., Die Einzelsakramente als Ausgliederung des Wurzelsakraments, in: MySal IV/2, Einsiedeln 1973, 46–155.
Schulte, R., Die Wort-Sakrament-Problematik in der evangelischen und katholischen Theologie, in: Theologische Berichte 6, Zürich 1977, 81–122.
Schulz, F., Die jüdischen Wurzeln des christlichen Gottesdienstes, in: Jahrbuch für Liturgik und Hymnologie 28 (1984) 39–55.
Schupp, F., Glaube – Kultur – Symbol. Versuch einer kritischen Theorie sakramentaler Praxis, Düsseldorf 1974.
Semmelroth, O., Vom Sinn der Sakramente, Frankfurt 1960.
Semmelroth, O., Wirkendes Wort. Zur Theologie der Verkündigung, Frankfurt 1962.
Seybold, M., Die Siebenzahl der Sakramente, in: Münchener Theologische Zeitschrift 27 (1976) 113–141.
Siefer, G., Heilsbedürfnis und Zeichenerfahrung heutiger Menschen, in: Zeichen des Heils. Österreichische Pastoraltagung 1975, Wien 1975, 7–32.
Skowronek, A., Sakrament in der evangelischen Theologie der Gegenwart, Paderborn 1971.
Snela, B., Das Menschliche im Christlichen. Elementare Strukturen der religiösen Zeichen, München 1986.
Söhngen, G., Christi Gegenwart in Glaube und Sakrament, München/Salzburg 1967.
Spiegel, Y., Glaube wie er leibt und lebt, Bd. 3, München 1984, 8–38 (zu den Symbolen).
Steiner, George, Von realer Gegenwart. Hat unser Sprechen Inhalt? Mit einem Nachwort von Botho Strauß (Edition Akzente), München 1990 (engl. Original London 1989).

Stöhr, J., Wann werden Sakramente gültig gespendet?, Aschaffenburg 1980.
Stock, U., Die Bedeutung der Sakramente in Luthers Sermonen von 1519, Leiden 1982.
Taborda, F., Sakramente: Praxis und Fest (Bibliothek Theologie der Befreiung), Düsseldorf 1988.
Thomassen, J., Heilswirksamkeit der Verkündigung. Kritik und Neubegründung, Düsseldorf 1986.
Thomassen, J., Überlegungen zur Heilswirksamkeit der Verkündigung, in: L. Lies (Hrsg.), Praesentia Christi (Festschrift J. Betz), Düsseldorf 1984, 311–320.
Thomassen, J., Heilsgeschehen in Zeichen und Feier: die Sakramente, Theologie im Fernkurs, Grundkurs LB 19, Würzburg ²1989.
Tillard, J.-M. R., Les sacrements de l'Eglise, in: Initiation à la pratique de la théologie II, Paris 1983, 385–466.
Tillard, J.-M. R., Das sakramentale Handeln der Kirche, in: Neue Summe Theologie 3. Bd., Freiburg/Basel/Wien 1989, 239–304.
Villalón, J., Sacrements dans l'Esprit. Existence humaine et théologie sacramentelle, Paris 1977.
Walter, E., Quellen lebendigen Wassers. Von der Fülle der sieben Sakramente, Freiburg 1953.
Wehrle, P., Die Bedeutung des Symbols für die religiöse Erziehung, München 1980.
Wenz, Gunther, Einführung in die evangelische Sakramentenlehre, Darmstadt 1988.
Westermann, C., Der Segen in der Bibel und im Handeln der Kirche, Gütersloh 1981.
Zadra, D., Sakramente und Zeit, in: Probleme und Perspektiven dogmatischer Theologie, hrsg. von K. H. Neufeld, Düsseldorf 1986, 250–272.
Zauner, W./Singer, J., Zeichen der Hoffnung, Sakramente und Sakramentalien, Wien/Freiburg/Basel 1982.

Zu: 2. Die Taufe

Aland, K., Die Säuglingstaufe im Neuen Testament und in der alten Kirche. Eine Antwort an Joachim Jeremias, München 1961; ²1963.
Angenendt, A., Kaiserherrschaft und Königstaufe. Kaiser, Könige und Päpste als geistliche Patrone in der abendländischen Missionsgeschichte, Berlin/New York 1984.
Auer, J., Das Sakrament der Taufe, in: Ders., Die Sakramente der Kirche (KKD VII), Regensburg ²1979, 21–116.
Aubin, P., Le baptême, Paris 1980.
Baptism Confirmation. International Bibliography 1975–1984, Straßburg 1985.
Barth, G., Die Taufe in frühchristlicher Zeit, Neukirchen 1981.
Barth, K., Die kirchliche Lehre von der Taufe (Theologische Existenz heute, N. F. 4), München 1947.
Barth, M., Die Taufe – ein Sakrament? Ein exegetischer Beitrag zum Gespräch über die christliche Taufe, Zürich 1951.
Beasley-Murray, G. R., Die christliche Taufe. Eine Untersuchung über ihr Verständnis in Geschichte und Gegenwart, Kassel 1968.
Betz, J., Taufe, in: HthG II, 614–630.
Bourgeois, H., L'initiation chrétienne et ses sacrements, Paris 1982.
Brosseder, J., Taufe und Firmung, in: NHthG IV, 1985, 167–182.
Burnish, R., The Meaning of Baptism, London 1985.
Courth, F., Die Taufe „auf den Namen Jesu Christi" in den Zeugnissen der Dogmengeschichte bis zur Hochscholastik, in: Theologie und Glaube 69 (1979) 121–147.
Cullmann, O., Die Tauflehre des Neuen Testaments. Erwachsenen- und Kindertaufe, Zürich 1948; ²1958.
Delling, G., Die Taufe im Neuen Testament, Berlin 1963.
Farnedi, G. (Hrsg.), I simboli dell'iniziazione cristiana, Rom 1983.
Frankemölle, H., Das Taufverständnis des Paulus. Taufe, Tod und Auferstehung nach Röm 6, Stuttgart 1970.
Hierold, A. E., Taufe und Firmung, in: HKR 659–675.
Hossiau, A., u. a., Le baptême, entrée dans l'existence chrétienne, Brüssel 1983.

Hubert, H., Kirchenbild, Sakramentsverständnis und Kindertaufe, in: Münchener Theol. Zeitschrift 20 (1969), 315–329.
Hubert, H., Der Streit um die Kindertaufe. Eine Darstellung der von Karl Barth 1943 ausgelösten Diskussion um die Kindertaufe und ihre Bedeutung für die heutige Tauffrage, Frankfurt 1972.
Jeremias, J., Die Kindertaufe in den ersten vier Jahrhunderten, Göttingen 1958.
Jeremias, J., Nochmals: Die Anfänge der Kindertaufe. Eine Replik auf Kurt Alands Schrift: „Die Säuglingstaufe im Neuen Testament und in der alten Kirche", München 1962.
Kasper, W. (Hrsg.), Christsein ohne Entscheidung oder Soll die Kirche Kinder taufen?, Mainz 1970.
Koch, G., Was die Taufe grundlegt, in: Ders., Sakramente, die zum Christsein befähigen: Taufe, Firmung, Eucharistie, Theologie im Fernkurs, Grundkurs LB 20, Würzburg 1985, [2]1989, 20–44.
Koch, G., Communio sanctorum als Grund und Ziel der Kindertaufe in: J. Schreiner/ K. Wittstadt (Hrsg.), Communio sanctorum. Einheit der Christen – Einheit der Kirche (Festschrift Paul-Werner Scheele), Würzburg 1988, 398–411.
Koch, G., Art. Kindertaufe, in: W. Beinert (Hrsg.), Lexikon der katholischen Dogmatik, Freiburg 1987, 305 f.
Kraft, H. (Hrsg.), Texte zur Geschichte der Taufe, besonders der Kindertaufe in der alten Kirche (Kleine Texte für Vorlesungen und Übungen 174), Berlin 1969.
Lehmann, K., Das Verhältnis von Glaube und Sakrament in der katholischen Tauftheologie, in: Ders., Gegenwart des Glaubens, Mainz 1974, 201–228.
Lienemann-Perrin, Ch. (Hrsg.), Taufe und Kirchenzugehörigkeit, München 1983.
Lohfink, G., Der Ursprung der christlichen Taufe, in: Theol. Quartalschrift 156 (1976) 35–54.
Mäki, P. (Hrsg.), Taufe und Heiliger Geist, Helsinki 1979.
Mette, N., Impulse für unsere moderne Industriegesellschaft? Zur Situation der religiösen Sozialisation und der christlichen Initiations-Prozesse in der Bundesrepublik Deutschland, in: Katechetische Blätter 110 (1985), 566–574.
Molinski, W. (Hrsg.), Diskussion um die Taufe, München 1971.
Nagel, E., Die „Heiligkeit" der Christenkinder nach Tertullian, in: Zeitschrift für kath. Theologie 100 (1978), 62–68.
Nagel, E., Kindertaufe und Taufaufschub. Die Praxis vom 3.–5. Jahrhundert in Nordafrika und ihre theologische Einordnung bei Tertullian, Cyprian und Augustinus, Frankfurt 1980.
Nepper-Christensen, P., Die Taufe im Matthäusevangelium, in: New Testament Studies 31 (1985) 189–207.
Neunheuser, B., Taufe und Firmung (HDG IV/2), Freiburg [2]1982.
Pannenberg, W., Christsein und Taufe: Um die eine Kirche, in: Evangelische Katholizität, hrsg. von der kirchlichen Vereinigung Augsburgischen Bekenntnisses, München/ Gräfelfing 1984, 58–65.
Quesnel, M., Baptisés dans l'esprit. Baptême et Esprit Saint dans les Actes des Apôtres, Paris 1985.
Rahner, K., Taufe und Tauferneuerung, in: Schriften zur Theologie XVI, 1984, 406–417.
Reckinger, F., Kinder taufen – mit Bedacht. Eine Darstellung der Diskussion um die Kindertaufe im katholischen Raum seit 1945 mit kritischen Stellungnahmen und pastoralen Ausblicken, Steinfeld-Kall 1982.
Schenke, L., Zur sog. „Oikosformel" im NT, in: Kairos 13 (1971) 226–243.
Schillebeeckx, E., Begierdetaufe, in: LThK II 112–115.
Schlier, H., Zur kirchlichen Lehre von der Taufe, in: Ders., Die Zeit der Kirche, Freiburg 1956; [5]1972, 107–129.
Schnackenburg, R., Das Heilsgeschehen bei der Taufe nach dem Apostel Paulus, München 1950.
Schneider, Th., Zeichen der Nähe Gottes, Mainz 1979; [5]1987, 70–106.
Schulte, R., Die Umkehr (metanoia) als Anfang und Form des christlichen Lebens, in: MySal V, 1976, 117–221.
Schulz, H.-J., „Wann immer einer tauft, ist es Christus, der tauft!", in: Praesentia Christi (Festschrift J. Betz), Düsseldorf 1984, 240–260.

Schwager, R., Wassertaufe, ein Gebet um die Geisttaufe?, in: Zeitschrift für kath. Theologie 100 (1978) 36–61.
Snela, B., Kindertaufe – ja oder nein? Plädoyer für die Erwachsenentaufe, München 1987.
Sprinks, B. D. (Hrsg.), The sacrifice of Praise, Löwen 1981 (Studien zu Taufe und Eucharistie).
Stenzel, A., Die Taufe. Eine genetische Erklärung der Taufliturgie, Innsbruck 1958.
Strukturen christlicher Initiation: Concilium 15 (1979) H. 2.
Taufe, Eucharistie und Amt. Konvergenzerklärungen der Kommission für Glauben und Kirchenverfassung des Ökumenischen Rates der Kirchen, Frankfurt/Paderborn 1982; [9]1984.
Thurian, M./Wainwright, G. (Hrsg.), Baptism and Eucharist, Genf 1983 (Textbuch zu liturgischen Traditionen).
Timiadis, E., Taufe, orthodoxe Sicht, in: Ökumene-Lexikon, hrsg. von H. Krüger/W. Löser/W. Müller-Römheld, Frankfurt 1983, 1145–1148.
Trütsch, J., Taufe, Sakrament der Einheit – Eucharistie, Sakrament der Trennung?, in: Theologische Berichte 9, Zürich 1980, 67–95.
Vorgrimler, H., Sakramententheologie, Düsseldorf 1987, 121–140.

Zu: 3. Die Firmung

Adam, A., Art. Firmung, in: HthG II, 7–12.
Angenendt, A., Bonifatius und das Sacramentum initiationis. Zugleich ein Beitrag zur Geschichte der Firmung, in: Römische Quartalschrift 72 (1977), 133–183.
Amougou-Atangana, J., Ein Sakrament des Geistempfangs? Zum Verhältnis von Taufe und Firmung, Freiburg 1974.
Auf der Maur, H./Kleinheyer, B. (Hrsg.), Zeichen des Glaubens. Studien zu Taufe und Firmung (Festschrift B. Fischer), Zürich u. a. 1972.
Barral-Baron, N., Renouveau de la Confirmation, Paris 1983.
Benning, A., Gabe des Geistes. Zur Theologie und Katechese des Firmsakraments, Kevelaer 1972.
Biemer, G., Firmung. Theologie und Praxis, Würzburg 1973.
Ferrari, G., Teologia e liturgia della confirmazione in Oriente e Occidente, in: Nicolaus 12 (1985), 295–316.
Firmung: Internationale kath. Zeitschrift 11 (1982), 409–456.
Halleux, A.de, Confirmation et Chrisma, in: Irénikon 57 (1984), 490–515.
Il sacramento della confermazione, Bologna 1983.
Koch, G., Wozu die Firmung befähigt und verpflichtet, in: Ders., Sakramente, die zum Christsein befähigen: Taufe, Firmung, Eucharistie, Theologie im Fernkurs, Grundkurs LB 20, Würzburg 1985; [2]1989, 44–56.
Koch, G., Art. Firmung, in: W. Beinert (Hrsg.), Lexikon der katholischen Dogmatik, Freiburg 1987, 156–159.
Kretschmar, G., Firmung, in: TRE XI, 1983, 192–204.
Lanne, E., Les sacrements de l'initiation chrétienne et la confirmation dans l'Eglise d'Occident, in: Irénikon 57 (1984), 196–215, 324–346.
Larrabe, J. L., La Confirmación, sacramento del Espíritu en la teología moderna, in: Lumen 32 (1983), 144–175.
Ligier, L., La Confirmation, Paris 1973.
Mehediutu, V., Firmung, orthodoxe Sicht, in: Ökumene-Lexikon, hrsg. von H. Krüger/W. Löser/W. Müller-Römheld, Frankfurt 1983, 378 f.
Meyer, H. B., Aus dem Wasser und dem Heiligen Geist, Aschaffenburg 1969.
Mühlen, H., Firmung als sakramentales Zeichen der heilsgeschichtlichen Selbstüberlieferung des Geistes Christi, in: Theologie und Glaube 57 (1967), 263–286.
Nordhues, P./Petri, H. (Hrsg.), Die Gabe Gottes. Beiträge zur Theologie und Pastoral des Firmsakraments, Paderborn 1974.
Regli, S., Das Sakrament der Firmung, Freiburg/Schweiz 1975.
Schneider, Th., Zeichen der Nähe Gottes, Mainz 1979 ([5]1987), 107–127.
Vorgrimler, H., Sakramententheologie, Düsseldorf 1987, 141–150.
Zerndl, J., Die Theologie der Firmung in der Vorbereitung und in den Akten des Zweiten Vatikanischen Konzils, Paderborn 1986.

Zu: 4. Die Eucharistie

Angenendt, A., Missa specialis. Zugleich ein Beitrag zur Entstehung der Privatmessen, in: Frühmittelalterliche Studien 17 (1983), 153–221.
Auer, J., Das Mysterium der Eucharistie, KKD VI, Regensburg [3]1980, 129–294; 305–312.
Averbeck, W., Der Opfercharakter des Abendmahls in der neueren evangelischen Theologie, Paderborn 1966.
Bätzing, G., Die Eucharistie als Opfer der Kirche nach Hans Urs von Balthasar, Einsiedeln 1986.
Beinert, W., Zum Beispiel Transsignifikation, in: ThPQ 118 (1970), 313–326.
Beinert, W., Eucharistie als Sakrament der Einheit, in: Catholica 36 (1982), 234–256.
Betz, J., Eucharistie als zentrales Mysterium, in: MySal IV/2, Einsiedeln/Zürich/Köln 1973, 185–313.
Betz, J., Eucharistie. In der Schrift und Patristik, HDG IV/4a, Freiburg 1979.
Bistumskommission für ökumenische Fragen Münster (Hrsg.), Die Eucharistie im Gespräch der Konfessionen, Kevelaer 1986.
Bouyer, L., L'Eucharistie, Paris 1966; ital. Torino 1969.
Bürki, B., Cène du Seigneur – Eucharistie de l'Eglise, 2 Bde., Fribourg 1985 (reformierte Texte).
Delling, G., u. a., Abendmahl, in: TRE I, 1977, 47–229.
Eucharist. International Bibliography 1975–1984, Straßburg 1985.
Feld, H., Das Verständnis des Abendmahls, Darmstadt 1976.
Felmy, K. Ch., Die Deutung der göttlichen Liturgie in der russischen Theologie, Berlin 1984.
Feneberg, R., Christliche Paschafeier und Abendmahl, München 1971.
Feuillet, A., L'Eucharistie, le Sacrifice du Calvaire et le Sacerdoce du Christ, in: Divinitas 29 (1985), 103–149 (Synoptiker und Hebr).
Fiedler, P., Probleme der Abendmahlsforschung, in: Archiv für Liturgiewissenschaft 24 (1982), 190–223.
Frankemölle, H./Hilberath, B. J./Schneider, Th., Art. Eucharistie, in: NHthG I, 1984, 297–317.
Gamber, K., Sacrificium Missae. Zum Opferverständnis und zur Liturgie der Frühkirche, Regensburg 1980.
Gamber, K., Beracha: Eucharistiegebet und Eucharistiefeier in der Urkirche, Regensburg 1986.
Gemeinsame röm.-kath./ev.-luth. Kommission, Das Herrenmahl, Paderborn/Frankfurt 1978.
Gerken, A., Theologie der Eucharistie, München 1973.
Gerken, A., Die Gegenwart Christi in der Eucharistie. Analyse und Interpretation neuerer Deutungen der Realpräsenz, in: Stimmen der Zeit 191 (1973), 553–562.
Gesteira García, M., Eucaristía, misterio de comunión, Madrid 1983.
Giraudo, C., La struttura letteraria della preghiera eucaristica, Rom 1981.
Greshake, G., Konzelebration der Priester, in: Glaube im Prozeß, hrsg. von E. Klinger/K. Wittstadt, Freiburg 1984, 258–288.
Grötzinger, E., Luther und Zwingli. Die Kritik an der mittelalterlichen Lehre von der Messe als Wurzel des Abendmahlsstreites, Köln/Gütersloh 1980.
Hauschild, W.-D., Agapen. I: In der alten Kirche, in: TRE I, 1977, 748–753.
Heron, A. I. C., Table and tradition. Toward an ecumenical understanding of the Eucharist, Philadelphia 1983.
Hilberath, B. J./Schneider, Th., Opfer, in: NHthG III, 1985, 287–298.
Hintzen, G., Die neuere Diskussion über die eucharistische Wandlung. Darstellung, kritische Würdigung, Weiterführung, Bern/Frankfurt 1976.
Hofmann, F., Eucharistie und Frömmigkeit, in: Liturgisches Jahrbuch 5 (1955), 105–119.
Kandler, K.-H., Abendmahl und Heiliger Geist, in: Kerygma und Dogma 28 (1982), 215–227.
Kilmartin, E. J., The active role of Christ and the Holy Spirit in the sanctification of the eucharistic elements, in: Theological Studies 45 (1984), 225–253.
Klauck, H. J., Herrenmahl und hellenistischer Kult, Münster 1982.

Klauck, H. J., Präsenz im Herrenmahl. 1 Kor 11,23–26 im Kontext hellenistischer Religionsgeschichte, in: Ders., Gemeinde – Amt – Sakrament, Würzburg 1989, 313–330.
Klauck, H. J., Eucharistie und Kirchengemeinschaft bei Paulus, in: Ders., Gemeinde – Amt – Sakrament, Würzburg 1989, 331–347.
Koch, G., Inwiefern die Eucharistie Quelle und Höhepunkt des Christseins bedeutet, in: Ders., Sakramente, die zum Christsein befähigen: Taufe, Firmung, Eucharistie, Theologie im Fernkurs, Grundkurs LB 20, Würzburg 1985 (²1989), 56–82.
Koch, G., Art. Eucharistie, in: W. Beinert (Hrsg.), Lexikon der katholischen Dogmatik, Freiburg 1987, 146–149.
Kunz, E., Eucharistie. Ursprung von Kommunikation und Gemeinschaft, in: Theologie und Philosophie 58 (1983), 321–345.
Lehmann, K./Pannenberg, W. (Hrsg.), Lehrverurteilungen – kirchentrennend? I. Rechtfertigung, Sakramente und Amt im Zeitalter der Reformation und heute, Freiburg/Göttingen 1986, 89–124.
Léon-Dufour, X., Le partage du pain eucharistique selon le Nouveau Testament, Paris 1982.
Léon-Dufour, X., Abendmahl und Abschiedsrede im Neuen Testament, Stuttgart 1983.
Lessing, E., Kirchengemeinschaft und Abendmahlsgemeinschaft, in: Wissenschaft und Praxis in Kirche und Gesellschaft 69 (1980), 450–462.
Lies, L., Wort und Eucharistie bei Origenes, Innsbruck 1978.
Lies, L., Eulogia – Überlegungen zur formalen Sinngestalt der Eucharistie, in: ZKTh 100 (1978), 69–97.
Lies, L., Ökumenische Erwägungen zu Abendmahl, Priesterweihe und Meßopfer, in: ZKTh 104 (1982), 385–410.
Lies, L., Verbalpräsenz – Aktualpräsenz, in: Praesentia Christi (Festschrift J. Betz), Düsseldorf 1984, 79–100.
Lubac, H. de, Corpus Mysticum. Eucharistie und Kirche im Mittelalter, Einsiedeln 1969.
Maas-Ewerd, Th./Richter, K. (Hrsg.), Gemeinde im Herrenmahl, Freiburg 1976.
Macy, G., The Theologies of the Eucharist in the early scholastic Period (ca. 1080–ca. 1220), Oxford 1984.
Medisch, R., Kirchliches Amt und Eucharistie, in: Theologie der Gegenwart 28 (1985), 182–188.
Meyer, H. B., Eucharistie. Geschichte, Theologie, Pastoral, mit einem Beitrag von I. Pahl (Gottesdienst der Kirche. Handbuch der Liturgiewissenschaft, hrsg. von H. B. Meyer u. a. Teil 4), Regensburg 1989.
Moll, H., Die Lehre von der Eucharistie als Opfer. Eine dogmengeschichtliche Untersuchung vom Neuen Testament bis Irenäus von Lyon, Köln 1975.
Nélis, J., Histoire de la pratique et de la doctrine eucharistiques de l'Eglise Occidentale, Paris/Brüssel 1984.
Pesch, R., Wie Jesus Abendmahl hielt, Freiburg 1977.
Pesch, R., Das Abendmahl und Jesu Todesverständnis, Freiburg 1978.
Piolanti, A., Il mistero eucaristico, Rom ³1983.
Plank, P., Die Eucharistieversammlung als Kirche. Zur Entstehung und Entfaltung der eucharistischen Ekklesiologie Nikolaj Afanas'evs (1893–1966), Würzburg 1980.
Pratzner, F., Messe und Kreuzesopfer. Die Krise der sakramentalen Idee bei Luther und in der mittelalterlichen Scholastik, Wien 1970.
Pruisken, J., Interkommunion im Prozeß, Essen 1974.
Rahner, K., Wort und Eucharistie, in: Schriften zur Theologie IV, 1960, 313–356.
Rahner, K./Häußling, A., Die vielen Messen und das eine Opfer, Freiburg 1966.
Ratzinger, J., Das Fest des Glaubens, Einsiedeln ²1981, bes. 31–54.
Reumann, J., The Supper of the Lord, Philadelphia 1984 (zum biblischen Befund und zum ökumenischen Dialog).
Roux, J.-M., Corporéité et symbole eucharistique, in: Bulletin de littérature ecclésiastique 86 (1985), 101–126, 87 (1986), 29–56.
Sánchez Caro, J. M., Eucaristía y historia de la Salvación, Madrid 1983 (ostkirchliche Theologie).
Schäfer, Ph., Lebensquelle Eucharistie, Regensburg 1985.

Schillebeeckx, E., Die eucharistische Gegenwart, Düsseldorf 1967.
Schmaus, M. (Hrsg.), Aktuelle Fragen zur Eucharistie, München 1960 (mit Beiträgen u. a. von K. Rahner „Wort und Eucharistie" und L. Scheffczyk „Die materielle Welt im Lichte der Eucharistie").
Schneider, Th., Zeichen der Nähe Gottes, Mainz 1979 (^{5}1987), 128–186.
Schneider, Th., Deinen Tod verkünden wir. Gesammelte Studien zum erneuerten Eucharistieverständnis, Düsseldorf 1980.
Schürmann, H., Art. Einsetzungsberichte, in: LThK III, 762–765.
Schulte, R., Die Messe als Opfer der Kirche. Die Lehre frühmittelalterlicher Autoren über das Opfer, Münster 1959.
Schulz, H.-J., „Wandlung" im ostkirchlich-liturgischen Verständnis. Eine Orientierung im Disput um Transsubstantiation und Transsignifikation, in: Catholica 40 (1986), 270 bis 286.
Schwager, R., Der Tod Christi und die Opferkritik, in: Theologie der Gegenwart 29 (1986), 11–20.
Tilliette, X., Problèmes de philosophie eucharistique, in: Gregorianum 64 (1983), 273–305.
Trütsch, J., Taufe, Sakrament der Einheit – Eucharistie, Sakrament der Trennung?, in: Theologische Berichte 9, Zürich 1980, 67–95.
Verheul, A., La prière eucharistique dans la primitive église, Löwen 1983.
Volk, E., Evangelische Akzente im Verständnis der Eucharistie, in: Kerygma und Dogma 32 (1986), 188–206.
Walter, E., Eucharistie. Bleibende Wahrheit und heutige Fragen, Freiburg 1974.
Wenz, G., Die Lehre vom Opfer Christi im Herrenmahl als Problem ökumenischer Theologie, in: Kerygma und Dogma 28 (1982), 7–41.
Wiederkehr, D., Das Sakrament der Eucharistie, Fribourg 1976.
Winklhofer, A., Eucharistie als Osterfeier, Frankfurt 1964.
Wohlmuth, J., Realpräsenz und Transsubstantiation im Konzil von Trient, 2 Bde., Bern/Frankfurt 1975.

Zu: 5. Das Bußsakrament (mit Ablaß)

Anciaux, P., Das Sakrament der Buße, Mainz 1961.
Auer, J., Das Sakrament der Buße, in: KKD VII, Regensburg ^{2}1979, 117–196.
Beinert, W., Vom Sinn des Ablasses, in: Prediger und Katechet 122 (1983) 740–743.
Beinert, W., Der Ablaß – Freiraum christlicher Lebensgestaltung, in: KNA – Kath. Korrespondenz 11 vom 15. März 1983, 4 f.
Bäumler, C./Neidhart, W. (Hrsg.), Seelsorge, Schuld und Vergebung, in: Theologia Practica 19 (1984), 267–354.
Bernhard, J., Le Sacrement de pénitence au Concile de Trente, in: Revue de droit canonique 34 (1984), 249–273.
Clerck, P. de, Célébrer la pénitence, ou la réconciliation?, in: Revue de théologie de Louvain 13 (1982), 387–424.
Der sakramentale Dienst der Versöhnung: Concilium 7 (1971), H. 1.
Dooly, C., Devotional Confession. An Historical and Theological Study, Löwen 1982.
Feifel, E. (Hrsg.), Buße – Bußsakrament – Bußpraxis, München 1975.
Finkenzeller, J., Der Ablaß, in: Theologie der Gegenwart 26 (1983), 243–251.
Fleming, T. L., The Second Vatican Council's teaching on the sacrement of penance and the communal nature of the sacrement, Rom 1981.
Frend, W. H. C., Saints and sinners in the early church, London 1985.
Groupe de la Bussière, Pratiques de la Confession. Des Pères du désert à Vatican II. Quince études d'histoire, Paris 1983.
Guilluy, P., Pardon et péché dans la nouvelle alliance, in: Initiation à la pratique de la théologie IV, Paris ^{2}1984, 268–294.
Henseler, R., Der Ablaß, in: HKR 707–712.
Jorissen, H., Die Bußtheologie der Confessio Augustana, in: Catholica 35 (1981), 58–89.
Klauck, H.-J., Die Frage der Sündenvergebung in der Perikope von der Heilung des Gelähmten (Mk 2,1–12 parr), in: Ders., Gemeinde – Amt – Sakrament, Würzburg 1989, 286–312.

Koch, G., Art. Bußsakrament, in: W. Beinert (Hrsg.), Lexikon der katholischen Dogmatik, Freiburg 1987, 50–53.
Lacoste, J.-Y., Vers le sacrement du pardon, in: Communio VIII (1983), 5–23.
Lell, J., Buße/Vergebung: Aus evangelischer Sicht, in: NHThG I, München 1984, 165 bis 170.
Lendi, R., Die Wandelbarkeit der Buße, Frankfurt/Bern 1983.
Marliangéas, B. M., Bulletin de théologie sacramentaire. Pénitence et réconciliation, in: Revue des Sciences philosophiques et théologiques 66 (1982), 441–461.
Mélia, E., L'acte ecclésial de la réconciliation dans l'Eglise orthodoxe, in: Revue de droit canonique 34 (1984), 336–348.
Merle, R., La Pénitence et la peine, Paris 1985.
Mühlsteiger, J., Exhomologese, in: Zeitschrift für kath. Theologie 103 (1981) 1–32, 129–155, 257–288 (das Sündenbekenntnis in der Bußgeschichte).
Nocke, F.-J., Wort und Geste. Zum Verständnis der Sakramente, München 1985, 84 bis 132.
Payer, P. J., The humanism of the penitentials and the continuity of the penitential tradition, in: Mediaeval Studies 46 (1984), 340–354.
Penance and Reconciliation. International Bibliography 1975–1983, Straßburg 1984.
Peters, A., Buße, Beichte, Schuldvergebung in evangelischer Theologie und Praxis, in: Kerygma und Dogma 28 (1982), 42–72.
Rahner, K., Art. Ablaß, in: LThK I, 46–53.
Rahner, K., Art. Bußsakrament, in: LThK II, 826–838.
Sancho, J., u. a., Reconciliación y penitencia, Pamplona 1983.
Sauer, R./Jakob, H., Christus unser Friede. Handbuch für Eltern und Katecheten, Düsseldorf 1980.
Schneider, Th., Zeichen der Nähe Gottes, Mainz 1979, 187–219.
Tillard, J.-M. R., u. a., Le sacrement de la reconciliation, in: Studia Moralia 21 (1983), 3–202.
Vergebung in einer unversöhnten Welt: Concilium 22 (1986), H. 2.
Vögtle, A., Offenbarungsgeschehen und Wirkungsgeschichte, Freiburg 1985, 109–140: Das Problem der Herkunft von „Mt 16,17–19".
Vorgrimler, H., Buße und Krankensalbung (HDG IV/3), Freiburg 1978.
Vorgrimler, H., Bußgericht und Einzelbekenntnis, in: Theologie der Gegenwart 21 (1978), 76–84.
Vorgrimler, H., Buße/Vergebung, in: NHthG I, 1984, 150–165.
Vorgrimler, H., Sakramententheologie, Düsseldorf 1987, 223–249.
Weigand, R., Das Bußsakrament, in: HKR 692–707.
Werbick, J., Schulderfahrung und Bußsakrament, Mainz 1985.
Zalba, M., La doctrina católica sobre la integridad de la confesión, in: Gregorianum 64 (1983) 95–138.
Zulehner, P. M., Umkehr: Prinzip und Verwirklichung, Frankfurt 1979.

Zu: 6. Die Krankensalbung

Alvárez Gutiérrez, C. G., El sentido teológico de la Unción de los enfermos en la teología contemporánea (1940–1980), Rom 1981.
Arx, W. von, Das Sakrament der Krankensalbung, Freiburg/Schweiz 1976; ³1986.
Jorissen, I./Meyer, H. B., Pastorale Hilfen in Krankheit und Alter. Über Krankheit, Alter und das Sakrament der Krankensalbung, Innsbruck 1974.
Kaczynski, R., Die Feier der Krankensalbung, in: Internationale kath. Zeitschrift 12 (1983) 423–436.
Kirchschläger, W., Jesu exorzistisches Wirken aus der Sicht des Lukas, Klosterneuburg 1981.
Koch, G., Art. Krankensalbung, in: W. Beinert (Hrsg.), Lexikon der katholischen Dogmatik, Freiburg 1987, 329–334.
Lengeling, E. J., „Per istam sanctam unctionem ... adjuvet te Dominus gratia Spiritus Sancti". Der Hl. Geist und die Krankensalbung, in: G. J. Békes/G. Farnedi (Hrsg.), Lex orandi lex credendi, Rom 1980, 235–294.

Probst, M./Richter, K. (Hrsg.), Heilssorge für die Kranken. Hilfen zur Erneuerung eines mißverstandenen Sakramentes, Freiburg/Einsiedeln 1975; ²1980.
Schneider, Th., Zeichen der Nähe Gottes, Mainz 1979, 220–236.
Stefánski, J., Von der letzten Ölung zur Krankensalbung, in: P. Jounel/R. Kaczynski/G. Pasqualetti (Hrsg.), Liturgia (Festschrift A. Bugnini), Rom 1982, 429–452.
Vorgrimler, H., Buße und Krankensalbung (HDG IV/3), Freiburg 1978, 215–234.
Vorgrimler, H., Sakramententheologie, Düsseldorf 1987, 250–260.
Ziegenaus, A., Die Krankensalbung, in: H. Luthe (Hrsg.), Christusbegegnung in den Sakramenten, Kevelaer ²1984, 421–480.

Zu: 7. Das Weihesakrament

Auer, J., Das Sakrament der Priesterweihe, KKD VII, Regensburg ²1979, 295–367.
Barlea, O., Die Weihe der Bischöfe, Presbyter und Diakone in vornicänischer Zeit, München 1969.
Becker, K. J., Der priesterliche Dienst II, Freiburg 1970.
Betti, U., La dottrina sull'episcopato del Concilio Vaticano II, Rom 1984.
Blank, J./Snela, B., Priester/Bischof, in: NHthG III, 1985, 411–441.
Clerck, P. de, Ordination, Ordre, in: Catholicisme X (1983), 162–206.
Congar, Y., Weihe und Jurisdiktion in der Kirche, in: Ders., Heilige Kirche, Stuttgart 1966, 208–246.
Congar, Y., Note sur une valeur des termes „ordinare, ordinatio", in: Recherches de science religieuse 68 (1984), 7–14.
Cordes, P. J., Sendung zum Dienst. Exegetisch-historische und systematische Studien zum Konzilsdekret „Vom Dienst und Leben der Priester", Frankfurt 1972.
Cunningham, A., The Bishop in the Church, Wilmington 1985 (Patristische Texte).
Das Recht der Gemeinde auf einen Priester: Concilium 16 (1980), H. 3.
Deissler, A., u. a., Der priesterliche Dienst I, Freiburg 1970.
Delhaye, P./Elders, L. (Hrsg.), Episcopale munus, Assen 1982.
Der Bischof und die Einheit der Kirche: Concilium 8 (1972), H. 1.
Döring, H., Das Amt im ökumenischen Kontext, in: Theol. Revue 78 (1982), 185–192.
Dupuy, B. D., Theologie der kirchlichen Ämter, in: MySal IV/2, 1973, 488–594.
Faivre, A., u. a., Le devenir des ministères, in: Lumiére et vie 33 (1984) 1–106.
Farnedi, G./Rouillard, Ph. (Hrsg.), Il ministero ordinato nel dialogo ecumenico, Rom 1985.
Fischer, B., Das Gebet der Kirche als Wesenselement des Weihesakramentes, in: Liturgisches Jahrbuch 20 (1970), 166–177.
Frohnhofen, H., Weibliche Diakone in der frühen Kirche, in: Stimmen der Zeit 111 (1986) 269–278.
García Manzanedo, V., Carisma – ministerio en el Concilio Vaticano Segundo, Madrid 1982.
Gaudemet, J., Les élections dans l'Eglise latine des origines au XVIe siècle, Paris 1979.
Gegenseitige Anerkennung der Ämter: Concilium 8 (1972), H. 4.
Gemeinsame röm.-kath./ev.-luth. Kommission, Das geistliche Amt, Paderborn/Frankfurt 1981.
Genn, F., Trinität und Amt nach Augustinus, Einsiedeln 1986.
Ghirlanda, G., „Hierarchica Communio", Rom 1980.
Greshake, G., Priester sein. Zur Theologie und Spiritualität des priesterlichen Amtes, Freiburg 1982 u. ö.
Hahn, F./Kötting, B./Joest, W./Mühlen, H., Dienst und Amt. Überlebensfrage der Kirchen, Regensburg 1973.
Hainz, J. (Hrsg.), Kirche im Werden. Studien zum Thema Amt und Gemeinde im NT, Paderborn 1976.
Hilberath, B. J., Das Verhältnis vom gemeinsamen und amtlichen Priestertum in der Perspektive von Lumen gentium 10, in: Trierer theol. Zeitschrift 94 (1985), 311 bis 326.
Hödl, L., Das priesterliche Amt in der Kirche, in: Münchener Theologische Zeitschrift 34 (1983) 22–36.

Holmberg, B., Paul and power. The structure of authority in the primitive church as reflected in the Pauline Epistles, Lund 1978.
Hopko, Th. (Hrsg.), Woman and the priesthood, Crestwood/N. Y. 1983.
Jilek, A., Initiationsfeier und Amt. Ein Beitrag zur Struktur und Theologie der Ämter und des Taufgottesdienstes in der frühen Kirche, Frankfurt/Bern 1979.
Jilek, A., Bischof und Presbyterium, in: Zeitschrift für kath. Theologie 106 (1984) 376 bis 401 (zu Hippolyt).
Kaczynski, R., Das Vorsteheramt im Gottesdienst nach den Zeugnissen der Ordinationsliturgie des Ostens und des Westens, in: Liturgisches Jahrbuch 35 (1985), 69–84.
Kasper, W., Die Funktion des Priesters in der Kirche, in: Ders., Glaube und Geschichte, Mainz 1970, 388–414.
Kertelge, K., Gemeinde und Amt im Neuen Testament, München 1972.
Klauck, H.-J., Gemeinde – Amt – Sakrament, Würzburg 1989, 131–272 (u. a. die Beiträge „Die Auswahl der Zwölf, Mk 3,13–19“; „Gemeinde ohne Amt? Erfahrungen mit der Kirche in den johanneischen Schriften“; „Die Autorität des Charismas“; „Vom Reden und Schweigen der Frauen in der Urkirche“).
Kleinheyer, B., Handauflegung zur Geistmitteilung, in: Liturgisches Jahrbuch 30 (1980), 154–173.
Kleinheyer, B., Ordinationen und Beauftragungen, in: B. Kleinheyer/E. von Severus/ R. Kaczynski, Sakramentliche Feiern II, Regensburg 1984, 7–65.
Knoch, O., Die Entfaltung kirchlicher Ämter und Dienste nach dem Zeugnis des Neuen Testaments und der Apostolischen Väter, in: Christophorus 26 (1981), 15–29.
Knoch, O., Die Funktion der Handauflegung im Neuen Testament, in: Liturgisches Jahrbuch 30 (1983), 222–235.
Koch, G., Art. Weihesakrament, in: W. Beinert (Hrsg.), Lexikon der katholischen Dogmatik, Freiburg 1987, 545–549.
Kretschmar, G., Die Ordination im frühen Christentum, in: Freiburger Zeitschrift für Philosophie und Theologie 22 (1975), 35–69.
Lecuyer, J., Le sacrement de l'ordination. Recherche historique et théologique, Paris 1983.
Lehmann, K., Der Auftrag des Amtes in der heutigen Kirche, in: Christophorus 26 (1981), 30–39.
Lengeling, E. J., Die Theologie des Weihesakramentes nach dem Zeugnis des Neuen Ritus, in: Liturgisches Jahrbuch 19 (1969), 142–166.
Lips, H. von, Glaube – Gemeinde – Amt. Zum Verständnis der Ordination in den Pastoralbriefen, Göttingen 1975.
Lohfink, G., Die Normativität der Amtsvorstellungen in den Pastoralbriefen, in: Theologische Quartalschrift 157 (1977), 93–106.
Macquarrie, J., Theology, church and ministry, London 1986.
Marliangéas, B.-M., Clés pour une théologie du ministère. In persona Christi. In persona Ecclesiae, Paris 1978.
Martelet, G., Théologie du sacerdoce I, Paris 1984.
Martimort, A. G., Les diaconesses, Rom 1982.
Martin, J., Der priesterliche Dienst III, Freiburg 1972.
Müller, H., Die Ordination, in: HKR 715–727.
Mumm, R. (Hrsg.), Ordination und kirchliches Amt, Paderborn/Bielefeld 1976 (Zum Stand der ökumenischen Diskussion).
Neumann, J., u. a., Bischof, in: TRE VI, 1980, 653–697.
Oeyen, Ch., Priestertum der Frau?, in: Ökumenische Rundschau 35 (1986), 254–266.
Ott, L., Das Weihesakrament (HDG IV/5), Freiburg 1969.
Rahner, K., Vorfragen zu einem ökumenischen Amtsverständnis, Freiburg 1974.
Ratzinger, J., Zur Frage nach dem Sinn des priesterlichen Dienstes, in: Geist und Leben 41 (1968), 347–376.
Ratzinger, J., Opfer, Sakrament und Priestertum in der Entwicklung der Kirche, in: Catholica. Münster 26 (1972), 108–125.
Rhode, J., Urchristliche und frühkatholische Ämter, Berlin 1976.
Richter, K., Die Ordination des Bischofs von Rom. Eine Untersuchung der Weiheliturgie, Münster 1976.

Schick, L., Das dreifache Amt Christi und der Kirche, Frankfurt/Bern 1982.
Schillebeeckx, E., Christliche Identität und kirchliches Amt, Düsseldorf 1985.
Schneider, Th., Zeichen der Nähe Gottes, Mainz 1979, 237–269.
Schröer, H./Müller, G., Vom Amt des Laien in Kirche und Theologie, Berlin/New York 1982.
Schwendenwein, H., Der ständige Diakon, in: HKR 229–238.
Stein, A., Diakon, in: EKL I, 1986, 848–850.
Theodorou, E., Das Priestertum nach dem Zeugnis der byzantinischen liturgischen Texte, in: Ökumenische Rundschau 35 (1986), 267–280.
Tillard, J.-M. R., L'évêque de Rome, Paris 1984.
Trilling, W., Zum „Amt" im Neuen Testament, in: U. Luz/H. Weder (Hrsg.), Die Mitte des Neuen Testaments, Göttingen 1983, 316–344.
Université d'Angers (Hrsg.), L'évêque dans l'histoire de l'Eglise, Angers 1984.
Vanhoye, A., Prêtres anciens, prêtre nouveau selon le Nouveau Testament, Paris 1980.
Vodopivec, G., Lo Spirito Santo e il ministero ordinato, in: Euntes Docete 36 (1983) 329–360.
Vogel, C., Ordinations inconsistantes et caractère inamissible, Turin 1978.
Vogt, H. J., Zum Bischofsamt in der frühen Kirche, in: Theologische Quartalschrift 162 (1982), 221–236.
Vorgrimler, H. (Hrsg.), Amt und Ordination in ökumenischer Sicht, Freiburg 1973.
Vorgrimler, H., Sakramententheologie, Düsseldorf 1987, 261–309.
Wagner, H., Das Amt vor dem Hintergrund der Diskussion um eine evangelisch-katholische Grunddifferenz, in: Catholica 40 (1986), 39–58.
Weß, P., Ihr alle seid Geschwister. Gemeinde und Priester, Mainz 1983; dazu Lies, L., in: Zeitschrift für kath. Theologie 108 (1986), 176–179, und Weß, P.: ebd. 179–185.
Zardoni, S., I diaconi nella chiesa, Bologna 1983.
Zemp, P., Das Sakrament der Weihe, Fribourg 1977.
Zollitsch, R., Amt und Funktion des Priesters. Eine Untersuchung zum Ursprung und zur Gestalt des Presbyterats in den ersten zwei Jahrhunderten, Freiburg 1974.

Zu: 8. Die Ehe

Auer, J., Das Sakrament der Ehe, in: KKD VII, Regensburg ²1979, 215–294.
Baltensweiler, H., Die Ehe im Neuen Testament, Zürich 1967.
Baumann, U., Die Ehe – ein Sakrament? Zürich 1988.
Beinert, W., Partnerschaftliche Ehe. Theologische Überlegungen, in: Stimmen der Zeit 1979, Heft 10, 689–700.
Beinert, W. (Hrsg.), Braucht Liebe (noch) die Ehe?, Regensburg 1988 (mit Beiträgen u. a. von M. Kaiser, W. Nastainczyk und W. Beinert).
Böckle, F., Ehe und Ehescheidung, in: Handbuch der christlichen Ethik, II, Freiburg ²1979, 117–135.
Boff, L., Das Sakrament der Ehe, in: Concilium 9 (1973), 459–465.
Christen, E., Ehe als Sakrament, in: Theologische Berichte 1, Zürich 1972, 11–68.
Dacquino, D., Storia del matrimonio cristiano alla luce della Bibbia, Turin 1984.
Desserprit, A., Le mariage, un sacrement, Paris 1981.
Duss-von Werdt, Theologie der Ehe – Der sakramentale Charakter der Ehe, in: MySal IV/2, 1973, 422–449.
Eid, V./Vaskovics, L. (Hrsg.), Wandel der Familie – Zukunft der Familie, Mainz 1982.
Engelhardt, H. (Hrsg.), Die Kirchen und die Ehe, Frankfurt 1984 (mit den kirchlichen Regelungen, röm.-kath., ev., orth., anglik., sowie mit der staatlichen Gesetzgebung).
Fransen, P., Das Thema „Ehescheidung nach Ehebruch" auf dem Konzil von Trient, in: Concilium 5 (1970), 343–348.
Fransen, P., Hermeneutics of the Councils, Löwen 1985, 126–197 (Untersuchungen zur Ehelehre von Trient).
Friedrich, G., Sexualität und Ehe, Stuttgart 1977.
Gansewinkel, A. van, Ehescheidung und Wiederheirat in neutestamentlicher und moraltheologischer Sicht, in: Theologie und Glaube 76 (1986), 193–211.
Grimm, R., L'institution du mariage, Paris 1984.

Gründel, J., Die Zukunft der christlichen Ehe. Erwartungen, Konflikte, Orientierungshilfen, München 1978.
Handbuch des katholischen Kirchenrechts, Regensburg 1983 (mit Beiträgen von M. Kaiser, H. Zapp, B. Primetshofer, H. Heinemann, K.-Th. Geringer, H. Flatten).
Helle, H. J., Mandel, K.-H., Pesch, O. H., Ehe und Familie, in: Christlicher Glaube in moderner Gesellschaft, Teilband 7, Freiburg 1981 (Ehe soziologisch und systematisch).
Hilpert, K., Partnerschaftliche Beziehungen. Liebe, Ehe, Familie in theologischer Literatur 1980–85. Bilanz und Perspektiven, in: Katechetische Blätter (1985), H. 10, 806 bis 816 und H. 12, 970–978.
Kasper, W., Die Verwirklichung der Kirche in Ehe und Familie, in: Ders., Glaube und Geschichte, Mainz 1970, 330–354.
Kasper, W., Zur Theologie der christlichen Ehe, Mainz 1977.
Kleindienst, E., Partnerschaft als Prinzip der Ehepastoral, Würzburg 1982.
Kleinheyer, B., Riten um Ehe und Familie, in: Kleinheyer, B./von Severus, E./Kaczynski, R., Sakramentliche Feiern II, Regensburg 1984, 67–156.
Koch, G., Was heißt: „Die Ehe ist ein Sakrament?", in: Theologie der Gegenwart 22 (1979), 75–81.
Koch, G./Breuning, W., Die Ehe des Christen. Lebensform und Sakrament, Freiburg 1981.
Koch, G., Art. Ehesakrament, in: W. Beinert (Hrsg.), Lexikon der katholischen Dogmatik, Freiburg 1987.
Kramer, H., Ehe war und wird anders, Düsseldorf 1982.
Krems, G./Mumm, R. (Hrsg.), Theologie der Ehe, Regensburg/Göttingen [2]1972 (mit Beiträgen u. a. von H. Greeven, J. Ratzinger, H.-D. Wendland).
Lehmann, K., Unauflöslichkeit der Ehe und Pastoral für Wiederverheiratete Geschiedene, in: Ders., Gegenwart des Glaubens, Mainz 1974, 274–294.
Lehmann, K., Die christliche Ehe als Sakrament, in: Internationale katholische Zeitschrift 8 (1979), 385–392.
Mieth, D., Ehe als Entwurf, Mainz 1984 (auch über nichteheliche Lebensgemeinschaften).
Molinski, W., Theologie der Ehe in der Geschichte, Aschaffenburg 1976.
Ott, D., Christliche Ehe heute, Frankfurt 1983.
Pannenberg, W., Anthropologie, Göttingen 1983, 415–431.
Pesch, R., Freie Treue. Die Christen und die Ehescheidung, Freiburg 1971.
Rahner, K., Die Ehe als Sakrament, Schriften VIII, 1967, 519–540.
Ratschow, C. H., u. a., Ehe/Eherecht/Ehescheidung, in: TRE IX, 1982, 308–362.
Ratzinger, J., Zur Theologie der Ehe, in: Theologische Quartalschrift 149 (1969), 53–74.
Reinhardt, K./Jedin, H. (Hrsg.), Ehe – Sakrament in der Kirche des Herrn, Berlin 1971.
Richter, K./Plock, H./Probst, M., Die kirchliche Trauung, Freiburg 1979.
Richter, K. (Hrsg.), Eheschließung – mehr als ein rechtlich Ding?, Freiburg/Basel/Wien 1989, QD 120 (mit Beiträgen u. a. von H. Vorgrimler und A. Kallis).
Ritschl, D., u. a., Ehe, Ehescheidung, in: EKL I, 1986, 956–985.
Ritzer, K., Formen, Riten und religiöses Brauchtum der Eheschließung in den christlichen Kirchen des ersten Jahrtausends, Münster [2]1981.
Schillebeeckx, E., Le mariage, Paris 1966.
Schmälzle, U. F., Ehe und Familie im Blickpunkt der Kirche, Freiburg 1978.
Schnackenburg, R., Die Ehe nach dem NT., in: Schriften zum NT, Exegese in Fortschritt und Wandel, München 1971, 414–434.
Schneider, Th., Zeichen der Nähe Gottes. Grundriß einer Sakramententheologie, Mainz [4]1984, 270–303 (5., erg. Aufl. 1987).
Schrage, W., Frau und Mann im NT, in: E. S. Gerstenberger/W. Schrage, Frau und Mann, Stuttgart 1980.
Sequeira, J. B., Tout mariage entre baptisés est-il nécessairement sacramentel?, Paris 1985.
Siefer, G., Ehe und Familie als Verwirklichung von Kirche, Frankfurt 1982.
Vorgrimler, H., Sakramententheologie, Düsseldorf 1987, 310–342 (weitere Literatur).
Wachinger, B. und L., Ehe/Familie, in: NHThG I, 1984, 204–214.
Wachinger, L., Ehe. Einander lieben – einander lassen, München 1986.

Quellenangaben (Bde. I und II)

Wir danken den genannten Verlagen für die erteilte Abdruckerlaubnis.

Verlag Kösel, München

Bibliothek der Kirchenväter 21,100; 7,218 f.; 34,328 f.; 41,370 f., 373 f., 378; 22,284; 19,119 f.; 8,92 f.; 1,161; 7,275; 56,73; 7,282 f.; 32,300; 17,192 f.; 24,378 f.; 60,54 f.; 24,351; 7,295 f.
Texte der Kirchenväter, 1964, I, 252 f.; II, 348–351; IV, 255 f., 276–278.
Handbuch Theologischer Grundbegriffe I, 1970, 388 f.
Geist und Leben (1968), 352 f.; (1970) 379.
A. Gerken, Theologie der Eucharistie. 1973, 200, 212.

Neukirchner Verlag, Neukirchen-Vluyn

Johannes Calvin, Unterricht in der christlichen Religion. Hg. von O. Weber, 1963, 877, 882 f., 940, 943, 1017.

Wissenschaftliche Buchgesellschaft, Darmstadt

J. A. Möhler, Symbolik. 1958, 305–307, 326–329.
A. Ganoczy, Einführung in die katholische Sakramentenlehre. 1979, 36 f., 46 f., 108 f.
J. Fischer (Hg.), Die Apostolischen Väter. 1970, 78, 173.
K. Wengst (Hg.), Didache. 1984, 81.

Verlag Herder, Freiburg

K. Richter (Hg.), Eheschließung. Quaestiones disputatae 120, 1989, 133.
M. J. Scheeben, Die Mysterien des Christentums. 1941, 466 f., 469–471, 495.
E. Jüngel und K. Rahner, Was ist ein Sakrament? 1971, 35–37, 79 f.
G. Koch, Gegenwärtig in Wort und Sakrament. 1976, 82 f.
P. Hünermann, Ankunft Gottes und Handeln des Menschen. 1977, 55, 64, 77.
K. Rahner, Grundkurs des Glaubens. 1976, 400 f.
K. Rahner, Kirche und Sakramente. 1960, 37 f., 74, 77, 82, 86 f., 99, 102.
G. Greshake, Priestersein. 1982, 92 f.
E. Walter, Quellen lebendigen Wassers. 1953, 90 f.

Verlag Friedrich Pustet, Regensburg

J. Neuner und H. Roos, Der Glaube der Kirche in den Urkunden der Lehrverkündigung. 1986, 12. Aufl., 498, 499, 500, 501–504, 505–519, 520–522, 523, 526, 528–546, 548–551, 552–557, 562, 564, 568, 573, 580, 582, 596 f., 602, 616, 620, 677, 630–640, 812, 647, 650, 652 f., 657 f., 663, 669, 688, 690–692, 695–698, 700, 706–721, 731–745, 747–760.
G. Krems (Hg.), Theologie der Ehe. 1972, 92 f., 120 f.
O. Casel (Hg.), Christliches Kultmysterium. 1948, 3. Aufl., 60 f., 102, 268.

Verlag Patmos, Düsseldorf

F. Schupp, Die Sakramente. 1974, 7 f.
L. Boff, Kleine Sakramentenlehre. 1979, 114, 117 f.
L. Lies (Hg.), Praesentia Christi. 1984, 316 f., 319 f.
W. Beinert, Hilft Glaube heilen? 1985, 78 f.
F. Taborda, Sakramente, Praxis und Fest. 1988, 170 f.

J. Barbel (Hg.), Augustinus, Enchiridion de fide. 1960, 99, 101, 103, 107.
H. Vorgrimler, Sakramententheologie. 1987, 137 f., 253.
E. Schillebeeckx, Eucharistische Gegenwart. 1967, 59, 65, 91, 97.

Verlag Josef Knecht, Frankfurt

O. Semmelroth, Gott und Mensch in Begegnung. 1958, 2. Aufl., 286 f.

Verlag Benziger, Zürich

K. Rahner, Schriften zur Theologie IV. 1967, 278, 285, 299 f.
J. Ratzinger, Das Fest des Glaubens. 1981, 34 f.
Mysterium Salutis (1976), 327 f.

Verlag Matthias Grünewald, Mainz

E. Schillebeeckx, Christus, Sakrament der Gottbegegnung. 1960, 73, 89–91.
W. Kasper, Glaube und Geschichte. 1970, 299, 302.
Y. Congar, in: Concilium 4 (1968), 10–13.
P. Anciaux, Sakrament der Buße. 1961, 153, 185.
J. Werbick, Das Bußsakrament. 1985, 164.
Th. Schneider, Zeichen der Nähe Gottes. 1979, 73 f., 232.
K. Lehmann, Gegenwart des Glaubens. 1976, 296 f.
W. Kasper, Zur Theologie der christlichen Ehe. 1977, 45, 81.
W. Kasper (Hg.), Christsein ohne Entscheidung. 1970, 157 f.

Verlag Vandenhoeck und Ruprecht, Göttingen

G. Ebeling, Wort Gottes und Tradition. 1964, 217 f., 225 f.
K. Aland (Hg.), Luther deutsch II. 1962, 201, 203, 225, 175, 181, 186, 189.
E. Schlink, Ökumenische Dogmatik. 1983, 469.
K. Lehmann und W. Pannenberg (Hg.), Ökumenischer Arbeitskreis evangelischer und katholischer Theologen. 1986, 87 f., 149–151.

Domschule Würzburg

P.-W. Scheele, Theologie im Fernkurs, GK, LB 19 (1971), 18–20.
G. Koch, Theologie im Fernkurs, GK, LB 20 (1985), 14 f., 52 f., 54 f.
G. Finkenzeller, Theologie im Fernkurs, AK, LB 18 (1973), 38 f.

Gütersloher Verlagshaus Gerd Mohn, Gütersloh

R. Hotz, Sakramente im Wechselspiel zwischen Ost und West. 1979, 176–178, 196, 198, 249, 254.

Bonifatius-Verlag, Paderborn

Wege zur Gemeinschaft. Römisch-katholische und evangelisch-lutherische Dialogtexte. 1980, 7.
H. Meyer (Hg.), Lima-Dokumente. 1983, 549–552.

Verlag Christian Kaiser, München

K. Barth, Die Lehre von der Taufe (Theologische Existenz heute). 1943, 28.

Verlag Ferdinand Schöningh, Paderborn

C. J. Perl (Hg.), Augustinus, Der Gottesstaat. 1979, 470 f.
Das Herrenmahl. 1980, 16, 18.
Dokumente wachsender Übereinstimmung. 1983, 537, 508, 300 f., 549–552, 558 f., 570, 573, 209, 366, 368, 470.

Theologischer Verlag, Zürich

K. Barth, Kirchliche Dogmatik, III, 1, 366–370.

Kyrios-Verlag, Meitingen

Una Sancta 42 (1987), 264–270.

Echter-Verlag, Würzburg

J. Schreiner und K. Wittstadt (Hg.), Communio Sanctorum. Festschrift für Bischof P.-W. Scheele. 1988, 406 f.

Schwaben-Verlag, Stuttgart

Y. Congar, Heilige Kirche. 1966, 214.

Ehrenfried Klotz, Stuttgart, und Vandenhoeck und Ruprecht, Göttingen

K. Aland (Hg.), Luther deutsch. Die Werke Martin Luthers in einer Auswahl für die Gegenwart. Bd. 2, 1962, 201, 203, 211 f., 225 f., 175, 181 f., 183, 186 f., 189, 216–221, 234 f., 227–230.

Johannes-Verlag, Einsiedeln

J. Ratzinger, Das Fest des Glaubens. 1981, 34 f., 46.

Sachregister

Die Zahlen geben die Nummern der Texte an (Bd. I: 1–353, Bd. II: 354–922). Es werden für die einzelnen Stichworte nur die wichtigsten Fundstellen aufgeführt. Auf einige zentrale Begriffe, wie Glaube, Gnade, Sakrament, die immer wieder begegnen, ist im allgemeinen nicht eigens verwiesen.

Schriften- und Autorenverzeichnis

Die Zahlen geben die Nummern der Texte an.